U0554542

羊城学术文库·文化传承与创新专题

岭南文化的真相

岭南文化与文学地理之考察

The Truth of the Lingnan Culture

曾大兴 著

社会科学文献出版社
SOCIAL SCIENCES ACADEMIC PRESS (CHINA)

广东省教育厅创新团队项目
广府民间艺术传承与创新研究
（2016WCXTD010）

广州市教育局协同创新重大项目
岭南传统艺术活态传承协同创新研究
（1201630003）

羊城学术文库

总　序

学术文化作为文化的一个门类，是其他文化的核心、灵魂和根基。纵观国际上的知名城市，大多离不开发达的学术文化的支撑——高等院校众多、科研机构林立、学术成果丰厚、学术人才济济，有的还产生了特有的学术派别，对所在城市乃至世界的发展都产生了重要的影响。学术文化的主要价值在于其社会价值、人文价值和精神价值，学术文化对于推动社会进步、提高人的素质、提升社会文明水平具有重要的意义和影响。但是，学术文化难以产生直接的经济效益，因此，发展学术文化主要靠政府的资助和社会的支持。

广州作为岭南文化的中心地，以其得天独厚的地理环境和人文环境，其文化博采众家之长，汲中原之精粹，纳四海之新风，内涵丰富，特色鲜明，独树一帜，在中华文化之林中占有重要的地位。改革开放以来，广州成为我国改革开放的试验区和前沿地，岭南文化也以一种崭新的姿态出现在世人面前，新思想、新观念、新理论层出不穷。我国改革开放的许多理论和经验就出自岭南，特别是广州。

在广州建设国家中心城市、培育世界文化名城的新的历史进程中，在“文化论输赢”的城市未来发展竞争中，需要学术文化发挥应有的重要作用。为推动广州的文化特别是学术文化的繁荣发展，广州市社会科学界联合会组织出版了《羊城学术文库》。

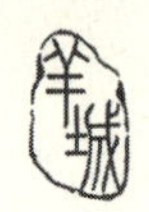

《羊城学术文库》是资助广州地区社会科学工作者的理论性学术著作出版的一个系列出版项目，每年都将通过作者申报和专家评审程序出版若干部优秀学术著作。《羊城学术文库》的著作涵盖整个人文社会科学，将按内容分为经济与管理类，文史哲类，政治、法律、社会、教育及其他等三个系列，要求进入文库的学术著作具有较高的学术品位，以期通过我们持之以恒的组织出版，将《羊城学术文库》打造成既在学界有一定影响力的学术品牌，推动广州地区学术文化的繁荣发展，也能为广州增强文化软实力、培育世界文化名城发挥社会科学界的积极作用。

广州市社会科学界联合会

2016 年 6 月 13 日

前　言

这是一本探讨岭南文化与文学的书。由于本书是从地理的角度切入，用文化地理学、文学地理学的理论和方法来探讨岭南文化与文学，因此可以说这是一本岭南文化与文学地理书。

在正式讨论岭南文化与文学之前，有几个问题需要在这里交代一下。

一　四个地理概念

本书使用频率最高的是以下四个地理概念：岭南、广东、广府和广州。岭南和广府是指“地域”，广东和广州则是指“区域”。

“地域”和“区域”虽然都指地方，但二者之间的区别还是很明显的。《现代汉语词典》（第6版）对“地域”的解释是“面积相当大的一块地方”。该词典对“区域”的解释是“地区范围”。这种解释虽然简略，但也比较准确。“地域”与“区域”的不同之处主要在边界。“地域”的边界是模糊的，所谓“相当大”。“相当大”是多大？不好说。可见它的边界是模糊的。而“区域”的边界则是清晰的。所谓“地区范围”，就是有范围、有边界。《说文解字》段注：“区之义内臧多品，故引申为区域，为区划。”区域之为区域，就是地域经过了人为的区划。《现代地理科学词典》“区域”条云：“区域，为研究、判别地理事物空间分布特征而在地球表面按一定依据划分而成的各个部分。按划分依据的不同，通常可分成自然区域和社会经济区域两大体系。前者又可分为地貌区、气候区、水文区、土壤区、植物区、动物区、综合自然区和自然保护区等各种不同类型；后者也有行政区、综合经济区、部门经济区（农业区、工业区、商业区等）、宗教区和语言区等不同类型划分。区域一般都有如下共同特征：①可度量性。均有四至范围和

边界，可在地图上表示出来。②系统性。同一类型的区域，皆有层次上的系统，如中国的行政区即包括省、县、乡三个级别。③不重复性。同一类型和层次的区域，不能重叠和遗漏。”[①]《现代地理科学词典》没有“地域”这个词条，但是我们参考该词典对“区域”的解释，以及《人文地理学词典》对“领土、领地、地域”的解释[②]，可以将二者作一个简要的界定和区分：“地域”是自然形成的，“区域”则是对“地域”的一种人为的划分；“地域”的边界是模糊的，“区域”的边界是清晰的。

下面再回到这四个概念。“岭南”这个概念最早出现在唐代。唐太宗贞观年间（627—649年），唐王朝在五岭以南置岭南道，后来又置岭南节度使。“岭南”这一概念即由此而来。所谓“岭南”，就是指五岭（大庾岭、骑田岭、萌渚岭、都庞岭、越城岭）以南的广大地区。历史上所讲的岭南包括今天的广东、海南、香港、澳门四地全部，以及广西大部和越南北部；今天所讲的岭南则指广东、广西、海南、香港、澳门五地。

“广府”这个概念也是最早出现在唐代。据《旧唐书·地理志》记载，初唐时期设立“广州中都督府”，“广府”一名即“广州中都督府”的简称。唐太宗贞观年间的“广州中都督府”管辖“广、韶、端、康、封、冈、新、药、泷、窦、义、雷、循、潮十四州”，唐高宗永徽年间（650—655年），又以“广州中都督府”、“桂州下都督府”、“邕州下都督府”、“容州下都督府”和“安南都督府”等五府“隶广府都督统摄”[③]，因此唐时的“广府”，其版图是很大的，今广东、广西、海南、香港、澳门以及越南的中北部地区，在当时均属“广府”的范围。唐以后，“广府”的版图逐渐缩小，其内涵也有变化，专指粤语地区，也就是以广州为中心、以珠江三角洲为主要范围的粤语地区。

广东这个概念源于宋代的广南东路，辖广、韶、连、南雄、循、潮、梅、惠、新、南恩、封11州及肇庆、德庆、英德3府，不包括高、化、雷、琼4州，其版图比今天的广东省要小一点。今

① 刘敏、方康如：《现代地理科学词典》，科学出版社，2009，第515—516页。

② 〔英〕R. J. 约翰斯顿主编《人文地理学词典》，柴彦威、唐晓峰校，商务印书馆，2005，第721页。

③ 刘昫等：《旧唐书·地理志》第5册，中华书局，1975，第1711—1712页。

广东省的版图在明代正式确立。香港在1841年以前，澳门在1881年以前，海南在1988年以前，都属于广东省的版图。

广州这个概念最早出现在三国时期。吴黄武五年（226年），析交州东部的南海、苍梧、郁林、高凉4郡置广州，这是广州得名之始。三国时的广州，东到揭阳，西到茂名，北到梅州，南到香港，相当于今天的大半个广东省。三国之后，广州的版图逐渐缩小，一直小到今天这样。

以今天的眼光来看，岭南的版图比广东大，广东的版图比广府大，广府的版图比广州大。广东文化是岭南文化的一部分，广府文化是广东文化的一部分，广州文化则是广府文化的一部分。因此本书上、下篇各章的结构安排是：先岭南、再广东、再广府，最后广州。由于广东文化、广府文化、广州文化都属于岭南文化，因此本书命名为《岭南文化的真相——岭南文化与文学地理之考察》。

二　被误解与歧视的岭南文化

为什么要探讨岭南文化的真相？客观上讲，是因为岭南是古代中原人所谓的“南蛮”之地，是一个长期遭受误解和歧视的地方。

《礼记·王制》云：“南方曰蛮，雕题交趾，有不火食者矣。”郑玄注：“雕，文，谓刻其肌以丹青涅之。交趾，足相向然。浴则同川，卧则僢。不火食，地气暖，不为病。”孔颖达疏：“雕题交趾者，雕谓刻也，题谓额也，谓以丹青雕刻其额。非惟雕额，亦文身也。……趾，足也，言蛮卧时头向外而足在内，而相交，故云交趾。”[①]“交趾”，又作“交阯”，既指一种风俗，也指一个地方。秦始皇三十三年（前214年），秦朝统一岭南，在岭南置南海、桂林、象郡三郡。汉高祖三年（前204年），南海尉赵佗在岭南建立南越国。汉武帝元鼎六年（前111年），汉朝平定南越国，在南越故地置南海、苍梧、郁林、合浦、交趾、九真、日南、儋耳、珠崖9郡；元封五年（前106年），又在南越故地设监察机构交趾刺史部，直到汉献帝建安八年（203年），交趾刺史部改名交州。因此，岭南就是《礼记·王制》所云“雕题交趾”之地，也就是所谓“南

① 《礼记注疏》，载阮元校刻《十三经注疏》（三），中华书局，第1296—1297页。

蛮”之地。

《礼记》是经书，它对岭南的描述虽然存在误解，但还说不上明显的歧视。而在某些史书里，歧视就很明显了。《后汉书·南蛮西南夷列传》云：

> 《礼记》称“南方曰蛮，雕题交阯”。其俗男女同川而浴，故曰交阯。其西有啖人国，生首子辄解而食之，谓之宜弟。味旨，则以遗其君，君喜而赏其父。取妻美，则让其兄。今乌浒人是也。①

《三国志·吴书·薛综传》云：

> 吕岱从交州召出，综惧继岱者非其人，上疏曰：“昔帝舜南巡，卒于苍梧。秦置桂林、南海、象郡，然则四国之内属也，有自来矣。赵佗起番禺，怀服百越之君，珠官之南是也。汉武帝诛吕嘉，开九郡，设交阯刺史以镇监之。山川长远，习俗不齐，言语异同，重译乃通，民如禽兽，长幼无别，椎结徒跣，贯头左衽，长吏之设，虽有若无。……自臣昔客始至之时，珠崖除州县嫁娶，皆须八月引户，人民集会之时，男女自相可适，乃为夫妻，父母不能止。交阯糜泠、九真都庞二县，皆兄死弟妻其嫂，世以此为俗，长吏恣听，不能禁制。日南郡男女裸体，不以为羞。由此言之，可谓虫豸，有腼面目耳。②

《后汉书》和《三国志》均在“前四史”之列，在史学界和读者心目中拥有很高的地位，它们对岭南的描述尚且如此荒诞不经，后来的许多地志、笔记（如《南州异物志》、《南海异事》、《博物志》、《拾遗记》、《搜神记》、《酉阳杂俎》、《岛夷志略》等）对岭南的描述，就更加荒诞不经了。这里不再引述。

古代中原人对岭南的误解与歧视，从客观层面来看，是由交通与信息的闭塞造成的；从主观层面来看，则与他们的中原文化优越

---

① 范晔：《后汉书》，浙江古籍出版社，2000，第823、825页。

② 陈寿：《三国志》，浙江古籍出版社，2000，第765页。

感有关。王青教授指出："岭南地区原为百越所居之地，有着与中原地区迥异的物产资源、风土人情和文化习俗。尽管秦始皇于始皇三十三年（前214年）统一岭南后建象郡、桂林、南海三郡，岭南地区成为中国的一个行政区域，但由于其地理位置遥远，中土与岭南地区的交通依然是稀少而艰难的。当时，来往于中土与岭南之间的基本上都是冒险逐利的商人、迁徙贬谪的罪犯和中央政府派驻的个别官吏，客居者的身份使得他们对此一地区的观察角度基本上局限于搜奇志异，所获得的知识往往是表面的、概略的、粗浅的，但正是这种粗浅概略的知识和搜奇志异的热情却为想象提供了广阔的空间。这些想象的内容主要集中于当地的物产与风俗，并且反映出两种矛盾的情感态度。对南海地区的珍奇物产，早期中土文献中较多的是渲染与神化，反映出的态度是歆羡与向往；对此一地区的风俗习惯，则更多的是文化偏见下的扭曲与夸大，反映出的态度是倨傲与鄙夷。"① 这个分析是很客观的。

遗憾的是，古代中原人对岭南的这"两种矛盾的情感态度"，也被今天的某些中原人遗传下来了。他们一方面对岭南（尤其是广东和香港）发达的经济与富裕的物质生活怀着"歆羡与向往"，另一方面又对岭南的文化（尤其是语言和风俗习惯）表现出"倨傲与鄙夷"。他们仍然视岭南为"南蛮之地"，或者"文化沙漠"。

如果说，古代的中原人由于交通和通信条件的落后，以及文化中心主义的某些偏见，对岭南怀有某些"倨傲与鄙夷"，在今天看来，还有几分可以原谅，那么今天的某些中原人对岭南仍然怀有那种"倨傲与鄙夷"，这就有些不可思议了。第一，今天的交通和通信条件与古代相比，早已不可同日而语了；第二，在今天这样一个文化多元的时代，文化中心主义早就应该摒弃了。某些中原人只要秉持一种客观的态度，来岭南作一番实实在在的考察，就没有任何理由继续怀揣着这种"倨傲与鄙夷"。然而事实并非如此。有的人根本就不来，有的人来了也不深入地了解。还有一种人，已经生活、工作在岭南了，甚至已经在这里升官发财了，已经很幸福地享受到了岭南的物质与精神文明成果，但是一旦说起岭南文化，还是

① 王青：《客观知识与文化偏见》，载曾大兴、夏汉宁主编《文学地理学》第2辑，世界图书出版公司，2013，第307页。

要以“南蛮之地”或“文化沙漠”视之，这就殊不可解了，甚至是有些不厚道了。

岭南本地人对于某些中原人的这种“倨傲与鄙夷”是什么态度呢？据我的观察，主要有三种。

第一种是愤愤不平。持这种态度者，主要是岭南本地的学者和文化人。他们不认同“南蛮之地”或“文化沙漠”这种说法，他们往往会列举某些本地的文化事象，来证明这里不再是“南蛮之地”或“文化沙漠”。他们说：我们这里有粤剧，有“广东音乐”，有“岭南画派”，有“三雕一彩”，我们还有孙（中山）、康（有为）、梁（启超），等等，我们怎么是“南蛮之地”或“文化沙漠”呢？如果说在古代，岭南文化确实比较落后，那么近代以来，岭南文化已经很先进了！

第二种是默不作声。持这种态度者，主要是岭南本地的普通读书人。他们一般不大理会这类问题。他们认为，各人做好自己的事情，各人过好自己的日子，这就够了。这种文化上的问题，谁又说得清楚呢？也许岭南文化本来就落后，本来就不如中原文化。既然是这样，那还有什么好争论的呢？什么“南蛮之地”，什么“文化沙漠”，由人家去说好了。

第三种是自贬一等。持这种态度者，主要是某些官员，包括某些本地官员和在岭南工作的外地官员。他们承认岭南是“南蛮之地”、“文化沙漠”。或者说，他们承认现代的岭南文化是先进的，但古代的岭南文化是落后的。他们持这种态度，大概是出于这样两个目的：一是激励岭南人向其他地方文化学习，从而更好地建设岭南文化；二是通过这种谦逊的态度，赢得某些外地人士的认同与支持。

我认为，这三种态度都有可商榷之处。第一，对于不符合事实的、错误的观点予以批驳，这是应该的，但是要有针对性。不能人家说学术，你说艺术；人家说传统文化，你说现代文化。就像人家说曲棍球，你说高尔夫，人家说短跑，你说跨栏一样。这都叫缺乏针对性。还有，不能总是站在岭南的角度说岭南，要站在中国文化的大背景下说岭南。要有宏观的视野和比较的眼光，通过宏观的比较，看看岭南文化的强项在哪里，弱项在哪里，这样才有说服力。

第二，对文化问题漠不关心，这是不值得肯定的。每个读书人都应该关心自身所处的这个文化环境，不能对自己每天生活于其间、涵泳于其间的地域文化视而不见。正确的态度，应是关心岭南文化，参与关于岭南文化的讨论，培养对这种文化的自觉与自信，从而更积极地承担起传承、弘扬、建设岭南文化的责任。

第三，官员要激励岭南人参与本土文化的建设，这是好的，但是不能不讲原则，不能不讲是非，不能为了某种现实功利而接受甚至迎合某些错误观点。要真正熟悉、了解自己这块土地上的文化，不能为官一方而不知一方的文化积累。

说到本人的态度，应该说是很明确的，就是主张通过亲身考察和深入细致的学术研究，还原岭南文化的真相。

三　还原岭南文化真相

为什么主张还原岭南文化的真相？就个人来讲，主要有三个原因：一是我在岭南生活的经历，二是我对文化这个问题的认知，三是我对岭南这片土地的感激。

1993 年 10 月，我从武汉的一所大学调入广州市文化局工作。临行前，我去学校财务处办理离校手续。一位女会计问我："去哪里呀？"我说去广州。她很羡慕地说："好呀！好地方呀！"接着我又去宣传部与一位同乡告辞。他问我："去哪里呀？"我说去广州。他很不以为然地说："去那里干什么？一个落后的地方。"我知道，他所说的落后，是指广州的文化，绝不是指广州的经济。这两位同事对广州的评价差异如此之大，给我留下了很深的印象。广州究竟好还是不好？广州文化究竟落后还是不落后？这成为我来广州之后一直在观察和思考的问题。

我在广州市文化局工作了六年，主要是做新闻和文化传播工作，报纸、杂志、图书、电视、文化活动，都干过。由于工作关系，我采访过不少企业、机关、学校和社会团体，接触过不少广州人，对广州人的生活、观念、工作态度与处世风格等有了较多的了解。

1999 年 4 月，我由广州市文化局调入广州大学任教，重拾词学研究和文学地理学研究，同时开始从事岭南文化的研究。2006 年，我应邀加入"广州市民间文艺家协会"，并连续担任两届副主席。

这个职务给了我许多深入了解广州民间文艺的机会。我结识了不少民间艺人，也现场考察了不少民间艺术的制作过程。2007 年，广东省文化厅聘我为“广东省非物质文化遗产保护工作专家委员会委员”，也就是“非遗”专家。我被分配在“民俗组”。一连做了五届，直到今天。这个职务，使我有机会几乎跑遍广东的每一个市、县，考察了大量的古村落、古建筑与民俗事象，参与了大量的非物质文化遗产项目和项目代表性传承人的推荐与评审工作。2011 年和 2013 年，我又先后两次受广州市委宣传部的委托，就“广州培育世界文化名城”和“广州建设新岭南文化中心”这两个重大课题进行调研，考察了市内外的许多文艺单位和文化企业。

在从事上述文化实践的同时，我还阅读了不少关于岭南的著述，包括古人的、今人的、本地人的与外地人的著述。我的这些实践经历和阅读，使我对岭南文化有了更多的了解和认识。我认为，岭南不仅有丰富的文化积累和鲜明的文化个性，而且有许多优点值得内地借鉴。其中最值得借鉴的是岭南人对文化的态度。岭南人乐于吸收海外先进文化，但是也非常尊重优秀的中国传统文化。也就是说，现代与传统，在岭南人看来并不矛盾。这一点与许多内地人形成鲜明的对比。许多内地人，讲到传统则否定现代，讲到现代则否定传统。岭南人殊少这种二元对立的思维。因此，我们在广州、南宁、香港、澳门各地，既能感受到浓郁的现代文化气息，又能看到许多保存完好的文物古迹，以及许多传统的生活习惯。我常常想，如果中国各地都能像岭南人这样对待文化，那就少了许多浮躁，少了许多过激行为。

说到本人对于文化的认知，其实就是关于文化的两个常识，只是这两个常识往往被人们忽略了。第一，只要是有人类活动的地方就有文化。现在连南极、北极甚至月球、火星上都有人类活动的痕迹，沙漠上的人类活动痕迹更多，因此“文化沙漠”是不存在的。第二，在一个经济发达的地区，文化肯定不会是落后的。因为经济的发展有赖于有文化素质的人群去推动。而经济的持续发展，则有赖于文化力量的推动。有人把广东经济在 20 世纪 80 年代和 90 年代的快速发展归功于国家的优惠政策和港台同胞及海外侨胞的投资，但是 90 年代以后，国家实行全面的改革开放，全国各地享受同样的政策，而港台同胞与海外侨胞的投资遍及全中国，也就是说，广东已经不能独享政策优势和海外投资优势了，但是广东直到今天仍然领跑全国经济，仍然是全国经济最发达的省份，这又应该归功于什么呢？恐怕要归功于文化的力量了。

最后，我要说说我对这片土地的感激。我感激这里四季温润的气候，它使我远离了武汉夏季的酷热与冬季的严寒，可以在相对适宜的气候环境中读书、考察和写作；我感激这里衣食无忧的生活，它使我不必为了养家而耽误自己的学术研究；我感激这里相对宽松的人文环境，它使我可以真实地表达自己的见解；我感激厚道的岭南当地人，他们热情地接纳了我这个外地人，给了我许多学习与考察的方便。

我记得海南琼山人丘濬在《唐丞相张文献公开凿大庾岭碑阴记》中有这样一段话：

> 自公生后，五岭以南，山川烨烨有光气。士生是邦，北仕于中州不为海内士大夫所鄙夷者，以有公也。凡生岭海之间，与夫宦游于斯土者，经公所经之乡，行公所辟之路，而不知所以起敬起慕，其非夫哉。[①]

作为一个20多年来游学于斯土的外地人，每当想起这几句话，我就很为之感动。我认为，我有责任、有义务为还原岭南文化的真相尽自己的一份绵薄之力。虽然由于精力有限、学力有限，我的还原工作并不全面，但是我愿意把一己之所得献给生活与工作在这块土地上的人们，献给一切关注岭南的人。这本书，就是我这20多年来对岭南文化与文学所作考察和研究的一个小结。不当之处，请专家和读者批评指正。

曾大兴

2017年7月13日于广州世纪绿洲寓所

---

① 丘濬：《唐丞相张文献公开凿大庾岭碑阴记》，引自《广东通志·艺文》，文渊阁《四库全书》本。

目　录

CONTENTS

上篇　岭南文化的真相

下篇　岭南文学的真相

上　篇

岭南文化的真相

古代的中原人视岭南为“南蛮之地”，今天也有不少中原人视岭南为“文化沙漠”。然而事实并非如此。现代的岭南文化，是中国境内一种先进的地域文化；古代的岭南文化，则是中国境内一种内容既丰富、特点也很鲜明的地域文化。岭南不仅不是“文化沙漠”，甚至在若干领域还是全国少有的一片绿洲。

第一章
特定时空中的岭南文化

“岭南”是一个地理学概念，指五岭（大庾岭、骑田岭、萌渚岭、都庞岭、越城岭）以南的广大地区。历史上所讲的岭南包括今天的广东、海南、香港、澳门四地全部，以及广西大部和越南北部；今天所讲的岭南则指广东、广西、海南、香港、澳门五地。五岭既是中国境内一条重要的自然地理分界线，也是一条重要的人文地理分界线。五岭以南是南亚热带，以北是中亚热带；以南是岭南文化区，以北是荆楚文化区。

“岭南”一名始于唐代。贞观年间，唐王朝在五岭以南置岭南道，后来又置岭南节度使。“岭南”一名由此而来。

岭南文化，就是在岭南这块土地上生长起来的一种地域文化。

任何一种地域文化，都有空间（横向）和时间（纵向）这两个维度。岭南文化也是如此。从空间上看，它是一种地域文化；从时间上看，它又是一种历史文化，或者时代文化。因此关于岭南文化的考察，最好从空间（横向）和时间（纵向）这两个维度进行。从空间（横向）上考察，可以得知它的来源；从时间（纵向）上考察，可以得知它的历程。然后再把时、空（纵、横）考察所得结合起来，就可以得知它的特点和局限。也就是说，考察一种地域文化的特质，一定要时空并重，纵横观照。单纯的时间（纵向）考察或者空间（横向）考察，都难以得其真相。本章考察岭南文化的来源、历程和特点，就是循着这种时空并重、纵横观照的方法进行的。

一　岭南文化的三个来源与三个发展阶段

横向地看，岭南文化有三个来源，即岭南土著文化、中原文化

和海外文化。纵向地看，岭南文化则经历了三个发展阶段，即先秦土著文化阶段、秦汉至晚清的贯通南北与融合中西阶段、晚清至今的引领时代潮流阶段。

第一个阶段，秦始皇统一岭南之前，这是先秦土著文化阶段。

最早的岭南人属于先秦“百越”的一支。先秦时期的越人广泛分布于今苏南、皖南、江西、浙江、福建、广东、广西以至越南北部，因部落众多，故称“百越”。《汉书·地理志下》颜师古注引臣瓒曰：“自交趾至会稽七八千里，百越杂处，各有种姓。”[①] 见于史籍的则有南越、句吴、于越、扬越、东越、闽越、瓯越、西瓯、骆越、山越、夷越、夔越等，其中南越、骆越、西瓯分布于岭南地区，南越分布于今广东、广西一带。“百越”有自己的语言。其特点是发音轻利急速，它不像汉语那样一字一音，而是一字数音。有的词与汉语不同，名词类的音缀有复辅音和连音成分，词序倒置，形容词或副词置于名词或动词之后。“百越”有自己的图像文字。崇信巫鬼，行鸡卜。以龙、蛇、鸟等为图腾。从事渔猎和农耕。农业以稻作为主，兼及粱、黍、赤豆、粟、麦、大豆、蔬菜等作物，能驯养牛、羊、鸡、鸭等家禽家畜。善使舟楫，长于水战。手工业较发达，可纺织丝麻织物，有玉、石器制造，青铜冶铸，陶瓷烧制，竹木器编造等制造业。越人习惯断发文身，错臂左衽，椎髻箕踞，喜黑齿或凿齿。岭南越人则穿筒裙，椎髻徒跣，着贯头衣，住干栏建筑，行悬棺葬，流行铜鼓。宋代以后，文献中不再有“百越”的记载，这是由于秦汉以后，“百越”部分与汉人融合，部分则独立发展，形成中国南部、西南部的壮、黎、布依、侗、水、仫佬、毛南等少数民族。[②] 我们所讲的岭南土著文化，就是先秦“百越”文化的一个分支。今天的岭南本地人仍然信鬼，善舟楫，仍以稻米为主食，喜食蛇、蚌、鸡、鸭、鹅、海鲜及蔬菜，喜穿拖鞋，喜穿宽松贯头的T恤衫，不喜住楼房的首层，等等，就是岭南土著文化的遗留或变异，其源头则是先秦“百越”文化。

第二个阶段，秦始皇统一岭南至鸦片战争以前，这是岭南土著文化与中原文化和海外文化长期交流、碰撞、融合的阶段，也可称

---

① 周振鹤：《汉书地理志汇释》，安徽教育出版社，2006，第516页。

② 参见罗香林《百越源流与文化》，“国立”编译馆，1978。

为贯通南北、融合中西阶段。

岭南土著文化接受中原文化的影响，早在秦始皇统一岭南之际即已开始，并非如许多学者所讲的迟至魏晋南北朝以后甚至是唐代以后。《史记·秦始皇本纪》载："三十三年，发诸尝逋亡人、赘婿、贾人略取陆梁地，为桂林、象郡、南海，以适遣戍。""三十四年，适治狱吏不值者，筑长城及南越地。"[①]《汉书·西南夷两粤朝鲜传》亦载："秦并天下，略定扬粤，置桂林、南海、象郡，以适徙民与粤杂处。"[②] 又《史记·淮南衡山列传》记载，赵佗任南海尉，"使人上书，求女无夫家者三万人，以为士卒衣补。秦始皇可其万五千人。"[③] 当时留驻岭南的秦军，以及贬谪岭南的尝逋亡人（曾经逃亡过的罪人）、赘婿（入赘于妻家的男子）、贾人（商人）、治狱吏不值者（知法犯法的官吏）等，大约 10 万人[④]，再加上迁徙到岭南供留驻军人婚配的 1.5 万名中原妇女，总计 12 万人左右。正是这些人，最早把先进的中原农耕文化带到了岭南。

岭南文化接受中原文化的影响有多种途径或者媒介：一是留驻岭南的中原军人，二是因战争或其他原因迁徙岭南的中原移民，三是两地往来贸易的商人，四是赴中原应考和为官的岭南士子，五是仕宦、贬谪和流寓岭南的朝廷官员。其中第五点尤为重要。郝玉麟《广东通志·谪宦录》载："唐以前得罪至岭南皆迁徙为民，至唐始谪为宦，有责授、左授之分。"[⑤] 又欧阳修《新五代史·南汉世家》载："唐世名臣谪死南方者往往有子孙，或当时仕宦遭乱不得还者，皆客岭表。"[⑥] 据刘庆华统计，从东汉至明代，仅仅是"谪宦"广东一地且有著作传世者，就多达 271 人。[⑦] 除了"谪宦"，还有许多由于其他原因而客居岭南者，也就是"流寓"。如三国时的许靖，六朝时的谢椵，唐代的刘言史、杨衡、李群玉、许浑、陈陶、曹松、李郢，宋代的陈与义、朱敦儒、留正、张栻、朱熹，明

① 司马迁：《史记》，浙江古籍出版社，2000，第 44 页。

② 班固：《汉书》，浙江古籍出版社，2000，第 1151 页。

③ 司马迁：《史记》，浙江古籍出版社，2000，第 925 页。

④ 参见葛剑雄主编《中国移民史》第 1 册，福建人民出版社，1997，第 182 页。

⑤ 郝玉麟：《广东通志》第 262 卷，文渊阁《四库全书》本。

⑥ 欧阳修：《新五代史》，中华书局，1974，第 810 页。

⑦ 刘庆华：《广东贬谪文人的时空考察》，《学术研究》2009 年第 5 期。

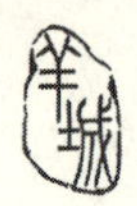

代的李承箕等。这些仕宦、贬谪和流寓岭南者，有许多都是在文化史上有影响的人物。笔者根据黄雨编《历代名人入粤诗选》一书统计，从西汉到晚清，有128位有影响的中原诗人在广东留下了至少400多首优秀作品，仅唐代就有杜审言、宋之问、沈佺期、张说、刘长卿、韩愈、刘禹锡、李绅、李德裕、许浑、李商隐、李群玉、陈陶、曹松等28位优秀诗人留下了100多首优秀作品。这些优秀作品对岭南文化的深远影响是不可低估的。除了文学创作，这些仕宦、贬谪和流寓岭南的文化人，还通过讲学授徒的方式来传播中原文化。如虞翻徙南海，“虽处罪放，而讲学不倦，门徒尝数百人”。郑侠徙英州时，“英人无贵贱，皆加敬礼。争遣子弟从学”。[①] 刘禹锡在连州，“以词章自适，而郡中文学日兴。论者多其振作之功”。韩愈在潮州时，“命进士赵德为之师，自是潮之士笃于文行”。[②]

正是由于中原文化的深刻影响，所以早在初盛唐时期，岭南就出现了像六祖惠能、张九龄这样的享誉中外、辉映古今的宗教家、政治家和文学家。当出生岭南的六祖惠能和张九龄蜚声大江南北、引领一代潮流的时候，湖湘一带还是一片文化蛮荒之地，更不要说东北、闽台、滇黔、青藏等边远地区了。

岭南文化最早接受海外文化的影响则始于南越国时期。1983年，位于广州象岗的第二代南越王赵胡的陵墓被打开，墓中出土了大量的来自海外的珍宝，如主棺室出土的波斯帝国的银盒、金花泡和西耳室出土的非洲原支象牙等。这些海外珍宝是如何到达南越国的呢？据《汉书·地理志》记载，汉代中国与东南亚、印度有一条海上通道，即从今越南岘港或我国广东徐闻、广西合浦（当时均为南越国的管辖范围）沿印支半岛南下，经越南南圻、泰国花富里、暹罗古都佛统、缅甸蒲甘、印度马德拉斯（金奈）到斯里兰卡。汉武帝派出的使者到达此地后又沿原路返回。此书还记有黄支国（今印度东岸建志补罗，出海口为马德拉斯）“其州广大，户口多，多异物”。所产明珠、璧、琉璃、奇石异物，自武帝以来源源流入中国。中国的丝绸（杂缯）则通过馈赠和贸易，不断输往上述各地。据考古学家推断，“这条南海交通航线很可能早在南越国时期就已

---

① 郝玉麟：《广东通志》第38卷，文渊阁《四库全书》本。

② 郝玉麟：《广东通志》第38卷，文渊阁《四库全书》本。

经开辟了”。[①] 正是通过这条最早的海上丝绸之路，波斯帝国的银盒、金花泡和非洲原支象牙才得以进入南越国，岭南文化才得以最早接受海外文化的影响。现在许多学者讲海上丝绸之路，往往是从唐代的“广州通海夷道”讲起，这实际上是把海上丝绸之路的开辟史推迟了一千年，也把岭南文化接受海外文化影响的历史推迟了一千年。

正因为岭南文化最早接受海外文化的影响，所以曾经是南越国国都的番禺早在汉武帝时代就成为国内的九大都会之一。司马迁《史记·货殖列传》记载：“番禺亦其一都会也，珠玑、犀、玳瑁、果、布之凑。”[②] 班固《汉书·地理志》亦载：粤地，“近处海，多犀、象、玳瑁、珠玑、银、铜、果、布之凑。番禺，其一都会也”。[③] 番禺和中原地区其他八个都会相比，其最大的特点就是对外贸易活跃，外国商品丰富。也正因为早在汉武帝时代，番禺就是国内的一个滨海贸易城市，所以至唐代，广州就有了朝廷专设的“市舶使”；至北宋初期，更有了朝廷最早设立的“市舶司”；至清代前期，则成为“一口通商”之地。随着滨海贸易的发展，广州出现了专供外国人居住的“夷坊”和“夷馆”，“夷人的生活习俗以及种类繁多的宗教由此不断在这里落地，外国的科技、教育、医疗、建筑、艺术、工艺以及各种新奇器物等也不断地被引进来。这一切都造就了中外文化在这一地域的并存、碰撞、发酵和交融的局面。因此，这里成为中华文化与外国文化的交接地带，既成为外国文化，尤其是西方文化进入中国的重要通道，也成为中国文化向外展示的重要窗口。与此同时，生活在这片土地上的民众，也由于较早就与异国人交往，较多接触异国文化而更具包容和开放的文化气度。由此不断发酵和催生出一种与中原文化不同的、以‘折衷中西’为重要特征的亚种文化——岭南文化。”[④]

---

① 参见麦英豪、王文建《岭南之光——南越王墓考古大发现》，浙江文艺出版社，2002，第75—77页。

② 司马迁：《史记》，浙江古籍出版社，2000，第984页。

③ 班固：《汉书》，浙江古籍出版社，2000，第577页。

④ 徐俊忠：《重要的是唤起广州人的文化自觉与自信》，载徐俊忠主编《广州培育世界文化名城探索》，广州出版社，2013，第8页。

第三个阶段：鸦片战争至今天，这是岭南文化引领时代潮流的阶段。

从鸦片战争到今天的170多年间，在中国这块古老的土地上发生的意义最为深远的事件，就是社会变革和对外开放。第一次社会变革运动，无疑是岭南人策划、领导的太平天国运动（1851—1864年）。许多人习惯于把太平天国运动和陈胜、吴广起义，黄巢起义，李自成起义等农民起义相提并论，其实它在治国理念、制度设计和思想文化诸方面比历史上的任何一次农民起义都要先进得多。如果说，由洪秀全主持起草的《天朝田亩制度》还只是一个糅合了儒家的大同思想、农民的平均观念以及基督教的某些教义的纲领性文件，它的现代色彩还不怎么鲜明的话，那么由洪仁玕撰写的《资政新篇》则是一部纯粹的资本主义的治国方略，它的现代气息是非常浓厚的。《资政新篇》主张效法西方先进国家，“兴车马之利”、“兴舟楫之利”、“兴银行”、“兴器皿技艺”、“兴宝藏”、“兴邮亭”、“兴各省新闻官”、“兴市镇公司”，也就是建设现代型的交通运输业、工矿业、金融业、专利业、邮政业和新闻业等，同时提出借鉴西方文化中的某些先进成分改造国民精神，期“与番人并雄”。洪仁玕的这个治国方略虽然由于太平天国的失败而未及实施，但是被曾国藩、李鸿章等人所主持的洋务运动所借鉴。洪仁玕实为洋务运动的思想先驱。①

洪仁玕死后34年，近代中国掀起了第二次社会变革运动，这就是戊戌变法（1898年），它的策划者还是岭南人。戊戌变法虽然只进行了103天就失败了，但是它所留下的精神遗产和思想遗产深刻影响了此后中国的历史走向。康有为、梁启超的社会变革主张毋庸赘言。需要强调的是，梁启超在淡出政坛之后，在中国的思想文化界掀起了一波又一波的革新浪潮。他是中国资产阶级新史学的开创者，也是把西方的人文地理学介绍到中国的第一人；他是中国现代图书目录学的开山鼻祖，是现代白话文的先驱，也是“小说界革命”、“诗界革命”

---

① 按：曾国藩办洋务，同时得益于另一位岭南人，即广东香山人容闳（1828—1912年）。容氏毕业于耶鲁大学并获荣誉博士学位，为获美国名校学位的第一个中国人。曾入曾国藩幕，赴美选购机器，筹建江南制造局，为中国培养第一批工程技术人员。从1872年开始，前后组织四批共120名幼童赴美国留学，开中国官费留学之先河。著有《西学东渐记》，为西学东渐第一人。

的倡导者。除了以上这些领域，他还在哲学、经济学、法学、社会学、语言学、佛学等领域作出过许多开拓性的贡献。他还是现代中国一流的报人，一生创办和主持过 10 多家报刊，有着丰富的新闻实践和新闻理论，被时人誉为“舆论界之骄子”和“天才的宣传家”。胡适在论及梁启超在清末《时务报》、《新民丛报》所作政论文的效应时指出：“二十年来的读书人，差不多没有不受他的文章的影响的。”[①] 如果要在清末民初的中国思想文化界推选一位最能引领时代潮流的大学者，除了梁启超，还能有谁呢？

戊戌变法失败 13 年之后，近代中国掀起了第三次社会变革运动，这就是辛亥革命（1911 年），它的策划者和领导者仍然是岭南人。辛亥革命不只是结束了几千年的封建帝制，更重要的是留下了许多国共两党都在继承和弘扬的思想成果。在举国上下高唱“中国梦”的时候，我们有必要回顾一下孙中山的《建国方略》。《建国方略》包括“孙文学说”、“实业计划”和“民权初步”三部分。“孙文学说”又名“知难行易学说”，是对传统的“知易行难”思想的一个颠覆；“实业计划”是中国有史以来第一部详细周密的经济建设计划，这个计划的最大亮点，就是把国家的经济发展问题与社会问题相联系，视经济建设为社会变革的一部分；而“民权初步”（后来被提炼为“三民主义”），既是国民党的理论基础，也是共产党从事民主与法制建设的思想资源之一。

辛亥革命以来的最为深刻的一次社会变革无疑是肇始于 1978 年的改革开放。改革开放的发起人、领导者和总设计师是四川人邓小平，但是他选定的改革开放的四个特区，却有三个在广东境内。广东充当了改革开放的先行者和排头兵的角色。广东在当代中国的意义，绝不仅仅是创造了世界经济的奇迹，更重要的是把国外的先进思想、技术和经验引进来，在广东先行先试，然后推广到全国各地。广东是名副其实的中国改革开放的试验区、桥头堡和孵化基地。30 多年来，全国的大、中、小城市甚至许多边远乡镇，都在使用广货，都在吃粤菜，都在听粤语歌，都在看广东人办的报纸，甚至都在学说广东话。作为湖南人的易中天在《读城记・广州市》

---

① 胡适：《五十年中国文学的变迁大势》，载胡适、周作人《论中国近世文学》，海南出版社，1994，第 34 页。

中这样写道："显然，广州文化或以广州为代表的广东文化对内地的影响已远远不止于生活方式，而是直接影响到思维方式和思想方法，其势头比当年上海文化之影响内地要大得多、猛得多。如果说，上海人曾在全国造就了许许多多的'小上海'，那么，广东人却似乎要把全国都变成'大广州'。"① 由此可见作为岭南文化之代表的广东文化在当代中国的重要地位和影响。

以上对岭南文化的三个发展阶段作了一个简要的划分和总结，从中不难看出，岭南文化总是处在不断的更新、变异、扬弃和丰富之中，如果说在秦始皇统一岭南之前，它还只是一种相对落后的纯粹的土著文化，那么在秦始皇统一岭南之后，它就开始不断地吸收中原文化与海外文化的精华，并逐渐成长为一种"贯通南北"、"折衷中西"、"融合古今"的极具个性的地域文化。由于完成了长期的积累，所以到鸦片战争以后，岭南文化就由一种地域文化上升为一种引领潮流的时代文化了。

许多人讲岭南文化，只认可鸦片战争以后的岭南文化，不认可鸦片战争以前的岭南文化，甚至认为鸦片战争以前的岭南是一个"文化沙漠"。这种认识是十分错误的，既不符合历史事实，也不符合文化的生成规律。"罗马不是一天建成的。"如果没有鸦片战争以前的长期积累，怎么可能会有鸦片战争以后的独领风骚呢？

认识岭南文化，既要注意到它的三个不同的发展阶段，也要注意到它的三个不同的来源，即土著文化、中原文化和西方文化。如果对岭南文化的来源缺乏正确的认识，那么对于它的特点和局限就不可能看得清楚。

二　创新与守旧：岭南文化的两大优点

地域文化就其结构来讲有三种类型：一种是封闭的，一种是开放的，一种是处于封闭与开放之间的。封闭型的地域文化迟早是要消亡的；开放型的地域文化不仅不会消亡，还会由一种地域文化上升为一种引领潮流的时代文化；处于封闭和开放之间的文化既不会

① 易中天：《读城记·广州市》，载黄树森主编《广东九章》，广东人民出版社，2006，第320—321页。

消亡，也不可能上升为一种时代文化。岭南文化就是一种开放型的地域文化。无论是对中原文化还是对西方文化，无论是对儒家文化、道家文化，还是佛教文化、基督教文化、伊斯兰教文化，或者其他学派、教派的文化，它都采取一种开放、包容的态度，这就使得它一直具有一种与时俱进、历久弥新的品质与个性。

岭南文化的突出特点，首先在一个“新”字。

所谓“新”，就是能够走在时代的前面，充当时代文化先行者的角色。以岭南画派为例。关山月指出：“岭南画派之所以在中国现代美术史上产生广泛的影响，受到进步人士的支持肯定，主要原因是它处在新旧交替的历史时期，代表了先进的艺术思潮。它揭起的艺术革命旗帜，主要以新的科学观念对因袭、停滞的旧中国画来一番改造。它主张打破门户之见，大胆吸收外来的养料，使具有千百年古老传统的中国画重获新生。它反对尊古卑今的保守观念，强调紧跟时代的步伐，创造出能够反映现实生活和时代精神的新中国画。它强调新中国画不是为了表现自我，只满足个人陶醉欣赏，也不是狭隘地为少数人服务，而是为了更多人能够接受它，即为了时代的需求去追求一种大众化的、雅俗共赏的美的艺术。”由此可见，“岭南画派之诞生于二三十年代的中国画坛，是历史的必然。它和当时蓬勃发展的民主思想与科学观念是紧密结合的，因此可以说它是那个时代的进步思想的产物”。因此岭南画派的意义，就不仅仅是一种地域文化的意义，同时或者更多地具备了时代文化的意义。长期以来，许多人讲岭南画派，只讲它爱用熟纸、熟绢及撞水、撞粉法，因而仅从师承关系把它的创始人推到居廉、居巢以至宋光宝、孟丽堂等。作为岭南画派的传人，关山月对此是很不以为然的。他认为这种说法“没有抓住问题的本质”。据他介绍，“当时高（剑父）、陈（树人）诸先生对‘岭南画派’这个称号，并不满意，因为它带有狭窄的地域性，容易使人误解为只是地区性的画家团体；更主要的缺陷是没能体现出吸收外来营养使传统艺术更加发扬光大的革新国画的思想，所以剑父老师从来没有使用过‘岭南画派’这一名称，而宁可自称是‘折衷派’”。[①]

① 关山月：《试论岭南画派和中国画的创新》，载黄树森主编《广东九章》，广东人民出版社，2006，第215—217页。

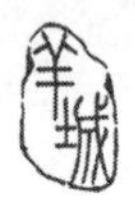

“折衷中外”，“融合古今”，以“中”为本，以“今”为魂，是岭南画派重要的艺术主张和主要的艺术特色，也是粤剧、广东音乐等蜚声海内外的岭南其他艺术门类得以与时俱进、历久弥新的根本原因。在“中”、“外”、“古”、“今”四个因素中，“今”是很重要的。所谓“今”，就是适应时代需要，反映时代精神，体现时代特色，成为时代文化的先行者。失去“今”，或者忽视“今”这个要素，岭南文化就没有了创新的原动力，它的这个“新”字也就无从谈起了。

艺术的“新”缘于思想的“新”。思想大于艺术，思想是文化的灵魂。许多人讲岭南文化，往往只讲到岭南的艺术（绘画、音乐、戏曲、盆景、建筑、园林、粤绣、三雕一彩、龙舟、飘色、七夕、迎春花市等），或者岭南的语言（广府话、潮汕话、客家话），甚至只讲到岭南的饮食（广府菜、潮州菜、客家菜、早茶等），而不讲岭南的思想。这也是一个很大的误差。笔者认为，讲岭南文化，绝对不能忽略岭南的思想。如果没有先进的思想灌注其间，岭南文化恐怕还停留在先秦土著文化阶段，恐怕都是一些土得掉渣、老得掉牙的东西。

岭南这个地方位于中国大陆的最南端，山高皇帝远，儒家思想对它的约束力比较有限，因此岭南拥有思想的自由空间，可以产生许多新思想。许多有新思想的人士在中原不能发声，被贬谪、流寓或迁徙到岭南，就可以自由发声了，这就是经济学所讲的“洼地效应”。还有一点就是岭南面朝大海，大海辽阔无垠而又变化无常，可以极大地激发人的想象和思想，这也是内陆深处的中原所无法比拟的。在中国这样一个经学传统悠久而思想又定于一尊的国家，做一个“我注六经”的学者并不难，难就难在做一个“六经注我”的思想家。所以中国的总体情况是学者远远多于思想家，思想家不到学者的1/10，而岭南是一个例外。岭南的思想家是相对较多的。一般人说到岭南的思想家，说来说去只有孙（中山）、康（有为）、梁（启超）三人，而不知在孙、康、梁之前，还有东汉的牟子，唐代的惠能、张九龄，宋代的余靖，明代的丘濬、陈献章、湛若水、陈建、黄佐、海瑞，明清之际的屈大均，清代的陈宏谋、梁廷楠、朱次琦，近代的洪秀全、洪仁玕、容闳、何启、胡礼垣、郑观应、黄遵宪，以及现代的刘师复、朱执信、廖仲恺、邓演达、张荫麟等一大批人物。尤其是惠能和陈献章这两个人，不仅是古代岭南思想界两面高高飘扬的旗帜，也是古代中国思想界两个举足轻重的人物。

六祖惠能（638—713年），唐时新州（今广东新兴）人，少孤贫，不识字。但不识字也有不识字的好处，就是没有"文字障"，可以"直了成佛"。惠能和他创立的禅宗"南宗"，提倡心性本净，佛性本有，觉悟不假外求，不读经，不礼佛，不立文字；强调"以无念为宗"，"即心是佛"，"见佛成性"；认为"一悟刹那至佛地"，故被称为"顿门"或"顿教"，与力主渐修的"北宗"相对，世称"南顿北渐"。惠能的思想可以说是新意扑面，其最为新颖、最能吸引众生者有五：一是把"真如"视为世界本原，认为宇宙万物都是由"真如"派生的，自性就是精神本体"真如"，自性中本来就具有佛教智慧"般若"；二是主张众生皆有佛性，人人皆可成佛；三是主张顿悟，认为众生可不必经历累生累世的修炼，只要能够开悟，当下即可成佛；四是主张即心是佛，认为佛国不在西方，也不在身外，就在心中；五是"立无念为宗"。"无念"不是百物不思，而是与外物接触时，心不受外界的任何影响，"不于境上生心"。[①]这些主张对普通知识分子和广大民众极具吸引力，所以在中唐以后，"南宗"成为禅宗正统，而"北宗"不传于世。禅宗"南宗"由一种地域性的宗教上升为一种时代性的宗教，对人们的人生理想、生活情趣与文学艺术创作产生了广泛而深远的影响。唐诗研究学者指出："禅宗讲体的自性，是言语道断、心行处灭的，藉着具体的物象，来表现难以言传的一点禅机。这是一种更深层的影响，也是一种更为重要的影响。它给唐诗带来一种新的品质。唐诗中空寂的境界，明净和平的趣味，淡泊而又深厚的含蕴，就是从这里来的。"[②] 事实上，禅宗"南宗"对唐代以后的历朝历代的诗歌乃至绘画、书法等都产生了重要的影响。更令人称奇和敬佩的是，六祖不识字，却留下一部《坛经》，此乃中国本土所产生的佛教著作中唯一被称为"经"者。《坛经》是禅宗基本理论的代表作，它的问世，使印度禅学真正得到彻底的中国化，在中国佛教史上处于极其

---

① 东方佛教学院：《六祖坛经注释》，福建莆田广化寺佛经交流处印行，1992。

② 袁行霈主编《中国文学史》第2册，高等教育出版社，1999，第206—207页。

显著的地位，在中国哲学史上也具有深远影响，一直影响着唐代以后的整个佛教界和思想界。

陈献章（1428—1500年），广东新会人。因迁居江门白沙，人称“白沙先生”。他本是江西抚州理学大师吴与弼的弟子，但是他对程朱理学的那一套“格物致知”、“泛观博览”的求知修行方法不满意，视为“烦琐”，转而倾向陆象山之学与佛教禅宗之学，奉行“从静坐中寻求自得”、“以自然为宗”的方法，主张“学贵自得也。自得之然后博之以典籍，则典籍之言我之言也”。更重要的是，他反对以程朱之是非为是非、不敢越雷池半步的习气，主张“学贵知疑”，“独立思考”，提倡较为自由开放的学风。[①] 可以肯定地说，陈献章的这些主张，对转变当时中国学术界那种死气沉沉的风气无疑起到了很好的作用。有些人认识不到这一点，仅仅把他所开创的“白沙学派”视为一个地域性的学术流派，认为他的思想只是对“明代和清代岭南学术界、思想界产生较大影响”。这显然是大大地低估了陈白沙的价值。陈白沙反对以程朱之是非为是非，就像后来的福建晋江人李贽反对以孔子之是非为是非一样，在整个中国思想史上都是可以大书特书的。例如，明末清初的杰出思想家黄宗羲在《明儒学案·白沙学案》中就给了他很高的评价，称“有明之学，至白沙始入精微”。[②]《明史·儒林列传》更说：“学术之分，则陈献章，王守仁始。”[③] 陈献章的最大价值，就是主张思想解放。陈献章所高高举起的这面思想解放的旗帜，对整个岭南思想界乃至全国思想界的影响都是不可低估的。他的影响可以说一直延续到今天。就这种思想的渊源来讲，又是与六祖惠能的思想相通的。正因为在岭南的历史上有了六祖惠能和陈献章这样的思想解放的先驱，才会有后来的湛若水、洪秀全、洪仁玕、郑观应、黄遵宪、康有为、梁启超、孙中山等一大批思想家的涌现。这些思想家的共同特点，就是一个“新”字。

20世纪中叶以来，岭南没有出现在全国有重要影响的思想家，这种情形同国内其他地区一样。原因主要有二：一是20世纪50年代

---

① 参见《陈献章集》，中华书局，1987。

② 黄宗羲：《明儒学案》，中华书局，1985，第79页。

③ 张廷玉等：《明史》，中华书局，1974，第7222页。

初至70年代末，国内思想界受左的路线的钳制，真正有思想的人不能发声；二是70年代末至今，中国的思想进入大众思想的时代。随着人文环境的逐渐宽松，人人都可以表达思想，但是大思想家并未出现。这种情形也同人文社会科学其他领域一样，学者很多，但不见大师的身影。然而，即使是在这个大众思想盛行的时代，岭南仍然引领着时代的潮流。一个最突出的表现，就是岭南的报刊尤其是作为岭南文化中心的广州地区的报刊，在思想、观念问题的讨论方面比国内其他地区的报刊活跃。虽然岭南在对“实践是检验真理的唯一标准”这一重大理论问题的讨论上不及北京、南京等地那样活跃，但是在“改革开放”、“引进外资”、“姓资姓社”、“社会主义商品经济”、“社会主义市场经济”等一系列重大理论问题的讨论上，岭南是走在全国前列的。这种活跃的状态众所周知，并且一直延续到今天。

广州大众思想的活跃，新的思想与观念层出不穷，应归功于广州舆论环境的宽松。2010年11月11日，《南方人物周刊》发表了记者黄广明的一篇《爱广州的60个理由》，这篇文章曾经在网络上广泛传播，影响非常大。文章写道：“在广州，人大代表的敢言已然形成了一个‘广州现象’，当政府官员面对人大代表时，诚惶诚恐，广州市的人大代表曾在7天里分别向政府部门提出了8场质询，问题一个比一个尖锐。”“可以毫不夸张地说，广州是内地言论自由程度最高的城市。作为一个副省级的城市，这里的地方媒体可以批评一个厅级官员。”“在广州，市长副市长们，还有各职能部门的头头脑脑们，时常在报纸上露脸，回应市民对市政民生问题的指责和批评。”“媒体的大胆敢言与相对独立是广州政治气氛宽松的一个缩影，这个城市一波未平一波又起的公民维权运动，从环保到社区自治，再到粤语保护，报纸犀利的言论，层出不穷的公众论坛、学术研讨，学者们自由开放的观点，酒吧里的各种生活方式与各种观点的聚会，香港电视台的落地，都得到了政府相对的宽容。以至于，一些外省人在家乡遭遇了不公不义后，都来广州街头表达，如果他们要去北方一座城市表达的话，将困难重重。”“正如一位广州市民所说，如果你有幸在年轻的时候生活在广州，那么自由、平等的气质将渗透你的骨髓，并跟随终生。”① 这就是岭南新思想、新

① 黄广明：《爱广州的60个理由》，《南方人物周刊》2010年11月11日。

文化产生的土壤。

岭南文化的创新性，这是大家都认可的，无须多讲。这里需要强调的是，岭南文化也有“守旧”的一面。历来研究岭南文化的学者往往只看到它创新的一面，看不到它“守旧”的一面，因此对于许多具体的问题不能给出一个合理的解释。

“守旧”在这里并不是一个贬义词，它的实质，就是固守某些优秀的传统文化。例如粤语是中国七大方言之一，它不仅保留了大量的古汉语词汇和语法，还保留了古汉语的入声，而现在的以北京音为标准音的普通话只有阴平、阳平、上声和去声，没有入声，因此用粤语来朗诵古诗词就特别有韵味。在客家话、潮汕话中，也保留了大量的古汉语。古汉语在岭南三大民系的方言中之所以得到大量保留，一是由于唐宋时期大批的中原人南下岭南，是他们把中古语言带到了岭南；二是由于五岭这一天然屏障的阻隔，使岭南较少受到蒙古语和满语的冲击。

也是由于同样的原因，岭南地区还能保留大量的古村落、古民居、古祠堂、古寺庙等物质文化遗产，以及大量的非物质文化遗产。2012 年 12 月 19 日、2013 年 8 月 26 日和 2014 年 11 月 17 日，住房和城乡建设部、文化部、财政部先后三次联合发出通知，公示中国传统村落名录，全国 28 个省（区、市）共 2556 个古村落入选该名单，其中广东 126 个，居全国第 5 位；广西 89 个，居全国第 10 位。[①] 1982 年、1986 年和 1994 年，国务院公布了三批 99 座“国家级历史文化名城”。在 99 座国家级历史文化名城中，广东拥有 6 座（广州、潮州、肇庆、佛山、梅州、雷州），在全国排名第二。2003 年和 2005 年，建设部和国家文物局公布了两批 36 个“国家级历史文化名村”。在 36 个“国家级历史文化名村”中，广东拥有 5 个，在全国排名第一。[②] 2006 年、2008 年和 2011 年，国务院先后公布了三批国家级非物质文化遗产名录，包括民间文学、音乐、舞蹈、传统戏剧、曲艺、杂技与竞技、民间美术、传统手工技艺、传统医药、民俗等 10 大类共 829 项，其中广东拥有 116 项，

① 曾大兴：《中国古村落的地理分布及其原因和特点》，载纪德君、曾大兴主编《广府文化》，中山大学出版社，2016。

② 曾大兴：《文学地理学研究》，商务印书馆，2012，第 375—379 页。

为全国各省、自治区、市（不含香港、澳门和台湾）平均数（26.7 项）的 4.3 倍。[①]

岭南不仅保留了大量的物质文化遗产和非物质文化遗产，也保留了相当多的传统观念。在日常语言、民间信仰、饮食、养生、婚丧嫁娶、生育、理财、人际交往诸方面如此，在文学方面也是如此。许多人讲到岭南的文学，都以黄遵宪的“诗界革命”、梁启超的“小说革命”为例，强调它的创新性，其实在岭南海量的文学作品中，守旧性仍然是其主导面。古代诗词不必论，即便是近代以来的旧体诗词，仍然是传统的价值观、传统的题材、传统的语言、传统的体裁和形式、传统的表现手法和艺术风格占了绝大多数。在诗、词、散文、小说、戏剧五种文体中，只有小说的创新色彩要浓厚一些，但也仅仅限于近代以来的小说。在岭南的各种地方戏中，粤剧的创新色彩稍浓一点，其他剧种的传统色彩依然相当浓厚。

岭南濒临大海，使得它在接受海外工商文化的影响方面具有得天独厚的条件，它在文化上具有创新的一面。同时，岭南又处于中国大陆的最南端，是中国农耕文化的最后一道防线，这个位置使得它在遭受异族入侵时，为守护中国传统的农耕文化，往往有惊人的表现。也就是说，特殊的地理环境，使岭南肩负着引进海外先进工商文化与保护中国传统农耕文化的双重使命，因而在文化上具有创新与守旧的双重品质。

三　轻质与实用：岭南文化的两个局限

岭南文化既有创新的一面，也有守旧的一面。这是岭南文化的两大优点。但是，岭南文化也有它的局限性，一是不够厚重，二是实用主义的色彩比较浓厚。

笔者认为，岭南文化是一种轻质型文化。轻质型文化是与厚重型文化相对而言的。轻质型文化所体现的是轻盈、明快、流畅、飘逸、清新、别致、自然、爽朗、平和、秀美、淡雅、通透一类的风格，与厚重型文化所体现的厚实、沉着、深刻、凝重、质实、典雅、博大、悲壮、雄浑、秾丽、绵密一类的风格不一样。我们且看

① 曾大兴：《广府文化的另一面》，《中国社会科学报》2016 年 5 月 25 日。

《岭南文化百科全书》对岭南几种主要的文化样式的评价：

> 岭南古琴：“100 年间，岭南琴派形成了刚健、明快、爽朗的演奏风格。”①
>
> 广东音乐：“广东音乐以装饰音群构成习惯性音型为特色，具有清丽、委婉、流畅的格调。”②
>
> 岭南文学：“明胡震亨《唐音癸签》谓张子寿（九龄）首创清淡之派，对王维、孟浩然、储光羲、常建、韦应物等诗人有重大影响，对岭南诗派的形成和发展起了启迪作用。”③
>
> 岭南园林：“经过长期发展，岭南园林已逐步形成独特的艺术风格：务实兼蓄，精致秀美。……秀美，即岭南园林景观的总体色彩比较鲜明秀丽，四季花开，终年常绿，建筑畅朗轻盈，装饰精细华丽。”④
>
> 粤菜：“食味重清、鲜、爽、滑、嫩、脆。”⑤

事实上，岭南所有的文化样式都属于这一风格类型。轻质型文化的最大特点就是便于创新，便于转型，所谓驾轻就熟，“船小好掉头”；而厚重型文化的创新和转型则要艰难得多，所谓积重难返，“大有大的难处”。因此，轻质型文化往往与创新、新颖、新奇等联系在一起，而厚重型文化往往与保守、陈旧、凝滞等联系在一起。但是如果换一个角度来看，厚重型文化给人的感觉就是厚而深，轻质型文化给人的感觉则未免轻而浅。厚重型的文化产品拿在手上沉甸甸的，轻质型的文化产品拿在手上则轻飘飘的。人类的文化是多元的、多样的，丰富多彩的，也是各有长短、各有利弊的，我们不应站在厚重型文化的立场来贬低轻质型文化，也不应站在轻质型文化的立场来贬低厚重型文化。中原地区一直都有人认为岭南没文化，是个文化蛮荒之地，或者是个“文化沙漠”，这是他们站在厚重型文化的立场来贬低轻质型文化。他们看不到文化是发展的，文

---

① 《岭南文化百科全书》，中国大百科全书出版社，2006，第 281 页。
② 《岭南文化百科全书》，中国大百科全书出版社，2006，第 281 页。
③ 《岭南文化百科全书》，中国大百科全书出版社，2006，第 237 页。
④ 《岭南文化百科全书》，中国大百科全书出版社，2006，第 437 页。
⑤ 《岭南文化百科全书》，中国大百科全书出版社，2006，第 599 页。

化也有类型之别，这是他们的局限性与偏见，肯定是不可取的。但是中原人的某些意见似乎也可以促使我们反思，让我们想一想岭南文化是不是缺了点什么，是不是还可以作一些弥补。

笔者认为，对于岭南文化的反思，最好从岭南的文化人开始。如上所述，岭南的文化人是敢于创新的，不少文化人曾是岭南历史上乃至整个中国历史上有影响的创新型思想家。问题是，这些文化人在提出一个新思想之后，接下来在做什么，有没有对自己的思想进行进一步的反思、检讨、求证、比较、深化、系统化，使之成为一部学术著作，乃至一门学问或者一个学科，从而成为岭南文化乃至整个中国文化的一份积累。似乎很少。岭南的文化人一般不太重视深沉之思和系统之思，也不太重视学术著作的结撰，更不要说大部头的学术著作了。许多人的新思想也不是以学术著作的形式来表达的，多是语录、札记、日记、谈话、演讲、杂文、时论一类的形式。事实上，学术著作的结撰过程，也就是对一个问题进行深入、系统的思考的过程。在岭南这个新事物、新思想、新观念层出不穷的地方，需要文化人静下心来，进行深入、系统的思考和研究，然后以学术专著的形式加以表达的问题、观点、主张等，实在是太多了，可是岭南的相关学术专著却很少。《岭南文化百科全书》所收录的岭南五地（广东、广西、海南、香港、澳门）从晋代至20世纪末的学术著作只有78种，平均一个省（特别行政区）不到16种，其中还有不少是论文、论文集、教材和多人参与编写的书。这样一点学术积累与岭南两千多年的文化史是不相称的。在岭南学术界，在世学者姑且不论，已故学者中，真正像陈垣、岑仲勉、罗尔纲、容肇祖、容庚、商承祚、王力、罗香林、钟敬文等人那样，精心结撰自己的学术著作，使自己成为所在领域一流学者的人，实际上还是很少的。可以说，连大名鼎鼎的梁启超都没有做到这一点。好在他本人是有自知之明的。他在《清代学术概论》里诚恳地写道：

> 启超之在思想界，其破坏力确不小，而建设则未有闻。晚清思想界之粗率浅薄，启超与有罪焉。启超常称佛说，谓“未能自度，而先度人，是为菩萨发心”。故其平生著作极多，皆随有所见，随即发表。彼尝言：“我读到‘性本善’，则教人

> 以‘人之初’而已。”殊不思“性相近”以下尚未读通，恐并“人之初”一句亦不能解。以此教人，安见其不为误人？启超平素主张，谓须将世界学说为无制限的尽量输入，斯固然矣。然必所输入者确为该思想之本来面目，又必具其条理本末，始能供国人切实研究之资，此其事非多数人专门分担不能。启超务广而荒，每一学稍涉其樊，便加论创，故其所著述，多模糊影响笼统之谈，甚者纯然错误，及其自发现而自谋矫正，则已前后矛盾矣！
>
> 平心而论，以二十年前思想界之闭塞萎靡，非用此种卤莽疏阔手段，不能烈山泽以辟新局。就此点论，梁启超可谓新思想界之陈涉。虽然，国人所责望于启超不止此。以其人本身之魄力，及其三十年历史上所积之资格，实应为我新思想界力图缔造一开国规模。若此人而长此以自终，则在中国文化史上，不能不谓为一大损失也。
>
> 启超“学问欲”极炽，其所嗜之种类亦繁杂，每治一业，则沉溺焉，集中精力，尽抛其他；历若干时日，移于他业，则又反抛其前所治者。以集中精力故，故常有所得；以移时而抛故，故入焉而不深。①

梁启超不因自己是文化名人而自矜，而能自揭其短，并以此告诫后人，所以仍不失为一代英雄。更重要的是，他的这番话，说的是自己，其实也道出了岭南文化的一个通病，就是“入焉而不深”。也就是轻质者多，厚重者少；拓荒者多，深耕细作者少；创新者多，集大成者少。笔者认为，梁启超就是岭南文化的一个标本，他的长处和短处，都是岭南文化所赋予的。谁要是真正理解了梁启超，谁就真正理解了岭南文化。

岭南学术界、思想界是这样，其他界别（如文学、宗教、音乐、戏曲、美术、舞蹈、影视等）也是这样，都不乏开拓性的人物，但是都缺乏集大成的人物。岭南文化之所以缺乏集大成的人物，之所以不够厚重，与实用主义的价值观和思维方法有很大的关系。

---

① 梁启超：《清代学术概论》，上海古籍出版社，1998，第89—90页。

冯友兰先生指出："实用主义的特点在于它的真理论。它的真理论实际是一种不可知论。它认为，认识来源于经验，人们所能认识的，只限于经验。至于经验的背后还有什么东西，那是不可知的，也不必问这个问题。这个问题是没有意义的。因为无论怎么说，人们总是不能走出经验范围之外而有什么认识。要解决这个问题，还得靠经验。所谓真理，无非就是对于经验的一种解释，对于复杂的经验解释得通。如果解释得通，它就是真理，是对于我们有用。有用就是真理。所谓客观的真理是没有的。"① 实用主义的要害就在"有用就是真理"，而真理只限于对于经验的解释，至于经验的背后还有什么东西，那是不必深究的。实用主义虽然是 19 世纪 70 年代在美国出现的一个现代哲学流派，但是作为一种价值观和思维方式，它在中国尤其是在岭南实际上已经存在了许久。晚清的朱次琦（九江）就是一个实用主义者，他的名言是："读书者何也？读书以明理，明理以处事。先以自治其身心，随而应天下国家之用。"② 在他看来，读书的最终目的就是"应天下国家之用"，于"天下国家"有用的书就值得读，否则就不值得读。此即"有用就是真理"。朱次琦在南海九江讲学长达 20 余年，培养了大批学生，洪秀全、康有为、简朝亮等皆出其门下。可以说，1855 年以来的岭南文化，就深受朱次琦的影响。洪秀全、洪仁玕、郑观应、黄遵宪、康有为、梁启超、孙中山等人，最初就是受了他的影响，然后再向海外寻求于"天下国家"有用的经验。

当然，实用主义作为一种哲学，也并非一无是处，不可一概否定。而且自 20 世纪初期以来，实用主义在中国可谓大行其道。问题是，岭南的实用主义似乎比中国其他地方还要严重一些。岭南的实用主义不仅表现在政治和经济方面，也表现在文化方面。在许多岭南人尤其是地方领导干部看来，一切文化都要用"有用还是没用"来衡量。而所谓"有用"，说白了，就是有经济价值。有经济价值，就做；没有经济价值，就不做。例如，广州市社会科学院自 20 世纪 80 年代成立之初就没有文学研究所，广东省社会科学院曾经有文学研究所，但是在 20 世纪 90 年代被砍掉了。为什么省、市

① 冯友兰：《三松堂自序》，三联书店，1984，第 210 页。

② 参见简朝亮《清朱九江先生次琦年谱》，台北商务印书馆，1978。

两级社会科学院都没有文学研究所？在他们看来，理由很简单，文学没有经济价值。广东的省、市两级社会科学院不仅没有文学研究所，而且自21世纪初开始，连所有的基础理论研究机构都被砍掉了。有关领导认为，地方性的社会科学院就是为地方政府提供决策咨询服务的，而能够为地方政府提供决策咨询服务的只有应用研究，于是所有的基础理论研究机构就不复存在了。这样的领导可以说是够精明了，但是他们忽略了一个基本事实：任何没有基础理论作支撑的应用研究都是没有价值的，实际上还是没用。这就是实用主义者的局限性，也就是精明而不高明。

徐俊忠教授讲：“我们必须高度重视一个突出的文化现象：为什么广州一直可以成为国家文化发展的报晓雄鸡，但始终无法成长为雄踞国内文化发展的劲旅？”① 笔者的理解是：岭南文化本是一种轻质型的文化，它的局限性就体现在不够厚重上。不够厚重的文化是很难成为文化劲旅的。而导致岭南文化不够厚重的主要原因，就是实用主义的色彩太过浓厚。

人类文化史上的无数事实证明，一个文化不厚重的地方，其自主创新的能力终究是有限的。在中国多数地区处于封闭和半封闭状态的时候，岭南可以凭借自己的地缘优势，引进海外的先进文化，推陈出新，从而引领时代文化的潮流。在全国各地全面开放的时候，大家都可以引进海外的先进文化，岭南在这一方面的优势就不再突出，甚至会逐渐丧失，那么文化的自主创新就显得非常重要了。但是如果文化本身不厚重，就缺乏自主创新的后劲。所以在今天的岭南，文化创新固然很重要，但是增强文化的厚重感尤其重要。如果不增强文化的厚重感，不注重文化的积累，不培养具有创新意识与创新后劲的文化人才，那么今后的文化创新就堪忧，岭南文化在全国的先进地位就很难保住。如何能够实现自主创新呢？关键在于克服实用主义的倾向，让岭南文化逐渐厚重起来。

---

① 徐俊忠：《重要的是唤起广州人的文化自觉与自信》，载徐俊忠主编《广州培育世界文化名城探索》，广州出版社，2013，第15页。

第二章 从文化要素的地理分布看广东在全国的文化地位

近年来，随着中共广东省委、省人民政府提出“建设文化强省”的口号，曾经沉寂一时的“广东文化沙漠说”再次浮泛上来。广东有些官员、学者在回答媒体和网民提问的时候，虽然不承认现在的广东是“文化沙漠”，却承认“在传统文化方面，广东确有沙漠化的倾向”。笔者认为，这是对广东的传统文化缺乏了解所致。据笔者的考察和研究，广东在传统文化方面不仅不是沙漠，甚至在若干领域还是全国少有的一片绿洲。

考察和评价一个地方的文化成就及其地位，可以有不同的角度。本章即从文化地理学这个角度，通过古代文学家、古代书院、全国重点文物保护单位、国家级非物质文化遗产、国家级历史文化名城、国家级历史文化名村这六个文化要素的地理分布，来考察和评价广东在文化方面的成就及其在全国的地位，以此回应所谓的“广东文化沙漠说”。

一　从文化要素的地理分布看广东在全国的文化地位

1. 从文学家的地理分布来看

中国古代的文学家，和当代的文学家有很大的不同。第一，他们不以文学为专门职业。他们当中的多数人，首先是各级政府的官吏，本职工作是为官理政，文学只是他们的一种业余爱好。少数人不是官吏，或为教师、医生、农民、工匠、商人，或为和尚、道士、乐工、歌女等，他们也都有自己的本职工作，并不靠文学来谋

生。在古代的三百六十行当中，文学并不是一个专门的职业。因为不是一个专门的职业，也就成了许多人都可以为之的一件风雅之事。第二，他们大多具有多方面的文化素养，往往博通经、史，旁及天文、地理、律历、术数、释老、医卜之学，工于诗、文、词、赋，娴于琴、棋、书、画。他们的著述既有文学方面的，也有其他方面的。第三，他们都受过良好的教育，多数人都有“功名”，或者进士，或者举人，或者秀才，或者其他类似的“功名”。总之，中国古代的文学家，都不是以文学为专门职业的人，都是多才多艺的人，都是受过良好教育的人，也就是古代最有文化的那一部分人。

一个地方出不出文学家，出多少文学家，与一个地方的自然地理环境和人文地理环境有着重要的关系。一个地方的自然地理环境好，经济发展水平相对较高，社会又比较安定，教育兴盛，民风向学，文化积累深厚，文化传统悠久，加上交通方便，人员往来自由，文化交流不受阻滞，这个地方的土壤就适宜于文学家的生长。一个地方的文学家的分布数量的多寡，反映了一个地方的自然和人文环境的优劣，也是衡量一个地方的文化发展水平的重要指标之一。

20 世纪 90 年代初期，笔者曾对中国古代文学家的地理分布做过一个统计，统计的论据，是谭正璧编、光明书局 1934 年出版的《中国文学家大辞典》（20 世纪 90 年代中期以后，中华书局开始出版由曹道衡等人分头主编的多卷本《中国文学家大辞典》，但是直到今天还没有出齐。笔者认为，谭先生编的这部大辞典，仍然是一部最权威的《中国文学家大辞典》）。该辞典“上起李耳，以迄近代。凡姓名见于各家文学史及各史《文苑传》，或其文学著作为各史《艺文志》及《四库全书》所收者，靡不录入”。[1] 据统计，该辞典收录先秦至近代在中国文学史上较有影响的文学家共 6781 人，其中有籍贯（出生地）可考者 6396 人，除去占籍今朝鲜、蒙古、越南三国的 6 位，还有 6390 位，其地理分布格局如表一所示[2]：

① 谭正璧编《中国文学家大辞典》，光明书局，1934，第 1 页。

② 曾大兴：《中国历代文学家之地理分布》，商务印书馆，2013，第 552 页。

表一　中国古代文学家的地理分布

单位：人

地区＼朝代	周、秦	两汉	三国、西晋	东晋、南北朝	隋唐、五代	宋、辽、金	元代	明代	清代	总计	排名
江苏	1	16	17	257	94	87	57	329	483	1341	1
浙江		6	8	112	81	209	149	318	411	1294	2
江西		1		10	18	162	71	177	116	555	3
河南	7	41	57	32	108	106	23	40	27	441	4
山东	3	29	30	22	19	69	35	54	94	355	5
福建					25	114	27	98	87	351	6
河北	1	13	13	36	100	64	38	35	49	349	7
安徽		10	21	22	24	52	20	73	98	320	8
陕西		45	10	7	116	28	8	26	19	259	9
山西		3	17	23	60	59	25	16	26	229	10
湖北	4	7	1	28	25	22	4	34	37	162	11
上海			3			2	7	55	78	145	12
四川		7	4		19	73	6	10	20	139	13
湖南				1	10	18	6	22	61	118	14
广东					4	5	2	37	66	114	15
北京		1			2	2	25	9	28	67	16

续表

朝代 / 地区	周、秦	两汉	三国、西晋	东晋、南北朝	隋唐、五代	宋、辽、金	元代	明代	清代	总计	排名
甘肃		11	1	5	15	2	1	3	12	50	17
广西		1	1		4	1	1	3	12	23	18
内蒙古				3		17	2			22	19
辽宁				1		4			6	11	20
天津		1		3			2		4	10	21
云南							1		9	10	21
重庆					2	3		2	1	8	22
贵州									6	6	23
海南						1		4		5	24
黑龙江						2				2	25
宁夏		1	1							2	25
新疆							1			1	26
台湾									1	1	26
吉林						1					27
青海											
西藏											
总计	16	193	183	561	726	1103	511	1346	1751	6390	

由表一可知，在中国古代有影响、有籍贯可考的6390位文学家中，占籍广东的有114位。这个数量虽然不算多，但是在全国32个省、自治区、直辖市（含台湾，不含香港和澳门）中排第15位。如果说，天津、重庆、海南作为一个省级行政区的历史都很短，与广东缺乏可比性，那么北京、甘肃等17个省（区、市）的历史应该不算短吧？北京还曾是辽、金、元、明、清五朝的首都呢，为什么其本土培养的文学家只有67人，还不如广东的多呢？尽管我们在上文讲过，文学家的生长与当地的文化环境的优劣是有重要关系的，我们也不想简单地认为，排在广东后面的北京、甘肃等17个省（区、市）的文化环境不及广东的优良，但我们怎么也不可能得出一个广东是个"文化沙漠"的结论呀！如果广东是个"文化沙漠"，那么排在广东后面的北京、甘肃等17个省（区、市）又是什么呢？

2. 从古代书院的地理分布来看

书院是中国古代的高等学校，民办的占一半以上，官办的将近一半。从盛唐到清末，书院在中国这块土地上存在了1100多年。书院的院长（洞长、山长、堂长、教授）一般都是由硕学鸿儒或饱学之士来担任，他们在学术文化界享有很高的声望。书院既是学校，又是研究机构，同时还是一个学术团体，用今天的话来讲，书院属于研究型的大学。书院传授和研究的内容，主要就是儒家的经典，以及理学家的著作。在古代，一个地方有没有书院，有多少书院，不仅反映了一个地方的办学能力，更反映了一个地方的学术文化的发展水平。据王炳照《中国古代书院》一书统计，中国古代的书院多达6386所①，其地理分布格局如表二所示：

表二　中国古代书院的地理分布

单位：人

朝代 地区	唐、五代	宋代	元代	明代	清代	总计	排名
江西	13	224	95	287	324	943	1
浙江	6	156	49	199	397	807	2
四川	5	31	5	63	383	487	3

① 王炳照：《中国古代书院》，商务印书馆，1998，第202—203页。

续表

朝代 地区	唐、五代	宋代	元代	明代	清代	总计	排名
湖南	8	70	21	103	276	478	4
广东		39	9	156	242	446	5
河南	4	11	12	112	276	415	6
福建	6	85	11	107	116	325	7
广西		10	1	71	183	265	8
山东	1	9	23	69	149	251	9
河北		3	12	70	151	236	10
安徽		20	15	99	95	229	11
江苏		29	6	66	116	217	12
湖北		17	10	69	120	216	13
云南			1	67	129	197	14
山西	1	4	10	61	107	183	15
贵州	1	1	3	27	141	173	16
陕西	2	4	7	28	109	150	17
甘肃				8	62	70	18
海南		1		17	39	57	19
台湾					52	52	20
上海		4	4	5	37	50	21
香港		1		1	31	33	22
北京			3	6	18	27	23
辽宁				7	18	25	24
天津					15	15	25
宁夏				2	11	13	26
吉林					11	11	27
内蒙古					5	5	28
新疆					4	4	29
青海				1	3	4	30
黑龙江					2	2	31
总计	47	719	297	1701	3622	6386	

由表二可知，在中国古代的6386所书院中，广东占了446所，在全国31个省、自治区、直辖市和特别行政区（含台湾、香港，不含澳门，重庆包含在四川省内）中排位第五，仅次于江西、浙江、四川和湖南四省。如果我们承认书院是一种高等级的教育和学术文化机构，那么，我们是不是可以说，在高等教育和学术文化方面，在宋代以后，尤其是在明清两代，广东已经进入全国的先进行列呢？如果广东是个“文化沙漠”，那么，排在广东后面的河南、福建、北京、上海等26个省（区、市）又是什么呢？

3. 从全国重点文物保护单位的地理分布来看

根据联合国教科文组织对世界文化遗产的划分标准，人类文化遗产可分为物质文化遗产与非物质文化遗产。其中，“物质文化遗产是具有历史、艺术和科学价值的文物，包括古遗址、古墓葬、古建筑、石窟寺、石刻、壁画、近代现代重要史迹及代表性建筑等不可移动文物，历史上各时代的重要实物、艺术品、文献、手稿、图书资料等可移动文物，以及在建筑式样、分布均匀或与环境景色结合方面具有突出普遍价值的历史文化名城（街区、村镇）”。[①]

可见物质文化遗产包括三个组成部分，即“不可移动文物”、“可移动文物”和历史文化名城（街区、村镇）。就“不可移动文物”来讲，在我国，凡是最重要的，或者说级别最高的，就是那些被国务院列为“全国重点文物保护单位”的文物。据统计，从1961年至2006年，国务院公布了六批2348处“全国重点文物保护单位”，其分布格局如表三所示：

表三　全国重点文物保护单位的地理分布

省（区、市）	重点文物保护单位（处）	排名	省（区、市）	重点文物保护单位（处）	排名	省（区、市）	重点文物保护单位（处）	排名
山西	270	1	内蒙古	76	12	西藏	35	22
河南	187	2	云南	76	12	吉林	33	23

① 《国务院关于加强文化遗产保护的通知》（2005年12月22日颁布），引自中国艺术研究院等编《中国非物质文化遗产普查手册》，文化艺术出版社，2007，第275页。

续表

省（区、市）	重点文物保护单位（处）	排名	省（区、市）	重点文物保护单位（处）	排名	省（区、市）	重点文物保护单位（处）	排名
河北	164	3	甘肃	71	13	黑龙江	28	24
陕西	138	4	广东	66	14	上海	19	25
四川	134	5	新疆	58	15	青海	18	26
浙江	131	6	湖南	57	16	宁夏	17	27
江苏	119	7	安徽	56	17	重庆	14	28
北京	98	8	辽宁	52	18	海南	14	28
山东	95	9	江西	51	19	天津	13	29
湖北	92	10	广西	42	20	总计	2348	
福建	85	11	贵州	39	21			

注：表中数据根据国务院1961年3月4日公布的第一批全国重点文物保护单位名录、1982年2月24日公布的第二批全国重点文物保护单位名录、1988年1月13日公布的第三批全国重点文物保护单位名录、1996年11月20日公布的第四批全国重点文物保护单位名录、2001年6月25日公布的第五批全国重点文物保护单位名录和2006年6月2日公布的第六批全国重点文物保护单位名录统计得来。

由表三可知，广东拥有“全国重点文物保护单位”66处，在全国31个省、自治区、直辖市（不含香港、澳门、台湾）中排在第14位。一般来讲，世界上大凡文化发达的地区，重要的、高级别的“不可移动文物”就多，反之便少，按照这个观点，广东在全国的文化发达程度，应该属于中等水平。虽然我们不能简单地认为，在“全国重点文物保护单位”的拥有量方面，居广东之后的湖南、安徽、江西、上海等16个省、自治区、直辖市的文化不及广东的发达，但是无论如何，我们也不可能得出一个广东是个“文化沙漠”的结论。如果在“全国重点文物保护单位”的拥有量方面居第14位的广东居然还是一个“文化沙漠”，那么排位在广东后面的那16个省、自治区、直辖市又是什么呢？

4. 从国家级历史文化名城、名村的地理分布来看

所谓“国家级历史文化名城”、“国家级历史文化名村”，如上所述，就是指那些“在建筑式样、分布均匀或与环境景色结合方面具有突出普遍价值”的达到国家级水平的历史文化名城和历史文化名村。据统计，1982年、1986年和1994年，国务院公布了三批99

座“国家级历史文化名城”；2003 年和 2005 年，建设部和国家文物局公布了两批 36 个“国家级历史文化名村”，其地理分布格局如表四、表五所示：

表四　国家级历史文化名城的地理分布

省（区、市）	名城（座）	排名	省（区、市）	名城（座）	排名	省（区、市）	名城（座）	排名
河南	7	1	甘肃	4	4	内蒙古	1	7
江苏	7	1	福建	4	4	黑龙江	1	7
四川	7	1	安徽	3	5	青海	1	7
广东	6	2	江西	3	5	宁夏	1	7
山东	6	2	西藏	3	5	新疆	1	7
陕西	6	2	湖南	2	6	北京	1	7
浙江	5	3	广西	2	6	天津	1	7
云南	5	3	贵州	2	6	上海	1	7
山西	5	3	吉林	2	6	重庆	1	7
湖北	5	3	海南	1	7	总计	99	
河北	4	4	辽宁	1	7			

注：表中数据采自国务院 1982 年 2 月 8 日公布的国家第一批历史文化名城名录、1986 年 12 月 8 日公布的国家第二批历史文化名城名录和 1994 年 1 月 4 日公布的国家第三批历史文化名城名录。

表五　国家级历史文化名村的地理分布

省（区、市）	名村（个）	排名	省（区、市）	名村（个）	排名	省（区、市）	名村（个）	排名
广东	5	1	陕西	2	4	湖北	1	5
山西	4	2	四川	2	4	贵州	1	5
安徽	4	2	湖南	1	5	云南	1	5
江西	3	3	河北	1	5	新疆	1	5
福建	3	3	内蒙古	1	5	总计	36	
北京	2	4	山东	1	5			
浙江	2	4	河南	1	5			

注：表中数据根据建设部、国家文物局 2003 年 10 月 8 日公布的国家第一批历史文化名村名录和 2005 年 11 月 13 日公布的国家第二批历史文化名村名录统计。

由表四可知，在全国31个省、自治区、直辖市（不含香港、澳门、台湾）所拥有的99座“国家级历史文化名城”中，广东拥有6个，即广州、潮州、肇庆、佛山、梅州、海康（雷州），与山东、陕西并列第二位，仅次于河南、江苏、四川三省。

由表五可知，在全国18个省、自治区、直辖市所拥有的36个“国家级历史文化名村”中，广东居然拥有5个，居第一位。

“历史文化名城”和“历史文化名村”，是物质文化遗产的另一个重要组成部分。一个地区拥有的“国家级历史文化名城”和“国家级历史文化名村”相对较多，就表明它的建筑式样、分布格局和周围环境体现了较鲜明的传统文化特色，具有较深厚的传统文化底蕴，也就是说，它的文化发展水平应该是不言而喻的。可是，一个在“国家级历史文化名城”的拥有量方面居全国第二位，在“国家级历史文化名村”的拥有量方面居全国第一位的省份，居然被说成一个“文化沙漠”！如果这样的省份还是一个“文化沙漠”，那么全国的“文化沙漠”也就太多了！

5. 从国家级非物质文化遗产的地理分布来看

所谓非物质文化遗产，“是指各种以非物质形态存在的与群众生活密切相关、世代相承的传统文化表现形式，包括口头传统、传统表演艺术、民俗活动和礼仪与节庆、有关自然界和宇宙的民间传统知识和实践、传统手工艺技能等，以及与上述传统文化表现形式相关的文化空间”。① 具体来讲，非物质文化遗产主要包括民间文学、音乐、舞蹈、传统戏剧、曲艺、杂技与竞技、民间美术、传统手工技艺、传统医药、民俗等十大类。2006年，国务院公布了首批国家级非物质文化遗产名录，涵盖上述十大类共527项，其地理分布如表六所示：

表六　首批国家级非物质文化遗产名录的地理分布

省（区、市）	遗产名录（项）	排名	省（区、市）	遗产名录（项）	排名	省（区、市）	遗产名录（项）	排名
福建	34	1	河南	17	9	辽宁	11	14

① 《国务院关于加强文化遗产保护的通知》，引自中国艺术研究院等编《中国非物质文化遗产普查手册》，文化艺术出版社，2007，第275页。

续表

省（区、市）	遗产名录（项）	排名	省（区、市）	遗产名录（项）	排名	省（区、市）	遗产名录（项）	排名
浙江	32	2	湖南	17	9	北京	10	15
江苏	30	3	安徽	17	9	青海	10	15
云南	30	3	陕西	16	10	海南	8	16
河北	30	3	内蒙古	16	10	天津	6	17
贵州	29	4	湖北	15	11	上海	5	18
山西	25	5	新疆	13	12	黑龙江	5	18
广东	22	6	江西	13	12	吉林	3	19
山东	21	7	甘肃	13	12	宁夏	2	20
四川	19	8	西藏	12	13	其他	16	
广西	19	8	重庆	11	14	合计	527	

注：1. 表中数据根据国务院 2006 年 5 月 20 日公布的第一批国家级非物质文化遗产名录统计得来。

2. 表中“其他”一项，指中国农业博物馆、中国楹联学会、中国中医研究院和文化部等四个单位。

由表六可知，在首批 527 项国家级非物质文化遗产名录中，广东拥有 22 项，在 31 个省、自治区、直辖市（不含香港、澳门、台湾）中排名第六。可见广东在“国家级非物质文化遗产”的拥有量方面也是很可观的。如果拥有如此数量、排位如此靠前的广东还是一个“文化沙漠”，那么排位在广东后面的 23 个省、自治区、直辖市又是什么呢？

二　广东被深度误解的地理原因

以上通过古代文学家、古代书院、全国重点文物保护单位、国家级历史文化名城、国家级历史文化名村和国家级非物质文化遗产这六个文化要素的地理分布，考察了广东在全国所处的位置，由此我们就可以判断，广东对于中国传统文化所做的贡献，以及它在中国传统文化格局中所拥有的地位。文化人（包括文学家）的成长离不开教育和文化学术机构（包括书院）的熏陶，文化人成长起来之后，就会创造种种物质文化成果（包括不可移动文物和历史文化名

城、名村）与非物质文化成果，所以上述这六个文化要素，原是遵循文化内部的发展逻辑而选择的，不是随意性的选择。任何人都可以通过自己的角度来对广东的传统文化或者现代文化作一个具体的考察。笔者坚信，无论选择什么角度来考察广东的文化，都不可能得出广东是一个“文化沙漠”的结论。

关于广东的现代文化及其在全国的领先地位，人们已经谈得很多了，笔者不再重复。笔者在这里只讲广东的传统文化。笔者认为，宏观地讲，广东的传统文化，在中国的传统文化格局中，属于中上水平；广东的现代文化，在中国的现代文化格局中，则属于先进行列。关于广东是一个“文化沙漠”的说法，无论是从现代文化的角度来判断，还是从传统文化的角度来判断，都是不能成立的。

可以肯定地说，广东是一个“文化沙漠”的说法，是对广东的一个深度误解。那么，这种深度误解又是如何产生的呢？笔者认为，原因有多种，但地理环境方面的原因无疑是主要的原因之一。

1. 地理环境的差异造成信息源的差异

广东，以及与广东毗邻、同处于南岭山脉以南的广西、海南、香港、澳门、福建等省、自治区、特别行政区，在文化地理上属于岭南这个板块，而岭南在我国文化地理的整体格局中，尤其是相对京畿所在的中心地区而言，无疑属于边缘地区。就文化传播的一般规律而言，边缘地区和中心地区的辐射力和影响力是大不一样的。用现代传播学的术语来讲，就是同样的信息（message），同样的通道（channel），同样的接收者（receiver），仅仅由于信息源（source）的不同，其传播效果就不一样。古人讲“居高声自远，非是藉秋风”[①] 就是这个道理。

我们不妨做一个小小的试验。有两篇论文，一篇是“京师大学堂”的教授写的，一篇是“广州学海堂”的教授写的，两篇论文所讨论的是同一个问题（即信息相同），又是同期发表在同一个刊物上（即通道相同），我们把这两篇论文交给同一个博士来参考（即接收者相同），同时规定，只许他引用其中的一篇。我们可以设想一下，在通常情况下，他会引用哪一篇？

很显然，在通常情况下，他会选择“京师大学堂”教授的论

① 虞世南：《蝉》。

文，而放弃“广州学海堂”教授的论文，因为信息源不一样。“京师大学堂”是国立大学，而且是皇城根下的大学；而“广州学海堂”不过是一个地方性的大学，而且是边缘地区的大学。学校的背景影响到教授的身价，教授的身价影响到论文的引用率，进而影响到学术文化的传播效果。这样的例子在我国文化的各个领域，其实是普遍存在的。

信息源的差异造成传播效果的差异，这是一个规律。而信息源的差异，又是地理环境的差异造成的。

2. 地理环境的差异造成信息通道的差异

地理环境的差异不仅造成信息源的差异，也造成信息通道的差异。信息通道是指传播信息的各种工具，例如各种感觉器官，载送信息的声、光、空气、电波、报纸、杂志、广播、电视、电影、电话、唱片、图画、图表等。在信息社会里，信息传播的通道是非常丰富的，在传统的农业社会里，信息传播的通道则非常单一，基本上只有各种感觉器官和纸质媒体，在纸质媒体中，又基本上只有信件和书籍。不过无论是在农业社会还是在信息社会，感觉器官这个信息通道都是非常重要的。感觉器官传播的实质就是口耳相传。口耳相传靠的是语言这个介质。而恰恰是在语言这个问题上，广东有它的特殊性。

在我国七大方言中，广东境内就有三大方言，即以广州为中心的粤语，以梅州为中心的客家话，以汕头为中心的闽南话。一个省内流行三大方言，这是由广东特殊的自然地理和人文地理环境所决定的。

在广东本地人口中，真正能讲普通话的人，是那些在汉语拼音方面受过良好训练的人，这些人在广东本地人口中的比例是比较小的。改革开放以来，广东在中、小学加大了“推普”的力度，许多中、小学生的普通话比成年人讲得好，但是这些中、小学生并不是文化信息交流的主体。由于在广东本地人口中，尤其是在成年人中，真正会讲一口流利的普通话的人并不多，这就使得广东本地人在与外地人的交流中存在较大的困难或者障碍。信息通道不畅，自然影响到信息的传播效果。这是外地人对广东文化缺乏了解的一个重要原因。

另外，在外地人（包括在广东生活与工作的外地人）中，真正

会讲广东方言的人，比真正会讲普通话的广东本地人还要少。他们多数不懂广东的方言，自然就不能真正了解广东的文化。如果说，他们对广东的现代文化还算一知半解的话，那么对广东的传统文化就基本上是知之甚微了。这也是因为信息通道不畅而造成的。外地人由于对广东文化缺乏真正的了解，所以就在对广东文化的评价上出现了一些偏差。把广东说成一个“文化沙漠”，就是这些偏差的一个集中体现。

当然，广东在文化方面被深度误解的原因，应该还有一些，例如认知习惯方面的，心理方面的，甚至情绪方面的，等等，笔者在这里只讨论地理环境方面的原因，其他的就不再讲了。

第三章

广东古村落的地理分布及其特点和原因

古村落是指民国以前建村，保留了较长时段的历史沿革，村落的地理位置、建筑环境、建筑风貌未有大的变动，具有独特的民俗民风，至今仍为人们所居住的自然村落。古村落中蕴藏着丰富的物质文化遗产和非物质文化遗产，保留着大量的农耕文明信息和文化景观，是文化地理学研究的重要内容。2012 年 9 月，“中国传统村落保护和发展专家委员会”第一次会议决定，将习惯称谓“古村落”改为“传统村落”。本章为行文方便，多数时候仍使用“古村落”这一名称。

一　中国古村落的地理分布及其特点和原因

据统计，至 2000 年，中国自然村落总数为 363 万个，至 2010 年锐减至 271 万个，仅仅 10 年就减少约 90 万个，平均每天消失近 250 个村落。在这些消失的村落中究竟有多少古村落，则无人知晓。

2012 年 4 月，住房和城乡建设部、文化部、国家文物局、财政部联合启动对中国古村落的调查。调查结果表明，中国现存的古村落近 12000 个。

2012 年 9 月，住房和城乡建设部、文化部、国家文物局、财政部联合成立由建筑学、规划学、民俗学、艺术学、遗产学、人类学等方面的专家组成的专家委员会，评审中国传统村落名录。2012 年 12 月 19 日、2013 年 8 月 26 日和 2014 年 11 月 17 日，住房和城乡建设部、文化部、财政部先后三次联合发出通知，公示中国传统村落名录，全国28个省（区、市）共2556个古村落入选该名单。笔者根据这个公示的名录，制成表一。

表一　中国传统村落名录分省（区、市）统计及排名

省（区、市）	黑龙江	吉林	辽宁	内蒙古	北京	天津	河北	河南	山西	山东	陕西	甘肃	宁夏	新疆	青海	西藏
数量（个）	5	6	8	24	16	1	57	99	129	37	30	15	4	15	41	11
排名	25	24	23	18	20	27	13	8	4	16	15	21	26	21	14	22
省（区、市）	四川	重庆	湖南	湖北	江西	安徽	江苏	浙江	上海	福建	广东	广西	海南	云南	贵州	
数量（个）	84	63	91	89	125	111	27	176	5	125	126	89	19	502	426	
排名	11	12	9	10	6	7	17	3	25	6	5	10	19	1	2	

就表一来看，中国古村落的地理分布具有如下三个显著特点。

一是这些古村落全都分布在农耕文化区。游牧文化区是没有古村落可言的，“逐水草而居”的生存方式，使得长城内外的广大草原只有稀稀落落的随时可撤可建的帐篷或毡房。表一中所列内蒙古、新疆、青海、西藏境内的91个古村落均处于游牧文化大区内的农业文化亚区。

二是南方的古村落明显多于北方。在第一批公布的647个古村落中，南方占488个，北方只占159个；在第二批公布的915个古村落中，南方占797个，北方只占118个；在第三批公布的994个古村落中，南方占773个，北方只占221个。三批总共公布了2556个古村落，南方占2058个，北方只占498个，南方古村落数量是北方古村落数量的4.13倍。

三是山区的古村落远远多于平原。拥有广袤的东北平原的黑、吉、辽三省只有19个古村落。安徽111个古村落中，仅皖南山区（黄山、宣城、池州三市所在地）就有94个，还有12个分布在皖西南山区（六安、安庆二市所在地）。湖北有89个古村落，在江汉平原上只有1个，其他全在鄂西北和鄂东南山区，仅鄂西山区就有38个。山西是我国北方山地最多的省份，其所拥有的古村落多达

129个，在北方居第一，在全国居第四。贵州素称"八山一水一分田"，是我国山地最多的省份，竟然有426个古村落，占全国古村落的17%。

为什么南方的古村落远远多于北方呢？主要有以下两个方面的原因。

一是发生在北方的战争远远多于南方，使得北方许许多多的古村落遭到战火的破坏。我国现存古村落历史最长的有1000多年。这1000多年来，我国长城以南的广大地区先后遭受女真、契丹、蒙古、满等游牧民族所发动的战争之破坏。19世纪以后，长城南北又先后受到俄罗斯和日本等外国侵略者的破坏。长期的战争，使得无数的村庄被毁。比较而言，长城以南、长江以北（即整个黄河流域）所遭受的破坏最为严重。而在长江以南，如安徽南部，浙江、江西、湖南、湖北、重庆、四川的大部分地区，尤其是云南、贵州、广西、广东、福建等地，则较少受到战争的破坏。

二是我国北方的气候环境普遍不及南方好，常见的大风、大雪、大风沙、冰雹、冰冻等自然灾害，对古村落的破坏也是很严重的。我国南方虽然多雨，但是其破坏强度显然不及大风、大雪、大风沙、冰雹和冰冻。

为什么山区的古村落远远多于平原呢？主要原因大约有以下五点。

一是古人建村落，大都讲究阳宅风水，即要选择风水宝地居住，以求人、财两旺，富贵显达。而所谓风水宝地的第一要求，即后有靠（山），前有照（水），左青龙（山），右白虎（山）。如果有平原和山地供建村者选择，人们毫无疑问会选择山地。

二是中国的古村落建筑多为砖、瓦、木、石结构，砖、瓦在山区、平原虽均可烧制，但以在山区烧制更方便，因为中国用煤烧制砖瓦的历史还不到150年，更长的时间内是用木柴烧制砖瓦，而木柴主要来自山里。石头也来自山里。所以，在山区建村落要比在平原方便得多。在山区建村落，取材、运输均方便。

三是在战争的背景下，山区比平原要安全一些。侵略者的首要目标是占领城市，而城市多建在平原。为了占领城市，他们往往一路烧杀抢掠，因此交通线一带的平原村落，尤其是城市附近的平原村落，就难逃一劫了。比较而言，山区的古村落受到战争破坏的概率就要小很多。

四是山区遭受的自然灾害比平原要少，尤其可以避免洪水的淹没。虽然山区也会有暴雨、泥石流和虫蛀等自然灾害发生，但山里人有一整套经验来防范这类风险。

五是近 100 年来，中国的工业化、城市化建设主要是在平原进行的，山区由于在交通、物流、信息流等方面相对落后，不被那些急功近利、竭泽而渔的开发建设者所看好，因此反而落得一个平静，大量的古村落得以保留。

二　广东古村落的地理分布及其特点和原因

在国家住房和城乡建设部、文化部与财政部先后公布的三批中国传统村落名录中，广东村落有 126 个，居全国第五位，仅次于云南、贵州、浙江、山西四省。这 126 个村落的地理分布如表二所示。

表二　中国传统村落名录中的广东村落分布

市	广州	佛山	肇庆	清远	东莞	深圳	惠州	中山	珠海	江门	阳江
数量（个）	12	4	9	13	6	1	7	2	—	4	1
市	茂名	云浮	韶关	河源	梅州	潮州	汕头	汕尾	揭阳	湛江	合计
数量（个）	1	1	3	1	40	2	1	2	4	12	126

就广东古村落的地理分布来看，有这样两个突出特点。

一是平原村落与山区村落的比例发生重大变化，平原村落多于山区村落。如果说客家文化区（韶关、河源、梅州）的 44 个古村落多数在粤北和粤东山区，那么潮汕文化区（潮州、汕头、汕尾、揭阳、湛江）的 21 个古村落以及广府文化区（广州、佛山、肇庆、清远、东莞、深圳、惠州、中山、江门、阳江、茂名、云浮）的 61 个古村落则多数在潮汕平原和珠江三角洲平原，见表三。

表三　广东三大文化区古村落分布

文化区名	广府文化区	客家文化区	潮汕文化区
所在行政区	广州、佛山、肇庆、清远、东莞、深圳、惠州、中山、江门、阳江、茂名、云浮	韶关、河源、梅州	潮州、汕头、汕尾、揭阳、湛江
数量	61	44	21

二是广府文化区的古村落最多，达 61 个，而客家文化区和潮汕文化区加起来只有 65 个，广府文化区古村落几乎占了全省古村落的一半。因此，研究广东的古村落，应以广府文化区为重点。

广东的平原为什么会有那么多的古村落？主要有四个方面的原因。

一是历朝历代的战争烽火很少烧过岭南，而岭南本地的战火很少燃起，这就使得无论是山区还是平原上的古村落都极少遭到战争的破坏。

二是广东三大民系各有地域范围。广府民系主要分布在珠江三角洲平原和粤西地区，潮汕民系主要分布在粤东南的潮汕平原和粤西南的雷州半岛，客家民系主要分布在粤东北山区。由于各有地域范围，因此只能在自己的地盘上建村落。而平原上的人口显然多过山区，经济发展水平也高过山区，故平原上的古村落总体来讲就比山区要多。

三是广东特殊的地理环境使然。广东地处南海之滨，自西汉以来即有发达的海外贸易，因此对海外商业文化多有吸收。另外，广东又处于中国大陆的最南端，是中国农耕文化的最后一道防线。广东三大民系多由中原迁徙而来，他们在吸收海外商业文化的同时，又顽强地保留着中原农耕文化的传统。许多学者只认识到广东人开放的一面，而对其守旧的一面缺乏认识。其实正是这守旧的一面，使得广东大量的物质文化遗产和非物质文化遗产得到较好的保护，包括大量的古村落、古城镇，还有在数量上居全国前列的“国家级历史文化名城”。

四是近 100 年来，尤其是改革开放以来，广东的工业化和城市化发展水平虽领先全国，但是支持这种发展的资金主要来源于对外贸易和外商、港商、台商投资，不是像内地许多省份那样主要靠出卖土地。由于这个原因，广东许多古村落得到保存。虽然某些城中村（如广州的杨基村、猎德村）被破坏了，但是总体来讲，这种毁村扩容的事件在广东还不是很普遍。

古村落研究既是文化地理学研究的重要内容，也是建筑学、规划学、遗产学、艺术学、民俗学、社会学等学科研究的重要内容。本章从文化地理学的角度（即空间角度）研究古村落的地理分布及其特点和成因，还只是一种外部空间研究，尚未深入村落的内部空间，因此这种研究是很初步的，希望专家们批评指正。

附：广东境内被列入中国传统村落名录的古村落

一、广府文化区内的古村落

广州市荔湾区冲口街道聚龙村
广州市海珠区琶洲街道黄埔村
广州市海珠区华洲街道小洲村
广州市番禺区沙湾镇沙湾北村
广州市番禺区石楼镇大岭村
广州市黄埔区九龙镇莲塘村
广州市花都区炭步镇塱头村
广州市花都区花东镇港头村
广州市增城市正果镇新围村
广州市增城区新塘镇瓜岭村
广州市从化区太平镇钟楼村
广州市从化区太平镇钱岗村
佛山市南海区桂城街道茶基村
佛山市南海区西樵镇松塘村
佛山市顺德区北滘镇碧江村
佛山市三水区乐平镇大旗头村
肇庆市端州区黄岗街道白石村
肇庆市怀集县凤岗镇孔洞村
肇庆市怀集县大岗镇扶溪村
肇庆市怀集县中洲镇邓屋村
肇庆市德庆县官圩镇金林村
肇庆市德庆县永丰镇古蓬村
肇庆市德庆县悦城镇罗洪村
肇庆市封开县罗董镇杨池古村
肇庆市广宁县北市镇大屋村
深圳市龙岗区大鹏镇鹏城村
江门市开平市塘口镇自力村
江门市恩平市圣堂镇歇马村
江门市蓬江区棠下镇良溪村
江门市台山市斗山镇浮石村

中山市南朗镇翠亨村
中山市三乡镇古鹤村
东莞市企石镇江边村
东莞市石排镇塘尾村
东莞市茶山镇超朗村
东莞市茶山镇南社村
东莞市寮步镇西溪村
东莞市塘厦镇龙背岭村
惠州市惠城区横沥镇墨园村
惠州市惠阳区秋长街道茶园村
惠州市惠阳区秋长街道周田村
惠州市博罗县龙华镇旭日村
惠州市龙门县龙华镇绳武围村
惠州市惠东县稔山镇范和村
惠州市惠东县多祝镇皇思扬村
茂名市信宜市镇隆镇文明村
云浮市云城区腰古镇水东村
阳江市阳东县雅韶镇西元村阳江雅韶十八座
清远市清新县龙颈镇凤塱村
清远市佛冈县龙山镇上岳古围村
清远市佛冈县高岗镇社岗下村
清远市连州市西岸镇冲口村
清远市连州市西岸镇马带村
清远市连州市连州镇沙坊村
清远市连州市龙坪镇元壁村
清远市连州市西岸镇石兰寨
清远市连州市保安镇卿罡村
清远市连州市东陂镇白家城村
清远市连南瑶族自治县三排镇油岭村
清远市连南瑶族自治县三排镇南岗古排
清远市连南瑶族自治县三排镇三排村

二、潮汕文化区内的古村落

潮州市潮安区古巷镇古一村象埔寨

潮州市潮安区龙湖镇龙湖古寨
汕头市澄海区隆都镇前美村
汕尾市陆丰市潭西镇大楼村
汕尾市陆丰市大安镇石寨村
揭阳市榕城区仙桥街道西岐村
揭阳市揭西县东园镇月湄村
揭阳市普宁市洪阳镇德安里村
揭阳市普宁市梅塘镇溪南古村
湛江市雷州市白沙镇邦塘村
湛江市雷州市龙门镇潮溪村
湛江市雷州市南兴镇东林村
湛江市雷州市杨家镇北劳村
湛江市雷州市北和镇鹅感村
湛江市雷州市纪家镇周家村
湛江市雷州市南兴镇关新村
湛江市雷州市调风镇调铭村
湛江市雷州市英利镇青桐村
湛江市遂溪县建新镇苏二村
湛江市遂溪县河头镇双村村
湛江市遂溪县岭北镇调丰村

三、客家文化区内的古村落

河源市和平县林寨镇林寨古村
梅州市梅县区水车镇茶山村
梅州市梅县区南口镇侨乡村
梅州市梅县区桃尧镇桃源村
梅州市梅县区雁洋镇桥溪村
梅州市梅县区雁洋镇石楼村
梅州市梅县区雁洋镇松坪村
梅州市梅县区松口镇大黄村
梅州市梅县区松口镇梅教村
梅州市梅县区松口镇南下村
梅州市梅县区松口镇小黄村
梅州市梅县区南口镇谢响塘村

梅州市梅县区松口镇铜琶村
梅州市梅江区城北镇玉水村
梅州市蕉岭县南磜镇石寨村
梅州市蕉岭县蓝坊镇大地村
梅州市蕉岭县蓝坊镇高思村
梅州市蕉岭县南磜镇南磜村
梅州市丰顺县埔寨镇埔北村
梅州市丰顺县汤南镇新楼村
梅州市丰顺县埔寨镇埔南村
梅州市丰顺县建桥镇建桥村
梅州市丰顺县丰良镇璜溪村邹家围
梅州市丰顺县汤南镇龙上古寨
梅州市平远县东石镇凉庭村
梅州市平远县上举镇畲脑村
梅州市兴宁市罗岗镇柿子枰村
梅州市兴宁市石马镇刁田村
梅州市兴宁市叶塘镇河西村
梅州市兴宁市新陂镇上长岭村
梅州市兴宁市刁坊镇周兴村
梅州市兴宁市径南镇星耀村
梅州市兴宁市龙田镇鸡公侨村
梅州市兴宁市龙田镇龙盘村
梅州市大埔县高陂镇银滩村
梅州市大埔县西河镇北塘村
梅州市大埔县三河镇汇城村
梅州市大埔县百侯镇侯南村
梅州市大埔县西河镇车龙村
梅州市五华县岐岭镇凤凰村
梅州市五华县横陂镇夏阜村
韶关市翁源县江尾镇湖心坝村
韶关市仁化县石塘镇石塘村
韶关市南雄市乌迳镇新田古村

第四章 广府文化的起源、定义与特征

一 广府文化的起源与定义

“广府”作为一个地理名词，最早出现于《旧唐书·地理志》，是初唐时期“广州中都督府”的简称。唐太宗贞观年间（627—649年）的“广州中都督府”管辖“广、韶、端、康、封、冈、新、药、泷、窦、义、雷、循、潮十四州”，唐高宗永徽年间（650—655年），又以“广州中都督府”、“桂州下都督府”、“邕州下都督府”、“容州下都督府”和“安南都督府”等五府“隶广府都督统摄”，因此“广府”的版图是很大的，今广东、广西、海南、香港、澳门以及越南的中北部地区，在当时均属“广府”的范围。

“广府文化”是广府人创造的一种地域文化。广府人属于广东三大民系（另两大民系为潮汕人和客家人）之一。广府人并非单纯的岭南原住民或南越原住民，而是中原移民与岭南（南越）原住民经过长期的交流、融合而形成的一个民系。据《汉书·西南夷两粤朝鲜传》记载，秦始皇三十三年（前214年），秦朝统一岭南，“置桂林、南海、象郡，以适徙民与粤杂处”。又据《史记·淮南衡山列传》记载，赵佗任南海尉时，曾“使人上书，求女无夫家者三万人，以为士卒衣补。秦始皇可其万五千人”。正是这些被贬谪、迁徙到岭南（南越）的中原男女与粤人的“杂处”，即中原移民在政治、经济、文化、婚姻各方面与岭南（南越）原住民的交流、融合，形成了最早的完全意义上的广府人。汉高祖三年（204年），南海尉赵佗在岭南建立南越国。赵氏统治岭南的93年间，一直推行“和辑百越”的政策，倡导“汉越杂处”，从而使中原移民与岭南（南越）原住民的交流、融合得以制度化、常态化。有了广府人，才有广府文化。因此广府文化的起源时间，可以追溯到南越国时代。也就是说，广府文化的起源时间比“广府”这个名词出现的时间要早800年左右。广府文化的起源地，是秦南海郡的治所及南越国的国都番禺，即今之广州。

近来有人认为，广府文化的起源地在广信（今广东封开、广西梧州一带），其依据是广信曾经是岭南的政治中心。[①] 笔者认为这个观点是不能成立的。广信成为岭南的政治中心是在汉武帝灭南越国之后。汉武帝灭南越国在元鼎六年（前111年），在这之前，岭南有一个南越国（前204—前111年），存在了93年。南越国的国都在番禺（即今之广州）。而在南越国之前，岭南则有秦代所置南海、桂林、象郡三郡，南海郡治番禺（今广州），象郡治临尘（今广西崇左），桂林郡治待考。广信在秦时则属于南海郡的管辖范围。李吉甫《元和郡县图志》“封州”条云：“秦为南海郡之地。汉平南越，置苍梧郡，今州即汉苍梧郡之广信县地也。”“管县二：封川，开建。”[②] 汉武帝平定南越之后，在南越故地置南海、苍梧、郁林、合浦、交趾、九真、日南、珠崖、儋耳九郡。南海郡仍治番禺，苍梧郡治广信。元封五年（前106年），又在南越故地设交趾刺史部。交趾刺史部是当时全国13个刺史部之一，刺史部设刺史一名，周行郡国，巡察政治，检举不法郡国官吏和强宗豪右。刺史职位较低，被列为朝廷大司空的属员，岁尽即“还京师奏事”。所以刺史部只是一个监察机构，不是一级地方行政组织。既然不是一级地方行政组织，那么刺史所驻之地就不是一个政治中心。交趾刺史部最初驻羸陵（今越南河内西北部），不久由羸陵移驻广信（今广东封开、广西梧州一带）。汉献帝建安八年（203年），交趾刺史部改为交州，正式成为郡之上的一级地方行政组织，治广信。这个时候的广信才可称为一个真正的政治中心。但是为时并不长，至建安十五年（210年），交州就移治番禺（今广州）了。吴黄武五年（226年），“以交州土壤太远，乃分置广州，理番禺。交州徙理龙

① 黄伟宗、张浩主编《封开：广府首府论坛》，中国评论学术出版社，2011，第31—52页。

② 李吉甫：《元和郡县图志》，中华书局，1983，第889页。

编”。[1] 龙编在今越南境内，并非在广信。也就是说，从交趾刺史部改为交州，治广信（203 年），到交州移治番禺（210 年），这七年间，岭南的最高行政机构不在番禺，在广信。但是这并不能证明广府文化的起源地就在广信。广府文化是岭南文化的一个重要组成部分，它是中原文化、南越本土文化与海外文化交流、碰撞与融合的结果，而这种交流、碰撞与融合最早始于南越国的国都番禺，并非始于广信。交州治广信时期，充其量只是广府文化发展史上的一个发展阶段。广信不可能是广府文化的起源地。把广信说成广府文化的起源地这个观点之所以不能成立，就在于它忽略了从秦始皇统一岭南到汉武帝平定南越国（前 214—前 111 年）这 103 年的广府文化发展历程，也忽略了从元封五年（前 106 年）到建安八年（203 年）这 309 年间的交趾刺史部只是一个监察机构而并非行政机构这一基本事实。

个别学者把广府文化的起源地说成广信，有一个很明确的目的，就是要把今天的广东封开说成广府文化的起源地。封开之得名始于 1961 年，由封川和开建两县合并而成。广信作为西汉时苍梧郡的治所，究竟是在今广西梧州，还是今广东封开，学术界对此是有争议的，迄今并无定论。因此，出于一种现实功利目的而把广府文化的起源地说成广信，进而又把广信指定为今天的封开，这种做法是不可取的。

判断一种文化是不是地域文化，有一个很重要的标准，就是看它有没有自己的方言。判断一种地域文化是否形成，也有一个很重要的标准，就是看它的方言是否定型。广府人讲粤语，即广府话，又称“白话”。粤语是汉语七大方言（北方方言、吴方言、湘方言、粤方言、闽方言、赣方言、客家方言）之一，它是在古代百越族语言的基础上，长期受楚方言和中原汉语的影响而形成的，至宋元时期基本定型。因此可以说，广府文化的起源时间是在南越国时期，其基本定型，则是在宋元时期。

粤语包括广州话（主要流行于今广州市区）、四邑话（主要流行于今江门市和珠海市）、石岐话（主要流行于今中山市）、莞城话（主要流行于今东莞市）、阳江话（主要流行于今阳江市）、南

---

① 李吉甫：《元和郡县图志》，中华书局，1983，第 886 页。

宁话（主要流行于今广西南宁市）、玉林话（主要流行于今广西玉林和梧州）和廉州话（主要流行于今广西钦州、北海和防城港市）。粤语的通行范围是比较广的，今广东中部、西南部、北部 60 多个市、县以及广西的部分地区，香港、澳门地区和东南亚、澳大利亚、美洲的广府籍华侨均讲粤语，在海南省也有人使用粤语。学术界认为，儋州话接近粤语，可以归于粤语系统。粤语的使用人口约 7000 万人，是广东三大方言（另外两大方言为闽方言和客家方言）中使用人口最多的一种方言。在联合国使用的两种汉语中，一种是普通话，另一种就是粤语。

粤语的分布有多广，广府人的分布就有多广。广府人的分布有多广，广府文化的分布就有多广。据统计，全世界的广府人大约有 7000 万人，分布在岭南的广府人大约有 5100 万人，集中于广东中部、西南部、北部以及广西东南一带，其中广东约有 3800 万人。广府文化，正是以广州为核心，以广东中部、西南部、北部以及广西东南一带为主要通行范围的一种粤语文化。在广东三大地域文化（另两种是潮汕文化与客家文化）中，广府文化的分布是最广的。要想了解岭南文化，必须了解广府文化。广府文化是岭南文化的代表。

二　广府文化的特征

地域文化特征的形成，与其所赖以生长的地理环境有重要关系。广府文化所赖以生长的地理环境有这样两个特点：一是濒临南海，易于开展海外贸易，易于接受海外文化的影响，从而形成广府文化开放、多元、重商、务实、创新的品质；二是处于中国大陆的最南端，是中国传统农耕文化的最后一道防线，这就使得广府文化具有一种坚守传统的品质。尤其是当异族入侵，中国传统农耕文化面临危机之时，广府文化总是表现出一种坚忍、刚强、担当、慷慨激昂的精神。

广府文化的开放性是众所周知的。无论是对中原文化还是对海外文化，无论是对儒家文化、道家文化，还是佛教文化、基督教文化、伊斯兰教文化，或者其他学派、教派的文化，它都采取一种开放的态度。正是由于它的开放、它的包容，广府文化从内容到形式都显得多姿多彩。例如，作为广府文化核心地的广州，自古以来就活跃着世界上各大宗教人士的身影，这里既有他们从事各种宗教活

动的寺庙、宫观和教堂，也有作为他们最后安息之地的各式宝塔和墓园。在广州从事贸易、旅游、学习和工作的外国人来自全球五大洲的几乎每一个国家，不同的语言、服饰、饮食、生活习惯和宗教信仰，构成了这座城市的斑斓色彩。广州的大小园林和新旧民居，既有中国北方建筑的元素，也有江南建筑的元素，更有西洋建筑的元素，从而形成了别具一格的岭南建筑风貌。发源于广府，流行于广东、港澳及海外广府华侨聚居区的广东音乐，更是中国南北音乐和中西音乐相融合的一个艺术典范。在广州，无论是作为物质文化遗产的古文化遗址、古墓葬、古建筑和石窟寺，还是作为非物质文化遗产的民间文学、传统音乐、传统舞蹈、传统美术、传统技艺、传统医药和民俗，都体现了滨海文化与商贸文化的基本特点，又体现了中国南北文化与中西文化的交融互摄，体现了文化的多元性与多样性。

广府文化是一种商业色彩比较浓郁的文化。这种浓郁的商业色彩不仅体现在商业行为中，也体现在风俗习惯和宗教信仰里。广府人普遍信奉财神，几乎每一个家庭、每一个店铺甚至每一个公司都供奉财神，都摆着供品，燃着香烛，随时祈祷。这是广府人重商的一个突出表现。由于广府人的商业活动多与海外贸易和海上运输有关，为了祈求海上行船的安全，人们又普遍地信奉海神妈祖。由于商业行为需要良好的人际关系，需要讲诚信、讲道德，所以人们在信奉财神和海神妈祖的同时，又都信奉关公。广府人的信仰也是多元的，这多元的信仰又是出于现实生活的需要，所以广府文化又是一种很务实的文化。

在广府文化的开放、多元、重商、务实、创新、坚守等多种品质中，最重要的品质是什么呢？就是创新。广府文化的本质特征，就是创新二字。

广府文化的创新品质，不仅体现在岭南绘画、广东音乐、粤剧、粤曲、粤绣、“三雕一彩”等艺术样式方面，也体现在它的语言方面，更体现在它的思想方面。讲广府文化，不能忽略广府的思想。如果没有先进的思想灌注其间，广府文化的创新也是一句空话。广府文化区的思想家是比较多的，涌现出唐代的惠能，宋代的余靖，明代的陈献章、湛若水、陈建、黄佐，清代的梁廷楠、朱次琦，近现代的洪仁玕、容闳、何启、胡礼垣、郑观应、康有为、梁启超、孙文、刘师复、朱执信、廖仲恺、邓演达、张荫麟等一大批人物。

需要注意的是，广府文化既有创新的一面，也有“守旧”的一面。“守旧”在这里不是一个贬义词，它的实质，就是坚守某些优秀的文化传统和文化样态。例如粤语是中国七大方言之一，它不仅保留了大量的古汉语词汇，还保留了古汉语的入声，而以北京音为标准音的普通话只有阴平、阳平、上声和去声，没有入声。因此用粤语朗诵古诗词就比用普通话朗诵更有韵味。广府人对粤语是很珍惜的，除了学校的课堂以及某些与外地人交流的场合，在日常生活中多讲粤语。

在城市化进程迅速推进的今天，广府文化区还有大量的古村落、古民居、古祠堂、古寺庙等物质文化遗产，以及大量的非物质文化遗产保存完好，很少遭到破坏。

广府文化区不仅保留了大量的物质文化遗产和非物质文化遗产，也保留了相当多的传统观念。在日常语言、民间信仰、饮食、养生、婚丧嫁娶、生育、理财、人际交往诸方面如此，在文学方面也是如此。广府文学虽有创新的一面，如梁启超倡导“小说界革命”、“诗界革命”，吴趼人、黄世仲等创作了大量的报刊小说等，但是在海量的广府文学作品中，传统性仍然是其主导面。古代诗词不必论，即便是近代以来的旧体诗词，绝大多数仍然遵循传统的价值观、传统的题材、传统的语言、传统的体裁和形式、传统的表现手法和艺术风格。在诗、词、散文、小说、戏剧五种文体中，只有小说的创新色彩要浓厚一些，但也仅仅限于近代以来的小说。

广府文化既有创新的一面，又有守旧的一面；既有现代的一面，又有传统的一面。因此，它是一种既成熟又富有生命力的文化。如果仅仅看到它创新、现代的一面，看不到它“守旧”、传统的一面，那么对广府的认识就是片面的。事实上，任何一种成熟而富有生命力的文化，都能在创新与“守旧”、现代与传统之间达到一种平衡。只有珍视传统，弘扬传统，在传统的基础上创新，这种创新才是有内涵、有品位、有后劲的。

三　广府文化研究的新态势

广府文化这个概念出现得比较晚，但广府文化的起源可以追溯到南越国时期；关于广府文化的记录、整理和研究，则可以追溯到

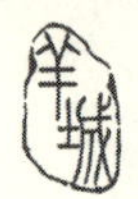

东汉杨孚的《异物志》。总体来看，自东汉至20世纪90年代以前的广府文化研究比较零散，真正系统的广府文化研究始于20世纪90年代，这方面的标志性成果主要有四：一是广东人民出版社出版的《岭南文库》，二是广东人民出版社出版的《岭南文化知识书系》，三是广东教育出版社出版的《广东非物质文化遗产丛书》，四是广州出版社出版的《广州大典》。《岭南文库》迄今已出100多种，《岭南文化知识书系》迄今已出200多种，《广东非物质文化遗产丛书》迄今已出50种。这三大丛书虽然包含了一些客家文化和潮汕文化研究方面的内容，但其主要部分还是广府文化研究。而《广州大典》迄今已出520册，收录文献多达4064种。这4064种文献的绝大多数，即属于广府文化的范围。至于省内外其他出版社出版的广府文化研究成果，虽然目前尚无一个统计数字，但是根据笔者的印象，也应该是很可观的。可以肯定地说，在岭南三大地域文化（广府文化、客家文化、潮汕文化）的研究成果中，广府文化的研究成果无疑是最为丰硕的。

以上这些成果主要还是属于整理、普及和简要描述性质的。其主要不足是缺乏较开阔的理论视野和必要的学术参照，未能把广府文化放在中国文化的大背景下进行考察，未能把广府文化和中国其他地域文化进行比较，基本上是站在岭南说岭南，站在广府说广府。由于未能通过比较来认识、阐述和揭示广府文化的本质、特点、意义和局限，未能将其放在中国文化的纵横坐标轴上对其做一个客观的、合理的定位与价值判断，因此这些著作的学术影响就相对有限。这种研究，可以称为传统的广府文化研究。

21世纪以来，传统的广府文化研究开始出现某些转型。其主要表现就是研究的视野、角度和方法发生了变化。一是在全球化的背景下认识广府文化，二是从新学科、新方法的角度认识广府文化，三是把广府文化同中国境内的其他地域文化进行比较。例如孙立的《屈大均的逃禅与明遗民的思想困境》（2003年），刘正刚的《清代以来广东文化在内地传播探析》（2004年），许桂香与司徒尚纪的《岭南服饰历史变迁与地理环境关系分析》（2007年），刘庆华的《广东贬谪文人的时空考察》（2009年），耿淑艳的《从边缘走向先锋：岭南文化与岭南小说的艰难旅程》（2011年），曾大兴的《从文化要素的地理分布看广东在全国的文化地位》（2012年）、

《岭南诗歌的清淡风格与气候之关系》（2012 年）、《从文学地理学的角度解读〈粤讴〉》（2015 年），还有赵淑红的《澳门近代折衷风格建筑地域特质研究》（2013 年），马达的《人文地理学视域下沙湾镇何氏家族广东音乐风格形成之研究》（2015 年）等论文，以及程美宝的《地域文化与国家认同——晚清以来“广东文化”观的形成》（2006 年）、纪德君的《黄世仲小说创作研究》（2014 年）等著作，这些论著虽然不全是讨论广府文化，但其重点无疑在广府文化。由于这些论著均能从新的视野、新的角度乃至新的学科审视与阐释广府文化，能够在中外文化的大背景下考察广府文化的特点、意义与生命力，因此在国内学术界产生了较好的反响。这种研究，可以称为新型的广府文化研究。

传统的广府文化研究多是广东本地学者所为，新型的广府文化研究多是外地学者和由外地迁入广东的学者所为。传统的广府文化研究有其局限性，但也有其优势。由于本地学者生于斯、长于斯，长期受到广府文化的滋养，对广府的语言、民俗、生活方式、艺术样态与文化传统等都非常熟悉，因此可以深入广府文化的内部，体察广府文化的细节，感受广府文化的神韵。新型的广府文化研究有其长处，但也有其短板。由于外地和由外地迁入广东的学者对广府文化的体验不够深入和细致，尤其是在语言、民俗、生活方式等方面比较“隔”，这就使得他们的研究存在理性大于感性的问题。而学术研究的佳境，应该是在丰富、细腻的感性认识基础上的理论升华。因此，新型的广府文化研究与传统的广府文化研究可以说是各有利弊，互有短长。

2012 年 7 月和 2015 年 7 月，中共广东省委宣传部和广州市规划办先后批准广州大学广府文化研究中心为“广东地方特色文化研究基地——广府文化研究基地”和“广州市人文社科研究重点基地”。该基地的宗旨，就是凝聚广东本土学者、外地学者和由外地迁入广东的学者，共同从事广府文化的研究，“摸清广府文化的家底，还原广府文化的真相，挖掘广府文化的内涵，提炼广府文化的品质，阐述广府文化的意义，提升广府文化的形象，传播广府文化的价值，为广东地方文化的发展繁荣提供优质信息、理论支撑和智力支持”。

笔者相信，在地方政府的支持下，通过广东本地学者、外地学者和内外地迁入广东的学者的共同努力，广府文化的研究一定会取得更多更好的成果。

第五章
“广大精神”与广府文化

“广大精神”是一种大学精神，广府文化是一种地域文化。有人主张把广府文化引入广州大学校园，广州大学要传承和弘扬广府文化。笔者认为，这个问题不可简单化。广州大学的学生一半以上都是广州人，他们的价值观和行为方式，深深地打上了广府文化的烙印，不管你在主观上是否主张把广府文化引入广州大学校园，广府文化事实上已经存在那里了。问题是，我们应该如何认识广府文化，如何弘扬它的优良传统并突破它的局限。本章之目的，即在于揭示“广大精神”与广府文化的基本内涵，探讨二者之间的联系与应有的区别，以便进一步丰富“广大精神”的内涵，提升“广大精神”的品质，继承广府文化的优良传统，促进广府文化的创新。

一　广府文化的基本内涵

广府文化是一种影响广泛而深远的地域文化，它的内涵是很丰富的。为了弄清楚广府文化与“广大精神”之间的联系与区别，有必要对广府文化的内涵作一个简明的阐述。

1. 广府文化的定义

广府文化是由广府人创造的一种地域文化。广府人属于广东三大民系之一（另外两大民系为潮汕人和客家人），讲汉语粤方言。在广东三大民系中，广府人的分布最广。据统计，全世界的广府人大约有 7000 万人，分布在岭南的广府人大约有 5100 万人，集中于广东中部、西南部、北部以及广西东南一带，其中广东约有 3800 万人。广府文化，正是以广州为核心，以广东中部、西南部、北部以及广西东南一带为通行范围的一种粤语文化。

2. 广府文化的三大来源

广府文化有三大来源：一是岭南本土文化，二是中原儒家文化，三是海外工商文化。

"广府"一词始见于《旧唐书·地理志》，但是广府文化的形成时间可以追溯到秦汉时期。秦始皇统一岭南后，有100多个姓氏的中原汉族人先后进入岭南地区，与当地古越族融合为今天的广府人。《汉书·西南夷两粤朝鲜传》载："秦并天下，略定扬粤，置桂林、南海、象郡，以适徙民与粤杂处。"[①] 南海郡下辖番禺、龙川、四会、傅罗（博罗）、揭阳五县，治番禺（今广州）。从秦置岭南三郡开始，番禺（今广州）一带就有了中原移民，他们与本土居民逐渐融合，开创了最早的广府文化。汉武帝平定南越之后，岭南与内地的物质和文化交流更为频繁。尤其是西晋末年的"永嘉之乱"、唐代中期的"安史之乱"和北宋末年的"靖康之乱"这三次大的动乱，造成了中国历史上由北向南的三次大移民。这三次大移民的目的地主要是今天的江、浙一带，但也包括岭南。尤其是"安史之乱"和"靖康之乱"所造成的两次大移民，有不少人就是以岭南为目的地的。南雄珠玑巷是中原移民进入岭南的重要中转站，今广府人各姓氏大多认为其祖先来自珠玑巷。在移民岭南的中原人士中，有许多是有文化的世家大族，还有不少是遭贬谪的朝廷官员。主要是他们这些人，把中原儒家文化带到了岭南，带到了广府。另外，在岭南，在广府，也有许多读书人去中原求学、应考、做官，他们也是把中原儒家文化带到岭南、带到广府的一支重要力量。明清以后，去中原求学、应考、做官的岭南读书人特别多，他们对功名的热衷程度并不亚于内地人，有的甚至比内地人还要强烈。今天的广府人也是这样，他们对重点小学、重点中学、重点大学的追捧程度，对公务员考试、行政事业编制、行政级别、政府奖励等的热衷程度，并不亚于内地人。这种追捧和热衷，从本质上讲，就是受了中原儒家文化的影响，他们把社会地位看得很重，把功名看得很重。所以我们讲广府文化，一定不能忽略它所受到的中原儒家文化的深刻影响。

---

① 班固：《汉书》，浙江古籍出版社，2000，第1151页。

广府文化的另一个重要来源是海外工商文化。广府文化有两个鲜明的特点，一是滨海，二是重商。正是因为滨海和重商，它容易受海外工商文化的影响。据史料记载，早在南越国时，这里就开始向西方输出丝织品、漆器、陶器和青铜器，以换取外国的珠玑、犀牛、玳瑁、果、布等各种物资，并且还聘请希腊工匠参与南越王宫的建造。也就是从那个时候开始，广府文化与海外文化有了接触和交流。汉武帝以后，番禺（今广州）成为国内九大都会之一，而且以对外贸易而知名。此后历朝历代，这里都是全国重要的有时甚至是唯一的对外通商口岸。所以广府文化受海外工商文化的影响，有着得天独厚的条件。广府文化的各个方面，包括服饰、饮食、建筑、交通、音乐、美术、文学、语言、宗教、民俗等，都有着浓厚的海外文化色彩，这是一个无须争辩的事实，不用多谈。

3. 广府文化的基本品质

广府文化以岭南原生文化为原始基因，一方面继承了中原儒家文化的某些传统，另一方面又吸收了海外工商文化的某些精神，从而形成了自己既重商又重德、既开放又务实的品质。正是这些品质，构成了广府文化之魂：多元性与包容性。

开放性、重商性，是广府文化的基本特点，但是它的开放又是有条件的，重商也是有原则的。第一，它不是无限度、无选择、无理性地开放，它的开放必须符合自身的历史传统和现实需要，它的开放是与务实结合在一起的；第二，它重商，在商言商，但并非唯利是图，更非见利忘义。它对商业利润的追求，既不以牺牲人与环境之间的和谐关系为代价，更不以牺牲人与人之间的和谐关系为代价，它的重商是与重德相统一的。

广府文化开放与务实相结合的品质，使得它乐于借鉴和吸收古今中外一切有利于自身发展的先进文化，从而构成了广府文化的多元性；广府文化重商与重德相统一的品质，则使得它对古今中外的一切文化传统、文化观念和文化样式，包括某些自身存在缺陷的传统、观念和样式，均采取理性的态度，既不全盘吸收，也不一味苛求，从而构成了广州文化的包容性。

关于广府文化的品质，也许还可以归纳出若干。但是重商、重德、开放、务实、多元与包容这六点，无疑是它最基本的品质。

二 大学精神的基本内涵

所谓大学精神，是大学在长期的发展过程中形成的具有独特气质与丰富内涵的文明成果，它是人文精神与科学精神的统一。每一所成功的、有特色的大学都有自己的精神。凝练与弘扬大学精神不仅是大学自身发展的需要，也是社会进步的需要。综观国内外学术界关于大学精神的研究成果，加上笔者自己的思考，可以将大学精神的基本内涵概括为三点：一是创造精神，二是批判精神，三是社会关怀精神。

1. 创造精神

创造精神是大学之所以为大学的根本价值之所在。大学的创造精神体现在两个方面，一是创造知识，二是创造人才。过去有人把大学定义为传播知识的场所或阵地，这个定义还不够准确。大学固然要传播知识，但是更重要的，应该是创造知识。如果大学不创造知识而只是传播知识，那么它就失去了大学的根本价值之所在。我们知道，传播知识的媒介和载体原是很多的，网络、电视、报纸、杂志、出版社、图书馆、博物馆等都可以传播知识，但是它们不一定能够创造知识，而大学是可以创造知识的，因为大学拥有创造知识的学者，拥有创造知识的条件、环境、氛围和机制。

一个大学如果不能创造知识，如果不能为创造知识提供相应的条件、环境、氛围和机制，那么它充其量也就是一个低层次的职业培训机构，而不是一所真正的大学；一个大学教师如果只能传播知识而不能创造知识，那么他充其量也就是一个以教书为生的教书匠，而不是一个真正的学者。事实上，这样的教书匠即便再勤勉、再忠于职守，也不可能培养出具有创造精神与能力的人才，因为他自己并不具备这样的素质。在任何一所大学里，具有创造精神与能力的教师总是少数，多数人只能教书，甚至只能照本宣科。因此大学应该特别珍惜和鼓励那些具有创造精神和能力的教师。任何一所成熟的大学都会把学术研究放在很重要的位置，因为只有通过学术研究才能创造知识，只有通过学术研究才能培养和锻炼具有创造精神与能力的人才。

大学的另一个职能就是创造人才，也就是培养具有创造精神与

能力的高质量人才。这样的人才需要具有创造精神与能力的教师来培养，需要相应的大学精神来熏陶。一个大学如果不能向社会输送具有创造精神与能力的人才，那么这个大学在公众心目中的地位就不可能提高。现在许多大学把自己每年有多少毕业生作为一个评价指标，甚至作为一个宣传内容，这是没有多少说服力的。因为毕业生并不一定就是人才，即使是人才，也不一定就是具有创造精神与能力的人才。大学真正可以引以为荣的，是在自己的历史上，曾经为社会贡献了很多具有创造精神与能力的人才。

具有创造精神的大学不仅可以为社会贡献新的知识，可以为社会输送具有创新精神与能力的人才，还可以激发社会的创造热情与创造活动。如果大学没有了创造精神，整个社会的创造热情和创造活动就会受到很大的影响，甚至消歇或停滞。如果是这样，公众或纳税人就有理由来质问大学：你的价值在哪里？

大学不仅创造知识、创造人才，还创造理想的人格，创造理想的社会蓝图。

具有创造精神的大学一定是充满活力的大学，一定是具有个性的大学。这就要求大学的主管部门不要按照一个统一的模式来“打造”所有的大学，大学自身也不要盲目攀比和跟风，要有自己的作为和风格，要走自己的路。

2. 批判精神

批判精神是大学的优势之所在。大学的批判精神主要针对三个方面：一是针对人类既有的知识，二是针对反科学、反文化的东西，三是针对不合理的社会现象。人类的知识是对人类实践活动的总结和升华，人类的实践活动没有止境，人类对新知识的需求也没有止境。如何创造新的知识？首先必须具备怀疑的眼光与批判的精神，能够对既有的知识进行检视。如果发现某些知识过时了，或者存在缺陷甚至错误，能够予以指出，甚至予以更新、补充和纠谬。批判是理性地批判，是科学地扬弃，不是简单轻率地否定。对人类既有知识的批判，要求学者具备相应的独立精神和独立判断，不唯书，不唯上，不唯权威，只唯真理。学者如果没有独立精神和独立判断，对人类既有知识的批判就无从谈起。学者对人类既有知识的批判，也有赖于一种相应的大学氛围。如果大学本身是因循守旧的，那么学者对人类既有知识的批判就很难实现，至少很难在大学里实现。

无论是在大学里还是在社会上，都会时不时地冒出一些反科学、反文化的东西，例如李洪志的“法轮功”、张悟本的“养生术”、王林的“气功”，等等，这些东西最容易迷惑普通大众，也容易迷惑某些教师、工程师、企业老板、文艺体育明星和领导干部，他们中的不少人也曾经是李洪志、张悟本和王林等人的弟子、粉丝和吹鼓手。面对这种反科学、反文化的东西，大学教授不能失语，不能围观，而应该利用自己的知识优势，勇敢地站出来，揭露这些东西的欺骗性和虚伪性，正确引导社会大众。但是我们发现，大学教授在这方面做得不够好。人们所熟知的反伪斗士，如方舟子等人，并不是大学教授。面对一波又一波反科学与反文化的东西之泛滥，大学教授不仅普遍失语，个别教授甚至还对方舟子等人吹毛求疵，客观上做了反科学与反文化者的帮凶。应该说，在这些问题上，一些大学教授的表现让社会大众深感失望。大学教授之所以普遍失语，与大学批判精神的严重缺失是有关系的。

从某种意义上讲，批判精神就是一种责任意识。大学教授作为知识分子，代表着社会的良知。他（她）的责任不仅仅是教书，也不仅仅是做学问，他（她）同时应该利用自己的专业知识，就社会上的某些不合理现象提出批评。例如贫富悬殊、教育不公、房价疯涨、看病难、官吏贪腐、垄断企业大肆攫取和挥霍公共资源、许多人不讲公德，等等，这些都属于社会不合理现象。面对这些不合理现象，大学教授也应该勇敢地站出来，提出严厉的批评。但是我们发现，多数的大学教授都只能在私下里发发议论，很少有人公开站出来发表文章和演讲予以批评，少数教授甚至还做了这些不合理现象的辩护人。大学教授面对社会不合理现象的失语状、明哲保身状、苟且偷安状，也让社会大众深感失望。大学教授之所以普遍缺乏社会批判精神，与大学批判精神的缺失有着直接的关系。大学不能在社会批判这个问题上为自己的教授提供保护，有些大学甚至认为自己的教授批判社会现实是多事，是得罪人，是给学校惹麻烦。在这个问题上，大学表现得很世俗，或者说很庸俗。

3. 社会关怀精神

社会关怀精神是大学的责任之所在。为什么不提社会服务精神而要提社会关怀精神？因为大学对于社会不只是服务，不只是社会

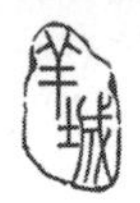

需要什么人才大学就培养什么人才，社会需要什么知识大学就提供什么知识，不只是被动地服务社会，它还有一个引导社会的功能。任何社会都不可能是完美的，总会存在这样或那样的问题。也不是所有的社会需要都是合理的，它有许多畸形的需求。面对总是存在这样或那样问题的社会，大学必须永远保持理性。一方面，它必须热情地为社会服务，它有这个责任，也有这个义务。它服务社会，既是回报社会，也是为了获得社会一如既往的支持。但是，大学还有正确地引导社会的职能。尤其是当社会出现某些问题、某些偏差的时候，大学必须凭借自己的科学理性与人文精神来协助解决这些社会问题，来纠正这些社会偏差。大学不能媚俗，不能讨好社会。现在许多大学只提服务社会，甚至把服务社会作为自己的办学宗旨之一，而绝口不提引导社会。如果这是一个话语策略，那还可以理解。问题是在许多大学领导者那里，根本就没有引导社会这一意识。多年以来，社会需要什么人才，大学就培养和输送什么人才，一直被社会牵着鼻子走。一旦社会的需要变了，大学就措手不及。

研究型的或者教学研究型的大学不同于一般的职业技术学院，它应该与社会保持一个合理的距离。一方面，它不能不理会社会，当然事实上也做不到。另一方面，它也没有必要紧跟社会，它不必追赶社会时髦。研究型的或者教学研究型大学，可以适度保守一点。适度保守是理性的体现、权威的体现，也是独立性的体现。

一方面服务社会，另一方面理性地引导社会，这两者结合起来，就是大学的社会关怀精神。

关于大学精神，似乎还可以讲一些。但是创造精神、批判精神和社会关怀精神这三点是其基本内涵，其他的则是技术层面的东西，而且每个大学都应该有自己的理念和运作模式，不必强求一致，也无须多言。

三　“广大精神”与广府文化之关系

在分别讨论了广府文化与大学精神的基本内涵之后，我们要讨论“广大精神”与广府文化之关系。

1. “广大精神”

什么是“广大精神”？《广州大学校园文化发展规划（2011—

2020年)》指出：

> “广大精神”随着办学实践不断得以升华，其内涵包括敢想会干、务实包容、追求卓越的精神，识大体、顾大局、讲奉献、创一流的境界和克难求进，“跳起来摘桃子”的气概等，成为全校师生众志成城，干事创业，乘势而上的不竭动力源泉。这一精神……是学校的宝贵精神财富，是激励广大人勇创一流的精神动力，其内涵将随着学校的改革和发展不断获得丰富和提升。

可见“广大精神”的基本内涵，就是“敢想会干、务实包容、追求卓越的精神，识大体、顾大局、讲奉献、创一流的境界和克难求进，‘跳起来摘桃子’的气概等”。联系我们上面对广府文化的基本内涵的阐述，可知“广大精神”在开放、务实、包容这三个层面上与作为乡土文化资源的广府文化是相通的。甚至可以说，“广大精神”得广府文化之精髓。再联系我们上面对大学精神的基本内涵的阐述，可知“广大精神”在创造精神这一层面上与具有某种普遍意义的大学精神也是相通的。

《广州大学校园文化发展规划（2011—2020年)》强调指出，“广大精神”的“内涵将随着学校的改革和发展不断获得丰富和提升”。这句话表明：“广大精神”还有丰富和提升的空间。既如此，笔者想结合广府文化与大学精神的基本内涵，谈谈“广大精神”内涵的丰富与提升这个问题。

2. 广府文化的局限性

在广府文化的“重商、重德、开放、务实、多元、包容”这六个品质中，最基本的品质是什么？是务实。因为务实，所以重商，所以重德；因为务实，所以开放，所以多元；因为务实，所以包容。谈广府文化，如果撇开务实这一点，那是没法谈下去的。广府文化的所有品质、所有特点、所有样态和表现，都与务实二字有密切关系。说广府文化是一种务实的文化，广府人是一群务实的人，社会上不会有异议。务实当然是一种好的品质。如果不务实，什么事情也干不成。需要指出的是，如果太务实，有些事情也未必干得好。最高的境界应该是实中有虚，虚中有实，虚虚实实，虚实结

合。有人讲：广府文化的特点在务实，缺点在太务实。这话是有道理的。徐俊忠教授在讲到广州文化的特点时，说过这样一段话：

> 从积极的意义上看，基于滨海商贸而生的文化，具有包容和开放的特质，这种特质的重要表现就是生活于这一地区的人群，不具有过强的偏执倾向和排外心理，因而任何性质的原教旨主义都难以在此地落地生根。任何外来人等，只要能够带来实际利益，这里的人都能与他共生共处。由此这里一直保有文化上的多元与多样的因素，成为文化创新、创造最富活力的地方。所以，这里曾经是中国油画、水彩、动漫、电影等的发祥地，也是中国流行音乐以及艺术设计等的领跑地。
>
> 然而，问题的另一面是：与广州特定历史背景下形成的包容开放气质相联系的是缺乏某种对于义理的固守与坚持，评价事物多以实利主义标准对待之，机会主义心态成为处事和处世的主导性心态。这实是商业逐利心态的延伸和折射。改革开放以来，每逢有“思想解放”的政治号召，这里往往成为很好的策应地，因为这里的文化本来就缺乏对于某种义理的坚守和固守的因子。这也是为什么某种充满机会主义色彩的“灯论”在这里如鱼得水、备受欢迎的原因。
>
> 同时，广州文化演变的起始基础属于中华民族文化发展不平衡中的欠发达地带，长期以来这个地方被当作“蛮荒之地”和“流放之所”。之所以这个地方具有很强的文化包容性，某种意义上正是得益于它是中华文化发展的薄弱环节。甚至可以说，正是广州文化发展上的不发达，为各种外来文化的进入提供了便利，成就了它的包容性和开放性。所以，当我们说广州文化具有很强的包容性时，你就要想到问题的另一个方面，即它自身的不发达，或者所具有的落后性。否则，我们就会在沾沾自喜中落伍、落后，甚至被无情地淘汰！①

徐教授这里所讲的广州文化，其实就是广府文化。他精辟地阐

① 徐俊忠：《重要的是唤起广州人的文化自觉与自信》，载徐俊忠主编《广州培育世界文化名城探索》，广州出版社，2013，第13—14页。

述了广府文化的得与失、长与短、先进与落后，尤其是一针见血地指出了这种文化的实用主义性质及其弊端：“缺乏某种对于义理的固守与坚持，评价事物多以实利主义标准对待之，机会主义心态成为处事和处世的主导性心态。这实是商业逐利心态的延伸和折射。”

3. “广大精神”的表述需要补充

今天我们讨论“广大精神”与广府文化的关系，倡导“务实、包容”的品质，最好能够细心领会一下徐教授的上述表达。务实固然好，但是过于务实，处处务实，时时务实，就容易流入实用主义。而实用主义的最大弊端，就是“缺乏某种对于义理的固守与坚持”，就是“评价事物多以实利主义标准对待之”，就是“机会主义心态成为处事和处世的主导性心态”，就是不讲是非，不讲原则，不讲真理，只讲功利，只讲现实的利益，甚至只讲眼前的利益。包容固然好，但是也要分是非曲直，也要分好人与坏人，也要分好事与坏事，不能无原则、无是非观念地一切都包容。例如对于违法乱纪、学术造假、败坏学风与校风的行为，对于各种投机取巧的行为，对于各种短视的行为，就没有理由去包容。

总之，务实、包容，是广府文化的两个基本品质。这两个基本品质有它积极的一面，也有它消极的一面。今天我们讨论“广大精神”与广府文化之间的关系，应该注意到务实、包容的两面性，既要继承和发扬它好的一面，也要注意避免和防范它不好的一面。事实上，任何传统文化、任何地域文化都有它的两面性，如何正确对待它的两面性？如何从中汲取有价值的东西？这是一个值得认真思考和处理的问题。

对于“广大精神”所包含的“敢想会干、务实包容、追求卓越的精神，识大体、顾大局、讲奉献、创一流的境界和克难求进，‘跳起来摘桃子’的气概等”，应该予以肯定。“广大精神”从某种意义上讲，是上述具有某种普遍意义的大学精神的一种个性表达。因为是个性表达，所以没有必要强求一致，也没有必要面面俱到。但是我们注意到，在广州大学的办学宗旨当中，还有“服务荣校”这四个字。而在多年的办学实践中，广州大学一直都很重视服务地方的经济、文化与社会发展。笔者建议在“广大精神”的表述当中，最好能把这一点考虑进去，即除了服务社会，还要理性地引导社会，真正体现一所大学的社会关怀精神。

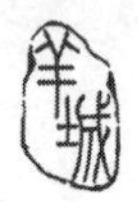

另外，批判精神是大学精神的一个重要组成部分，它是创造精神的基础，也是社会关怀精神的体现。一所力图“创一流”的大学是不能没有批判精神的，批判精神的缺失会导致大学精神的缺失，大学精神缺失则难以培养出真正具有创造精神与能力的人才，难以赢得公众发自内心的认可与尊重。建议在“广大精神”的表述中，能够适度地考虑这一点。

第六章

广州的政区沿革与“岭南文化中心”地位

本章的重点有二：一是讨论广州的“岭南文化中心”地位问题，二是讨论“建设与京派文化、海派文化鼎足而三的岭南文化”问题。在正式讨论这两个问题之前，有必要回溯一下广州这个行政区域的历史沿革。

一　广州的政区沿革

广州这个地方，在《禹贡·九州》中属扬州，在战国时属楚国，在秦时（前221—前206年）为南海郡，治番禺（即今广州）。就秦始皇三十三年（前214年）的行政设置来看，当时的南海郡下辖番禺、龙川、四会、傅罗（即博罗）、揭阳5县，相当于今天的大半个广东省。也就是说，除了今韶关市的乐昌、南雄、始兴，清远市的连州、连南，肇庆市的封开、德庆、高要，云浮市的郁南，湛江市的廉江、遂溪、霞山、雷州、徐闻等14个县（市、区），今广东其他县（市、区）都属于南海郡的管辖范围。

南越国时（前204—前111年），境内设南海（治番禺）、桂林（治桂平）、象郡（治临尘）三郡，其中南海郡所置各县，与秦代一样。

汉武帝平定南越（前111年）之后，在南海郡设置番禺、龙川、四会、傅罗、揭阳、中宿（今清远市清新县）6县，其版图比秦时和南越国时的南海郡要小，相当于今天的半个广东省。也就是说，今天的湛江市、阳江市，以及茂名市的高州、化州、电白，云浮市的新兴，江门市的恩平等，归合浦郡管辖；今天肇庆市的德

庆、封开、高要，云浮市的罗定、郁南，茂名市的信宜，归苍梧郡管辖；而韶关市除了新丰，清远市除了清城、清新、佛冈，其他县（市、区）则分属豫章郡和桂阳郡管辖，都不在今广东省境内。

东汉时（25—220 年）的政区设置基本上沿袭西汉旧制，南海郡的管辖范围也与西汉时相当，就建安八年（203 年）的行政设置来看，只是在番禺县和博罗县之间，新设了一个增城县。

三国东吴时（220—280 年），境内设扬州、荆州、郢州、交州、广州等 5 州 40 余郡。吴黄武五年（226 年），析交州东部的南海、苍梧、高兴、高凉 4 郡置广州。这是广州得名之始。后来一度废置，仍属交州。永安七年（264 年），再度分立广州，从此成为定制。这个时期的广州包括 4 郡 16 县，见表一。

表一　三国吴时广州所辖郡、县一览

所辖郡名	所辖县名
南海郡	番禺（今广州市境内）、增城（今属广州市）、傅罗（即博罗，今属惠州市）、龙川（今属河源市）、揭阳（今属揭阳市）、平夷（今江门市新会区）、四会（今属肇庆）
高凉郡	安宁（今阳江市江城区）、高凉（今茂名市之高州）、思平（今江门恩平市）
高兴郡	广化（今阳江市阳西县）、西平（今阳江市阳东县）
苍梧郡	广信（今肇庆市封开县）、高要（今属肇庆市）、端溪（今肇庆市德庆县）、临允（今云浮市新兴县）

由表一可知，三国时的广州，东到揭阳，西到茂名，北到梅州，南到香港，相当于今天的大半个广东省。

西晋时（265—317 年）的广州，就太康三年（282 年）的行政设置来看，除了三国东吴时的南海、高凉、高兴、苍梧 4 郡，还增设了一个始兴郡，总共 5 郡 29 县，见表二。

表二　西晋时广州所辖郡、县一览

所辖郡名	所辖县名
南海郡	番禺（今广州市境内）、增城（今属广州市）、博罗（今属惠州市）、龙川（今属河源市）、揭阳（今属揭阳市）、新夷（今江门市新会区）、四会（今属肇庆）

续表

所辖郡名	所辖县名
始兴郡	曲江（今属韶关市）、始兴（今属韶关市）、桂阳（今清远市之连州）、熙平（今清远市之连南）、阴山（今清远市阳山县）、阳山（今清远市阳山县）、含洭（今清远市之英德）、浈阳（今清远市之英德）、中宿（今清远市清新县）
高凉郡	安宁（今阳江市江城区）、高凉（今茂名市之高州）、思平（今江门恩平市）
高兴郡	广化（今阳江市阳西县）、海安（今江门之开平）、莫阳（今阳江市之阳春）、西平（今阳江市阳东县）
苍梧郡	广信（今肇庆市封开县）、端溪（今肇庆市德庆县）、高要（今属肇庆市）、元溪（今肇庆市德庆县）、新宁（今云浮市新兴县）、临允（今云浮市新兴县）

由表二可知，西晋时的广州，除了今湛江市之外，包含了今广东省管辖的其他所有市县。

东晋时期（317—420 年），广州下属郡、县的变化较大，数目也较多，以东晋义熙九年（413 年）的行政设置为据，共 7 郡 41 县，见表三。

表三　东晋时广州所辖郡、县一览

所辖郡名	所辖县名
南海郡	番禺（今广州市境内）、增城（今属广州市）、博罗（今属惠州市）、龙川（今属河源市）、四会（今属肇庆）、怀化（今肇庆市怀集县）、欣乐（今惠州市惠阳区）、西平（故治在今惠州市境内）、高要（今属肇庆市）
东官郡	宝安（今属深圳市）、海丰（今属汕尾市）、兴宁（今属梅州市）、雷乡（县治不详）
义安郡	海阳（今潮州市潮安县）、潮阳（今汕头市潮阳区）、义招（今梅州市大埔县）、海宁（今揭阳市惠来县）
新会郡	盆允（故治在今江门市新会区境内）、怀化（故治在今广州市番禺区境内）、新夷（今江门市新会区）、封平（故治在今江门市境内）
新宁郡	临允（今云浮市新兴县）、新兴（今云浮市新兴县）、平兴（故治在今肇庆高要市境内）、南兴（故治在今云浮市境内）、博林（故治在今云浮市境内）、单牒（故治在今云浮市境内）、威平（县治不详）
晋康郡	元溪（今肇庆市德庆县）、端溪（今肇庆市德庆县）、都城（今云浮市郁南县）、封兴（今肇庆市封开县）、龙乡（故治在今云浮市境内）、夫阮（故治在今云浮市境内）、晋化（故治在今云浮市境内）

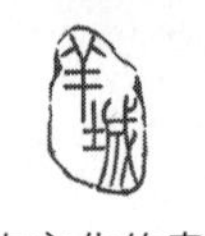

续表

所辖郡名	所辖县名
高凉郡	安宁（故治在今阳江市境内）、高凉（今茂名市之高州）、思平（今江门恩平市）、莫阳（今阳江市之阳春）、广化（今阳江市阳西县）、石门（县治不详）

东晋时的广州，其管辖范围小于西晋时，除了今天的湛江市属于交州管辖之外，今天的韶关市（除了新丰县）和清远市所辖各县（市、区），则属于湘州管辖。但是总体上看，仍然相当于今天的大半个广东省。

南朝时（420—589 年）的广州，郡、县剧增，变化繁杂。以宋泰豫元年（472 年）、齐建武四年（497 年）、梁中大同元年（546 年）和陈太建四年（572 年）的行政设置为统计对象，得知宋代的广州有 13 郡 92 县，齐代有 15 郡 114 县，梁代有 11 郡 58 县，陈代有 11 郡 57 县。为了不致让读者感到厌倦，只对郡这一级行政机构的设置做一简表，见表四。

表四　南朝时广州所辖郡一览

朝代名	广州所辖郡名及郡治所在地
宋	南海郡（治番禺，今广州市境内）、东官郡（治宝安，今深圳市宝安区）、义安郡（治海阳，今潮州市境内）、新会郡（治盆允，今江门市新会区）、新宁郡（治南兴，今云浮市境内）、宋熙郡（治平兴，今肇庆高要市境内）、绥建郡（治新招，今肇庆市德庆县境内）、乐昌郡（治乐昌，今肇庆市广宁县）、晋康郡（治端溪，今肇庆市德庆县）、高凉郡（治思平，今江门恩平市）、宋康郡（治广化，今阳江市境内）、海昌郡（治宁化，今茂名市电白县）、苍梧郡（治广信，今肇庆封开县）
齐	南海郡（治番禺，今广州市境内）、东官郡（治怀安，今惠州市惠东县）、义安郡（治海阳，今潮州市境内）、新会郡（治盆允，今江门市新会区）、新宁郡（治南兴，今云浮市境内）、宋隆郡（治平兴，今肇庆高要市境内）、绥建郡（治新招，今肇庆市德庆县境内）、齐建郡（治初宁，县治不详）、乐昌郡（治始昌，今肇庆市广宁县）、晋康郡（治端溪，今肇庆市德庆县）、广熙郡（治龙乡，今茂名市之信宜）、高凉郡（治安宁，今阳江市阳西县）、齐安郡（治齐安，今江门恩平市）、宋康郡（治广化，今阳江市境内）、海昌郡（治宁化，今茂名市电白县）

续表

朝代名	广州所辖郡名及郡治所在地
梁	南海郡（治番禺，今广州市境内）、高要郡（治高要，今肇庆市境内）、东官郡（治增城，今广州市之增城）、梁化郡（治怀安，今惠州市惠城区境内）、晋康郡（治端溪，今肇庆市德庆县）、新会郡（治盆允，今江门市新会区）、宋隆郡（治平兴，今肇庆高要市境内）、绥建郡（治新招，今肇庆市德庆县境内）、乐昌郡（治始昌，今肇庆市广宁县）、梁泰郡（治梁泰，今佛山市顺德区）、清远郡（治中宿，今清远市清新县）
陈	南海郡（治番禺，今广州市境内）、高要郡（治高要，今肇庆市境内）、东官郡（治增城，今广州市之增城）、梁化郡（治怀安，今惠州市惠城区境内）、新会郡（治盆允，今江门市新会区）、晋康郡（治端溪，今肇庆市德庆县）、宋隆郡（治平兴，今肇庆高要市境内）、梁泰郡（治梁泰，今佛山市顺德区）、绥建郡（治新招，今肇庆市德庆县境内）、乐昌郡（治始昌，今肇庆市广宁县）、清远郡（治翁源，今韶关翁源县）

由表四可知，在南朝宋、齐、梁、陈四个朝代，广州的版图，以宋、齐、陈三代为大，占了今广东省的大部分；梁代稍小，但也占了今广东省的一半。

隋代（581—618 年），鉴于南北朝滥设郡县之弊，隋文帝按照“存要去闲，并小为大”的原则，对前朝所设政区进行大规模的调整和裁并，使政区数量比前朝减少近半。以大业三年（607 年）的行政设置为据，当时的广州只有 1 郡 15 县，版图也大为缩小，见表五。

表五　隋代广州所辖郡、县一览

所辖郡名	所辖县名
南海郡	南海（今广州市境内）、增城（今属广州市）、四会（今属肇庆市）、清远（今清远市清城区）、政宾（故治在今清远市境内）、宝安（今属深圳市）、化蒙（今肇庆市广宁县）、新会（今属江门市）、义宁（故治在今江门市境内）、怀集（今属肇庆市）、乐昌（今属韶关市）、曲江（今属韶关市）、始兴（今属韶关市）、翁源（今属韶关市）、含洭（今清远市之英德）

由表五可知，隋代广州的版图，只占今广东省的 1/3。

唐代（618—907 年）的政区和隋时相比，又有几个明显的变

化：一是改郡为州；二是在州之上设道，形成道、州、县三级行政区划建制；三是在边远要地设府。以开元二十九年（741 年）的行政设置为据，得知今广东省境内均属岭南道，广州是岭南道所辖 20 州之一，下设 11 个县，见表六。

表六　唐代广州所辖县一览

所属道名	所辖县名
岭南道	番禺（今广州市境内）、南海（今广州市境内）、东莞（今东莞市）、增城（今属广州市）、清远（今清远市清城区）、四会（今属肇庆市）、含洭（今清远市之英德）、浈阳（今清远市之英德）、怀集（今肇庆市怀集县）、化蒙（今肇庆市广宁县）、洊安（今肇庆市怀集县）

由表六可知，唐代广州的版图，比隋代还要小，大致相当于今广东省的 1/4。

五代十国时的南汉国（917—971 年），是岭南地区继南越国之后的又一个封建割据政权，其全盛时，尽有唐代岭南道之地。南汉在其领域内先后设有 60 多个州。以南汉国乾和十五年（957 年）的政区设置为据，得知今广东境内共有 2 府 22 州。广州称兴王府，下辖 11 个县，见表七。

表七　南汉国时广州（兴王府）所辖县一览

府名	所辖县名
兴王府	番禺（今广州市境内）、东莞（今东莞市）、义宁（故治在今江门市境内）、新会（今属江门市）、增城（今属广州市）、清远（今清远市清城区）、四会（今属肇庆市）、含洭（今清远市之英德）、怀集（今肇庆市怀集县）、化蒙（今肇庆市广宁县）、洊水（今肇庆市怀集县）

由表七可知，南汉国兴王府的版图，比唐时的广州略大，相当于今广东省的 1/4。

北宋（960—1127 年）的行政区划，基本沿袭唐制。太宗淳化五年（994 年）以后，改唐时的“道”为“路”，岭南地区设广南东路和广南西路，广东和广西的名称即由此而来。广州属于广南东路。以北宋政和元年（1111 年）的行政设置为据，广州是当时广南东路所属 14 州之一，下设 8 县，见表八。

表八　北宋时广州所辖县一览

所属路名	所辖县名
广南东路	番禺（今广州市境内）、南海（今广州市境内）、东莞（今东莞市）、新会（今属江门市）、信安（今江门市之开平）、增城（今属广州市）、清远（今清远市清城区）、怀集（今肇庆市怀集县）

南宋（1127—1279 年）的广州，仍属广南东路所属 14 州之一，仍下设 8 县，只是个别县名和县域有所变化。以南宋嘉定元年（1208 年）的行政设置为据，见表九。

表九　南宋时广州所辖县一览

所属路名	所辖县名
广南东路	番禺（今广州市境内）、南海（今广州市境内）、东莞（今东莞市）、香山（今中山市）、新会（今属江门市）、增城（今属广州市）、清远（今清远市清城区）、怀集（今肇庆市怀集县）

由表八、表九可知，两宋时期广州的版图，比唐时的略小，相当于今广东省的 1/4 弱。

元代（1206—1368 年）的行政区划分为省、路（府、州）、县（司）三级，今广东境内分属江西行省和湖广行省，江西行省属下的广东道，即宋代的广南东路辖区。以元朝至顺元年（1330 年）的行政设置为据，当时的广东道领 7 路 8 州。广州改称广州路，领 7 县 1 司，见表十。

表十　元代广州路所辖县（司）一览

所属道名	所辖县（司）名
广东道	番禺（今广州市境内）、南海（今广州市境内）、东莞（今东莞市）、香山（今中山市）、新会（今属江门市）、增城（今属广州市）、清远（今清远市清城区）、广州录事司（今肇庆市之四会）

由表十可知，元代广州的版图与南宋广州的版图相比，没有大的变化，只是南宋的怀集换成了元代的广州录事司。

明代（1368—1644 年）的行政区划分为直隶（布政司）、府（直隶州）、散州（县）三级，今广东境内除了怀集县，均属广东布政司管辖。以明万历十年（1582 年）的行政设置为据，当时的广东布政司，领 10 府 1 直隶州。广州改称广州府，领 13 县 1 散州，其中连州这一散州，又领阳山、连山 2 县，见表十一。

表十一　明代广州府所辖县（散州）一览

所属布政司名	所辖县（司）名
广东布政司	番禺（今广州市境内）、南海（今广州市境内）、增城（今属广州市）、从化（今属广州市）、龙门（今属惠州市）、顺德（今属佛山市）、三水（今属佛山市）、香山（今中山市）、东莞（今东莞市）、新安（今深圳市之宝安区）、新会（今属江门市）、新宁（今属江门之台山）、清远（今清远市清城区）、连州（今清远市之连州）、阳山（今清远市之阳山）、连山（今清远市之连南）

由表十一可知，明代的广州府所辖县（散州）比元代要多，版图也比元代要略大。

清代（1616—1911 年）的行政区划分为省、府（直隶州、直隶厅）、县三级。在省和府之间，还有一个"道"，是监察区，不是地方政区。今广东境内有广肇罗道和南韶连道，二道所辖范围与明时的广东布政司相同。以清嘉庆二十五年（1820 年）的行政设置为据，当时的广肇罗道领 2 府 1 州 1 厅，南韶连道领 7 府 3 州 1 厅。广州仍称广州府，领 14 县，见表十二。

表十二　清代广州府所辖县一览

所属道名	所辖县名
广肇罗道	番禺（今广州市境内）、南海（今广州市境内）、从化（今属广州市）、花县（今广州市之花都）、龙门（今属惠州市）、增城（今属广州市）、顺德（今属佛山市）、三水（今属佛山市）、香山（今中山市）、东莞（今东莞市）、新安（今深圳市之宝安区）、新会（今属江门市）、新宁（今属江门之台山）、清远（今清远市清城区）

由表十二可知，清代广州府所辖县比明代要少，版图也比明时要小，相当于今广东省的 1/6。

民国（1912—1949 年）的行政区划，曾分为省、道、县三级，后来改道为行政区，继而又撤区，只设省、县两级。以民国二十五年（1936 年）的行政设置为据，当时的广东省，下设 9 个行政督察区和广州市，广州市下设 16 个县，见表十三。

表十三　民国时广州市所辖县一览

所属道名	所辖县名
广肇罗道	番禺（今广州市境内）、南海（今广州市境内）、从化（今属广州市）、花县（今广州市之花都）、增城（今属广州市）、顺德（今属佛山市）、高明（今属佛山市）、中山（今中山市）、东莞（今东莞市）、宝安（今深圳市之宝安区）、新会（今属江门市）、台山（今江门之台山）、鹤山（今属江门市）、赤溪（故治在今江门市之台山）、恩平（今属江门市）、开平（今属江门市）

由表十三可知，民国中期的广州市，包括了今天的广州、佛山、中山、东莞、深圳、江门等6个地级市，占了珠江三角洲的绝大部分地区。不过就广东全省来看，它的版图只有其中的1/7。

通过以上的追溯，可以发现，广州的版图是逐步变小的，这是因为随着经济的发展、人口的增加，行政单位的设置也就越来越繁密。这就提醒我们，考察广州作为“岭南文化中心”的历史，要注意它的历史沿革。今天的广州和历史上的广州，在版图或管辖范围上，是有很大不同的。

二　广州的“岭南文化中心”地位

“岭南”是一个地理学概念，指五岭（大庾岭、骑田岭、萌渚岭、都庞岭、越城岭）以南的广大地区。历史上所讲的“岭南”包括今天的广东、海南、香港、澳门全部，以及广西大部和越南北部，今天所讲的“岭南”则指广东、广西、海南、香港、澳门等地。五岭既是中国境内一条重要的自然地理分界线，也是一条重要的人文地理分界线。五岭以南是南亚热带，以北是中亚热带；五岭以南是岭南文化区，以北是荆楚文化区。“岭南”一名始于唐代。唐初贞观年间，在五岭以南置岭南道，后来又置岭南节度使。“岭南”一名由此使用开来。

（一）“文化中心”的内涵及其评价标准

文化中心是指在文化方面具有重要地位和影响的城市或地区。文化中心具有不同的层级。一个国家有一个国家的文化中心，一个省有一个省的文化中心，一个州（府、市、县）有一个州（府、市、县）的文化中心。文化中心只能出现在国都、省会和州（府、

市、县）的治所，不可能出现在别的城市或地区。一个统一的国家只能有一个文化中心，这个中心就在国都所在地。如果一个国家有两个或两个以上的文化中心，那就表明这个国家还没有完成最后的统一。一个省、一个州（府、市、县）也是如此。如果一个省在省会城市之外还有别的城市或地区在文化方面具有比较重要的地位和影响，那也只能称为“文化重心”，或者“文化副中心”，不能称为“文化中心”。

一个文化区也只有一个文化中心。历史上的文化区经过长期的发展演变，其文化中心可能由一个城市转移到另一个城市。也就是说，一个文化区可能先后出现过两个或两个以上的文化中心，但不可能同时出现两个或两个以上的文化中心。例如，楚文化中心早先在郢都（江陵），后来转移到汉口（武汉）；吴文化中心早先在苏州，后来转移到南京；齐文化中心早先在临淄（淄博），后来转移到济南；秦文化中心早先在咸阳，后来转移到长安（西安）。但是楚文化、吴文化、齐文化、秦文化等都不曾同时出现过两个中心。

文化中心可以凭借国都、省会、州（府、市、县）治所的自然和人文地理优势，包括政治、经济、教育、科技、信息等方面的优势，汇聚许多重要的文化资源，吸纳许多重要的文化人才，兴建许多重要的文化设施，举办许多重要的文化活动，产生许多重要的文化成果。文化中心一般都具有悠久的历史传统，深厚的文化底蕴，能够集中体现和彰显本区域的文化成就、文化实力与文化个性。文化中心不仅能够引领本区域的文化，还能够对周边城市或地区的文化发挥影响和辐射作用。笔者综合考察了国内外一些重要的文化中心，发现它们一般都具有以下特点。

1. 拥有良好的自然环境，或依山，或傍水，或既依山又傍水。气候适宜，不是太冷，也不是太热。城市的植被与生态环境比较好。

2. 具有相对优越的政治资源，或为国都，或为省会，或为州（府、市、县）治所。

3. 历史悠久。一般都有千年以上的历史，最短的也有两百年以上的历史。城市的文化底蕴比较深厚。

4. 文化遗产（包括物质文化遗产与非物质文化遗产）丰富，且保护、传承得比较好。城市建筑（如道路、桥梁、民居、办公楼、工厂、学校等）有自己的特色。

5. 经济发达。它是一个全国性的或者区域性的经济中心。

6. 水、陆、空交通发达。国内外的人员、物质交流顺畅，进出无碍。旅游发达，且有特色。

7. 文化基础设施（包括图书馆、博物馆、美术馆、音乐厅、影剧院、展览馆、出版社、报社、杂志社、电台、电视台、电影公司、综合性或文科性大学、人文社会科学研究机构、市民文化广场、宗教场所等）比较完善，不一定豪华，但种类比较齐全，布局比较合理，在某些方面还比较有特色。

8. 信息资源丰富，现代传媒发达，新媒体也比较活跃，舆论环境相对宽松。

9. 人才众多。尤其是文化、艺术与人文社会科学方面的人才众多，且拥有一定数量的、在国内外有较大影响的文化名人。

10. 在文学创作、艺术创作（如音乐、美术、电影、电视、戏剧、舞蹈、杂技等）、人文社会科学研究方面有突出成就，在国内外有较大影响。

11. 文化产业（如旅游、广告、印刷、出版、动漫、会展、设计等）比较发达，产值较高，质量较好，至少在某个或某几个领域处于国内外先进水平。

12. 经常主办较大规模、较高水平、在国内有较大影响、在国际上有一定影响的文化活动，例如文艺演出、博览会、体育比赛、音乐节、图书节、电影节、旅游节、狂欢节、民俗节等。

13. 城市管理有序，治安良好，恶性刑事案件较少发生；城市服务水平较高，第三产业发达，窗口行业形象较好；市容整洁；市民安居乐业。

14. 城市官员与老百姓的科学文化素质较高，喜好读书，遵纪守法，文明礼貌，热心公益。城市的形象与口碑较好，丑闻较少。

15. 城市的价值观、审美观、消费时尚等有自己的特色，能够引领潮流，对周边城市和地区有明显影响。

以上 15 个特点，也可以说是文化中心的 15 项评价标准。

（二）广州作为“岭南文化中心”的历史

广州是岭南文化的中心地。岭南文化同楚文化、吴文化、齐文化、秦文化一样，是中国的一种历史悠久的地域文化。岭南文化的

历史如果从桂林独山的甑皮岩遗址（约前7000—前5500年）算起，迄今至少有7000年；如果从曲江马坝的石峡文化（前2800—前2700年）算起，迄今至少有4700年；如果从秦始皇统一岭南（前214年）算起，截至2016年长达2230年。这2230年中，岭南文化中心曾经有过转移。从秦始皇统一岭南到汉武帝平定南越（前214—前111年）这103年间，岭南文化中心在番禺（今广州）。汉武帝平定南越之后，在南越故地设交趾刺史部，交趾刺史部作为一个监察机构，其驻地最初在今越南河内西北部，不久（前106年）移至广信（今广西梧州，一说今广东封开）。汉献帝建安八年(203年)，交趾刺史部改为交州，州治广信。建安十五年（210年)，交州移治番禺（今广州)。也就是说，从交趾刺史部改名交州到交州移治番禺（前203—210年）这7年间，岭南文化中心不在番禺（今广州)，而在广信。自交州移治番禺（210年）到今天(2016年)，岭南文化中心一直都在广州，长达1806年。加上秦始皇统一岭南至汉武帝平定南越（前214—前111年）这103年，广州作为岭南文化中心的历史长达1909年。

文化中心转移的大前提是政治中心转移。政治中心转移了，与其相匹配、相适应的经济、教育、科技、信息、人才等中心也会随之转移；这些中心转移了，文化中心就会逐渐转移。广州自汉献帝建安十五年（210年）成为交州治所之后，在此后的1806年里，先后成为广州（三国东吴至隋代)、岭南道（唐代)、南汉国（五代)、广南东路（宋代)、广东道（元代）和广东省（明、清、民国至中华人民共和国）的治所，其作为政治中心的地位一直没有改变过。由于作为政治中心的地位没有改变，所以与之相匹配、相适应的经济、教育、科技、信息、人才等中心的地位也没有改变，由于这些中心的地位没有改变，因此它作为岭南文化中心的地位也就没有改变。

尤其是在20世纪，在资产阶级民主革命初期和社会主义改革开放初期，广州的文化辐射力和带动力远远超出了岭南本土，对全国都有重要的示范作用，它是名副其实的“民主革命策源地”和“改革开放前沿地”。可以肯定地说，在20世纪的100年中，广州在全国范围内引领时代文化潮流的时间不少于50年。

回顾过往，是为了充分认识广州在历史上所拥有的岭南文化中心地位，认识它在20世纪引领时代文化潮流50年的地位。只有充分地认识过去，才能满怀信心地建设未来。

如上所述，今天的岭南，包括广东、广西、海南、香港、澳门等地。今天的广州，只是广东省的省会城市，只是广东的政治中心，并非整个岭南的政治中心。在整个岭南文化区，除了广州这一个省会城市，还有南宁、海口等两个省会城市，还有香港、澳门等两个特别行政区。那么，在这五个城市中，哪一个才是真正的岭南文化中心呢？毫无疑问，还是广州。理由是：中国是一个历史悠久的文明古国，中国境内任何一个文化中心的形成，至少需要两百年的时间。

众所周知，香港在1841年以前，澳门在1881年以前，海南在1988年以前，都属于广东省的管辖范围，它们作为一个省级行政区划的历史，迄今（2016年）最长的不过175年，最短的不过28年。而南宁成为广西首府始于1912年（1936年移治桂林，1950年再移治南宁），其作为广西首府的时间前后加起来迄今（2016年）也不过90年。而广州作为一个省级政治中心的历史，迄今（2006年）至少也有1909年。在广州、南宁、海口、香港、澳门五地中，只有广州的历史最为悠久，也只有广州的文化底蕴最为深厚。广州直到今天仍然是岭南文化中心，这一点是不容置疑的。

（三）广州的“岭南文化中心”地位面临挑战

需要指出的是，广州虽然还是岭南文化的中心，但是它作为区域文化中心的辐射力和影响力却在下降。尤其是1992年邓小平“南方谈话”之后，我国进入全面的改革开放时期，北京、上海、天津等一大批城市在经济上相继崛起，广州虽然连续15年在经济增速上保持全国第三大城市的地位，但是也面临着前所未有的压力和挑战，广州稍一懈怠，就有可能被天津、深圳等城市超越。为了经济的可持续发展，广州开始打文化牌。这是广州近年来先后提出“建设文化强市”、“培育世界文化名城”的基本背景。

问题是，全国各大城市都在谋求经济的可持续发展，都在打文化牌。在打文化牌这一方面，广州并不处于全国领先地位。而且广州的文化，虽然有它的特点，有它的长处，但是也有明显的短板。在一个以文化论输赢的时代，广州面临着更大的压力和挑战。如果说，广州在经济上的压力和挑战主要来自北京、上海、天津、深圳

等少数城市，那么它在文化上的压力，则来自北京、上海、天津、西安、南京、杭州、武汉、长沙、成都等一大批城市。

今天的广州，不仅不能在全国范围内引领时代文化潮流，甚至在岭南文化区域内，它的辐射力和影响力也在下降。早在20世纪60年代，随着香港经济的崛起，广州在岭南的影响力和辐射力就开始下降。近20年来，随着香港、澳门的先后回归，以及深圳等周边城市的崛起，广州的影响力和辐射力继续下降。例如，在高等教育的质量与时尚文化的原创性方面，广州不及香港；在文化遗产的保护力度与成效方面，广州不及澳门；在文化产业的发展势头方面，广州不及深圳；在城市规划的有序性、连续性与执行力以及历史街区保护的完整性方面，广州不及南宁；在旅游目的地的建设力度与成效方面，广州不及桂林、海口和三亚。

三　建设与京派文化、海派文化鼎足而三的岭南文化

要想巩固广州的“岭南文化中心”地位，必须着眼于岭南文化自身的建设。如果广州能够高瞻远瞩，致力于把岭南文化建设成为与京派文化、海派文化鼎足而三的地域文化，那么广州不仅可以巩固自己的“岭南文化中心”地位，还可以把广州建设成为可以和北京、上海鼎足而三的区域文化中心。

可能有人认为，北京是全国的文化中心，而上海只是海派文化（吴越文化）的中心，广州只是岭南文化的中心，它们的文化地位本身就不平等，如何能够鼎足而三？笔者认为，北京作为全国的文化中心，这是事实；但它同时也是京派文化（燕赵文化）的中心，这也是事实。从文化地理学的角度来讲，作为京派文化（燕赵文化）中心的北京，是可以与作为海派文化（吴越文化）中心的上海及作为岭南文化中心的广州相提并论的。而且我们这里讨论的只是文化，不是政治，因此提出“建设与京派文化中心、海派文化中心鼎足而三的岭南文化中心”，在逻辑上是不成问题的。再说从经济上来讲，人们早已习惯了“北、上、广”的说法，那么为什么在文化上不可以讲“北、上、广”呢？

京派文化的中心在北京，海派文化的中心在上海，岭南文化的

中心在广州。京派文化是黄河下游流域的文化，海派文化是长江下游流域的文化，岭南文化是珠江下游流域的文化，三种文化分别处于中国三大河流的下游流域，它们一方面都受到内陆文化的滋养，另一方面又都受到海洋文化的影响，都具有创新精神，都具有世界眼光，因而是中国境内最富有生命力的三种地域文化。

要想把岭南文化建设成为中国境内与京派文化、海派文化三足鼎立的地域文化，那么首先就要把广州建设成为北京、上海那样的高水平的区域文化中心。这样广州作为岭南文化中心的地位才能得到真正的提升，它的辐射力与影响力才能得到充分的发挥。因此，从事广州文化建设，不能就广州谈广州，也不能就岭南谈岭南，应该立足广州，面向岭南，放眼全国。当广州真正成为与北京、上海鼎足而三的高水平的地域文化中心，真正成为岭南文化的杰出代表的时候，它与世界文化名城的距离就不远了。

把广州建设成为与北京、上海鼎足而三的高水平的区域文化中心，应该坚持如下几个基本原则。只有坚持这样几个基本原则，才有可能达到总体目标。

（一）基本原则

1. 高瞻远瞩

如上所述，今天所讲的岭南，包括广东、广西、海南、香港、澳门等地。而所谓岭南文化中心，则是指在这五地之内，文化传统最悠久、文化积累最丰富、文化设施最齐全、文化人才最集中、文化影响力和辐射力最强大的城市或地区。按照上文所述文化中心的15项指标来衡量，到目前为止，岭南文化的中心仍然还是广州。也就是说，自从汉献帝建安十五年（210年）交州治所由广信（今封开）迁至番禺（今广州）以来，1800多年间，广州凭借它的地缘优势、政治优势、经济优势、教育优势、人才优势和文化优势，一直保持着岭南文化中心的地位，这一点应该是没有什么争议的。

需要指出的是，广州虽然还保持着岭南文化中心的地位，但是它对周边城市和地区的影响力与辐射力却在下降。广州要想成为北京、上海那样的高水平的地域文化中心，首先必须明白岭南文化所覆盖的范围究竟有多大，明白自己在整个岭南文化区内的现实地位究竟还有多高，明白自己对周边城市和地区的文化影响力与辐射力究竟还有多强。广州要想建成高水平的地域文化中心，要想在新的

时代文化背景之下，提升自己作为岭南文化中心的地位，重现自己在整个岭南文化区的强劲的辐射力和影响力，应该说，还有许多的工作要做。必须高瞻远瞩，精心谋划，脚踏实地，长期奋斗。

2. 取法乎上

取法乎上，得法乎中；取法乎中，得法乎下。广州要建设高水平的区域文化中心，必须向国内外的一些先进城市学习。广州的学习目标可以定为四个层次。

第一个层次，是长沙、西安、天津。笔者认为，广州学习长沙、西安和天津等城市，不一定要学习它们把文化设施做得那么豪华气派，也不一定要学习它们创作（制作）那么多的主旋律作品。广州向它们学习，主要应该学习它们用心做文化。世上无难事，只怕有心人。用心做文化，没有做不好的。

第二个层次，是香港、澳门，这是岭南文化区内的城市。广州像它们学习，主要应该学习以下三点：一是学习它们切实保护和完美展示自己的文化遗产；二是学习它们注重城市的法制文明建设，培养市民的现代文明素质；三是学习它们注重城市形象的塑造，注重在国际文化舞台上展现自己的风采。

第三个层次，是北京、上海。广州向它们学习，主要应该是学习它们如何集聚文化人才，如何创造文化业绩，如何展示文化成果，如何发挥文化的辐射力与影响力。

第四个层次，世界文化名城。虽然我们主张向内地某些城市学习，但是我们也要注意到，内地不少城市在文化建设上也出现了一些问题。主要表现是：在现代文化的建设上急功近利，在传统文化的利用上竭泽而渔，在文化人才的培养上拔苗助长。其结果是：缺乏个性、缺乏文化底蕴、缺乏审美价值，粗制滥造的建筑、雕塑、影视、绘画、书法、文学、音乐、戏曲等大量涌现，而真正有个性、有文化底蕴、富含历史价值和审美价值的文化遗产则不断地遭到破坏，一些用金钱或者行政手段“打造”出来的、缺乏真才实学的所谓文化大师、文化名家到处招摇撞骗，而广大市民的道德水平和文化素质则未见提高。

广州要增强文化的区域辐射力和带动力，进而重返引领时代文化潮流者的地位，诚然要学习内地某些城市的某些长处，但是更重要的是要学习世界文化名城的经验。例如韩国的首尔，日本的东京、京都、大阪、奈良和名古屋，法国的巴黎，英国的伦敦，德国的柏林、波恩、慕尼黑，意大利的罗马、米兰、威尼斯和比萨，荷兰的阿姆斯特丹，挪威的奥斯陆，瑞士的苏黎世，奥地利的维也纳，比利时的布鲁塞尔，希腊的雅典，丹麦的哥本哈根，瑞典的斯德哥尔摩，捷克的布拉格，俄罗斯的莫斯科，芬兰的赫尔辛基，加拿大的多伦多，美国的纽约和洛杉矶，埃及的开罗，还有中国的香港、澳门等。这些世界文化名城虽然各有特点，广州不可能面面俱到，但是它们都有一个共同的特点，就是把传统文化与现代化结合得非常好。一方面，它们是现代化程度很高的城市，另一方面，它们的传统文化底蕴又很深厚，市民的素质也很高。

3. 传统与现代相结合

100 多年来，中国人（尤其是内地各省份的人）在文化认知上的最大偏颇，就是把传统文化和现代文化对立起来。往往提倡现代文化，就要否定传统文化；提倡传统文化，就要否定现代文化。无论是普通老百姓还是知识分子，都存在这种偏颇。

在传统文化与现代文化的结合方面，中国做得最好的城市是台北和澳门，国际上做得最好的城市是那些被称为“世界文化名城”的城市。广州应虚心向这些城市学习，一是要切实保护和利用好传统文化；二是要进一步推进现代文化；三是要把传统文化与现代文化有机结合，寻找到二者之间的切合点，然后把它发扬光大。

（二）基本路径与重点

把广州建设成为与北京、上海鼎足而三的高水平的区域文化中心，只能在原有的基础之上进行，只能结合岭南文化和广州文化的实际走自己的路。不可能另起炉灶，也不可能简单地照搬别的城市的做法，包括某些世界文化名城的做法与国内某些先进城市的做法。

如本书第一章所述，岭南文化的最大特点就是一个“新”字，它是一种轻质型的文化，其主要局限性就是不够厚重。要把广州建设成为与北京、上海鼎足而三的高水平的区域文化中心，除了弘扬、挖掘、凸显它的“新”的特点，除了坚持创新，还必须在“厚重性”三个字上狠下功夫。

只有明确了建设的基本路径，我们才好进一步讨论建设的重点。路径和重点是相互关联的。路径不明确，就会迷失方向，更不

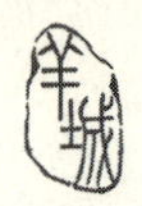

可能找到重点；找不到重点，就会平均使用力气，面面俱到，最终使路径得不到有效贯彻。

那么，建设的重点又是什么呢？笔者以为有如下五点。

1. 把传统的文化样态做大、做强，增强文化成果的厚重感

建议恢复社会科学院及其他有关科研院所的基础理论研究，使基础理论研究与应用研究并重，着力倡导以扎实的基础理论为支撑的应用研究。要鼓励科研院所和普通高校的学者们真正静下心来一丝不苟地做学问，要提倡“十年磨一剑”精神，提倡“板凳要坐十年冷，文章不写半句空”精神。要真正把学问做扎实、做大、做好，做成全国一流。要反对浮躁，反对投机取巧，反对短期行为，反对实用主义。政府要尽量抑制评比、考核、奖励的冲动，要尽量减少科研成果的评奖，尽量减少科研人才的评奖。建议把“广州市哲学社会科学优秀成果奖”和“广州市科技成果奖”以及相关人才奖的评奖由两年一次改为5年一次甚至10年一次。要有效控制科研资金的投入节奏，对于那些完全可以由学者自行启动的科研项目，政府要尽量避免先期投入。要劝阻拿国家工资的科研人员从事与本专业无关的社会兼职，鼓励他们坚守岗位，坚持专业的学术研究。总之，在学术研究方面，政府要少管、少作为，要力戒急功近利，力戒好心办坏事。

对于其他文化样态，例如文学、音乐、舞蹈、美术、雕塑、戏剧、影视等，政府也要尽量抑制评比、考核、奖励的冲动。建议把“广州文艺奖”以及相关人才奖的评奖由两年一次改为5年一次甚至10年一次。要制定切实有效的措施，积极引进文学艺术领域的优秀人才尤其是领军人才，促使文学艺术人才静下心来认真学习和创作。要提倡“十年磨一剑”精神，提倡“台上一分钟，台下十年功”精神。要鼓励出精品力作，出经典之作，出传世之作，不争一日之短长。对于像粤剧、粤曲、广东音乐、木偶戏等濒危艺术，要予以切实有力的保护，不要把有关剧团推向市场。要鼓励通过创新、通过活态传承来发扬光大传统的岭南艺术。政府对文学艺术领域的投入要掌握好火候和节奏。要让所有的文学艺术人才安于其位、安于其岗、安于其业。既要劝阻拿国家工资的文学艺术工作者从事与本专业无关的社会兼职，又要保证他们不至于为了生计问题而四处奔波。总之，在文学艺术领域，政府要多支持，少干预。政府对文学艺术的投入不要像

投资商那样急于求回报，要有足够的耐心。

如果广州能够这样坚持10年乃至20年，相信一定会有厚重的、沉甸甸的优秀文化成果出现。

2. *着力保护和充分展示现有的城市文化成果*

一是要切实保护物质文化遗产与非物质文化遗产。广州作为一座具有2200多年建城史的首批“国家历史文化名城”，其文化遗产是很丰富的。文化遗产包括物质文化遗产和非物质文化遗产。物质文化遗产又包括“不可移动文物”、“馆藏文物”和“民间收藏文物”。广州的“不可移动文物”是很多的。据统计，截至2012年，广州所拥有的各级文物保护单位多达530处，其中全国重点文物保护单位24处，省级文物保护单位45处，市级文物保护单位253处，区县级文物保护单位208处。新查出有价值的文物线索4533条。还有国家级历史文化名镇和名村各1个。这个数字是很可观的。广州的“馆藏文物”则多达146266件，这个数字也是很可观的。[①] 广州的非物质文化遗产也很丰富。据统计，截至2011年，广州被列入“国家级非物质文化遗产名录”的项目有18个[②]，被列入“省级非物质文化遗产名录”的项目有42个，被列入“市级非物质文化遗产名录”的项目有70个。[③]

文化遗产是城市文化的结晶。一个文化遗产不丰富，或者虽然丰富但是保护不好的城市，既不可能成为区域文化中心，更不可能成为世界文化名城。近年来，广州为保护文化遗产做了许多有成效的工作。例如，完成了全市范围内的文物普查工作，出版了大型图书《广州市文物普查汇编》，落实了530处国家级、省级、市级和区县级文物保护单位，落实了国家级非物质文化遗产项目代表性传承人9名、省级19名、市级61名，并开始按照有关政策实施保护。但是，广州在物质文化遗产的保护方面还有一些非常紧迫的工作需要去做好：一是要细化某些文物保护措施，二是要补充制定某

---

① 沈奎主编《广州新城市化发展的实践与探索》，广州出版社，2012，第87—88页。

② 据广东省文化厅介绍，截至目前，在国务院公布的第一、二、三批共1219项“国家级非物质文化遗产名录”中，广东省有129项，占全国的10.58%；广州市有18项，占全省的13.95%。

③ 沈奎主编《广州新城市化发展的实践与探索》，广州出版社，2012，第88页。

些文物保护法规，三是要充实文物保护专业人员队伍，四是要加强文物保护技术、材料和工艺方面的科学研究，五是要加强对郊区文物的保护力度，六是要加大对破坏文物的法人单位的处罚力度。

在非物质文化遗产的保护方面，广州需要做更多的工作。广州所拥有的非物质文化遗产不仅在广东省内首屈一指，就是在全国来讲，也是名列前茅的。但是就目前的情况来看，广州对非物质文化遗产的调查、挖掘、整理和保护的力度还不够，成效还不显著。据闻广州市有关部门正在组织人员编纂《广州非物质文化遗产志》，希望这项工作能够保证质量，不要有遗漏。广州应对非物质文化遗产制定切实可行的保护方案。非物质文化遗产的保护不同于物质文化遗产的保护，不是放在博物馆里保护，而是进行活态保护和生产性保护。例如对于广东音乐、古琴艺术、广州咸水歌、黄阁麒麟舞、舞貔貅、粤剧、广州乞巧节、波罗诞、沙湾飘色、扒龙舟、迎春花市等民间艺术和民俗文化活动，只能是活态保护；而对于广绣、牙雕、玉雕、木雕、灰塑等传统美术，还有广彩瓷烧制、广式硬木家具制作等传统技艺，则只能是生产性保护。广州要切实增强对非物质文化遗产的保护意识和保护力度：一是要建立可以集中展示有关代表性项目的非物质文化遗产博物馆或陈列馆；二是要细化保护和传承方案；三是要为每一个区级以上的非物质文化遗产项目和项目传承人建立保护和传承档案；四是要在大、中、小学尽可能多地建立非物质文化遗产项目传承基地；五是积极引导非物质文化遗产项目传承人突破自身的思想艺术局限，努力做到推陈出新，尤其是在题材方面不要因循守旧，要体现新的时代特点，要让在农业社会产生的非物质文化遗产项目逐步适应现代信息社会的审美需要与生活需要，让它们通过创新得到有效的传承和保护。

二是要切实保护历史文化街区与历史建筑。“历史文化街区”是指经省、自治区、直辖市人民政府核定公布的，保存文物特别丰富、历史建筑集中成片、能够较完整和真实地体现传统格局和历史风貌并有一定规模的区域。我国从 1986 年开始正式提出对“历史文化街区”进行保护。截至 2011 年，广州已划定市级历史文化保护区 16 片，登记历史文化保护区 21 片。[①] 遗憾的是，广州对“历

① 沈奎主编《广州新城市化发展的实践与探索》，广州出版社，2012，第 87 页。

史文化街区”的保护仍然不到位，以至于直到今天，广州还没有一片国家级“历史文化街区”。这一事实，与广州作为国务院公布的首批国家历史文化名城的地位是很不相称的。

按照国内外的成功经验，“历史文化街区”重在保护外观的整体风貌，即不但要保护具有历史风貌的文物古迹、历史建筑，还要保护构成整体风貌的所有要素，如道路、街巷、院墙、小桥、溪流、驳岸乃至古树等。“历史文化街区”是一个成片的地区，有大量的居民生活其间，有活态的文化遗产，有特有的社区文化。保护“历史文化街区”，既要保护那些历史建筑，更要保护它所承载的文化，包括物质文化遗产与非物质文化遗产，保护文化的多样性。按照这一标准，广州对“历史文化街区”的保护是很不到位的。广州拥有最具岭南建筑特色的、包含了极为丰富的物质文化遗产与非物质文化遗产的骑楼街区，包括大新路至海珠南路骑楼街区、西关骑楼街区、北京路至万福路骑楼街区、同福路至南华路骑楼街区，等等，但是自 1949 年以来，尤其是改革开放以来，广州为了修马路、修地铁，为了房地产的开发，为了承办亚运会而实施“穿衣戴帽”工程，对这些骑楼街区造成了相当严重的破坏，这是非常令人痛心的。广州应该严格遵守《中华人民共和国文物保护法》，必须制定严格而细致的条例和法规，坚决制止任何人、任何机构以任何理由破坏“历史文化街区”。

广州对历史建筑的保护也不够好。历史建筑既包括“古建筑”，也包括近现代建筑。近现代建筑中既包括与“重大历史事件、革命运动或者著名人物有关”的“代表性建筑”，也包括其他建筑。保护城市的历史建筑，就是留住城市的历史年轮。事实上，凡是历史建筑，都有它的特点和价值，无论它有没有被国家列入文物保护的范围，都应该加以保护。例如许多旧民居、旧工厂、旧商店、旧学校、旧机关等，既不属于“古建筑”，也不属于与“重大历史事件、革命运动或者著名人物有关”的“代表性建筑”，但是它们具有较高的艺术和科学价值，应该受到保护。可是事实上，由于它们暂时还未被国家列入文物保护的范围，多数都遭到了不同程度的破坏，甚至被拆毁。例如近年就发生了近代著名建筑“金陵台”和“妙高台”被房地产企业强行拆毁的恶性事件。这是非常可惜的。广州作为一个“国家历史文化名城”，应该自觉增强历史责任感和

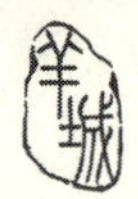

使命感，应该适度地扩大文物保护的范围，应该珍惜和呵护所有的历史建筑，而不是等到历史建筑成了“古建筑”或者“文物”之后才去加以被动地保护。广州要着手历史建筑保护的立法工作，使历史在100年以内、尚未被列入文物保护范围的建筑能够得到切实保护。

三是要充分体现城市建筑的岭南风格。建筑是城市文化的第一印象。人们认识一个城市的文化，往往就是从一个城市的建筑开始的。广州的城市建筑在1949年以前还是很有特色的，这些建筑适应了岭南的气候环境，既有中国传统建筑之特点，又包含了西洋建筑的某些元素，从而形成了清新、明快、实用的岭南建筑特色。1949年以后，尤其是改革开放以来，广州的传统建筑不断遭到破坏，新建筑则逐渐丧失岭南建筑的风格，以致整个城市的建筑给人的感觉就是不伦不类，就是没文化。广州应采取切实有力的措施，保证新的城市建筑尤其是园林、广场、桥梁建筑等尽量包含岭南建筑元素，尽量体现岭南建筑风格。对于有些地方大规模地搞所谓欧陆建筑的行为，广州市政府有关部门应该尽快予以制止。

四是要集中展示现有的城市文化成果。据统计，广州的馆藏文物多达146266件，但是展示能力和水平很落后。广州的公共博物馆只有49家，展出面积也很有限，即便是建筑面积达58500平方米的广州博物馆新馆建成后，也只能展出1万余件文物。

广州应该制定相关办法，有效地动员社会力量，根据广州作为岭南文化中心的成就、积累和特色，大力兴建各种类型、各种层次、各种主题的博物馆。例如，广州的报业在国内非常发达，可以建一座报业博物馆；广州及珠三角的服装占了中国服装市场70%的份额，且款式新颖，引领时代潮流，应该有“广州服装博物馆”；广州素有“食在广州”之美誉，应有“广州饮食博物馆”；广州素有“花城”之美誉，应有“广州花卉博物馆”；广州是广东音乐的起源地，也是20世纪80年代中国流行音乐的起源地，又是中国音乐界的最高奖项“金钟奖”的永久落户城市，应该有“广州音乐博物馆”；广州的摄影艺术闻名全国，应该有“广州摄影艺术博物馆”；广州是中国最早的也是最重要的对外开放城市之一，应该有“广州对外开放博物馆”；广州是中国第一展——广交会的主办城市，应该有“广交会博物馆”；广州及珠三角的华侨最多，应该有

“华侨博物馆”；广州及珠三角的中原移民最多，应该有“移民博物馆”；广州是近代革命的策源地，应该有“中国近代史博物馆”；等等。在博物馆的建设方面，广州应该向澳门学习。要让人们走在广州的街上，随时都可以看到博物馆。

广州现有的博物馆一是数量少，二是面积小，三是零散，因此不能集中展示自己的文化遗产。还有一个问题也不容忽视，就是广州现有的布展理念与布展方式太平庸、太落后，缺乏创意，不能通过布展，凸显岭南文化的创新品质与独特魅力，凸显广州作为岭南文化中心的地位。因此广州既要多建博物馆，建好博物馆，又要提高博物馆的展示功能和水平。如果广州不把这个工作做好，总是让人觉得在广州没什么东西好看，看了也难留下深刻的印象，这对广州的文化形象是有严重的负面影响的。

当然，多建博物馆，建好博物馆，做好博物馆的展示工作，除了集中展示自己的文物与文化成果，给外地人一个有文化的好印象，更重要的还是熏陶、教育和培养自己的市民，培养岭南文化的建设者。

诚然，广州在文化基础设施的建设方面还有许多工作要做，例如增建若干个大型的影剧院、音乐厅等，备有足够的座位与停车位，但重点是建设、建好、用好博物馆。要切实做好各类文物与文化成果的普查、搜集、调配和整理分类工作，要培养一批高素质的、掌握全新的布展理论与布展手段的博物馆工作人员，要大大提高对文物与文化成果的展示能力与展示水平。

五是要擦亮城市文化名片。城市文化名片是城市文化形象的集中体现。城市文化名片可以是重要的物质文化遗产，也可以是重要的非物质文化遗产，或者是重要的无形资产。每一座世界文化名城都有自己的文化名片，例如巴黎的文化名片是凯旋门和埃菲尔铁塔，罗马的文化名片是斗兽场，哥本哈根的文化名片是美人鱼铜像，开罗的文化名片是金字塔，维也纳的文化名片是金色大厅，洛杉矶的文化名片是迪士尼和好莱坞，波士顿的文化名片是哈佛大学和麻省理工学院，莫斯科的文化名片是克里姆林宫和红场，北京的文化名片是故宫和八达岭长城，洛阳的文化名片是牡丹。那么广州的文化名片又是什么呢？

事实上，今天的广州文化，可以说是什么都有，就是没有文化

名片，就像一桌宴席，什么菜都有，就是没有招牌菜。换句话说，广州的文化，就是只有星星，没有月亮。过去有人把越秀山上的五羊雕塑当作广州的文化名片，可是这个五羊雕塑既不气派，也缺乏特色，它所体现的是一种内陆型的农业文化，与广州作为一个滨海型的商业之都的文化特点并不相符；现在有人试图把广州塔当作广州的文化名片，诚然，广州塔高大、气派，但是它的历史实在是太短了，没有积累足够的文化内涵，在世界上并无影响。

没有文化名片的城市是不能成为世界文化名城的。现在国内许多城市都在着力打造自己的文化名片，例如长沙，在按照它的欢乐城市的定位，打造"田汉大剧院"这张名片；桂林，在按照它的旅游城市的定位，打造《印象·刘三姐》这张名片。广州应该打造一张什么样的文化名片？笔者建议：就打花城这张名片。至于为什么要打花城这张名片，笔者已在《广州培育世界文化名城探索》一书中做过多方面的论证①，这里不再重复。这里只讲如何擦亮这张名片。

笔者注意到，2013 年的"迎春花市"已由过去的各区主办升格为市里主办，花市的时间也由过去的 3 天延长为 18 天，花市的规模也由过去的市内几个区扩大到全市各区，这无疑是一个进步。笔者认为，为了擦亮花城这张名片，广州还应做好以下几项工作。一是突出花卉的岭南特色。二是扩大花卉的种植、展示和销售规模，做到时时有花、处处有花。唐代著名诗人张籍的《送侯判官赴广州从军》一诗写道："海花蛮草连冬有，行处无家不满园。"两句诗，一句从时间上讲，一句从空间上讲。时间上讲是四季都有，空间上讲是无处不多。这才是真正的花城。现在广州只是在"迎春花市"期间才有一点花城的感觉，这显然是远远不够的。② 三是把花会和音乐会结合起来。每年举行一次小型的"广州国际音乐花

① 参见徐俊忠主编《广州培育世界文化名城探索》，广州出版社，2013，第 20—24 页。

② 就在笔者修改这份调研报告的 2013 年 10 月下旬，广州市政府召开花城绿城水城建设工作动员大会，要求展现花城特色，实施绿城战略，推进水城计划。据《广州市花城绿城水城建设方案》介绍，到 2016 年，广州市将新增各类花园超过 500 万平方米，打造 10 个岭南精品花园，使广州真正成为"四季花城"。笔者对此深表赞同。

会”，每5年举行一次大型的“广州国际音乐花会”。笔者认为，“广州国际音乐花会”既体现了广州作为一个花城的基本特点，也体现了广州的音乐文化传统。这对于推介广州的城市文化、扩大广州的文化影响力，无疑是有重大意义的。

3. 着力提升城市文明形象

一是要坚持不懈地开展城市文明教育。广州应着力开展城市文明教育，切实纠正城市生活中的不文明行为，切实提高市民的文明素质。新中国成立以来，广州同全国各地一样，在城市市民的爱国主义教育和集体主义教育方面做得很多，在文明教育方面则做得很少，以致应有的文明意识和文明习惯都没有养成。例如随地吐痰，随手扔垃圾，在旅游景点乱写乱画，在公共场合大声喧哗，过马路闯红灯，进出电梯不讲秩序，在公共汽车和地铁上吃东西等，这些不文明的现象，在今天还是很严重的。广州如果不在这些方面狠下功夫，根治这些不文明行为，那就会严重影响它作为一个文化中心的形象。据报载，上海已经采取措施，对在地铁上吃东西者处以500元/次的罚款，广州也应采取相应的教育和处罚措施。一方面，文明教育要常规化、制度化；另一方面，要制定严格的“城市文明准则”，对违背“城市文明准则”的行为，处罚要严厉，不可姑息。

公职人员和窗口行业服务人员，是市民中的特殊群体。他们在公共服务场所的一言一行，都代表了广州的城市文化形象，因此必须具备良好的业务素质、职业道德和文化素质。广州应制定切实可行的办法，对这些人进行文化培训。尤其是对旅行社的导游要进行培训。广州导游的文化素质很差，远远不能和北京、上海、天津、西安、台湾等地的导游相比。他们中的许多人不熟悉广州本土文化，在介绍旅游景点的历史文化背景时常常讲错话，有的则只会以低俗的段子来取悦游客。广州市旅游管理部门应该充分认识到这一点，并采取切实可行的办法尽快提高导游的文化素质。

二是要坚决清除城市文化垃圾。广州不少公共场所的广告、标语、雕塑，还有那些城中村的牌坊上的对联，还有许多建筑的命名，都给人一种没文化的感觉。这些东西严重影响了广州的文化形象。广州有关部门应对改革开放以来市内所有的城市雕塑和户外广告进行文化鉴定，凡是没有文化品位、缺乏文化内涵、影响城市文

化形象的城市雕塑和户外广告，要一律撤除；同时对改革开放以来的城市建筑物的命名，尤其是楼宇、楼盘的命名，要进行文化鉴定。凡是那些没有文化品位、缺乏文化内涵、影响城市文化形象的命名，要责令其停止使用，更换新名。对于城中村的对联问题，要安排专家去指导。

4. 着力培育和扶持新的文化样态，做大、做强文化产业

除了传统的文化样态，广州还有许多新兴的现代文化样态，还有新兴的文化产业，例如网游动漫、新媒体、创意设计等，还有许多刚刚冒头的或者正待破土而出的文化新苗，广州要善于发现，多多鼓励，加大培育和支持的力度，将其做好、做大、做强。

广州现有的文化产业基地、园区、企业，如国家（广州）网游动漫产业发展基地、太古仓创意园、广州（越秀）创意产业园、珠江滨水创意产业园、萝岗（开发区）科技与文化融合示范区，以及毅昌科技股份有限公司、奥飞文化传播有限公司、励丰文化科技股份有限公司、广州网易计算机系统有限公司、广东动景计算机科技有限公司等，都还不够强大，其影响力和辐射力都很有限。广州应该充分发挥自身优势，采取切实有力的措施，做大、做强文化产业。

一是充分发挥报业的优势，积极开拓建设高质量的新媒体。要发挥文化中心的影响力和辐射力，除了注重原创外，还要注重传播。在文化传播这一块，广州的报业是做得最好的。广州拥有中国大陆发达、先进的报业。广州报业的发达与先进，主要得益于广州宽松的文化环境尤其是舆论环境。广州要充分认识自己的这一优势以及这一优势形成的主要原因，进一步巩固和发扬这一优势。要精心呵护广州的报业，充分发挥现有报业人才尤其是领军人才的作用，充分用好现有的人才机制，在新媒体的建设方面大有作为。“大洋网”的改版获得好评，表明广州在新媒体的建设方面是可以大有作为的。

需要强调的是，就目前的情况来看，新媒体只是载体新、传播手段新，其内容并不比传统媒体新，在文字上、编排技术上甚至还很幼稚，远不能和传统媒体相比。广州应该以报业为龙头，充分利用报业在人才、管理、经营、市场方面的巨大优势，开拓建设一批高质量的新媒体。

二是以动漫为龙头，推动城市创意文化产业大发展。广州市的动漫产业发展较快。据《广州日报》2013 年 9 月 24 日报道，广州市动漫行业协会自 2008 年成立以来，会员单位已由最初的 80 家增加至现在的 165 家。又据北京开元策略信息咨询有限公司发布的市场化报刊零售发行调查报告数据，广州市的漫画消费自 2008 年至 2012 年连续 5 年稳居全国十大城市之首，成为当之无愧的全国最大漫画消费城市。自 2009 年起，广州着力打造由国家新闻出版广电总局和广东省人民政府共同主办的中国国际漫画节，通过连续 5 届的造势，其已成为国内最大，也是唯一以原创漫画为主要内容的动漫节展。广州应以动漫产业为龙头，整合相关力量，制定中长期规划，推动城市创意文化产业大发展。

三是着力培育文艺演出市场，对文艺创作形成倒逼之势。广州文艺精品的创作长期落后于全国各大城市。文艺精品创作的乏力，有人才方面的原因，有体制、机制方面的原因，也有自然环境和人文环境方面的原因，这块短板不是短期内可以补齐的。然而广州是一座拥有 1600 万常住人口的特大城市，有许许多多喜欢看文艺演出的新、老市民。广州人的经济收入普遍较高，在文艺消费方面的支出也比较大，广州在文艺演出方面有着巨大的市场潜力。

广州的文艺演出分两种，一种是政府出钱购买的、由市属各剧团安排的演出。这种演出，除了杂剧团的演出之外，基本上是演一场赔一场。在许多时候，送票都没人愿意去看。粤剧被称为“南国红豆”，曾经有过辉煌的历史，但是近 30 年来，可以说是逐渐衰落。如今的广州粤剧团和广州红豆粤剧团，只是在粤西和粤北的农村还有一点市场，在广州市区内基本上没有什么市场。原因很多，其中之一是人才奇缺，编剧是不懂粤语的外地作家，他们用普通话写出剧本，然后由懂粤语的人翻译成粤语。导演是来自甘肃兰州京剧团的一个二级演员，演员则是几个年轻人，没有好一点的中年演员。好一点的中年演员大都跳槽了。剧目也很陈旧，一部《刑场上的婚礼》演了将近 20 年。缺编剧，缺剧本，缺导演，缺演员，自然就缺观众，缺市场。至于广州芭蕾舞团、广州话剧团、广州歌舞团，虽然拿了不少奖项，但是至少在 20 年内，没有一个剧目或节目是叫好又叫座的，在演出市场无声无息。广州杂剧团既叫好又叫座的节目较多，在国内外频频获奖，但是他们很少在市内演出。另

外还有广东音乐曲艺团、广东省木偶剧团，也主要是靠政府的补贴或购买度日，基本上没有什么演出市场可言。

另一种演出，则是完全市场化的演出，也就是民间的演出。演出的主体是来自全国各地甚至是国外的优秀文艺团体。据调查，几乎每天都有来自全国各地乃至国外的文艺团体在广州演出。但是，广州对演出市场的建设和管理还存在一些薄弱环节。就硬件建设来讲，大一点的演出场馆很少，座位少，停车位少，远远不能满足观众的需要。就软件建设来讲，票价机制很不合理。有不少演出只卖680元以上的高价票，不肯卖中、低价票，为了保证高价位，而宁可把大量的普通座位空着。政府对演出市场的监管也存在一些漏洞。个别基层文化管理单位对市场化演出的准入卡得过严。

广州应高度重视演出市场的建设和管理，应在场馆的建设与布局上有大的作为，除了广州大剧院这种高档剧院外，还应多建一些不同规格、不同档次的剧院，以便接纳更多的、不同消费档次的观众；在票价机制的建立与市场的准入方面，应制定出一整套切实可行的办法。应鼓励来自全国各地乃至国外的文艺团体来广州演出，加大这一方面的宣传和推介力度，提升这一方面的信息服务，把广州建设成为岭南地区乃至中国南方最大的演出市场。

根据历史的经验，如果广州成了岭南地区乃至中国南方最大的演出市场，那么优秀的创作人员就会向这里汇集。例如元代的大都（今北京），曾经是元杂剧最大的演出市场，所以当时国内最优秀的剧作家如关汉卿、马致远、王实甫、郑光祖、白朴、纪君祥、杨显之、梁进之、费君祥、石子章、王仲文等，都在大都生活和创作，元杂剧的许多传世经典就是在大都产生的。元代中后期，随着杭州在经济上的复苏和繁荣，元杂剧的演出市场开始经由大运河向杭州转移，关汉卿、马致远、白朴、尚仲贤、李文蔚、戴善夫、侯正卿等一大批优秀的剧作家也先后由大都、河北等地到了杭州。杭州本地也因此而产生了许多优秀的剧作家，涌现出了许多优秀的杂剧作品。至今人们谈到元代的演出市场，谈到元杂剧的创作中心，在北方最大的就是大都，在南方最大的就是杭州。

如果广州成了岭南地区乃至中国南方最大的文艺演出市场，成了全国最大的文艺演出市场之一，那么广州就有可能成为全国最大的文艺作品创作中心之一。演出带动创作，消费带动生产，这是一个市场倒逼机制。如果我们不善于利用这个机制，不善于利用市场的手段，通过演出市场来带动创作，而只是单纯地靠政府的力量来扶持创作，这是很难奏效的。

广州的影视剧和电视文艺节目的创作近年来也不景气。珠江电影制片厂在20世纪80年代以前，曾经创作和拍摄过不少好电影，珠影因此成为全国四大电影基地之一。80年代以后，珠影逐渐衰落。广州在电视剧的创作方面在90年代以前曾经产生过若干有影响的作品，90年代以后，一直后继乏力。广州在影视剧和电视文艺节目创作方面的短板，不是短期内可以补齐的。但是广州的电影院比较多，电影的终端表现不俗。广州人的经济收入比较高，在广州看电影早已成为一种大众消费。据了解，广州的电影票房在全国名列前茅；在珠三角地区，也只有深圳可以媲美。广州电影的消费市场也是很大的。广州同样可以通过电影市场的倒逼机制，来促进本地的电影生产，使之重现昔日之辉煌。

四是充分利用城市音乐文化资源，培育现代音乐文化之都。广州是传统的粤剧、粤曲、广东音乐和中国当代流行音乐的起源地，是中国音乐界的最高奖项“中国音乐金钟奖”的永久落户地。广州是现代音乐大师冼星海的故乡。中国当代流行音乐的领军人物还有好几位生活、工作在广州。广州有丰富的音乐文化资源，有厚实的音乐文化基础。广州要充分认识自己的这一优势，除了继续办好“中国音乐金钟奖”与“国际合唱节”外，还应举办诸如“中国流行音乐节”、“广州国际音乐花会”等活动，通过一系列切实可行的措施，吸引流行音乐人才回归，吸引国内外更多的音乐人才来这里生活、创作、表演和教学。广州应该着力建构自己在音乐文化方面的中心地位，培育现代音乐文化之都。

据2013年9月3日《广州日报》报道，第五届“广东音乐创作大赛”升级由广州市人民政府主办。本次大赛征集范围面向国内外，作品征集要求之一就是“主题鲜明，体现岭南人文精神、地域特色、民俗风情的广东音乐作品”。这是一件非常值得肯定的事情，希望坚持下去，真正做出成效。

5. 着力建设文化人才队伍

文化建设是文化人才的事，就像经济建设是经济人才的事一样。广州的经济人才成千上万，如过江之鲫，广州的文化人才却严

重短缺。广州应该加强文化人才队伍的建设。广州的文化人才队伍建设，应该采取两条腿走路的方针：一是挖潜，二是引进。

一是充分调动现有人才的积极性与创造性。改革开放以来，尤其是1992年邓小平“南方谈话”以来，广州还是从国内外引进了不少人才的，问题是这些人才到了广州之后，有没有真正发挥应有的作用，有没有做出应有的贡献，这就值得考虑。据了解，有些文化人才到了广州之后，表现并不理想。有的是“小富即安”，有的是一门心思赚钱去了，有的则一直没有一个相应的平台。

因此，建议广州人事主管部门对近10年、20年引进的文化人才进行认真的调查摸底，看看这些人到了广州之后，究竟做了些什么，或者说，究竟做成了些什么，有关部门是否需要进一步调动这些人才的积极性，是否需要针对这些人才制定若干考核或激励的政策。总之，不要浪费人才，不要闲置人才，充分调动人才的积极性与创造性，让这些人才真正能够在广州实现自己的理想和价值，真正能够为广州的文化事业做出自己的贡献。如果确实发现人才不够，再制定更有吸引力的政策，引进更优质的人才。

二是以大人才观引进、使用各地人才。在人才的引进、使用问题上，广州要有大人才观。也就是说，广州不仅要善于使用广州户籍人才，还要善于使用非广州户籍人才。例如，在全国各地，尤其是在北京、上海，就有很多广州籍或者广东籍的优秀文化人才，广州应该想办法吸引他们为家乡的文化建设服务。例如，可以通过项目合作的方式，让他们参与广州的文化建设。还可以通过他们，吸引其他非广州籍或非广东籍的文化人才为广州服务。

广州要借鉴战国时期齐国的用人经验。齐国不过是周王朝治下的一个诸侯国，在经济、文化上不及楚国，在军事上不及秦国，但是齐威王、宣王两代国君，不惜重金礼贤下士，“自如淳于髡以下皆命曰列大夫，为开第康庄之衢，高门大屋，尊宠之”，让这些士人“不治而议论”。于是四方学人云集齐都临淄，著名的有荀子、邹衍、田骈、邹奭、慎到、宋钘、淳于髡、接予、环渊、鲁仲连、尹文等。所谓“览天下诸侯宾客，言齐能致天下士也”。[①] 齐国通

① 司马迁：《史记·孟子荀卿列传》，载《史记》，中华书局，1982，第2347—2348页。

过宽松的人才政策、优厚的人才待遇、恰到好处的奖励手段，吸引天下的优秀学者到“稷下学宫”来讲学，从而开创了“百家争鸣”的局面，成为人才史上的千古佳话。正是由于天下优秀学者都去齐国讲学，丰富了齐国的文化，培养了齐国的人才，使齐国成了一个文明之邦。直到今天，作为齐国故地的山东，仍然是我国北方文化最为发达的地区之一。例如清代的著名文学家蒲松龄是古齐国人，当代的著名文学家莫言也是古齐国人。

广州是中国经济最为发达的城市之一，这里本来就汇集了不少优秀人才，包括文化人才。广州要有一个好的激励和监督机制，让这些人才真正发挥应有的作用。当然，引进人才也是必要的。经济、文化、科技高度发达的美国，一直都在引进人才。问题是我们不能只是单纯引进，还有做好挖潜的工作，引进和挖潜并举。

第七章

世界文化名城的基本内涵与广州的定位

2012 年 6 月，中共广州市委宣传部出台《关于推进文化引领工程，培育世界文化名城的实施意见》。如何把广州培育成为世界文化名城？笔者认为，首先必须了解世界文化名城的基本内涵与基本要素，了解广州的优势与不足，并从世界文化名城的建设中获得某些经验与启示，在这个前提下，再给广州一个准确的定位。有了准确的定位，它才能得到合乎规律的培育。

一　世界文化名城的基本内涵

什么是世界文化名城？中外学术界并没有一个明确的定义。笔者认为，要给世界文化名城下一个明确的定义，有两个概念可以供参考：一是“历史文化名城”，一是“世界遗产城市”。

（一）“历史文化名城”

什么是“历史文化名城”？《中华人民共和国文物保护法》第 14 条规定：“保存文物特别丰富并且具有重大历史价值或者革命纪念意义的城市，由国务院核定公布为历史文化名城。”据此，“国家历史文化名城”必须具备下列要素：（1）保存文物特别丰富；（2）具有重大历史价值或者革命纪念意义；（3）经过中华人民共和国国务院核定并公布。

那么，是不是在“历史文化名城”的前边加上一个定语，即“具有世界影响的历史文化名城”，就可以作为世界文化名城的定义呢？似乎可以，但也没有这么简单。第一，“历史文化名城”是由中华人民共和国国务院核定并公布的，而世界文化名城无须哪一个世界性的组织来核定和公布，它只是一个国际性的口碑，一个国际性的认可。第二，“历史文化名城”只包含物质文化遗产，没有包含非物质文化遗产。

“历史文化名城”虽然不能等同于世界文化名城，但是在中国，如果还不是一座“历史文化名城”，那是很难进入世界文化名城之列的。广州是国务院公布的首批“历史文化名城”，像这样的城市，在中国是屈指可数的。正是因为具有这种条件和资格，它与世界文化名城的距离并不遥远。

（二）“世界遗产城市”

“世界遗产城市”（World Heritage City or Town）是世界文化遗产的特殊类型，指某一类历史地区（Historic Area），这类历史地区代表了形成它们的历史生活特征，记录了某一时期明确的文明特征和文化、区域和社会活动的多样性。世界遗产城市，是联合国教科文组织认定的，是对人类具有重要历史和文化价值的城市获得的最高荣誉。

世界文化遗产是什么呢？1972 年 10 月 17 日至 11 月 21 日，联合国教科文组织在巴黎举行第十七届会议，通过了《保护世界文化和自然遗产公约》，明确了文化遗产的定义：

1. 文物：从历史、艺术或科学角度看，具有突出、普遍价值的建筑物、雕刻和绘画，具有考古意义的成分或结构，铭文、洞穴、住区及各类文物的综合体；

2. 建筑群：从历史、艺术或科学角度看，因其建筑的形式、同一性及其在景观中的地位，具有突出、普遍价值的单立或相互联系的建筑群；

3. 遗址：从历史、美学、人种学或人类学角度看，具有突出、普遍价值的人类工程或自然的共同杰作以及若干考古遗址地带。

由此看来，所谓“世界遗产城市”，就是拥有世界级的文化遗产的城市。

1993 年 9 月 8 日，“世界遗产城市联盟”在摩洛哥成立，这是联合国教科文组织的一个下属机构，目前已有 228 座被列入“联合国教科文组织世界遗产名录”的城市作为它的会员，另有 7 座城市为其观察员。中国成为这个组织的会员和观察员的城市有 5 座，分别是：承德、丽江、澳门、平遥、苏州（观察员）。

（三）世界文化名城的内涵

无论是中国国务院核定和公布的“历史文化名城”，还是联合国教科文组织核定和公布的“世界遗产城市”，都有一个明显的缺陷，即只包含物质文化遗产，而不包含非物质文化遗产。笔者理解的世界文化名城，其内涵要比“历史文化名城”和“世界遗产城市”丰富得多。

虽然直到今天，无论是中国的学术界还是外国的学术界，都没有对世界文化名城下一个明确的定义，但是，世界文化名城是客观存在的。参照“历史文化名城”和“世界遗产城市”的定义，我们可以尝试为世界文化名城下一个初步的定义，这就是：拥有丰富的物质文化遗产和非物质文化遗产，从历史、美学或科学的角度来看，这些遗产既有鲜明的特色，又有突出、普遍的价值，在世界上具有广泛而深远的影响。

二　世界文化名城的基本要素与广州的条件

那么，什么样的城市才会拥有世界文化名城的上述内涵呢？换句话说，既有鲜明特色，又有突出、普遍价值的物质文化遗产和非物质文化遗产，是由什么样的城市所培育的呢？这就涉及世界文化名城的基本要素这个问题了。

为了回答这个问题，我们对全球四大洲（欧洲、北美洲、非洲、亚洲）20个国家的30座世界文化名城做了一个初步的考察。这30座文化名城是：法国的巴黎，英国的伦敦，德国的柏林、波恩和慕尼黑，意大利的罗马、米兰、威尼斯和比萨，荷兰的阿姆斯特丹，挪威的奥斯陆，瑞士的苏黎世，奥地利的维也纳，比利时的布鲁塞尔，希腊的雅典，丹麦的哥本哈根，瑞典的斯德哥尔摩，捷克的布拉格，俄罗斯的莫斯科，芬兰的赫尔辛基（以上欧洲），加拿大的多伦多，美国的纽约和洛杉矶（以上北美洲），埃及的开罗（非洲），日本的京都、大阪、奈良、东京和名古屋，韩国的首尔（以上亚洲）。我们发现，这30座城市，虽然各有特色，但是也有一些共同的要素，具体来讲，它们至少具备下列13个要素中的3—5个要素。我们把这些共同的要素称为世界文化名城的基本要素。

（一）世界文化名城的基本要素

1. 优越的地理位置

一个城市所处的地理位置，影响到一个城市的发展空间和历史走向，甚至影响到它的命运。上述30个世界文化名城，绝大多数要么滨海，要么滨湖，要么滨河，要么既海滨又滨河，要么有河流穿城而过。其中滨海的城市有挪威的奥斯陆，希腊的雅典，丹麦的哥本哈根，瑞典的斯德哥尔摩，芬兰的赫尔辛基，意大利的威尼斯，美国的纽约和洛杉矶，日本的大阪、东京、名古屋等11个，有河流穿城而过的城市有法国的巴黎、英国的伦敦、德国的波恩和慕尼黑、意大利的罗马、荷兰的阿姆斯特丹、瑞士的苏黎世、奥地利的维也纳、俄罗斯的莫斯科、埃及的开罗、韩国的首尔等11个，滨河的城市有德国的柏林、意大利的米兰和比萨、比利时的布鲁塞尔、捷克的布拉格、日本的京都等6个，滨湖的城市有加拿大的多伦多，真正既不滨海、也不滨河、也不滨湖的内陆城市只有日本的奈良，但是奈良本身离海不远，本质上还是一个海岛城市。

2. 优良的气候条件

气候条件好不好，同样影响到一个城市的命运。气候的要素有两点，一是温度，一是降雨量。一个城市的温度适宜，降雨量适中，就说明这个城市的气候环境优良。反之，如果极冷，或者极热，或者长年干旱少雨，或者长年多雨，这样的城市，都不可能成为世界文化名城。

上述30个世界文化名城，绝大多数的气候条件都很优良，或者四季如春，气候温和，或者四季分明，寒暑适宜。其中，夏无酷暑，冬无严寒，全年气候温暖适宜的城市有法国的巴黎，荷兰的阿姆斯特丹，挪威的奥斯陆，意大利的罗马、米兰、威尼斯和比萨，德国的慕尼黑和波恩，比利时的布鲁塞尔，瑞士的苏黎世，希腊的雅典，丹麦的哥本哈根，瑞典的斯德哥尔摩，美国的洛杉矶等15个；气候四季分明的城市有德国的柏林，奥地利的维也纳，捷克的布拉格，加拿大的多伦多，美国的纽约，日本的奈良、名古屋、京都、大阪和东京，韩国的首尔等11个。气候条件比较差一点的只有埃及的开罗、俄罗斯的莫斯科和芬兰的赫尔辛基。但只是差一点，并不是很差。例如开罗虽然长夏无冬，夏季炎热干燥，但是春、秋两季气候宜人；俄罗斯虽然冬季寒冷而漫长，但是夏季凉

爽，春、秋两季气候宜人。赫尔辛基虽地处北纬60°，但因受海洋影响，气候也比较温和。伦敦的气候比较特殊，它属于温带海洋性气候，由于日照少，湿度大，因此雾气比较重，加之工业用煤污染有“雾都”之称，给城市的生活带来不便。不过后来由于工厂大量外迁，雾罩全城的状况有所改变，天气变得宜人。

3. 优美的自然环境

城市的自然环境，由山、水、树木、花草等组成，多数是天然的，少数是人工培育的。城市环境需要人工的装饰，但必须与自然和谐一体。上述30个城市，要么滨海，要么滨湖，要么滨河，或者有河流穿城而过，有的还依山，可谓依山傍水，自然环境本来就很优美，加之长期以来的植树造林、栽花种草，它们的自然环境美上加美。例如法国的巴黎，位于美丽的塞纳河两岸，公园、绿地星罗棋布，有32座大桥横跨河上，使河上风光更加妩媚多姿。香榭丽舍大街是世界上最美丽的林荫大道之一。巴黎整个城市，到处都有盛开的鲜花和迷人的芳香，所以又叫“花都”。又如意大利的威尼斯，建在离岸4千米的海边浅水滩上，平均水深1.5米，由铁路、公路、桥与陆地相连。全城由118个小岛组成，并由177条水道、401座桥梁连成一体，以河为街，以船代车，有“水上都市”、“百岛城”、“桥城”之称。又如瑞典的斯德哥尔摩，分布在14个岛屿和一个半岛上，70余座桥梁将这些岛屿连为一体，因此享有“北方威尼斯”的美誉。荷兰的阿姆斯特丹有100多条运河，也有“北方威尼斯”的美誉。芬兰的赫尔辛基三面环海，在大海的衬托下，无论是夏天的海碧天蓝，还是冬季的流冰遍浮，这座港口城市总是显得美丽洁净，被世人赞美为“波罗的海的女儿”。德国的波恩，森林面积占全市总面积的1/3以上，平均每个市民占有森林面积140平方米，占有公园绿地面积17平方米，整个城市被一片绿色的海洋所包围，到处都可以看到郁郁葱葱的树木和绚丽缤纷的花草，被誉为“绿色的城市”。整个城市非常清新和宁静，没有那些大城市常有的嘈杂和车多人挤的现象。俄罗斯的莫斯科有11个自然森林区，96个公园，14个大花园，400个街心花园，160条林荫道，是世界上绿化最好的城市之一；加拿大多伦多市的公共绿地上有300万棵树，每一棵都受到法律保护。大多伦多地区有两万公顷公园绿地，包括绿化带、沙滩、自然保护区，以及一个音乐花园。

4. 悠久的历史

西方有一句谚语："罗马不是一天建成的。"这表明，成熟的文化需要长期的创造和积淀，成熟的城市需要长期的建设和养护。上述 30 个世界文化名城，多数都有 1000 年以上的历史，例如法国的巴黎，英国的伦敦，德国的波恩，意大利的罗马、威尼斯和比萨，挪威的奥斯陆，瑞士的苏黎世，奥地利的维也纳，比利时的布鲁塞尔，希腊的雅典，日本的京都、大阪、奈良，其建城历史都在 1000 年以上。历史最长的是希腊的雅典和埃及的开罗，长达 3000 多年；其次是意大利的罗马，长达 2700 多年。30 个世界文化名城中，建城历史在 500 年以下的只有芬兰的赫尔辛基、加拿大的多伦多、美国的纽约和洛杉矶、日本的东京和名古屋等 6 个城市，占总数的 20%。建城历史在 200 年以下的只有美国的洛杉矶，只有 160 多年的历史。美国的发展本身就是一个奇迹，洛杉矶作为最年轻的世界文化名城，人们早已不感到奇怪。

5. 享誉世界的名胜古迹

名胜古迹是重要的物质文化遗产，它形象地见证了城市的历史。世界上也有一些城市，建城的历史并不短，但是地面上没有名胜古迹保留下来，人们只能通过从地下或者水下发掘出来的文物来证明它的历史，甚至只能通过文字资料来描述它的历史，这样的城市不能称为文化名城，因为地面上没有名胜古迹保留下来，就说明它的文化遗产保护得并不好。一个不能很好地保护自己的文化遗产的城市，不可能成为世界文化名城。

上述 30 个城市，每一个城市都有许多名胜古迹。城市的历史越悠久，名胜古迹就越多，知名度也越高。例如巴黎的凯旋门、埃菲尔铁塔、卢浮宫、巴黎圣母院、凡尔赛宫、爱丽舍宫，伦敦的白金汉宫、威斯敏斯特宫、圣保罗大教堂、塔桥、温莎古堡，罗马的万神庙、斗兽场，比萨的斜塔，雅典的帕特农神庙、雅典娜胜利神庙、酒神剧场遗址，哥本哈根的美人鱼铜像，莫斯科的克里姆林宫、红场，开罗的金字塔等，都有着悠久的历史和极高的知名度。有的名胜古迹，历史并不很悠久，但是知名度很高，例如纽约的自由女神像，可以说是享誉全世界。这是因为它所彰显的文化意义，被全世界普遍接受。

6. 享誉世界的文化设施

文化设施，是开展文化活动的场所或者空间，包括大学、图书馆、博物馆、影剧院、音乐厅、画廊、文化艺术研究院（所）等。文化设施的知名度高不高，取决于在这里举行的文化活动的水平高不高，文化活动的影响大不大，开展文化活动的历史长不长，等等，不在于设施本身先进不先进、豪华不豪华，正所谓“山不在高，有仙则名”。世界上许多著名的文化设施，在使用之初可能是很先进、很豪华的，但是几百年、上千年之后，它们就说不上先进、豪华了，但是它们的影响力却与日俱增，这只能归功于在这里举行的文化活动的水平之高、影响之大和历史之悠久。正是这样的文化设施，提高了城市的知名度和影响力。

每一个世界文化名城，都有自己的享誉世界的文化设施，例如斯德哥尔摩的瑞典皇家歌剧院、公共图书馆，奥斯陆的奥斯陆大学、海盗船博物馆，莫斯科的莫斯科大学、国家大剧院，波恩的大学城，维也纳的金色大厅、歌剧院，阿姆斯特丹的凡·高美术馆、国家博物馆，巴黎的泰尔特尔艺术广场、沙特莱广场，米兰的布雷拉画廊、米兰音乐学院，纽约的百老汇、林肯中心等。

7. 享誉世界的标志性建筑

标志性建筑，有的就是一处名胜古迹，有的就是一处文化设施，因此这一个要素的内涵，与上述5、6这两个要素有交叉重合之处。

标志性建筑是城市的一张精美名片。人们通过一个城市的标志性建筑，来认识一个城市的文化。标志性建筑在宣传、推介一个城市的文化方面，起着无可替代的作用。

多数的标志性建筑的历史都很悠久，少数的历史不长。历史不长的建筑之所以能够成为标志性的建筑，是因为它的文化内涵和审美形式得到全世界的广泛认同。标志性建筑不是自封的。

每一个世界文化名城都有自己的标志性建筑，例如巴黎的埃菲尔铁塔、卢浮宫、凯旋门，伦敦的大本钟（威斯敏斯特宫钟塔）、塔桥、白金汉宫，柏林的勃兰登堡门，波恩的德国邮政大厦，慕尼黑的圣母教堂，罗马的斗兽场，米兰的大教堂，威尼斯的圣马可广场和圣马可教堂，比萨的斜塔，阿姆斯特丹的瘦桥，奥斯陆的市政厅，苏黎世的格罗斯穆斯特大教堂之双塔，维也纳的圣斯特凡大教堂，布鲁塞尔的大广场，雅典的帕特农神庙，哥本哈根的美人鱼铜像，斯德哥尔摩的市政厅，布拉格的布拉格广场，莫斯科的克里姆林宫和红场，赫尔辛基的大教堂，多伦多的市政厅，纽约的帝国大厦和自由女神像，洛杉矶的图书大厦和好莱坞，开罗的金字塔和狮身人面像，大阪的天守阁，奈良的唐招提寺，东京的东京塔，名古屋的港船楼，首尔的昌德宫，等等。

8. 影响深远的文化活动

文化活动本身既是文化的一个创造过程，也是文化成果的一种展示和交流形式。它高度地、集中地体现了人类的智慧和才华，体现了一个城市的文化底蕴、创新能力和影响力，它的意义是多方面的。

每一个世界文化名城，都有自己独特的、高规格的、高水平的、影响深远的文化活动，这些活动，多数是以会展的形式举办的，一般都是以所在城市或者所在城市的文化名人冠名的节日或者展览，这些节日或展览，也就成了享誉世界的文化盛会和文化品牌。例如在法国的巴黎，有“巴黎服装展览会”；在德国的柏林，有“柏林国际电影节”；在德国的波恩，有“波恩狂欢节”、“贝多芬音乐节”、“莱茵焰火节”；在意大利的威尼斯，有“威尼斯电影节”、“威尼斯狂欢节”。意大利的米兰是世界上展览、展会最多的城市之一，曾承办过1906年和2015年的世界博览会，米兰展览馆是世界最大的展览中心。“米兰设计周”、“米兰家具设计展”、“米兰建筑双年展”等固定展览在世界上具有重要影响，全世界各地展品源源不断地在米兰进行展出。一年一度的“米兰国际博览会”是世界第四大博览会。在奥地利的维也纳，则有“维也纳新年音乐会”；在丹麦的哥本哈根，则有“哥本哈根爵士音乐节”；在挪威的奥斯陆，则有两年一度的“易卜生戏剧节”；在瑞典的斯德哥尔摩，则有一年一度的“诺贝尔奖颁奖仪式”；在捷克的布拉格，则有“布拉格之秋国际音乐节”、“布拉格国际图书展”、“布拉格国际作家笔会”等；在日本的东京，则有“东京音乐节”和“东京国际电影节”等。

9. 作为城市名片的文化名人

人是文化的创造者，也是文化的主体。名胜古迹、文化设施、文化活动等之所以有名，首先是因为它的创造者和主体有名。一个

城市之所以成为世界文化名城，归根结底，还是因为这个城市拥有世界文化名人。

所谓世界文化名人，是指具有世界声誉的文化艺术界名人，包括文学家、音乐家、戏剧家、美术家，还有人文学者，以及少数宗教领袖。戏剧家是指戏剧文学作家，不是指戏剧演员，所以戏剧家实际上就是文学家。歌星、影视明星、体育明星，都不算文化名人。少数导演可以算文化名人。少数具有人文思想的科学家可以算文化名人，例如创立了进化论的生物学家达尔文，创立了相对论的物理学家爱因斯坦，设立了诺贝尔奖的化学家诺贝尔等。

一个城市的文化名人，就其与这个城市的关系来讲，可以分为三种：一是在这个城市出生、成长，并且在这里从事创作或研究，在这里完成了他的代表作的文化名人；二是在这个城市出生、成长，但是不在这里从事创作或研究的文化名人；三是不在这里出生和成长，但是有一段时间是在这里从事创作或研究，并且在这里完成了他的代表作的文化名人。

文化名人是无价的。一个城市，只要有一个世界级的文化名人，就足以让这个城市享誉全世界。例如一个童话作家安徒生，就足以让丹麦的哥本哈根享誉全世界；一个戏剧作家易卜生，就足以让挪威的奥斯陆享誉全世界。

文化名人不是政府或者别的什么机构“打造”出来的，是城市优良的自然环境和人文环境培育出来的。一个城市有没有出现文化名人，是衡量一个城市的自然环境和人文环境之优劣的一个重要指标。

文化名人是城市历史和文化的一个代表，是城市的骄傲，也是城市的名片。几乎任何一个世界文化名城，都有自己的世界级的文化名人。例如法国的巴黎，有文学家巴尔扎克、音乐家肖邦、画家毕加索、人文学者萨特和波伏娃等；英国的伦敦，有戏剧家莎士比亚、萧伯纳，小说家狄更斯，人文学者马克思等；德国的波恩，有音乐家贝多芬；意大利的米兰，有画家达·芬奇等；奥地利的维也纳，有音乐家舒伯特、老约翰·施特劳斯、小约翰·施特劳斯等；希腊的雅典，有人文学者苏格拉底、柏拉图和亚里士多德；等等。

10. 世界经济重镇

经济是文化建设、发展的基础和保障，没有相应的经济条件，文化建设就无从谈起，这是一个常识。经济发达的城市，文化不一定发达；但是文化发达的城市，经济一定发达，这也是一个常识。

任何一个世界文化名城，都有发达的经济。不仅发达，而且在某些领域还是世界的重镇或者中心，某些产品和服务驰名全球。例如巴黎是法国的经济和金融中心。巴黎的纺织、电器、汽车、飞机等工业都非常发达，时装和化妆品工业更是举世闻名。伦敦是世界上最重要的经济中心之一，也是欧洲最大的经济中心。大约有一半以上的英国百强公司和 100 多个欧洲 500 强企业均在伦敦设有总部。全球大约 31% 的货币业务在伦敦交易。伦敦证券交易所是世界上最重要的证券交易中心之一。苏黎世不仅是瑞士最大的金融中心，而且是西欧重要的金融中心。这里集中了数百家银行，其中半数以上是外国银行，故享有“欧洲百万富翁都市”的称号。苏黎世还是重要的国际黄金市场。纽约是世界的经济中心，也是世界三大金融中心之一（另外两个为伦敦和东京）。纽约控制着全球 40% 的财政资金。纽约证券交易所拥有全球最大上市公司总市值，有超过 2800 家公司在此上市。在世界 500 强企业中，有 56 家企业位于纽约。东京是亚洲第一大城市，世界第二大城市，全球最大的经济中心之一，除了长期作为亚洲金融、贸易等经济活动的要地，也是各种物资与各类信息的巨大集散地。其他一些世界文化名城，也多是本洲、本国的经济中心或者经济最发达的城市。例如柏林是欧洲的经济中心，罗马是意大利的经济中心，阿姆斯特丹是荷兰的金融中心，洛杉矶是美国石油化工、海洋、航天工业和电子业的最大基地，等等。

11. 消费时尚之都

这里所讲的消费，主要是指衣食住行方面的消费。衣食住行也是文化的重要组成部分。一个城市的消费质量高不高，消费能力强不强，消费用品和消费服务先进不先进，消费观念和消费方式时尚不时尚，不仅体现了一个城市的经济实力与人民的富裕程度，也体现了一个城市的文化创新能力与影响力。

大凡世界文化名城，同时也是享誉世界的消费之都。它们在某一项、某几项消费品或者消费服务方面，不仅质量一流，而且非常时尚，能够引领时代潮流。例如法国巴黎，就是世界闻名的时尚之都，每年都举行许多服装展览会。另外，法国可能是唯一能和中国

齐名的美食之国。而法国的许多美食，就集中在它的首都巴黎。英国的伦敦，是全球最著名的四大时尚城市之一（另外三个是巴黎、纽约、米兰），世界闻名的哈罗德百货公司就坐落在这里。意大利的米兰，是公认的世界时尚和设计之都，为世界四大时尚之都之首，是全球设计师向往的地方。这里拥有世界半数以上的著名品牌，几乎世界所有著名时装都在此设立机构，半数以上时装大牌的总部设在米兰。这里是阿玛尼（Armani）、范思哲（Versace）、PRADA、杜嘉班纳（DOLCE & GABBANA）、华伦天奴（Valentino）、MOSCHINO 等世界顶级服装的大本营。米兰时装周影响着世界时尚。蒙特拿破仑大街上的时装商店举世闻名，埃马努埃莱二世长廊被认为是世界上最古老的购物中心。在饮食方面，米兰拥有独特的料理，例如意大利面包和意大利调味饭，圣诞节的点心巴内多内则是米兰另一个著名的特产。而卡布奇诺，则是米兰特有的一种带泡沫的饮料，现在可谓风靡全球。日本的大阪号称“日本厨房”。大阪南部地区过去曾是剧场集中区，也是大阪人所谓“吃趴下”的饮食文化的起源地。道顿堀（Dunton Street）是一条长长的餐饮街，街道两旁的各色餐馆和酒吧鳞次栉比，许多著名的小吃，像金龙拉面、章鱼烧、旋转寿司、河豚肉等，在这儿都可以吃到。道顿堀背面则是历史悠久的法善寺小巷，遍布富有日本传统特色的酒馆。

12. 国际政治活动中心

世界文化名城多因其优越的地理位置、优良的气候条件、雄厚的经济实力和强大的文化软实力，成为国际政治的活动中心。当一个城市成为国际政治活动中心之后，它就可以凭借这个优势，使自己在全球政治、经济、军事等各项事务中发挥更重要的作用和影响，也使自己在文化方面更有话语权。这是一个良性循环。

国际政治活动中心的形成，主要有三种形式：一是许多著名的国际性组织在这里设立总部，二是许多重要的国际性会议在这里举行，三是许多重要的国际性文件在这里签署或者发布。例如在法国的巴黎，设有联合国教科文组织（UNESCO）、经济合作与发展组织（OECD）、国际商会（ICC）、巴黎俱乐部（Paris Club）等国际组织的总部。在德国的波恩，从 1996 年起就有了“莱茵河畔的联合国城”的称号，联合国 13 个机构的 600 名人员在此办公，今后还会上升到 1000 人。联合国机构的落户，使得许多其他国际机构和非政府机构也乐于在波恩安家。奥地利的维也纳，被定位为举办国际会议和解决国际冲突的城市。这里设有维也纳国际中心，即“联合国城”，也就是联合国的第三个驻地。维也纳也是许多其他国际组织的所在地，如国际出版局（IPI）、保护多瑙河国际委员会（ICPDR）、石油输出国组织（OPEC）、欧洲安全与合作组织（OSCE）、国际原子能机构（IAEA）、联合国工业发展组织（UNIDO）、联合国毒品和犯罪问题办公室（UNODC）、联合国难民署（UNHCR）、联合国宇宙空间问题办公室（UNOOSA）、联合国原子辐射效应科学委员会（UNSCEAR）等。比利时的布鲁塞尔，是欧洲联盟的主要行政机构所在地。欧洲联盟三个主要的机构当中，欧盟委员会和欧盟部长理事会位于布鲁塞尔，另一个重要机构欧洲议会则在布鲁塞尔设有分机构。另外，北大西洋公约组织的总部也设在布鲁塞尔。另有200多个国际行政中心及超过1000个官方团体也都在此设立了办事处。此外，名目繁多的国际会议也常在此召开，因此布鲁塞尔被称为“欧洲首都”。捷克的布拉格也是一个重要的国际会议中心，自2000年以来，在该市举行的重要会议有2000年国际货币基金组织和世界银行首脑会议、2002年北约首脑会议、2003年国际奥委会第115次全会等。而美国的纽约，则因为联合国总部设立于此而被世人誉为“世界之都”。埃及的开罗，则是阿拉伯联盟所在地。

13. 世界级的体育赛事举办地

世界级的体育赛事是一项很重要的国际交流活动。它的意义是多方面的，绝非限于体育这一方面。它实际上是各个国家的硬实力和软实力的一个大展演。一个城市有没有能力或者资格举办世界级的体育赛事，可以说是从一个很重要的方面体现了它的国际地位。

世界级的体育赛事，一般都是由不同的城市轮流举办，但是我们发现，大凡举办这种赛事的城市，多数都是在文化上享有很高声誉的城市，其中有许多就是世界文化名城。例如意大利的米兰，是著名的足球之城，两支著名的球队“AC米兰”和“国际米兰”，全世界闻名。米兰曾承办过1990年的世界杯，著名的圣西罗球场是各地球迷心目中的圣地。而希腊的雅典，则因为是奥运会的起源地而享誉全球。

（二）广州的优势

对照世界文化名城的13个基本要素，我发现，广州既有自己的优势，也有明显的不足。我认为，客观地认识这些优势和不足，对于把广州培育成为世界文化名城，无疑具有重要的意义。下面先看优势。

1. 地理位置优越

广州濒临南海，是中国通往世界的南大门。北部和东北部是山区，中部是丘陵、台地，南部是珠江三角洲冲积平原。中国的第三大河流——珠江从市区穿城而过。

广州滨海的地理优势，可以和挪威的奥斯陆，希腊的雅典，丹麦的哥本哈根，瑞典的斯德哥尔摩，芬兰的赫尔辛基，意大利的威尼斯，美国的纽约和洛杉矶，日本的京都、大阪、东京和名古屋，韩国的首尔等13个城市媲美；有河流穿城而过的地理优势，又可以和法国的巴黎、英国的伦敦、德国的波恩和慕尼黑、意大利的罗马、荷兰的阿姆斯特丹、瑞士的苏黎世、奥地利的维也纳、俄罗斯的莫斯科、埃及的开罗等10个城市媲美。可以说，广州是兼有这23个城市之长。

这样的地理优势，为广州建设世界文化名城提供了先决条件。

2. 气候优良

广州属于亚热带海洋性季风气候，夏季平均气温为21.8℃，最热月（7月）平均气温为28.1℃，最冷月（1月）平均气温为13.3℃，冬夏温差不大。广州年降雨量达1600毫米以上。可以说是热量充足，雨量丰沛，三冬无雪，四季常青。

广州既不太热也不太冷的气候优势，在中国的大城市中是数一数二的；在世界上，则可以和法国的巴黎、荷兰的阿姆斯特丹、挪威的奥斯陆、瑞士的苏黎世、德国的柏林和波恩、比利时的布鲁塞尔、希腊的雅典、丹麦的哥本哈根、美国的洛杉矶、日本的奈良和名古屋等12个城市媲美。

3. 自然环境优美

由于热量充足，雨量丰沛，广州的热带和亚热带植物随处可见，植物种类达数千种。广州有“花城”的美誉，自古以来就有种花、卖花、买花、赠花、插花、戴花、行花街的习俗，在唐、宋、元、明、清以来的诗词文赋里，描写广州花卉的作品更是多得无法统计。

广州作为一个举世闻名的“花城”，在国内是独一无二的，在国外也只有一个素有“花都”之称的巴黎可以与之媲美。

4. 历史悠久

一般认为，广州建城始于公元前214年，至今已有2200多年的历史。其实在这之前，广州就有“楚庭”，系周朝所建，这应该是最早的广州城。秦始皇三十三年（前214年）统一岭南后建南海郡，郡治番禺，即今天的广州。南海郡守任嚣在这里建有“任嚣城”。公元226年，孙权从交州中分出广州，“广州”由此而得名。

广州在秦汉时就是一个繁华的商业都会，汉唐以来是海上“丝绸之路”的始发港，宋元时期，意大利旅行家鄂多立克说广州已经比当时世界著名的商贸城市威尼斯大3倍。元代的广州为仅次于泉州的全国第二大港，海上贸易非常繁荣，航道通往亚、欧、非各国，来广州贸易的国家达到140余个。清朝闭关锁国时，广州是中国唯一对外开放的港口，史称“一口通商”。“一口通商”使得当时的广州（欧洲商人称Canton）得以独揽全国外贸，国际知名度迅速提高，成为世界第三大城市（次于当时的北京和英国伦敦），这是广州历史上最辉煌的时期之一。

广州历史之悠久，在国内，仅次于西安、北京等少数几个大城市；在国外，仅次于希腊的雅典、埃及的开罗、意大利的罗马等少数几个世界文化名城。

5. 经济发达

广州自汉代以来就是中国最著名的对外贸易城市，拥有2200多年的贸易史。20世纪70年代后期，中国实行改革开放后，广州的经济发展迅速，截至2017年，其经济总量连续28年在全国各主要城市中位居第三。根据国务院2005年发表的一份报告，广州成为中国第一个进入“发达”状态的城市。2010年，广州的国内生产总值达到10604.48亿元，成为继上海、北京之后第三个GDP进入“万亿元俱乐部”的城市，也是首个经济总量过万亿元的省会城市。

广州的经济发达程度，与上述30个世界文化名城相比居于中等水平。

6. 饮食消费引领时尚

广州作为中国最富裕的城市之一，在衣食住行方面，尤其是在

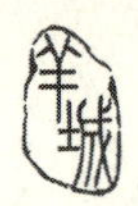

饮食消费方面，一直引领时尚。广州的饮食驰名中外，自古享有“食在广州”的美誉。

广州的饮食文化主要有三大特点。一是饮食业发达。全市饮食企业多达10万家，其中绝大多数都经营“三茶两饭一宵夜”（即早茶、下午茶、夜茶、午饭、晚饭、宵夜），全天供应不中断，食客络绎不绝。二是食品用料丰富多样。三是风格特色多样。这里不仅汇集了中国所有的菜系，也汇集了日本菜、韩国菜、越南菜、泰国菜、印度菜、意大利菜等许多外国菜系。

广州饮食的多样性与丰富性在中国首屈一指，在世界屈指可数。尤其是“食在广州”这块金字招牌，无疑是一笔无法估量的无形资产。在上述30个世界文化名城中，只有被称为“日本厨房”的大阪可以与之相比。

（三）广州的不足

同世界文化名城相比，广州的优势主要体现在上述六个方面。广州的不足之处则主要体现在以下七个方面。

1. 文物古迹众多，但影响不够大

据统计，截至2012年，广州拥有各级文物保护单位530处，其中全国重点文物保护单位24处，省级文物保护单位45处，市级文物保护单位253处，另有区县级文物保护单位208处，新查出有价值的文物线索4533条。

广州的文物古迹在全国来讲是比较多的，但是缺乏世界性的影响，不能和国内的西安、北京等大城市相比，更不能和国外的巴黎、伦敦、罗马、雅典、莫斯科等世界文化名城相比。

2. 文化场所的规格不够高，影响不够大

广州现有的、比较有名的文化场所，有建于南宋的玉岩书院，建于清代的万木草堂和陈家祠，建于民国的中山纪念堂和中山大学等，还有建于1949年以后的中山图书馆、广州图书馆、广东省博物馆、广东美术馆、广州美术馆、星海音乐学院、广州美术学院、星海音乐厅、亚运村、奥体中心、天河体育中心、友谊剧院、蓝宝石电影院、大学城等。不过这些文化场所的规格都不够高，影响也不够大，不能和北京相比，更不能和国外的斯德哥尔摩、奥斯陆、莫斯科、波恩、维也纳、阿姆斯特丹、巴黎、米兰、纽约等世界文化名城相比。

3. 标志性建筑的历史不长，影响不够大

广州的标志性建筑，在过去是镇海楼，现在可以说是广州塔。但广州塔建成于 2010 年，历史较短，文化底蕴也不足，在国际国内还没有什么影响。

4. 文化活动的级别不够高，影响不够大

广州最有名的文化活动之一是粤剧演出。早在清代，粤剧艺人就在广州黄沙成立了“八和会馆”，此后广州便逐渐成为粤剧活动的中心之一。不过粤剧只是流传于两广、港澳和海外华人社区的一个地方剧种，由于所使用的是粤方言，它的影响不及京剧。近年，粤剧被联合国教科文组织列为人类口头与非物质文化遗产，它的影响可能还会大一些，但需要时日。

20 世纪 90 年代以来，由中国文联、中国音协和广州市政府共同主办的“中国音乐金钟奖”永久落户广州，至今该盛事已举办了 9 届。“中国音乐金钟奖”是中国音乐界的最高奖，也是中国最有影响的音乐盛会，在国内的影响很大。但是到目前为止，它还不具备世界性的影响。

5. 文化名人的级别不够高，影响不够大

广州历代的文化名人虽然较多，但是真正具有世界影响的文化名人却很少，六祖惠能、康有为、梁启超、孙中山、鲁迅是具有一定世界影响的人物，但他们都不是地道的广州人，只是在广州生活、工作过一段时间，他们的主要活动地或主要作品的产生地也不在广州。

真正具有某些世界影响的广州文化名人，包括在广州出生、成长，以及在广州生活、工作过的文化名人，有画家高剑父、陈树人、赵少昂、黎雄才、关山月、赖少其，音乐家何柳堂、何大傻、吕文成、冼星海、马思聪，以及诗人李金发、梁宗岱等，但是他们在世界上的地位和影响还是远远不能和达·芬奇、凡·高、贝多芬、莫扎特、拜伦、普希金、歌德这些人相比。

6. 国际政治活动较少，影响不够大

广州是“世界城市和地方政府联合组织”的创始会员，曾于 2009 年 11 月成功举办“世界城市和地方政府联合组织的世界理事会议”。这个活动有一定的国际影响。不过总的来讲，在广州举办的国际活动还比较少，影响也不够大。广州的国际化程度还不高，

在国际政治舞台上发挥的作用还很有限。在这一方面，广州不仅不能和巴黎、波恩、奥斯陆、维也纳、布鲁塞尔、布拉格、赫尔辛基、纽约、开罗等世界文化名城相比，也不能和国内的北京、上海相比。

7. 国际性体育赛事较少，影响不够大

广州于2010年成功举办了第十六届亚运会。这是广州举办的一次级别最高、影响最大的体育盛会。不过亚运会只是亚洲的一个体育赛事，在世界其他地区虽然有影响，但不是很大。

三　世界文化名城建设的基本经验与广州的定位

世界文化名城的建设积累了许多宝贵的经验，也有许多深刻的教训，值得我们认真总结和吸取。这里结合广州的实际，只讲其中的一点，即世界文化名城各有“说得清”的特色，并非面面俱到。

（一）各有“说得清”的特色，并非面面俱到

在本章第二部分，我们总结了30个世界文化名城的13个基本要素，同时也指出了广州的六个优势与七个不足。这里有两点需要特别说明。

第一，这13个基本要素，是就这30座城市而言，并不是就每一座城市而言。也就是说，并不是每一座城市都具备这13个基本要素或者优势。事实上，它们都是各有所长，也各有所短，没有哪一座城市没有缺陷，没有哪一座城市可以称得上完美。

第二，对照这30座世界文化名城，广州具有六大优势，但也有七个不足。这是事实，但是广州不必气馁，更没有必要在短时间内把这七个不足全都弥补，并且转化为优势，而且事实上也很难做到。因为这七个不足，不是三五十年能够弥补的。例如国际性的政治活动与国际性的体育赛事，能不能在广州主办，主办之后又能产生多大的影响，这都与整个国家在世界上的地位、影响和话语权有关，不是广州所能左右的。又如具有世界影响的文化名人，原是优越的自然环境与人文环境所长期孕育的，是自然生长的，不是某个政府“着力打造”出来的。又如标志性的建筑，既是建筑上的标志，更是文化上的标志，它需要长期的、丰富的人文积淀，不是今天建了“广州塔”，明天就可以成为标志性建筑的。

既然世界上没有一座文化名城是完美的，广州又何必追求完美呢？广州完全没有必要盲目攀比任何城市，更没有必要面面俱到。广州只需找出自己的特色或者亮点，然后把它发扬光大。

一座城市之所以被称为世界文化名城，关键在于有自己鲜明的特色，而不在于多么完美，不在于面面俱到。例如奥地利的维也纳被称为“音乐城”，美国的洛杉矶被称为“电影城”，德国的柏林被称为“戏剧城”，还有德国的斯图加特被称为“图书城”，爱沙尼亚的塔林被称为“歌咏城”，墨西哥的墨西哥城被称为“画城”，也就因为它们或在音乐或在电影或在戏剧或在图书或在歌咏或在绘画方面，在世界上是最有特色的，并不是因为它们同时具有音乐、电影、戏剧、图书、歌咏和绘画方面的优势，并不是因为它们的完美或者面面俱到。

世界文化名城的要点在特色上。那么，特色要特到什么程度，才能被人们在成千上万个城市中一下子识别出来，并且过目不忘呢？只有三个字：“说得清”。

“说得清”的城市，就是有特色的城市；“说不清”的城市，就是没有特色的城市。例如水上之都威尼斯、港口之都鹿特丹、旅游之都夏威夷、建筑之都罗马、音乐之都维也纳、雕塑与绘画之都佛罗伦萨、电影之都洛杉矶、时装之都巴黎、啤酒之都慕尼黑、博彩之都拉斯维加斯、狂欢之都里约热内卢、汽车之都沃尔茨堡、会议之都日内瓦、金融之都苏黎世、大学之都海德堡、论坛之都达沃斯、会展之都汉诺威、钟表之都伯尔尼、文学与艺术之都爱丁堡、赛车博彩邮票之都摩纳哥、体育与酒店业管理之都洛桑、软件之都硅谷、新艺术之都毕尔巴鄂，等等，都是“说得清”的城市，也都是世界文化名城。反观国内一些城市，本来是“说得清”的，后来由于不断“打造”，反倒“说不清”了。例如苏州，因拆毁街道，填埋城内的河涌，破坏了统一的古城水系、街巷、城墙格局以及与此相联系的名胜古迹，尽管还存有一些古典园林，但是连“世界遗产城市”的正式资格都没有，只能以一个“观察员”的名义厕身其间。又如北京，由于对明清古城的长期破坏，致使一座曾经享誉中外的历史文化名城居然连一个“世界遗产城市”的“观察员”都当不上。今天的广州也被“打造”得很厉害，它的特色正在一天

一天地丧失，以至于许多人说起广州都有“说不清”的感觉。

广州有关部门主持起草的《关于推进文化引领工程，培育世界文化名城的实施意见》提出：“力争到2050年，把广州建设成为城市文化精神充分彰显、城市文化标识突出鲜明、地域文化特色浓郁深厚、文化创新活动高度活跃、文化对外影响覆盖全球、市民文化生活丰富多彩，具有浓郁岭南文化特色、鲜明商贸文化特征、深厚创新文化特质、广泛国际文化影响的世界文化名城。”为了实现这一目标，建议实施以“四大工程”（市民素质提升工程、城市文化名片工程、文化遗产传承工程、文化产业振兴工程）、“三大平台”（国际文化节庆交流平台、文化名家大师活动平台、城市文化对外传播平台）和“三个提升”（提升城市文化形象、提升城市规划建设的文化品位、提升公共文化服务）为基本内容的33项行动计划。且不说这33项行动计划很难全面地同步实施，即便全面地同步实施了，恐怕也是一座面面俱到而没有特色的城市，一座“说不清”的城市。为此，笔者建议对这个实施意见加以修改。

总之，我们没有必要把所有的世界文化名城的基本要素都集中起来，再把它变成广州培育世界文化名城的硬性指标，并要求在不长的时间内全面地同步地实现。事实上，广州不可能集所有的世界文化名城之长，更不可能成为世界文化名城的集大成者。广州只能是借鉴世界文化名城的某些成功经验，从自己的传统和现实出发，发挥自己的优势，建设一个有自己的鲜明特色的世界文化名城。

所有的世界文化名城都不曾面面俱到，广州没有必要面面俱到，也不可能面面俱到。面面俱到的城市，就是没有特色的城市，这样的城市不可能成为世界文化名城。

建设世界文化名城不可能面面俱到，讨论建设世界文化名城的文章和书籍，也没有必要面面俱到。我们总结世界文化名城建设的经验与教训，以及它们对广州的启示，同样没有必要面面俱到。记住“特色”，记住“说得清”，就够了。

（二）广州的定位：“世界花城”

广州有很多珍贵的文化遗产，例如有南越王墓、南海神庙、光孝寺、陈家祠、西关大屋、竹筒楼、骑楼这样的物质文化遗产，有岭南绘画、广东音乐、粤剧、粤曲、“三雕一彩”这样的非物质文化遗产，还有“花城”、“食在广州”这样的金字招牌。但是，这些文化遗产是不是都可以成为这座城市的文化名片，并由此定位一座世界文化名城呢？笔者认为，只有“花城”这个金字招牌才有这种可能，其他的都不能，理由如下。

第一，南越王墓、南海神庙、陈家祠、岭南绘画、广东音乐、粤剧、粤曲、“三雕一彩”等，都只是这座城市的文化遗产或者文化元素，它们不是广州的文化名片，不足以体现这座城市的基本特色，而“花城”可以。长期以来，人们不称广州为建筑城、雕塑城、绘画城、戏剧城，而称它为“花城”，就说明只有“花城”，才是广州的文化名片，才能体现广州的基本特色。“食在广州”虽是一块金字招牌，但是人们并没有因此而称广州为一座饮食城，可见同是金字招牌，但是“食在广州”的文化价值还是不及“花城”。

第二，广州作为一个举世闻名的“花城”，在国内是独一无二的，在国外也只有一个素有“花都”之称的巴黎可以与之媲美。

第三，广州作为一座“花城”的历史，可以说是由来已久。早在西汉时期，陆贾出使南越国，就发现这里的人爱种花、插花、戴花，房前屋后及室内都摆满了花，因而称赞这里都是“彩缕穿花”之人。至唐代，广州的花卉已经闻名全国。唐代著名诗人张籍的《送侯判官赴广州从军》一诗写道：“海花蛮草连冬有，行处无家不满园。”两句诗，一句从时间上讲，一句从空间上讲。时间上讲是四季都有，空间上讲是无处不多。可见唐代的广州，已是一座名副其实的“花城”。清代中叶，广州已形成国内首创、海外知名的“迎春花市”。每年除夕前三天，广州的藩署前（今北京路省财政厅前）一带即形成花市，数里长街，争芳吐艳，人潮涌动。几百年来，广州的花市延绵不绝，而且规模越来越大。每到春节前一周，广州及其所属各区、县（市）同时举办“迎春花市”，形成花街总长数十里、几百万人同游花街的壮观景象。今天的广州，更是全国最大的花卉主产区，全国盆栽观赏植物的生产、供应中心，全国花卉主要集散地和进口花卉调运中心。广州的花卉种植面积近 10 万亩，花卉品种多达 2000 多种，花卉年产值 20 多亿元，占全国花卉总产值的 15% 以上，远超上海、昆明、北京等国内花卉大市。广州的花卉贸易居全国第一，左右着全国的价格，有些品种远销欧美等海外市场。

第四，广州的“花城”这个品牌，已经成为一笔无法估量的无形资产。从唐代开始，历宋、元、明、清各代，描写广州花卉的诗文作品，可谓不计其数。清代诗人黄绮云的《广州竹枝词》写道：“四时不断卖花声，十月绯桃照眼明。浪说扬州风景好，春光怎及五羊城?”在古代的广州，“卖花女”是街头的一道亮丽的风景。“卖花女”和她们的花担，诗化了广州四季的早晨，也诗化了广州人的心情。他们不觉得扬州的风景比广州好，广州有四季常开的鲜花和“四时不断”的“卖花声”，扬州有吗？没有。这就是广州的特色。1961 年，著名作家秦牧发表一篇名叫《花城》的散文，热情洋溢地介绍了当年广州的“年宵花市”。秦牧被称为“中国当代散文三大家”之一，他的作品在海内外拥有广泛的读者。1979 年，大型文学杂志《花城》在广州创刊。在 20 世纪 80 年代和 90 年代初期，这本杂志的发行量是很可观的。1981 年，“花城出版社”在广州成立，这家出版社以出版文学类书籍为主，它的发行量也是很可观的。一篇文学散文，一本文学杂志，一个文学类出版社，对“花城”这个名字在当代的广泛而迅速的传播，起到了任何现代媒体所无法替代的作用。任何一个品牌，只有当它成为文学作品的常见题材，进入千千万万读者的阅读和欣赏视野之后，它才是无价的。广州的“花城”这个品牌是无价的，就像杭州的西湖、洛阳的牡丹一样，它是一个品牌，更是一个文学意象，一个文化名片。像“花城”这样的价值连城的品牌，广州找不出第二个。

“终日寻春不见春，芒鞋踏破岭头云。归来偶把梅花嗅，春在枝头已十分。”许多人都在寻找广州的文化名片，有的人甚至还想重新“打造”广州的文化名片，殊不知广州的文化名片，早在两千年前就已经有了，这就是“花城”。这是古人为我们留下的一笔无法估量的无形资产。

今天的广州，只有一年一度的“迎春花市”，只有在专业的花卉种植基地和花卉交易市场，才能看到满园的花卉，而在大大小小的街道两旁，在马路的绿化带和居民生活区，在各个政府部门和企事业单位的院子里，往往只能看到绿树和青草，而很少看到花卉，今天的广州已经不再是一座“花城”，而是一座“绿城”。但是我们注意到，广州市政府已经提出了“绿上添花”的主张。按照笔者的理解，就是要通过充实“花城”的内涵，来恢复“花城”的本色，使“花城”成为诗人和市民心中真正的“花城”，而不是徒有虚名。

笔者认为，要把广州培育和建设成为一个世界文化名城，一定要发挥自身的优势，一定要抓住自己的特色，一定要利用好古人留下的无形资产。而古人留下的最有价值的无形资产，无疑就是“花城”。“花城”就是广州的特色，“花城”就是广州的优势。

笔者相信，只要广州市政府真正认识到“花城”的品牌价值，只要广州市政府决定把“花城”作为世界文化名城的定位，那么凭借广州人民的聪明和勤奋，不出三五年时间，广州就可以重新变回一座名副其实的“花城”。

过去的“花城”是中国的，今后的“花城”是世界的。当“中国花城”成为“世界花城”的时候，广州就是一座世界文化名城了！

第八章

广州培育世界文化名城总体思路

广州培育世界文化名城的总体思路，就是充分挖掘、保护与利用岭南及广府优秀传统文化资源，充实城市的人文历史内涵，彰显城市的独特个性与风采；同时注意吸收世界先进文化的精华，精心培育现代都市文化，使传统文化与现代文化相衔接与相协调；拓展对外文化交流与传播的渠道，着力提升城市的知名度和美誉度，使之在未来 40 年内成为一座国际认同度较高的世界文化名城。

一　走出文化建设的误区

（一）“罗马不是一天建成的”

文化和文化产业，是两个既有联系又有区别的概念。文化和文化产业的关系，如同母子关系。文化可以孕育出文化产业，文化产业也可以反哺文化。但是，文化的功能是多样的，它的某些元素可以孕育出文化产业，某些元素则只能作为一种观念或者精神来影响人们的思想和行为。

文化需要在特定的自然环境和人文环境中慢慢地养成。文化养成之后，才能孕育出文化产业，就像一棵树，需要在相应的生态环境中慢慢地生长，树长大之后，才能结出果实；而文化产业，只需从文化母体中吸收某些养分或者元素，和市场的需要结合起来，就可以快速地成长。

文化产业在我国的兴起和引起重视，是在 20 世纪 90 年代以后。20 年来，许多人对文化产业的认识存在两个误区。最初是把所有的文化都当作意识形态的范畴，造成文化的意识形态化，使之成为制约我国文化产业发展的瓶颈。21 世纪以来，文化产业开始得到发展，但随之又产生了另一个误区，即把文化和文化产业等同起来，以为一切文化都可以当作产业来经营，而对于无法产业化的文化样态则不予重视和保护。这两个误区，都是不了解文化与文化产业的区别，把文化与文化产业等同起来所致。

现在全国各地都在讲文化的大繁荣、大发展，这句话已经成了当前文化建设的一个预定目标。事实上，文化产业是可以在一个特定的时期内，通过各种手段使其形成大繁荣、大发展的局面的。而文化发展则不可能是凭一日之功可以实现的。西方有一句流行很广的谚语叫“罗马不是一天建成的”，可以说是道出了文化发展的一般规律。罗马城的建设，从古罗马共和时期一直延续到 19 世纪，前后用了约 3000 年的时间。罗马城的古建筑数量众多，各个历史时期都有丰富的遗存，有古罗马时期的断壁残柱，有中世纪的简朴建筑，有文艺复兴时期的贵族庄园，也有体现巴洛克、洛可可风格的建筑和新古典时期的各式喷泉、广场和纪念碑。中国的古建筑也是这样，都不是一天建成的。例如龙门石窟，从北魏孝文帝时期就开始开凿，历经东魏、西魏、北齐、隋、唐、五代等 7 个朝代，才有了我们今天所见到的规模和水平。物质形态的文化需要足够的时间来慢慢打磨，精神形态的文化更是如此。例如曹雪芹的《红楼梦》就写了 10 年，马克思的《资本论》则写了 40 年。

现在国内许多地方领导由于受一种急功近利的政绩观的驱动，往往用抓经济建设的思路来抓文化建设，三两年之内就要求搞出所谓的在国内外有较大影响的文化精品，完全忽视文化自身的生成规律。这样做的结果，是花费了大量的人力、物力和财力，最后搞出一些粗制滥造的东西。不仅没有搞出文化精品，没有带来文化的发展和繁荣，反倒破坏了自然环境，破坏了文化生态，降低了文化的格调和水准。

广州建设文化强市，培育世界文化名城，首先应该走出观念的误区，要把文化和文化产业区别开来，不能简单地套用经济建设的思路来搞文化建设，也不应指望在短时间内就有一个文化强市或者世界文化名城在这里崛起。《广州建设文化强市培育世界文化名城规划纲要（2011—2020 年）》提出：力争到 2015 年，把广州建设成为在国内具有领先优势的文化强市；到 2020 年，把广州培育建设成为国际化程度较高的世界文化名城。也就是说，用 5 年时间建成文化强市，用 10 年时间建成世界文化名城。这个目标如果从成长性的维度去看待，也许有一定的依据，但就文化强市和世界文化名城的应有内涵去看待，显然是不切实际的。对此，后来的《关于推进文化引领工程，培育世界文化名城的实施意见》做了重要修订，提出到 2020 年把广州建成文化强市，到 2050 年把广州建设为世界文化名城。也就是说，用 10 年时间建成文化强市，用 40 年时间建成世界文化名城。笔者认为，这个目标要稍微切合实际一点。

广州建设文化强市和培育世界文化名城，其根本目标，既在于为城市发展提供精神动力，满足全体市民的高品质的精神文化生活之需要，提高全体市民的文化素质与文化境界，也在于提高广州在世界文化大观园中的影响力和知名度。对于广州建设文化强市和培育世界文化名城这样的历史性工程，不能仅仅理解为一种政府行为，而应该理解为政府和全体市民的共同意愿和历史使命；也不能理解为一种短期行为，而应是一种必须长期坚持不懈的历史性建设行为。因此，广州建设文化强市和培育世界文化名城的工作，必须诉诸提高全体市民的自觉认同，使之变为全体市民的自觉参与行为。同时，还应该通过立法的方式确定下来，使之不因为领导人的更替而受到影响。只有这样，广州建设文化强市和培育世界文化名城的工作，才有可能成为以后各届政府和全体市民的共同愿景与长期目标，才有可能避免朝令夕改和短期行为。

（二）保护文化遗产

《中华人民共和国文物保护法》第 14 条规定：“保存文物特别丰富并且具有重大历史价值或者革命纪念意义的城市，由国务院核定公布为历史文化名城。”广州作为国务院公布的第一批国家级历史文化名城之一，其文化遗产是特别丰富并且具有重大历史价值的。

文化遗产包括物质文化遗产和非物质文化遗产。物质文化遗产又包括“不可移动文物”、“馆藏文物”和“民间收藏文物”。《中华人民共和国文物保护法》第 3 条规定：“古文化遗址、古墓葬、古建筑、石窟寺、石刻、壁画、近代现代重要史迹和代表性建筑等不可移动文物，根据它们的历史、艺术、科学价值，可以分别确定为全国重点文物保护单位，省级文物保护单位，市、县级文物保护单位。”广州的“不可移动文物”是很多的。以“全国重点文物保护单位”为例，上海只有 19 处，重庆只有 14 处，天津只有 13 处，而广州多达 24 处。[①] 广州的“馆藏文物”则多达 146266 件，这个数字也是很可观的。

广州的非物质文化遗产也很丰富。据统计，截至 2011 年，广州被列入“国家级非物质文化遗产名录”的项目有 18 个，被列入“省级非物质文化遗产名录”的项目有 42 个，被列入“市级非物质文化遗产名录”的项目有 70 个。[②]

文化遗产是城市的文化基因。一个文化遗产不丰富，或者虽然丰富但是保护不好的城市，是不可能成为世界文化名城的。近年来，广州为保护文化遗产做了大量的工作。例如，完成了全市范围内的文物普查工作，出版了大型图书《广州市文物普查汇编》，申报获批 322 处国家级、省级和市级文物保护单位，申报获批国家级非物质文化遗产项目代表性传承人 9 名、省级 19 名、市级 61 名，并开始按照有关政策实施保护。然而，为了建设文化强市、培育世界文化名城，广州在文化遗产的保护方面，还有一些非常紧迫的工作需要去做好。

一是在“馆藏文物”的保护方面，广州需要加强博物馆的建设。广州的馆藏文物很多，但是博物馆的数量很少，展出面积很有限。即便是建筑面积达 58500 平方米的广州博物馆新馆建成后，也只能展出 1 万余件文物。广州的另外 48 家公共博物馆，全部加起来恐怕也难以展出两万件文物。广州市民参观博物馆的热情和主动性还不高，据统计，广州各家博物馆的年接待总人数只有 400 万人，平均每家的年接待人数只有 8 万多人。为此，广州应该切实加强博物馆的建设，尤其是要制定相关政策，鼓励民间力量投资建设和管理各种规格、各种主题的博物馆。同时还要注意培养和提高市民参观博物馆的自觉意识。

二是在“非物质文化遗产”的保护方面，广州还需要做更多的工作。广州作为一座有着 2200 多年悠久历史的“国家历史文化名

---

① 参见曾大兴《从文化要素的地理分布看广东在全国的文化地位》，载《文学地理学研究》，商务印书馆，2012，第 376 页。

② 沈奎主编《广州新城市化发展的实践与探索》，广州出版社，2012，第 88 页。

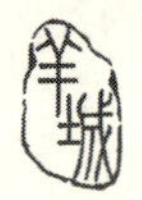

城”，它所拥有的“非物质文化遗产”不仅在广东省内首屈一指，就是从全国来讲，也是名列前茅的。但是就目前的情况来看，广州对“非物质文化遗产”的调查、挖掘、整理和保护的力度还不够。广州应该组织专门力量对市域内的“非物质文化遗产”进行全面、细致而深入的田野调查，然后制定切实可行的保护方案。

（三）呵护历史建筑

就“不可移动文物”来讲，广州对文化遗址（如秦汉造船遗址）、古墓葬（如南越王墓）、石窟寺（如光孝寺等）以及近现代重要史迹（如黄花岗烈士陵园、大元帅府等）的保护还是比较好的，广州的不足之处，是对历史建筑保护得不够好，尤其是对“历史文化街区”保护得不够好。

“历史文化街区”是指经省、自治区、直辖市人民政府核定公布的，保存文物特别丰富、历史建筑集中成片、能够较完整和真实地体现传统格局和历史风貌，并有一定规模的区域。我国从1986年开始正式提出对“历史文化街区”进行保护。截至2011年，广州已划定市级历史文化保护区16片，登记历史文化保护区21片。[①]遗憾的是，广州对“历史文化街区”的保护仍然不到位，以至于直到今天，广州还没有一片在全国有重要影响的“历史文化街区”。这一事实，与广州作为国务院公布的第一批历史文化名城的地位是很不相称的。

按照国内外的成功经验，“历史文化街区”重在保护外观的整体风貌，即不但要保护具有历史风貌的文物古迹、历史建筑，还要保护构成整体风貌的所有要素，如道路、街巷、院墙、小桥、溪流、驳岸乃至古树等。“历史文化街区”是一个成片的地区，有大量的居民生活其间，有活态的文化遗产，有特有的社区文化。保护“历史文化街区”，既要保护那些历史建筑，更要保护它所承载的文化，包括物质文化遗产与非物质文化遗产，保护文化的多样性。按照这一标准，广州对“历史文化街区”的保护是很不到位的。广州拥有最具岭南建筑特色的、包含了极为丰富的物质文化遗产与非物质文化遗产的骑楼街区，包括大新路至海珠南路骑楼街区、西关骑楼街区、北京路至万福路骑楼街区、同福路至南华路骑楼街区，等

---

① 沈奎主编《广州新城市化发展的实践与探索》，广州出版社，2012，第87页。

等，但是后来因建设的需要，尤其是改革开放以来，广州为了修马路、修地铁，为了开发房地产，为了主办亚运会而实施“穿衣戴帽”工程等，对这些骑楼街区造成了相当严重的破坏。即使对其修复，也由于修复者对于骑楼建筑的文化以及建筑工艺、材料研究不足，而造成了难以弥补的破坏。这是非常令人痛心的。广州要建设文化强市，培育世界文化名城，必须严格贯彻《中华人民共和国文物保护法》，制定严格而细致的条例和法规，坚决制止任何人、任何机构以任何理由破坏“历史文化街区”。

广州对部分历史建筑的保护也做得不够好。历史建筑包括“古建筑”，也包括近现代建筑。近现代建筑中既包括与“重大历史事件、社会运动或者著名人物有关”的“代表性建筑”，也包括不同年代建造的、反映特定年代的文化意蕴的其他建筑。保护城市不同年代的历史建筑，就是留住城市的历史年轮。事实上，凡是历史建筑，都有它的特点和价值，无论它有没有被国家列入文物保护的范围，都应该努力保护。例如许多旧民居、旧工厂、旧商店、旧学校、旧机关等，既不属于“古建筑”，也不属于与“重大历史事件、社会运动或者著名人物有关”的“代表性建筑”，但是它们是特定年代的文化载体，有些还具有较高的艺术和科学价值，应该受到保护。可是事实上，它们往往由于未被国家列入文物保护的范围，遭遇改造甚至拆毁的危险更大。这是非常可惜的。广州作为一个“国家历史文化名城”，应该有意识地保护不同年代的建筑，以彰显城市的历史积淀和年轮。尤其要防止等到历史建筑成了“古建筑”或者“文物”之后才去被动地保护的局面。

（四）培育文化名片

城市文化名片，是城市文化形象的集中体现。城市文化名片可以是重要的历史建筑，或者文化设施，或者文化项目，或者文化名人，也可以是享誉中外的某种植物。广州的文化名片就是“花城”。关于这个问题，笔者已经讲得很多了，这里不再重复。

（五）传承良好生活方式

生活方式是一个内容很丰富的概念，它包含人们的衣食住行、工作、学习、社交等方方面面。生活方式的形成，与人们所处的自然和人文环境密切相关。透过生活方式，可以看到人们所持的价值观、道德观和审美观等。

广州是亚热带南部的一座滨海商贸城市。由于滨海，它有条件成为中国最早和最大的对外贸易港口，成为海上丝绸之路的起点。这里的人们普遍重商，并且在日常生活与价值观、审美观方面，很容易受海外文化的影响，显得比较开放。由于地处亚热带南部，高温多雨，长年湿热，人们的衣食住行等，又必须充分考虑到这里的气候特点，因而显得比较务实。更由于它是中国的一座滨海商贸城市，早在2200多年前，就被正式纳入中国的版图，因此它又不可避免地受中原儒家文化的影响，使得这里的人们在重商的同时，又重视儒家的道德伦理；在开放的同时，又必须考虑到中国的国情，也显得比较务实。所以重商和重德，开放和务实，就成了这座城市最基本的文化性格和文化品质。

广州建设文化强市，培育世界文化名城，必须注意几千年以来的生活方式的传承。有些生活方式随着时代的变化在形式上会有所变化，但是它所体现的价值观、道德观和审美观，也就是它的文化性格与文化品质并没有改变。如果广州的生活方式完全变了，例如不信财神、不信妈祖、不信关公了，或者不养花、不吃海鲜、不上茶楼了，或者不过冬至节、不过端午节、不过重阳节了，过春节也不送利市（压岁钱）了，或者不听粤曲、不听讲古、不赛龙舟了，那么广州的文化性格和品质就变了，广州也就不再是广州了。

二　把握城市文化之魂

（一）广州文化之魂

广州既傍珠江，又滨南海，这种得天独厚的地理位置，使它成为我国历史悠久、地位独特的商业都会。正是这种独特的自然环境和人文环境，培育了独特的广州文化。它以岭南土著文化为原始基因，一方面继承了中原农耕文化的优良传统，另一方面又吸收了海外商贸文化的先进要素，从而形成了自己既重商又重德、既开放又务实的文化性格与品质。正是这种性格与品质，铸成了广州的文化之魂：多元性与包容性。

正确地认识广州文化的性格与品质，把握广州的城市文化之魂，对于建设文化强市、培育世界文化名城是至关重要的。世界上的文化强市和文化名城远远不止一个，广州要建成什么样的文化强市和文化名城呢？很显然，结合它的独特的地理位置和悠久的文化传统，以及它在中国和世界各大城市中所具备的优势，它只能走“滨海商贸都市”的路子，也就是说，“滨海商贸都市”应该是它的基本定位。

（二）基于滨海商贸视角的文化样态和文化遗产解释

“滨海商贸都市”的自然和人文环境，形成了广州开放与务实相结合、重商与重德相统一的文化性格与品质，形成了以多元性和宽容性为内涵的广州文化之魂。正是这种性格、品质与灵魂，决定了广州丰富多彩的文化样态与琳琅满目的文化遗产。

广州自古以来就活跃着世界上各大宗教人士的身影，这里既有他们从事各种宗教活动的寺庙、宫观和教堂，也有作为他们的最后安息之地的各式宝塔和墓园。在广州从事贸易、旅游、学习和工作的国外人士来自全球五大洲的几乎每一个国家，不同的语言、服饰、饮食和宗教习俗，构成城市斑斓的色彩。广州的大小园林和新旧民居，既有中国北派建筑的精华，也有西洋建筑的元素，最后呈现为独具特色的岭南建筑。发源于广州及珠江三角洲一带，流行于广东、港澳及海外广府华侨聚居区的广东音乐，更是中国南北音乐和中西音乐有机结合的一个艺术典范。

在广州，无论是作为物质文化遗产的古文化遗址、古墓葬、古建筑和石窟寺，还是作为非物质文化遗产的民间文学、传统音乐、传统舞蹈、传统美术、传统技艺、传统医药和民俗，都体现了滨海文化与商贸文化的基本特点，体现了中国南北文化与中西文化交融互摄，体现了文化的多元性与包容性，体现了广州文化的基本特质。

（三）大力培育基于滨海商贸而生的文化及其物化形态

广州建设文化强市，培育世界文化名城，一定要注意体现广州文化的性格与品质，体现广州的文化之魂。以建筑为例。广州的地铁、马路、街道、桥梁、河涌护栏、园林、民居、各种楼堂馆所、学校、医院乃至厂房等，都应该尽量体现岭南建筑的基本特点和基本风格，至少应该包含岭南建筑的某些元素，因为独具一格的岭南建筑，本身就是中国南北建筑与中西建筑相融合的一个典范。当今中国的600多个城市，为什么给人一种“千城一面”的印象？就是因为丧失了自己的文化性格与品质，丧失了自己的文化之魂。广州

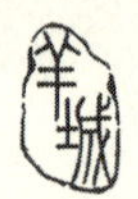

的建筑，直到近现代都是很有特色的，例如沙面建筑群、广东咨议局大楼、粤海关大楼、广东邮务管理大楼、广东财政厅大楼、嘉南堂、永安堂、广州中山纪念堂、广州市府合署大楼、爱群大厦等楼宇建筑，还有西关大屋、竹筒屋、华侨洋房等广府民居，都是广州近现代建筑史上的经典之作，它们以自己各具特色的风姿，最好地诠释了岭南文化和广府文化。但是，半个多世纪以来，尤其是改革开放以来，广州的建筑就不再有自己的特色，成千上万的楼宇建筑，与全国各大城市的楼宇建筑没有任何区别，尤其是那些聚满了“握手楼”的城中村，实在令人惨不忍睹。建筑是城市文化形象的集中体现。如果广州的建筑继续丧失岭南风格和广府风格，那么广州培育世界文化名城的工作就永远只能停留在口头上或者书面上。

广州的精神文化建设，例如音乐、美术、戏曲、舞蹈、文学等，都应该充分体现广州文化的性格与品质，体现广州的文化之魂。事实上，发源于广州的广东音乐、岭南画派、粤剧、古琴艺术，还有广绣、广彩、象牙雕刻、玉雕、砖雕、榄雕、灰塑等，之所以能够走出广州，走出岭南，扬名天下，就因为它们充分地体现了广州文化的性格与品质，体现了广州文化之魂。现在这些珍贵无比的非物质文化遗产全都处于濒危状态。例如在广州粤剧团，由于编剧和导演人才奇缺，居然要请内地的不懂粤语的编剧来写剧本，然后再请内地的不懂粤语的演员来做导演。广州的精神文化建设，首先必须切实抓好非物质文化遗产的传承问题。如果非物质文化遗产得不到很好的传承，广州的精神文化建设就成了无源之水、无本之木。

许多广州人不了解广州的传统文化。尤其是许多公务员、媒体从业人员、文艺工作者和教育工作者，无论是广州本地出生的，还是从外地引进的，对广州的传统文化往往一知半解。他们不了解广州的文化家底，不了解广州文化的性格与品质，不了解广州的文化之魂。广州要建设文化强市，培育世界文化名城，首先必须对这些人进行传统文化的教育和启蒙。文化强市和世界文化名城，只能靠有文化的广州人来建设。如果广州人不了解自己的传统文化，不热爱自己的传统文化，那么广州就不可能培育基于滨海商贸而生的文化及其物化形态，就不可能把广州建设成为文化强市和世界文化名城。

三 弘扬滨海文化精神

（一）弘扬滨海文化精神

所谓滨海文化精神，是与内陆文化精神相对而言的。什么是滨海文化精神？不同的学者有不同的表述。但是笔者认为，还是以广府前辈学者、中国现代地理学的奠基人梁启超先生的表述最为准确，也最为经典。梁先生指出："海也者，能发人进取之雄心者也。陆居者以怀土之故，而种种之系累生焉。试一观海，忽觉超然万累之表，而行为思想，皆得无限自由。彼航海者，其所求固在利也。然求利之始，却不可不先置利害于度外，以性命财产为孤注，冒万险而一掷之。故久于海上者，能使其精神日以勇猛，日以高尚。此古来濒海之民，所以比于陆居者活气较胜，进取较锐。"① 广州就是一座濒海城市，广州人就是"濒海之民"，广州人和其他内陆城市的人相比，其特点正表现在"活气较胜，进取较锐"上。事实上，过去的广州人正是凭借这种"活气较胜，进取较锐"的滨海文化精神，把广州由一个"蛮荒之地"建设成为一个年生产总值超万亿元、人均生产总值近10万元的"国家中心城市"，一个"国家级历史文化名城"。今天的广州人必须进一步弘扬这种滨海文化精神，把广州建设成为文化强市和世界文化名城。

（二）铸造广州精气神

所谓广州精气神，就是新时期的广州精神。广州精气神必须与广州作为一个"滨海商贸都会"的城市定位相匹配。笔者认为，广州精气神可以参考梁启超先生的上述言论加以提炼，这就是：思想活跃，想象丰富，不满足现状，不墨守成规，敢于冒险，锐意进取。

可以说，正是凭这种精气神，广州人创造了广州过去的辉煌。但是，今天的广州人正面临着新的挑战。据有关材料，广州与世界先进城市相比，存在以下三个差距：一是城市核心竞争力方面的差距，二是城市文化软实力方面的差距，三是城市国际影响力方面的

① 梁启超：《地理与文明之关系》第2集，载《饮冰室合集》，中华书局，1989，第108页。

差距。这三个方面的差距，也就是广州培育世界文化名城所面临的挑战。根据笔者对欧洲、北美洲、非洲和亚洲 20 个国家的 30 个世界文化名城的初步考察，得知世界文化名城在地理位置、气候条件、自然环境、城市历史、名胜古迹、文化设施、标志性建筑、文化活动、文化名人、经济水平、消费时尚、国际政治活动、国际体育赛事等 13 个方面具有突出优势，这些优势即为世界文化名城的基本要素。通过比较，笔者发现广州的优势体现在以下六个方面，即地理位置优越、气候宜人、自然环境优美、历史悠久、经济发达、在饮食消费方面引领时尚。广州的不足之处体现在以下七个方面，即名胜古迹、文化设施、标志性建筑、文化活动、文化名人、国际政治活动、国际体育赛事等七个方面的影响力还不够大。关于广州的七个不足之处，笔者的研究结果与中共广州市委宣传部研究室的研究结果是基本吻合的。后者的研究结果表明，广州的不足之处体现在名胜古迹、文化场所、文化活动、文化名人、文化产业、科研机构、文化旅游目的地等七个方面。换句话说，就是缺乏丰富的历史和现代文化资源，缺乏全球知名的文化基础设施，缺乏高度密集的优秀文化人才，缺乏高度发达的文化产业，缺乏国际知名的科研院所机构，缺乏有国际影响的重大文化节庆活动，缺乏全球重要的文化旅游目的地。①

这七个方面的不足，虽然不是短期内可以弥补的，但也不是不可以弥补的。关键在于必须走出文化建设的误区，必须把握城市文化之魂，必须弘扬滨海文化精神，铸造广州的精气神。

① 参见中共广州市委宣传部研究室《关于推进文化引领工程培育世界文化名城的实施意见》，内部资料，2012 年 6 月。

第九章 广州的四大文化品牌

近年来，广州市宣传、文化部门组织本地和外地学者讨论广州的文化品牌，许多人为此花费了不少时间和精力，提出了多种方案，但最终并未被大家接受。这让笔者想到唐代无尽藏比丘尼的一首开悟诗：“终日寻春不见春，芒鞋踏破岭头云。归来偶把梅花嗅，春在枝头已十分。”笔者曾经在多个研讨会上强调，广州的文化品牌就在我们眼前，这就是“花城”、“水城”、“食在广州”和“音乐之都”，其中“花城”的品牌价值最高，可以称为广州的文化名片。我们只需要擦亮这几张品牌就行了，没有必要苦苦寻找，更没有必要另起炉灶。笔者的意见得到广州市宣传、文化部门的部分认同，例如从2013年春节开始，广州的“迎春花市”就由原来的3天延长到18天了。但是笔者也注意到，在有些人那里，这个问题并没有得到真正解决，因此还有继续深入讨论的必要。

一 花城

“广州，又名羊城，花城。”几乎所有介绍广州的工具书、教科书和宣传片等都这样讲。“花城”这个名称究竟起于何时，难以详考，但是有几件事情值得我们注意。1961年，著名作家秦牧发表了一篇名叫《花城》的散文，热情洋溢地介绍了当年广州的“年宵花市”。秦牧被称为“中国当代散文三大家”之一，他的作品有着广泛的读者。1979年，大型文学杂志《花城》在广州创刊。在20世纪80年代和90年代初期，这本杂志的发行量是很可观的。1981年，“花城出版社”在广州成立，这家出版社以出版文学类书籍为主，它的发行量也是很可观的。一篇文学散文，一本文学杂志，一个文学类出版社，对“花城”这个名字在当代的广泛而迅速

的传播，起到了任何现代媒体所无法替代的作用。这是文学为城市建立的又一个功勋。

虽然“花城”这个名字起于何时不可详考，但是可以肯定地说，广州自古以来就有种花、卖花、买花、赠花、插花、戴花、行花街的习俗，这些习俗也是源于文学作品的记载。在唐、宋、元、明、清以来的诗词文赋里，描写广州花卉的作品多得无法统计。许多著名诗人或作家到了广州，发现这里的花卉和内地不一样，它是四季常开的，所谓“三冬不雪，四时常花”。于是他们怀着惊诧和欣喜的心情，写下自己的所见与所感，寄回内地与亲朋好友分享。由于他们本来就是知名度很高的作家，写的又是来自岭南的奇异之事，所以作品很快就传播开来。唐代著名诗人张籍的《送侯判官赴广州从军》一诗写道：“海花蛮草连冬有，行处无家不满园。”两句诗，一句从时间上讲，一句从空间上讲。从时间上讲是四季都有，从空间上讲是无处不多。广州的花卉具有这样两个鲜明的特点，不是“花城”又是什么呢？所以笔者认为，“花城”这个名称起于何时虽不可详考，但是“花城”给人们留下美丽而深刻的印象，应该说是最晚始于唐代。

重温张籍的这两句诗，我们不得不佩服古人的形象概括能力。可是我们回过头来看看广州的现实又如何呢？“四季都有”，这是不会改变的，因为这是大自然对广州的特别眷顾；而“无处不多”就要大打折扣了，因为我们要想在广州看到“满园”的鲜花，一般只有寥寥几个去处：一个是每年春节的“迎春花市”，一个是荔湾区龙溪路的“广州花卉博览园”，一个是花都区新华镇的“南方花卉交易中心”，一个是市内的部分公园，一个是市内的个别广场。

在今天的广州，拥有“满园”花卉的人家是十分稀罕的。因为绝大多数的人家根本就没有“园子”，哪里会有“满园”的花？绝大多数的广州人都住在“小区”里。“小区”是开发商开发的，并且由物业公司来管理。他们能够在“小区”里栽点树、铺点草，已经是很不简单了，谁能指望他们再种上一点花呢？所以在广州的“小区”，鲜花是很少见的。那些爱花的广州居民，最多只能在自家狭窄的阳台上摆上几盆而已，哪里会有“满园”的感觉？

除了上述这些地方，我们就只能在部分人行天桥上，看到一点菊花或者三角梅了，依然没有“满园”的感觉。在大大小小的街道两旁，以及马路的绿化带上，我们只能看到绿树和青草，连鲜花的影子都很难寻觅。

在今天的广州，不仅看花不易，买花也不易。广州市内的花店既少又小。有时候想买一束鲜花送人，你得穿大街走小巷奔波老半天，好不容易找到一家花店，才发现那里摆卖的花实在是寒碜得很，品种少，数量少，而且还卖得很贵。花店里稀稀落落几个人，买花的少于卖花的。

买花的人，除了那些还有一点浪漫情调的青年情侣，其他的主要是一些去医院里看望亲友的人。可是在大大小小的医院附近，绝大多数是没有花店的。在医院附近，有的是药店，花店十分稀罕。如果偶然在医院附近发现一个花店，人们往往难以抑制内心的欢喜和感动：终于碰到一个懂感情的老板了！

所以广州的居民一般不会去花店买花，而是去菜市场。那里的花要便宜一点，也新鲜一点。可是菜市场毕竟是一个卖蔬菜瓜果、鸡鸭鱼肉的地方，一个小小的花店挤在这样一个乱哄哄、脏兮兮的场所，看上去总有几分寒碜，一点浪漫的气息都没有。

说到这里，笔者想起清朝人描写广州的两首竹枝词：

> 看月人谁得月多？湾船齐唱浪花歌。
> 花田一片光如雪，照见卖花人过河。
>
> ——何梦瑶《珠江竹枝词》[1]

> 四时不断卖花声，十月绯桃照眼明。
> 浪说扬州风景好，春光怎及五羊城？
>
> ——黄绮云《羊城竹枝词》[2]

在古代的广州，“卖花女”是街头的一道亮丽的风景。她们从“花田”（今广州市海珠区境内）出发，挑着花担，趁着如雪的月光渡过珠江河，天亮时到达城里，沿着街巷亲切地叫卖。乍睡乍醒

---

① 何梦瑶：《珠江竹枝词》，载钟山、潘超、孙忠铨编《广东竹枝词》，广东高等教育出版社，2010，第173页。

② 黄绮云：《羊城竹枝词》，载钟山、潘超、孙忠铨编《广东竹枝词》，广东高等教育出版社，2010，第129页。

的广州市民，听到她们的声音，就立刻翻身下床，打开大门，走到街巷，从她们的手里接过带露的鲜花，同时不忘看一眼她们苗条的身材和略带羞涩的笑靥。

“卖花女”和她们的花担，诗化了广州四季的早晨，也诗化了广州人的心情。他们不觉得扬州的风景比广州好，广州有四季常开的鲜花和“四时不断”的“卖花声”，扬州有吗？他们通过“四时不断”的鲜花和“卖花声”，从内心深处认可了自己的城市。

而今天的广州，可以说是满城绿色，绿化工作确实做得不错，但是鲜花很少见到，“卖花女”也消失了身影。所以今天的广州，实际上是个“绿城”，“花城”只是个虚名而已。而缺少了鲜花和“卖花女”的城市，也就缺少了一份诗意和浪漫。

近年，广州市政府提出“绿上添花”。按照笔者的理解，就是要通过充实“花城”的内涵，来恢复“花城”的本色，使“花城”成为诗人和市民心中真正的“花城”，而不是徒有虚名。应该说，这个决策是很有针对性，也很有战略眼光的。

笔者认为，要把广州培育和建设成为一个世界文化名城，一定要发挥自身的优势，尤其是要利用好古人留下的无形资产。而“花城”这个称号，就是古人留下的一笔价值连城的无形资产。这个称号在中国绝无仅有，在世界文化名城中，也只有荷兰的阿姆斯特丹与法国的巴黎拥有类似的称号。

广州要充实“花城”的内涵，恢复“花城”的本色，必须做好以下几件事情。

第一，必须扩大花卉的种植面积，增加花卉的花色品种，加强花卉的研究，壮大花卉的生产和营销力量，提高花卉的生产和销售水平，把花卉这样一个传统产业当作一个现代产业来做，真正做大、做强、做好，做成广州市的重点产业。

第二，必须突出花卉的岭南特色。过去的广州之所以是一座“花城”，不仅仅是因为它的“四季常花”，不仅仅是因为它的花多、花美，还因为它的花有自己的特色，即岭南特色。今天的广州花卉市场，可以说是来自全国各地乃至世界各地的花都有，体现了它的丰富性与多样性，这固然是很重要的，但是这还不够，广州还必须着力恢复自己原有的花卉品种，突出自己的岭南特色。屈大均的《广东新语·木语》记载了广州及附近地区的梅、桂、木棉、夹竹桃、牡丹、木芙蓉、夜合、木樨、月贵、茉莉、贝多罗、杜鹃花、丁香、山丹、佛桑、瑞香、合欢、指甲花、南烛、四种花、九里香等20多个花卉品种；在《广东新语·草语》里，又记载了兰、菊、素馨、西洋莲、秋海棠、凤尾花、凤仙花、露头花、水仙、换锦、夜落金钱、雁来红等10多个花卉品种。这些花卉品种，多数是岭南本土的，少数是从内地或海外引进的，但是自从它们生长在岭南的土地，就有了岭南的特点。广州的市政园林部门，应该组织专家从事这方面的调研，尽可能地恢复岭南本土花卉的种植和经营。

在屈大均所列举的30多个花卉品种中，最为知名的是素馨。他介绍说："珠江南岸，有村曰庄头，周里许，悉种素馨，亦曰花田。"据他考证，"素馨之名，在（陆）贾时已著。广南多花木，贾未尝言，惟言罗浮山桃、杨梅，及茉莉、素馨。素馨因陆大夫而有"。根据他的描述，此花有三个突出的特点。一是通人性。"花宜夜，乘夜乃开，上人头髻乃开，见月而益光艳，得人气而益馥。竟夕氤氲，至晓萎，犹有余味。"二是香气馥郁。他引述《南中行纪》云"南越百花无香，惟素馨香特酷烈"。三是可以用来避暑。"怀之避暑。吸之清肺气。予诗：盛开宜酷暑，半吐在斜阳。""谚曰：槟榔辟寒，素馨辟暑。故粤人以二物为贵。献客者先以槟榔，次以素馨。素馨贵而茉莉贱。"由于此花特点突出，弥足珍贵，故"城内外买者万家，富者以斗斛，贫者以升。其量花若量珠然"。[①] 屈大均又在《广东新语·坟语》中介绍说，广州的花田，又名素馨斜，"在广州城西四十里角市，南汉葬美人之所也。有美人喜簪素馨，死后遂多种素馨于冢上，故曰素馨斜，至今素馨酷烈，胜于他处，以弥望悉是此花。又名曰花田。方信孺诗：'千年艳骨掩尘沙，尚有余香入野花。何似原头美人草，风前犹作素馨花。'予诗：'花田旧是内人斜，南汉风流此一家。千载香销珠海上，春魂犹作素馨花'。"[②] 可见素馨花在广州不仅有悠久的种植历史，而且还有着一段美丽的传说。素馨花的文化内涵是很丰富的。

岭南本地的花，多数有色而无香，而素馨却香气馥郁。而且此

① 屈大均：《广东新语·草语》，中华书局，1985，第695—696页。

② 屈大均：《广东新语·坟语》，中华书局，1985，第507—508页。

花还有一个特点，就是佩之可以避暑。所以我们建议，为了重现广州花卉的岭南特色，最好复种、多种素馨花，就像洛阳人种牡丹那样。

第三，要用鲜花装点广州的每一条街道、每一座桥梁、每一个小区，装点每一个机关、学校、企业、医院和商店，装点每一个家庭和每一间办公室，装点每一个阳台和每一个窗口。

第四，要改进鲜花服务方式，提高鲜花服务水平。要用美丽的鲜花迎接来自世界各地的新老朋友，让他们在广州的任何地方都可以观赏到或者买到自己中意的鲜花。“花城百花开，花开朋友来，鲜花伴美酒，欢聚一堂抒情怀。”只有这样，“花城”才是真正的“花城”，“花城”的美誉才能由中国传遍全世界。

二 水城

广州不但濒海，而且境内河流水系发达，大小河流（涌）众多，湖泊密布，水域面积广阔。据有关资料介绍，广州的水域面积达7.44万公顷，占全市土地面积的10%；集雨面积在100平方千米以上的河流有22条，老八区主要河涌有231条，总长约913千米。这些河流（涌）、湖泊不仅构成了独特的岭南水乡特色，也对改善城市景观、维护城市生态环境的平衡起到了重要的作用。

历史上的广州，其实就是一座水城。我们看宋代的“羊城八景”（扶胥浴日、石门返照、海山晓雾、珠江秋色、菊湖云影、蒲涧濂泉、光孝菩提、大通烟雨）中，竟有七处是水景。元代的“羊城八景”（扶胥浴日、石门返照、大通烟雨、蒲涧濂泉、粤台秋月、景泰僧归、白云晚望、灵州鳌负）中，也有五处是水景。虽然明、清两代的“羊城八景”中，水景只有两三处，但是我们从明、清人的诗歌中，依然可以感觉到这个城市的灵动的水性。例如谭敬昭的《广州竹枝词》：“珠海珠江是妾居，柳阴停棹晚晴初。水头潮长卖花去，水尾潮来人卖鱼。”[①] 王士禛的《广州竹枝六首》之一：“潮来濠畔接江波，鱼藻门边静绮罗。两岸画栏红照水，蛋船争唱木鱼

---

① 谭敬昭：《广州竹枝词》，载钟山、潘超、孙忠铨编《广东竹枝词》，广东高等教育出版社，2010，第174页。

歌。"[1] 平时我们总是羡慕苏州的水景，如杜荀鹤《送人游吴》所云："君到姑苏见，人家尽枕河。古宫闲地少，水港小桥多。夜市卖菱藕，春船载绮罗。遥知未眠月，乡思在渔歌。"而事实上，古代广州的水景并不逊于苏州。苏州人家背水而居，广州人家临水而居，可以说是各有风情。

遗憾的是，1949 年以来，尤其是改革开放以来，随着城市人口的激增与城市建设的日益加快，广州的水景越来越少，也越来越黯淡。我们看 2002 年评出的"羊城八景"（云山叠翠、珠水夜韵、越秀新晖、天河飘绢、古祠流芳、黄花皓月、五环晨曦、莲峰观海）中，真正的水景只有江景（珠水夜韵）和海景（莲峰观海），古时的湖景（菊湖云影、药洲春晓）、泉景（蒲涧濂泉）、河涌之景（大通烟雨、荔湾渔唱）都看不到了。

令人欣慰的是，近年来，广州逐渐恢复了对于水城的记忆。以筹办第 16 届亚运会为契机，全市上下花大力气治理大小河涌，培红植绿。于是，我们在 2011 年评选的羊城新八景中，除了看到传统的江景（珠水流光），还看到了久违的河涌之景（荔湾胜景），甚至还看到了过去未曾见过的、具有时代气息的湿地之景（湿地唱晚）。在这一届羊城新八景的评选中，一共有三处水景入选，可以说，今天的广州人对于水城的记忆和追寻，已经越过时间的隧道，来到了清朝的边界。

也许有人不赞成把广州称为"水城"，而只赞成把它称为"花城"，甚至以为我们是在标新立异。殊不知"花"和"水"本来就是相互映衬的两种美，古人的名句"疏影横斜水清浅，暗香浮动月黄昏"，"日出江花红胜火，春来江水绿如蓝"，不正好揭示了二者之间的依存关系吗？古人看花，不但要看它的形，还要看它的影。花影如何呈现？除了月下，不就是水面吗？

没有"水城"做依托的"花城"，是一座没有灵气的"花城"；没有"花城"来装点的"水城"，是一座没有色彩的"水城"。"花城"、"水城"相得益彰，相映成趣。在这个问题上，我们根本无须标新立异，我们只要好好体会广州先辈的用心就够了。

---

① 王士禛：《广州竹枝六首》之一，载钟山、潘超、孙忠铨编《广东竹枝词》，广东高等教育出版社，2010，第 82 页。

诚然，今天的广州，“水城”的特色不够明显，但是，如果广州把集雨面积在100平方千米以上的22条河流，以及老八区的231条河涌全部疏通，把搭盖在河涌上的商铺全部迁走，把河里的脏水全部冲掉，把清流引进来，让所有的河流（涌）接通珠江，再把两岸的房屋、店铺整理一番（如果是古迹则不要动，或者修旧如旧），在岸边植上绿树，栽上鲜花；在河涌所经行的两岸空旷之处铺设绿道，有间隔地修建若干个驿站，在驿站的门外、窗外种上或摆上一些鲜花；待以上工作完成之后，再把尘封或者沉埋许久的“花艇”、“龙舟”清洗出来，放进河里，等岸上和水上的工作都做好之后，我们就可以看到休闲的广州人，或者来此旅游的外地人，或在岸边徜徉，或在水上放舟，河水清且涟漪，鲜花照眼，乐声悠扬。到了这个时候，我们还有理由说广州不是一个真正的“水城”吗?

三　食在广州

“食在广州”这句话，既不知起于何时，也不知源于何处。它是民间的一种讲法，与另外三句组成一个排比句：“生在苏州，玩在杭州，食在广州，死在柳州。”不过，正因为是民间的一种讲法，反倒彰显了它的价值。因为有关衣食住行、生老死葬一类的问题，还是民间的声音最有代表性。

“生在苏州”，是因为那里的环境优美，园林精致，而且苏州的丝绸也很有名，用丝绸做衣服，穿在身上既舒适又华丽。但是这话到了今天，恐怕要打些折扣。苏州的环境固然优美，园林固然精致，但是苏州的丝绸已不是一种时尚的衣料。中国人的衣料大约经历了五个时代。最早是“麻”，然后是“棉”，然后是“丝绸”，然后是“化纤”，但是到了现在，又似乎回归到“棉”了。“棉”成了时尚的衣料，而“丝绸”则未免有些过时。

“玩在杭州”，是说杭州的风景优美，有西湖，还有西溪。不过这话到了今天，也要打些折扣。20世纪90年代以来，尤其是“许三多”担任西湖区的代区长、区长、区委书记，西溪湿地公园管委会主任和杭州市主管城市建设的副市长以来，在西湖和西溪的周围批建了太多的楼房，破坏了这两个景区的整体感。周围的楼房太多，景区的主景观就显得很逼仄。南宋人讲“一勺西湖水”，就当时来讲可能有些危言耸听，就现在来讲，可以说是不幸言中了。如今我们到了西湖，一眼就能望到它的尽头，再也没有那种烟水迷茫之致了。

“死在柳州”，是说柳州的木材好，可以打造上好的棺材。棺材是人生的最后归宿，有一口上好的棺材陪伴到永远，实在是人生最后的诱惑。但是这话到了今天就不现实了。因为棺材是土葬时代的产物，而今天早已是火葬时代了，人都烧成一把灰了，撒在水里、山里、庄稼地里，或者放在骨灰盒里都行，再好的棺材又有什么用呢？

“食在广州”，是说广州的食肆林立，用料广博奇杂，四季饮食丰富多彩，味道清、鲜、爽、滑、嫩，而且服务周到。比较起来，这句话倒是一句大实话，直到今天，不仅没有打折扣，其内涵还在不断丰富。

“生在苏州，玩在杭州，食在广州，死在柳州”这四句话，原是农业社会的中国人的人生愿景，与林语堂的名言相映成趣。林语堂说：人生最大的幸福，莫过于娶一个日本的太太，嫁一个美国的丈夫，找一个法国的情人，雇一个中国的厨师。这四句话，可以说是地球人的人生愿景。

中国已经由农业社会进入工业社会、商业社会和信息社会，随着社会的发展和环境的改变，这四句话中的另外三句已经打了折扣，有的甚至完全过时了，只有“食在广州”这一句还在充分地彰显着它的意义。这是因为社会虽然变了，但是中国人的饮食和口味并没有发生太大的变化，而以勤劳、务实著称的广州人，又一直都在丰富着它的内涵。

“食在广州”无疑是广州培育和建设世界文化名城的一笔无法估量的无形资产。在笔者曾列举过的30个世界文化名城中，就有以独具特色的饮食文化著称的城市，被称为“日本厨房”的大阪就是一个很好的例子。意大利的米兰也是一个著名的饮食之都。许多人只知道“米兰时装周”引领世界时装潮流，其实它的面包、调味饭、圣诞节的点心巴内多内以及带泡沫的饮料卡布奇诺，也是风靡全球。

“食在广州”这句话在今天已经被赋予了一些新的内涵。过去讲“食在广州”，是因为它以中国八大菜系之一的“粤菜”作背

景，“粤菜”虽然包含了广州菜、潮州菜和东江（客家）菜，但通常是以广州菜为代表。而今天的广州，不仅汇集了中国所有的菜系，也汇集了外国的许多名菜，例如美国波士顿龙虾、意大利薄饼、德国咸猪手、葡萄牙蛋挞、西班牙龙利鱼、日本寿司、韩国料理、泰国冬阴功汤、澳大利亚鲍鱼、新西兰牛扒等，在广州都能吃到。

今天的广州，餐馆不计其数，中外名菜、名点荟萃，食客像潮水般地涌进涌出。广州除了忙着待客，忙着收银，同时还在忙一件大事，就是对来自全省各地、全国各地、全世界各地的成千上万种食品和食材进行严格的监管。尤其是在外地的大米、食用油、陈醋、白酒、饮料、猪肉、香肠、鸡蛋、黄瓜、豆芽、大闸蟹等接连不断地传来坏消息的时候，广州实在不敢有丝毫的麻痹。道理很简单：广州不能出问题。如果广州也出了轰动全国乃至全世界的食品安全事故，如果中、外食客也对广州的饮食心存疑虑，那么“食在广州”的牌子就砸了。

俗话说，人怕出名猪怕壮。“食在广州”这块金字招牌给广州带来了滚滚财源，也给广州带来了巨大的压力。笔者相信，广州在食品的监管方面比我们想象的还要周到和精细。但是，要想把广州建设成为一个享誉中外的“饮食之都”，仅仅具备食品的安全仍然是远远不够的。“饮食之都”的建设是一个系统工程，它还涉及饮食环境、饮食文化等诸多问题。

以饮食环境而论，许多餐馆的选址就不是很好，装修设计也缺乏个性。在这个问题上，广州的许多餐馆不仅不能和世界文化名城的餐馆相比，甚至也不能和台湾的餐馆相比。2009 年暑假，笔者和 70 多位同事自费去台湾旅游，来去 7 天，先后吃了 20 多家餐馆，我们发现，没有任何两家餐馆的装修设计是雷同的，都是别具一格，并且清新、自然，不俗气，也无雕琢之感。我们津津有味地享受台湾的各种美食，同时也兴致盎然地欣赏和品评餐馆的装修设计，以及各种盆景、摆设、字画和对联等，真是既饱口福又饱眼福。

广州的一些高档餐馆，从装修来讲，堪称豪华，但是与豪华相伴的，就是俗气和雷同，千篇一律的对联，拙劣的字画，令人啼笑皆非的房间命名，一年四季都不更换的盆景，等等，令人感到来这个地方也就是吃个饭而已，吃完就走人，没有别的东西可供欣赏和留恋的。

至于一些中低档餐馆，主要的问题就是卫生问题。不是说它的食品不卫生，而是就餐环境不卫生。在这些餐馆里，厨房是不能看的，看了就吃不下去。卫生间也是不能进的，一定要进，也只能捂着鼻子进。

其实餐馆的高、中、低档，应该是指它们在地段、装修和价格方面可以分为高、中、低档，不是指它们在就餐环境和饮食文化方面也要分个高、中、低档。事实上，就在广州，也有一些就餐环境很好的中档餐馆。往往就是这些餐馆，不仅菜式、味道有特色，在装修设计等方面也是值得称道的。

总之，广州不仅要保住“食在广州”这个文化品牌，还要擦亮这个文化品牌；不仅要严把食品安全卫生这一关，还要在饮食环境、饮食文化方面多做文章。只有这样，“食在广州”这个文化品牌才会不断升值，广州才有可能成为一个享誉中外的“饮食之都”。

四　音乐之都

“音乐之都”可以成为广州的第四个文化品牌。只有成为“音乐之都”，广州才能产生具有世界影响的音乐文化名人。

人是文化的创造者，也是文化的主体。一个城市之所以能成为世界文化名城，归根结底，还是因为这个城市拥有世界文化名人。

根据中国的国情、广州的历史与现实以及文化名人的特点来判断，广州要想在三五十年内，在文学、美术、人文学科和宗教方面出现具有世界声誉的文化名人，似乎是不可能的。但是在音乐方面则有可能。同文学、美术、人文学科和宗教相比，音乐是比较抽象的，更具普适性，它的意识形态色彩也不强烈。更重要的是，近百年来，广州出现过像严老烈、何柳堂、何大傻、吕文成、冼星海、马思聪、李海鹰等一批杰出的音乐家，他们的代表作《旱天雷》、《赛龙夺锦》、《雨打芭蕉》、《孔雀开屏》、《平湖秋月》、《黄河大合唱》、《思乡曲》、《弯弯的月亮》等，在海内外具有广泛的影响与持久的生命力。严老烈、何柳堂、何大傻、吕文成等人是“广东音乐”的杰出代表，冼星海和马思聪是中国现代音乐的杰出代表，

李海鹰则是中国当代流行音乐的杰出代表。他们分别属于广州百年音乐的三代人。就他们的音乐作品的价值、意义与影响力而言，他们同世界文化名人的距离实际上并不遥远。

文化名人的成长以及相关代表作的产生，需要相应的自然和人文环境。“广东音乐”的特点是旋律清新，明快流畅，悠扬动听，被外国人称为“透明的音乐”，这与广州及珠江三角洲山清水秀的自然环境是有关系的。“广东音乐”的直接源头是清末在广州及珠江三角洲一带流行的民间“谱子”和“过场曲”，它们是广府粤剧戏班演出戏文时的气氛音乐和过场音乐。广东音乐本是中原古乐、昆曲牌子和江南小曲小调与广东民歌民谣相结合的产物，在它后来的发展过程中，又吸收了其他民间音乐以及西洋音乐的某些养料。在中国民乐中，它是最早使用小提琴、萨克管等西洋乐器的一个乐种。“广东音乐”这种兼收并蓄的特点，充分体现了广州文化的多元性、包容性、开放性与创新性。

广州文化既有清新、明快的一面，又有刚健、雄直的一面。在承平年代，清新、明快是它的主旋律；在战争年代，刚健、雄直又成了它的主旋律。所以在广州的土壤上，既能产生何柳堂这样的音乐家，也能产生冼星海这样的音乐家，他们的代表作品，体现了广州文化的两种不同的风格。我们丝毫不怀疑抗战时期的延安文化对冼星海的影响，但我们要强调的是，冼星海的文化底色或者文化之根是广州文化。

改革开放以来，以李海鹰的作品为代表的广东当代流行音乐，成就了中国当代流行音乐的半壁江山。广州是中国当代流行音乐的一片热土，许多在海内外有影响的曲作家、词作家和歌唱家，都是在广州这片土地上成长起来的。李海鹰的作品继承了广州音乐文化的优良传统，同时更具多元性。他能创作像《弯弯的月亮》、《我不想说》、《我的爱对你说》这样清新、明快的作品，又能创作像《实心的汉子》、《走四方》以及《亮剑》主题歌这样刚健、雄直的作品。他的作品既有岭南风格，又有中原风格和东北风格。他也是一位兼容并包的音乐家。正因为他的作品具有多重元素和广泛的代表性，所以20多年来一直受到海内外的热烈欢迎。

广州音乐文化的希望在于传统悠久，多元并存，名家辈出，名作如林，而且后继有人。也许正是由于这些因素，由中国文联、中国音协主办的中国音乐界的最高奖——“中国音乐金钟奖”永久落户于广州。这表明，广州在音乐文化方面的诸多优势，已经得到全国音乐界的高度认可。也正是因为已经具备了这些基础，我们才提出要把广州建设成为一个“音乐之都”。

只有具有世界影响的“音乐之都”，才能产生具有世界影响的音乐文化名人。需要强调的是，文化名人是在相应的自然环境和人文环境中自然而然地成长起来的，从来不是政府用行政手段或者经济手段“打造”出来的。政府可“打造”的事情很多，例如可以多建一些不同层次的音乐学校，多建一些不同大小的音乐广场和音乐厅，多举办一些不同规格的音乐会和歌咏会，但是最好不要去考核、评选音乐人才，不要去给音乐人才划等级，也不要时不时拿金钱去刺激他们。真正的音乐人才视音乐为生命，他们会自觉自愿地从事创作，冷暖自知，怡然自得。在对待专业人才的问题上，政府不妨来点无为而治，既不“打压”他们，也不“打造”他们，让他们在优美的自然和人文环境中自由地创作，自然地成长。

附录一

从文化说到岭南文化

——在广州铁路公安处的演讲

一　什么是文化

文化是什么？这是一个难以定义的概念。

世界上关于文化的定义，据说已经有 200 多种。这个现象说明，关于文化，并没有一个统一的定义。

文化没有一个统一的定义，这本身又说明了什么呢？一是说明了文化的丰富性与多样性，任何一种定义都难以包括所有的文化。二是说明了不同的人对文化具有不同的理解，因为文化本身具有多义性，无论从哪一个角度去理解都不会太错。

但是今天你们让我来讲文化，需要我给出一个答案。那我就只好谈谈我对文化的理解，不能说是定义。我的理解是：

> 文化是人类创造的，使人类可以和动物相区别的一个东西，这个东西是一种精神，但是往往通过物质的形式表现出来。
>
> 人类在自己的生产与生活实践中创造了文化，文化反过来又影响人类的生产与生活实践。人类从出生的那一天起，一直到死，都生活在文化中。人类所做的一切，他的一切精神生活与物质生活，他的一切思想、言论、行为，都受文化的支配。
>
> 只要有人类的地方，就有文化；只要是人类到过的地方，就会留下文化的痕迹。

正因为这样，所以我不同意这种说法，即某个地方没有文化，是“文化沙漠”。我们知道，地球上已经极少有人类没到过的地方了，现在连南极、北极，甚至连月球上、火星上，都有人类活动的痕迹了。沙漠上的人类活动痕迹更多，因此“文化沙漠”这个说法，在事实上是不能成立的。

我也不赞同说某个人没有文化。谁没有文化呢？只要是人就有文化。无论识不识字，读书多少，都有文化。只有动物才没文化（其实动物也有它们的文化，只是我们人类不理解罢了）。因此我们也不要动不动就说某个人没有文化，这话很得罪人，也不符合事实。充其量，我们只能说某个人的文化水平不高。因为人对文化的认识和理解，有多有少，有深有浅，有精有粗，人与人在文化上的差别还是有的。人人都有文化，差别只在多或少、深或浅、精或粗。

一个人的文化水平高不高，不取决于他的学历。从传播学的角度来讲，文化就是一种信息。信息有多少之分，还有真假之分，还有优劣之分。一个大学生比一个中学生的学历高，他掌握的文化信息可能比中学生要多一点，一般来讲，他可能比一个中学生的文化水平要高一点。但也不一定。中学生掌握的信息可能没有大学生多，但是他掌握的某些信息也许比大学生掌握的信息要真一些、要优一些。因此我们经常看到一种情况，就是有些中学生在某些活动中的表现比大学生要好，他们对某些问题的看法也比大学生高明。

许多人认为，城里人的文化水平普遍比乡里人高。我看不一定。我在乡里生活了 20 年，和乡里人打了 20 年的交道；又在城里生活了 34 年，和各种各样的城里人打了 34 年的交道。据我的了解，许多城里人的智慧还不如乡里人。

为什么呢？乡里人由于条件有限，视野有限，他的脑子里装的文化信息可能没有城里人多。但是，正因为他的脑子里装的文化信息不多，他就可以翻来覆去地琢磨这些文化信息，琢磨多了，他就悟出了许多道理。所以我们跟乡里人讲话，尤其是跟上了年纪的乡里人讲话，往往感到他的话很有智慧。

反观城里人，他每天都要接触很多文化信息，尤其是在今天这个信息爆炸的时代，他的脑子都装满了。可是他不一定有相应的时间来消化这些信息，更没有相应的时间来反复琢磨这些信息。因此有些道理他就悟不出来。所以有时候跟有些城里人讲话，你会感到他只有信息，只有知识，但缺乏智慧。

人们常常讲，有知识，但不一定有智慧，就是这个道理。知识和信息是需要琢磨的。就像牛，吃了许多草，就要反刍。反刍之后

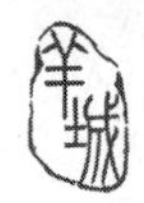

才能有效地吸收。乡里人的空闲时间比城里人多，他有许多时间来琢磨他所得到的信息。

我说这些话的意思，就是希望不要以学历取人，更不要以身份取人。不要认为一个人学历高，文化水平就一定高；不要认为一个人是城里人，他的文化水平就一定比乡里人高。

但是，在现实生活中，总是有许多学历高的人以为自己比学历低的人有文化，总是有许多城里人以为自己比乡里人有文化。其实这可能是一种误解。知道的东西多，并不等于理解得透。就像吃东西，吃得多，并不等于吸收得好。

二　文化的四个层次

文化有四个层次。

一是经验。生活中的经验、生产中的经验、工作中的经验、人际交往中的经验，等等。

二是风俗习惯。个别的经验对大家有用，于是这种经验就得到推广，被更多的人所认同，大家照着去做，相沿成习，就成了风俗习惯。

三是学问。对经验和习惯加以总结，用文字的形式记载下来，并且得到实践的检验，证明是正确的，可以被广泛学习的，这就是专门性的学问。

四是思想理论。把学问加以提炼和概括，成为一种具有普遍性同下图的思想理论。

图示如下：

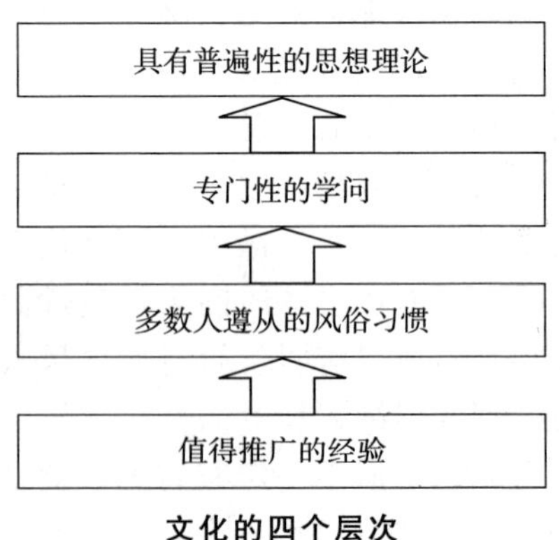

文化的四个层次

举一个例子，端午节。端午节是什么时候开始有的？谁也说不清楚。因为大家只能依据现在所能见到的最早的文字记载来推测。但是可以肯定地说，关于端午节的文字记载，肯定是在有了端午节之后。

端午节这个节日，是在农历的五年初五。端午，原称端五，端就是第一；五月的第一个五日，就是端五；按照历法，五月正是"午"月，因此"端五"也就渐渐演变成了现在的"端午"。

端午节的民俗活动很多，有赛龙舟，吃粽子，在门上挂菖蒲、艾叶，喝雄黄酒，用兰草汤沐浴，等等。

古人认为"重午"（五月初五）是犯禁忌的日子，此时五毒尽出，因此端午风俗多为驱邪避毒，如在门上悬挂菖蒲、艾叶等，故端午节也称"菖节"、"蒲节"、"菖蒲节"。

端午时值仲夏，是皮肤病多发季节，古人以兰草汤沐浴去污，所以端午节又叫"浴兰节"。

在端午节的众多民俗活动中，最重要的是赛龙舟、吃粽子。如果没有这两项，端午节就不是端午节了。

关于端午节的来历，有的说是为了纪念诗人屈原，有的说是为了纪念孝女曹娥，有的说是为了纪念忠臣伍子胥，有的说是为了祭祀龙王。但是无论哪一种传说，都少不了赛龙舟、吃粽子这两项内容。

赛龙舟、吃粽子，是我们理解端午节的关键要素。

端午节是夏季唯一的民俗节日，所以又叫夏节。这个时候对于农民来讲，是个相对闲散的日子。因为播种在前（春季），收获在后（秋季）。

因为比较闲，于是那些住在河边的人，就以划船竞渡为乐。划船竞渡是一个很耗体力的活动，体能消耗了就要充实能量，就要吃饭，饭又不便用碗来装，因为饭碗放在剧烈晃动着的船上，容易摔破，于是人们就把饭用竹叶或者芦苇叶包起来，再用绳子缠上，这样就不会散。

这就是赛龙舟、吃粽子最早的来历。

划船竞渡的意义是多方面的：一是健体，二是竞技，三是联谊，四是娱心（快乐）。也就是说，这是一个很好的、值得推广的经验。于是就由少数人的活动，变成多数人的活动。加上五月的气

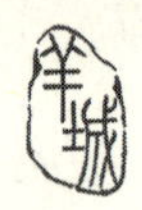

候比较湿热，易发皮肤病，又因为蚊子多，易发疟疾等，于是用兰草汤沐浴，挂菖蒲、艾叶，饮雄黄酒等，就都有了。这样久而久之，就成了端午节的特定民俗、特定风俗习惯。

端午节有许多活动，那么活动怎么开展，有哪些仪式，有哪些游戏规则，还有龙舟怎么打造，粽子怎么包，雄黄酒怎么酿造，等等，就需要加以总结，写成文字，以便后人参考，于是便有了学问。

有了关于端午节的许多文字记载，于是人们就对这些文字加以研究，加以提炼、概括和抽象，看看这个节日本身体现了中华民族的什么精神、什么观念，例如团队精神、亲和力、趋利避害的心理，以及孝道、爱国情怀等，这就是思想理论。

关于端午节的文化，至少有四个层次。一般人只有这方面的经验，或者只知道这方面的习俗。只有学者，才能用文字对这些经验和习俗加以总结；只有思想者，才能从中提炼出中华民族的精神。

所以，思想者的文化层次是最高的，其次是学者，再次是熟悉这种风俗和仪式的乡村长老，现在叫非物质文化遗产传承人，最后就是只能参与其中的活动，但是不熟悉其中的仪式和规则的普通人。

三　文化的三个要素

现在大家都在谈文化，许多地方、许多行业、许多单位，甚至许多部门，都在讲自己的文化，这是好事，说明大家开始重视文化。

但是，从学术的角度来讲，一种文化必须具备三个要素，才能称为一种文化。

一是必须有自己的语言；

二是必须有自己的风俗习惯；

三是必须有自己的价值观。

一般来讲，世界上有多少个民族，就有多少种文化。因为每个民族都有自己的语言（虽然不一定都有自己的文字），都有自己的风俗习惯，也都有自己的价值观。

就汉族来讲，由于方言多种多样，风俗习惯多种多样，价值观也多种多样，所以文化也多种多样。

就方言来讲，有官话（北方方言）、粤语、吴语、闽语、湘语、客家话、赣语等七大类。

其中官话（北方方言）又包括以下四种。

（1）华北方言，通行于京津两市及黑龙江、吉林、辽宁、河北、山东及河南（除信阳地区）六省。其中黑龙江、吉林、辽宁三省方言最接近北京话。

（2）西北方言，通行于山西、陕西、甘肃、内蒙古、宁夏一部分、青海一部分及新疆等五省二区。

（3）西南方言，通行于云南、贵州、四川、重庆三省一市及湖北大部分，还有湖南、广西的北部边缘地区。

（4）江淮方言，俗称下江官话，通行于长江、淮河中下游，包括河南信阳、安徽、江苏、江西部分沿江地区。

汉族的地域文化，如果按方言来分，至少也有以上 11 种；如果按风俗习惯来分就更多。

有人讲，中国长期是个统一的国家，遵奉的思想原则又基本一致，尤为重要的是使用统一的汉语言文字这一表达工具，因而是不是有那么多的地域文化，还是需要再加斟酌的。[①]

这里有三个误区。一是只考虑到了国家在政治上、军事上的统一性，而没有考虑到自然地理环境与人文地理环境的非统一性，或者多样性；二是只考虑到了“所遵奉的思想原则”即主流价值观的基本一致，而没有考虑到非主流价值观的不一致；三是把语言和文字混同起来，中国许多民族或者族群，往往是只有语言而没有文字的。例如广府人讲白话，客家人讲客家话，潮汕人讲闽南话，都是只有自己的语言，文字还是一样的。

林语堂先生讲：“南方与北方的中国人被文化纽带连在一起，成为一个民族。但他们在性格、体魄、习俗上的区别之大，不亚于地中海人与北欧日耳曼人的区别。”[②] 也就是说，中国南北方文化的区别，不亚于南欧人与北欧人的区别。

---

① 参见王水照《学科意识的自觉与学科建立的条件》，《文艺报》2006 年 6 月 19 日。

② 林语堂：《南方与北方》，载蔡栋编《南人与北人》，大世界出版有限公司，1995，第 3 页。

那么，是不是每一个县、每一个市都有自己的文化呢？也不是。

一个地方有没有自己独特的地方文化，要看三点：一是独特的语言，二是独特的风俗，三是独特的价值观。

如果不具备这三点，至少是具备其中的两点，就不能称为一种地方文化。例如山东省济南市下属的章丘市，广东省的中山市，居然称什么“章丘文化”、“中山文化”，这是很难讲得通的。

中山属于广府文化的范围，它的语言、风俗、价值观，与同属广府文化的广州、佛山、珠海、东莞、江门等地并无明显的不同，你有什么理由讲有一个有别于广府文化的中山文化？就因为它是孙中山的故乡吗？那河南项城是不是也有一个项城文化？它不也是袁世凯的故乡吗？章丘也是这样，你不能因为那里出了邹衍、李清照、李开先等几个文化名人，你就以为你那里有什么章丘文化。你只能说你那个地方的文化底蕴比较深厚，你没有理由说你那里有一种有别于齐文化的章丘文化。

四　什么是岭南文化

岭南文化是在岭南这个特殊的地理环境中生长出来的一种地域文化。岭南，就是五岭以南，它的范围，大致包括了今天的广东、广西、海南、香港、澳门等两省一区两特区。岭南文化原是先秦“百越”文化的一个分支，秦汉以后，岭南文化一方面受到了中原农耕文化的影响，另一方面又受到了海外工商文化的影响，因此到了明清时期就很成熟了，成了一种融合南北、折中东西的非常具有包容性、开放性与创新性的文化。到了近代，岭南文化就由一种地域文化上升为一种引领时代潮流的文化了。

岭南文化有三个来源，即岭南土著文化、中原文化和海外文化。

岭南文化有三个发展阶段，即先秦土著文化阶段、秦汉至晚清的南北融合与中外融合阶段、晚清以来的引领时代潮流阶段。

岭南文化有三个主要特点。

一是创新性。这个不用多讲。在这一点上，学术界是没有什么争议的。

二是守旧性。这一点需要讲一讲，因为在学术界有许多人还没有意识到这一点。所谓守旧，在这里不是一个贬义词，不是因循守旧，是指对优秀传统文化的坚守、传承与弘扬。岭南的物质文化遗产与非物质文化遗产的存量在全国来讲是很多的。

以广东为例，我这里有几组数据。

2012 年 12 月 19 日、2013 年 8 月 26 日和 2014 年 11 月 17 日，国家住房和城乡建设部、文化部、财政部先后三次联合发出通知，公示中国传统村落名录，全国 28 个省共 2556 个古村落入选该名单，其中广东 126 个，居全国第五。

1982 年、1986 年和 1994 年，国务院公布了三批 99 座“国家级历史文化名城”。在 99 座“国家级历史文化名城”中，广东拥有 6 座（广州、潮州、肇庆、佛山、梅州、雷州），在全国排名第二。

2003 年和 2005 年，建设部和国家文物局公布了两批 36 个“国家历史文化名村”。在 36 个“国家历史文化名村”中，广东拥有 5 个，在全国排名第一。

2006 年、2008 年和 2011 年，国务院先后公布了三批国家级非物质文化遗产名录，包括民间文学、音乐、舞蹈、传统戏剧、曲艺、杂技与竞技、民间美术、传统手工技艺、传统医药、民俗等 10 大类共 829 项，其中广东拥有 116 项，为全国各省、自治区、直辖市（不含香港、澳门和台湾）平均数（26.7 项）的 4.3 倍。

岭南不仅保留了大量的物质文化遗产和非物质文化遗产，也保留了相当多的传统观念。在日常语言、民间信仰、饮食、养生、婚丧嫁娶、生育、理财、人际交往诸方面如此，在文学方面也是如此。许多人讲到岭南的文学，都以黄遵宪的“诗界革命”、梁启超的“小说革命”为例，强调它的创新性，其实在岭南海量的文学作品中，守旧性仍然是其主导面。古代诗词不必论，即便是近代以来的旧体诗词，绝大多数仍然是传统的价值观、传统的题材、传统的语言、传统的体裁和形式、传统的表现手法和艺术风格。在诗、词、散文、小说、戏剧五种文体中，只有小说的创新色彩要浓厚一些，但也仅仅限于近代以来的小说。在岭南的各种地方戏中，粤剧的创新色彩稍微多一点，其他剧种的传统色彩依然相当浓厚。

三是轻质性。这个更需要讲一讲。因为这个说法是我提出的，别的人没有讲过。我这样讲有没有充分的依据呢？当然有。所谓轻

质性，是与厚重性相对而言的。轻质型文化所体现的是轻盈、明快、流畅、飘逸、清新、别致、自然、爽朗、平和、秀美、淡雅、通透一类的风格，与厚重型文化所体现的厚实、沉着、深刻、凝重、质实、典雅、博大、悲壮、雄浑、秾丽、绵密一类的风格不一样。

我们且看《岭南文化百科全书》对岭南几种主要的文化样式的评价：

> 岭南古琴：“100 年间，岭南琴派形成了刚健、明快、爽朗的演奏风格。”
>
> 广东音乐：“广东音乐以装饰音群构成习惯性音型为特色，具有清丽、委婉、流畅的格调。”
>
> 岭南文学：“明胡震亨《唐音癸签》谓张子寿（九龄）首创清淡之派，对王维、孟浩然、储光羲、常建、韦应物等诗人有重大影响，对岭南诗派的形成和发展起了启迪作用。”
>
> 岭南园林：“经过长期发展，岭南园林已逐步形成独特的艺术风格：务实兼蓄，精致秀美。……秀美，即岭南园林景观的总体色彩比较鲜明秀丽，四季花开，终年常绿，建筑畅朗轻盈，装饰精细华丽。”
>
> 粤菜：“食味重清、鲜、爽、滑、嫩、脆。”

事实上，岭南所有的文化样式都属于这一风格类型。

轻质型文化的最大特点就是便于吸收外来的东西，便于创新，便于转型，所谓驾轻就熟，“船小好掉头”，而厚重型文化的转型和创新则要艰难得多，所谓积重难返，“大有大的难处”。因此轻质型文化往往与创新、新颖、新奇联系在一起，而厚重型文化则往往与保守、守旧、陈旧联系在一起。

但是如果换一个角度来看，厚重型文化给人的感觉就是厚而深，轻质型文化给人的感觉则未免轻而浅。厚重型的文化产品拿在手上沉甸甸的，轻质型的文化产品拿在手上则轻飘飘的。诚然，人类的文化是多元的、多样的、丰富多彩的，也是各有长短、各有利弊的，我们不应站在厚重型文化的立场来贬低轻质型文化，也不应站在轻质型文化的立场来贬低厚重型文化。

中原地区一直都有人认为岭南没文化，是个文化蛮荒之地，或者是个“文化沙漠”，这是他们的偏见。但是，也许有人是站在厚重型文化的立场来看轻质型文化。如果是这样，那我们就应该反思一下，想一想岭南文化是不是缺了点什么，是不是还可以作一些弥补。

总之，我们讲任何一种地域文化，既要看到它的特点，也要通过它的某些特点，看到它的某些局限。有些东西，站在某个角度来看，是个特点；换一个角度来看，也许就是个局限。因此，对于文化问题，不能简单化。我们既不能说某个地方没有文化，是个“文化沙漠”，也不能把某个地域文化吹得天花乱坠，吹到天上去。

附录二

岭南文化研究的又一力作

——司徒尚纪教授新著《雷州文化概论》评介

司徒尚纪教授是我国当代著名的地理学家，在中国历史地理、地理学史和区域文化地理研究方面多有建树，尤其是在岭南文化地理的研究方面做出了开拓性的贡献。我本人由于研究岭南文学地理的关系，一直关注他这一方面的成果。他的《广东历史地图集》(1995年)、《广东文化地理》(1993年)、《岭南历史人文地理》(2001年)等著作，我都认真拜读过。最近又拜读了他的新著《雷州文化概论》，感觉他在岭南文化地理尤其是广东文化地理的研究方面，已初步形成一个体系。像他这样扎实而厚重的学者在岭南地区是不多见的。

通常大家讲的广东文化，包括广府、客家、福佬（潮汕）三种地域文化。司徒教授认为，除了这三种文化，还要加上一种：雷州文化。早在10多年前，在初版的《广东文化地理》（1993年）一书里，他就开始了对这一问题的探索。他把“琼雷汉黎苗文化区”当作与“粤中广府文化区”、“粤东福佬文化区”、“粤东粤北客家文化区”并列的第四个文化区，只是还没有把它作为一个重点来介绍。因此之故，雷州文化究竟能不能成为广东境内的第四种地域文化，在许多人的心里还是有某些疑虑的。现在他出版了这本洋洋洒洒40余万字的《雷州文化概论》，可以说又为他10多年前的观点增加了不少证据。

我们知道，近年来，由于各地强调文化旅游资源的开发利用，于是各种以行政区划命名的文化就层出不穷了。例如在广东，就有人讲所谓的中山文化，而且据说还开了好几次会议。说实在的，我对这种提法是颇有些怀疑的。为什么呢？因为文化地理学的常识告诉我们，判断一种地域文化能不能成立，至少要看两个主要指标：一个是语言，一个是风俗。从语言和风俗两方面来看，中山与广府其他地区的广州、佛山、东莞、深圳、珠海等地并无实质性的差异，它们都属于广府文化区的范围，都是广府文化区的一个不可分割的组成部分。如果一定要把中山分割出来，一定要讲什么中山文化，那么佛山、东莞、深圳、珠海等地，是不是相应的也有所谓的佛山文化、东莞文化、深圳文化、珠海文化呢？现实告诉我们，许多人就是这样讲的。但是我要强调，这都不是文化地理学所讲的地域文化，因为它们在语言上、风俗上都缺乏独特性。文化地理学所讲的广东地域文化，通常只有三种亚文化，即广府文化、客家文化、福佬（潮汕）文化。司徒尚纪通过自己的研究，认为还可以补上一种，即雷州文化。他是有自己的依据的。

司徒教授指出："长期以来，在中国，尤其是岭南文化版图上，只划分广府、潮汕、客家三种地域文化类型和少数民族文化类型，以及相应的三大民系的文化区域单元即文化区。无论学术界还是社会其他各界，都按这个文化认知体系来建立岭南文化概念及其空间分布格局、制定文化发展战略和规划、实施各项文化建设工程。但在实际上，雷州半岛文化作为一种历史存在和她的现状特征，实可划分出一个相对独立文化类型雷州文化和相应文化载体雷州民系，简称为雷州人，与岭南广府、潮汕、客家，以及海南琼州、广西八桂文化及相应的民系并立，在岭南文化版图上占有自己的位置，发挥自己的文化作用和影响。"（《雷州文化概论·前言》）他的这个观点，是建立在较深入的田野调查、较充分的文献资料挖掘和较系统的理论研究与实证研究基础之上的。为了论证自己的观点，他首先对"区域文化概念"、"民系概念"以及"区域文化与民系的关系"等理论问题做了一个阐释，这是他的观点得以提出的理论基础；第二步，他对雷州文化产生的自然和人文地理条件、雷州文化与雷州民系的历史演进过程及其发展规律做了一个清晰的梳理和深入的发掘；第三步，他对雷州文化的各个要素，包括热带农业土地利用、方言文化景观、热带海洋文化、饮食文化、宗教和民间信仰、风俗文化、人才与流寓人物、器艺与文学艺术等的历史演变、文化特质、空间分布规律做了一个生动而丰富的描述，最后归纳雷州文化的风格特点。全书的结构框架是完整的，材料是充分的，观

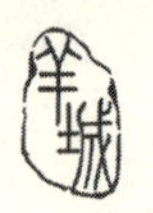

点也是鲜明的。

21 世纪以来，雷州文化的研究开始受到学界的重视。据我所知，这一方面的成果有吴建华著《雷州传统文化初探》(2000 年)、广东炎黄文化研究会编《岭峤春秋——雷州文化论文集》(2003 年)、牧野主编《雷州历史文化大观》(2006 年)、王钦峰和熊家良主编《雷州半岛的雷文化》(2011 年)、陈志坚主编《雷州文化》(2011 年)、广东省博物馆编《天南重地：雷州历史文化》(2012 年)、蔡平主编《雷州文化研究论集》(2013 年) 等多种，但是真正的学术专著是很少的，真正像司徒教授的《雷州文化概论》这样具有较完整的理论体系的学术专著可以说是凤毛麟角。可以肯定地说，司徒教授的这本书代表了雷州文化研究的最高水平。不管你是不是同意在广府文化、客家文化和潮汕文化之外，再增加一个雷州文化，但是，如果你想了解雷州文化的来龙去脉与整体风貌，了解雷州文化的丰富内涵与鲜明个性，了解雷州的热带农业作物与热带海洋文化，雷州的方言、饮食、民间信仰、风俗习惯和民间艺术的独特形态及其形成的地理原因，了解雷州文化在整个广东文化乃至整个岭南文化格局中的地位，我建议你最好读读这本书。

(原收入《岭南文化版图新视野》，广东人民出版社 2014 年版)

下篇

岭南文学的真相

岭南文学是一种内容丰富、个性鲜明的地域文学。许多中原人认为岭南文学平淡，实际上并非如此。岭南文学确有“淡”的一面，但是这种“淡”不是平淡，而是清淡。而且岭南文学除了清淡的一面，还有雄直的一面。岭南文学的清淡风格是如何形成的？这与岭南特殊的气候环境有重要关系。

第一章

岭南的气候与文学

岭南是一个地理学概念。通常所说的岭南，有广义和狭义之分。广义的岭南，是指自然地理上的岭南，即南岭山脉以南的广大地区，包括现在的福建、台湾、广东、广西、海南、香港、澳门等地。狭义的岭南，是指人文地理上的岭南，其范围比自然地理上的岭南要小一些，指广东、广西、海南、香港、澳门等地。需要说明的是，香港在 1841 年以前，澳门在 1881 年以前，海南在 1988 年以前，都属于广东省的版图，所以人文地理上的岭南，多数时候是指广东和广西这两个省区。

文学地理上的岭南，似乎比人文地理上的岭南还要小。例如我们现在看到的《岭南文学史》、《岭南历代诗选》、《岭南历代文选》、《岭南历代词选》等比较有影响的著作，实际上都只包括广东的文学，而学术界对此似乎并不持异议。

为什么岭南文学最后竟成了广东文学呢？这恐怕与文学家的数量有一定的关系。笔者曾对谭正璧先生编撰的《中国文学家大辞典》[①]（这也是迄今为止最完整的一部《中国文学家大辞典》）做过一个统计，这部大辞典“上起李耳，以迄近代”，收录我国历代有影响的文学家共 6781 人，其中有籍贯可考者 6396 人，其中，占籍广东的有 114 人，占籍广西的只有 23 人。也就是说，广西的文学家大约只占广东文学家的 20%，从数量上讲，广东文学成了岭南文学的主体。从质量上讲，历史上的广东文学似乎也优于广西文学。历史上的广东出了像唐代的张九龄，宋代的余靖、崔与之、李昴英，明清之际的屈大均，清代的梁佩兰、陈恭尹，近现代的黄遵

① 谭正璧：《中国文学家大辞典》，光明书局，1934。

宪、吴趼人、苏曼殊、梁启超等在全国有重要影响的文学家，而历史上的广西，则只有近代的王鹏运、况周颐算得上在全国有重要影响。所以人们讲岭南文学，尤其是讲古代的岭南文学，讲到后来就成了广东文学。但是这样做终究是有些不妥的。笔者认为，古代的广东文学优于广西文学，当代的广东文学则未必。因此，笔者讲岭南文学，虽然也以广东文学为主，但也会涉及广西文学。

一　岭南文学的定义

通常人们所讲的岭南文学，是指岭南文学家创作的文学，它包括这样两个方面，一是岭南文学家在岭南创作的文学，二是岭南文学家在外地创作的文学。笔者认为，这样的界定不够严谨。如果岭南文学家在外地创作的文学也属于岭南文学，那么作为中原文学家的韩愈在岭南创作的《山石》、作为巴蜀文学家的苏轼在岭南创作的《食荔枝二首》，又属于什么文学？是属于岭南文学，还是属于中原文学和巴蜀文学？如果把这两个作品分别说成是中原文学和巴蜀文学，恐怕研究岭南文学的人都不会赞成。这说明，一律以文学家的籍贯来界定其作品的地域属性是有困难的。

笔者认为，与其以文学家的籍贯来界定其作品的地域属性，还不如以作品的产生地来界定其地域属性。也就是说，作品是在哪个地域产生的，就属于哪一种地域文学。岭南文学也好，中原文学也好，巴蜀文学也好，都是一种地域文学。而地域文学的本质属性，就在于它具有所在地域的自然和人文特点，这些特点足以使某一种地域文学和别的地域文学相区别。这就是地域文学的地域特点，或者地域性，它是独特的，不可以复制或克隆的。一个文学家一生往往要去很多地方，几乎每到一个地方，他都会留下自己的作品，而这些作品，往往或多或少都要带上所在地域的自然和人文特点。也就是说，由于文学家的流动性比较大，他的一生可能会创作具有多种地域特点的文学作品，或者说，他会参与多种地域文学的创作。这种现象在中外文学史上是具有普遍性的，也是读者和文学批评家们所充分认可的，因为这种现象，正好体现了文学的多样性与丰富性。但是作为一种地域文学，它是不可能具有多个地域的特点的。如果它具有多个地域的特点，那它就不是地域文学，而是所谓世界文学了（事实上，这样的世界文学从来就没有出现过）。如果我们把一个文学家在不同的地域创作的文学作品都笼而统之地划归为某一种地域文学，那么这个地域文学就不能称作地域文学，它只能是一个大杂烩，这样的地域文学事实上是不存在的。

如果以文学家的籍贯来界定其作品的地域属性，那么他的全部作品就只属于一种地域文学，因为真正的籍贯只有一个，也就是他的出生地。他所到过的其他地方，都只是客居地，或者寄居地。他可以取得客居地或寄居地的户籍，参加当地的考试或选举，成为一个户籍意义上的当地人，但是他在填写履历表的时候，在“籍贯”这一栏里，还是要填写他的出生地，这是绝大多数人的习惯。当然也有少数人在填写履历表的时候，由于比较个别的原因，可能会把祖籍当籍贯，但是无论他是把祖籍当籍贯，还是把真正的籍贯当籍贯，他都只能填写一个，而且前后还得统一，不能今天填“广东”，明天填“四川”。如果是这样，那就乱套了，管理部门也不会同意。如果以文学家的籍贯来界定其作品的地域属性，那么韩愈一生的全部作品，就只能属于中原文学（他的出生地在今河南孟州），而苏轼一生的全部作品，也只能属于巴蜀文学（他的出生地在今四川眉山）。这是很难讲得通的，无论是文学家本人还是广大读者都不会同意，因为这样做，根本忽视了文学作品事实上存在的多样性。相反，如果以作品的产生地来界定作品的地域属性，在哪里产生的就属于哪一种地域文学，这样讲就没有什么困难了。

总之，以文学家的籍贯来界定其作品的地域属性，那么他一生的全部作品就只能属于一种地域文学，这在事实上和学理上都是讲不通的；而以作品的产生地来界定其地域属性，就是认定一个文学家一生的全部作品往往具有多个地域的自然和人文特点，这在事实上和学理上都是可以讲得通的。

由于这个原因，所以笔者主张，要对岭南文学这个概念予以重新界定，也就是说，真正的岭南文学，实际上包含了以下两种类型：一是岭南文学家在岭南本地创作的文学，二是外地文学家在岭南创作的文学。这两种文学都是在岭南这块土地上产生的文学，都受到岭南的自然和人文环境的影响，也都带有岭南的自然和人文特点。至于岭南文学家在外地创作的文学，虽然也会或多或少地带有岭南的人文特点，但不可能带有岭南的自然特点，因而不是完整意

义上的岭南文学。在讨论岭南文学家在岭南本地创作的作品时，我们可以把他们在外地创作的作品作为一个参照，但我们不把这些作品归为岭南文学；同理，在讨论外地文学家在岭南创作的文学作品时，我们也可以把他们在其他地方（包括他的出生地）创作的作品作为一个参照，但我们更不可能把这些作品归为岭南文学。

综上所述，岭南文学，就是在岭南本土产生的、具有岭南的自然和人文特点的一种地域文学，这是它的内涵；作为一种地域文学，岭南文学实际上包括两个部分：一是岭南文学家在岭南本地创作的作品；二是外地文学家在岭南创作的作品，这是它的外延。当我们把岭南文学这个概念的内涵和外延都予以重新界定之后，再来讨论岭南文学，我们的工作就很顺利了。

许多中原人认为，岭南的文学平淡无味，实际上并非如此。岭南文学确有“淡”的一面，但是这种“淡”不是平淡，而是清淡。而且岭南文学除了清淡的一面，还有雄直的一面。那么，岭南文学的清淡风格又是如何形成的呢？笔者认为，这与岭南的气候有很大的关系。

二　岭南的气候特点

一个地方的气候特点，主要是由它的纬度、地形条件、温度和降水量等因素决定的。南岭山脉以南的广东、香港、澳门、海南、广西、福建、台湾等地的气候，从全国来讲，是最温暖的。从地图上看，北回归线正好穿过台湾、广东和广西三个省区的中部，如果按照纬度来划分，这条线以南就是热带的范围，以北就是亚热带的范围。如果以 1 月份 10℃ 的等温线来划分，这条线大约经过福州以北，再向西南，经过广东的韶关和广西的柳州、百色等地，线以南是全年无冬的地区。所以从纬度来讲，岭南地区正好处于热带和亚热带之间，大部分地区都是无冬的地区。

再从地形条件来看，南岭山脉西起广西和广东两省区北部的五岭，东延为福建西部边境的武夷山脉，它的高度一般在海拔 1000—1500 米。这个高度对于冬季北方南下的寒冷气流有屏障作用，虽然有时北方强大的寒潮也可以到达岭南，因而可使广州和南宁等地 1 月的日平均温度降至 4℃ 以下，但是，这样的温度是不多见的。

就地势来讲，广东、广西是北高南低，福建是西高东低，这就非常有利于接受从海洋方面吹来的暖湿气流，使这里的气候更显得温暖湿润。

受以上这两个因素的影响，岭南地区成为全国气候最温暖的地区。

再看年降水量。我国各地的降水主要是东从太平洋、南从印度洋和南海上来的夏季风带来的。年降水量的总体趋势是：由东南向西北逐步减少。东南沿海地区的年降水量普遍在 2000 毫米左右，淮河、汉水以南的南方地区年降水量则在 1000 毫米以上。例如上海的年平均降水量是 1128.5 毫米，北京是 682.9 毫米，而西北内陆的吐鲁番、塔里木和柴达木等盆地，年平均降水量都在 20 毫米以下。广东近海的南部地区，年降水量在 2200—2500 毫米，远离海洋的北部地区，最少也在 1490 毫米左右。全省大多数地区的年降水量在 1500—2000 毫米。山区的降水量多过平原，各地山区都有年降水量超过 3000 毫米的记录。广东的雨季，一般从 3 月中、上旬开始，至 9 月底 10 月初结束。

从全国范围来讲，岭南地区无疑是降水最为丰沛的地区之一。

温度和降水量，是形成一个地方的气候特点的两个基本要素。岭南的气候特点，简要地讲，就是高温和多雨。

高温多雨的气候表现在季节上，则有如下几个特征。

一是大部分地区没有冬季。以广东省为例。在平远—龙川—新丰—英德—阳山一线及其以北地区，全年有一个时期的候均温（5 日为一候）≤10℃，其中北部偏北地区和西北部山区有 9 个候≤10℃，北部其他地区有 3 个候≥10℃。此线以南，一年到头的候均温都是≥10℃，也就是没有气候意义上的冬季。

二是夏季最长。岭南大部分地区没有冬季，在春、夏、秋三季中，又以夏季最长。仍以广东为例。全省各地至少有 32 个候（即 160 天）以上的夏天，最北的乐昌有 34 个候（170 天）的夏天，西北山区的连山最少，也有 32 个候的夏天。夏季的起始日期，在北部是 5 月初至 10 月中旬，在中部是 4 月中旬至 10 月下旬，在南部是 3 月下旬至 11 月中旬。例如广州夏季的起始日期是 3 月 26 日至 11 月 4 日，长达 224 天，日平均气温 >19℃—29℃。

三是四季常青。由于全年气温较高，加上雨水充沛，所以草木

丰茂，四季常青，百花争艳，各种果实终年不绝。

四是季相不明显。所谓季相，是指植物在不同季节表现的外貌。植物在一年四季的生长过程中，其叶、花、果的形状和色彩随季节而变化。在不同的气候带，植物的季相是不同的。在温带地区，植物的季相是十分明显的，在寒带和热带地区就不明显。季相能给人以时序的启示，使人增强季节感。岭南大部分地区处于热带，季相不明显，这就容易给人造成一种错觉，以为一年到头都在过夏天。古人形容岭南的气候“四时皆似夏，一雨便成秋”，就是季相不明显造成的一种错觉。

清代有一位叫汪森的文学家，曾在广西为官多年。他编过一部《粤西文载》，其中收有明代的苏浚写的一篇《气候论》，这篇文章是这样介绍岭南的气候特点的：

> 晁错曰：扬粤之地，少阴多阳。李待制曰：南方地卑而土薄。土薄，故阳气常泄；地卑，故阴气常盛。阳气泄，故四时常花，三冬不雪，一岁之暑热过中。人居其间，气多上壅，肤多出汗，腠理不密，盖阳不反本而然。阴气盛，故晨昏多露，春夏雨淫，一岁之间，蒸湿过半。盛夏连雨即复凄寒，衣服皆生白醭，人多中湿，肢体重倦，多脚气等疾，盖阴常盛而然。阴阳之气既偏而相搏，故一日之内，气候屡变。谚曰：四时皆似夏，一雨便成秋。又曰：急脱急着，胜似服药，气故然耳。大抵人身之气，通于天地，天气极北寒胜，极南热胜，五岭以南，号曰炎方，乃其高冈迭嶂，左右环合，水气蒸之，故郁而为岚。①

这个描述可以说是既简洁又生动。苏浚认为，岭南的气候特点大约有三：一是四时常花，三冬不雪，一岁之暑热过中；二是晨昏多露，春夏雨淫，一岁之间，蒸湿过半；三是一日之内，气候屡变。

---

① 苏浚：《气候论》，载汪森辑《粤西文载》（四），广西人民出版社，1990，第229—230页。

三　岭南本地和外地文学家对岭南气候与物候之描写

气候与物候，是两个既相联系又有区别的概念。如果说气候是指整个地球或其中某一地区在一年或一时段的气象状况的多年特点，那么物候，“就是谈一年中月、露、风、云、花、鸟推移变迁的过程”。[①] 物候现象是非常广泛的，在大自然中，那些受环境（主要是气候，另外还有水文和土壤等）影响出现的、以一年为周期的自然现象，都属于物候现象。物候现象大体包括三个方面：一是植物（包括农作物）物候，如植物的发芽、展叶、开花、结果、叶变色、落叶，农作物的播种、出苗、开花、吐穗等现象；二是动物物候，如候鸟、昆虫及其他两栖类动物的迁徙、始鸣、终鸣、冬眠等现象；三是气象水文现象，如初霜、终霜、初雪、终雪、结冰、解冻等。

文学家对气候的感知，往往是通过对物候现象的把握来实现的。陆机讲：“遵四时以叹逝，瞻万物而思纷。悲落叶于劲秋，喜柔条于芳春。”[②] 刘勰讲：“春秋代序，阴阳惨舒，物色之动，心亦摇焉。”[③] 钟嵘讲：“气之动物，物之感人，故摇荡性情，形诸舞咏……若乃春风春鸟，秋月秋蝉，夏云暑雨，冬月祁寒，斯四候之感诸诗者也。”[④] 所谓“四时”，就是指春夏秋冬四季；所谓“气”，在这里就是指气候；所谓“物”或“物色”，在这里就是指物候。四时气候的变化，影响物候的变迁；变迁着的物候，触动作家的情思（或悲，或喜），然后形诸文字或歌咏。

物候是具象的，气候则比较抽象。文学家直接描写气候的时候并不多，更多的时候是描写物候，所谓“岁有其物，物有其容；情以物迁，辞以情发。一叶且或迎意，虫声有足引心。……故‘灼

① 竺可桢、宛敏渭：《物候学》，湖南教育出版社，1999，第 14 页。

② 陆机：《文赋》，载郭绍虞主编《中国历代文论选》第 1 册，上海古籍出版社，1979，第 170 页。

③ 刘勰：《文心雕龙・物色》，载范文澜《文心雕龙注》，人民文学出版社，1958，第 693 页。

④ 钟嵘：《诗品・序》，载曹旭《诗品笺注》，人民文学出版社，2009，第 1 页。

灼’状桃花之鲜，‘依依’尽杨柳之貌，‘杲杲’为日出之容，‘瀌瀌’拟雨雪之状，‘喈喈’逐黄鸟之声，‘喓喓’学草虫之韵”。[①]读者通过文学家所描写的物候现象，可以了解一个地方的气候特点及其变化，更可以感知生命的律动。

值得注意的是，按照一般的经验，本地人对本地气候（物候）的反应是不太敏感的，因为生于斯，长于斯，老于斯，早已司空见惯。岭南本地文学家对岭南气候（物候）的反应即如此。他们长年生活在这一片土地之上，每天面对这种高温多雨、四季常青的气候，似乎并没有什么新奇之感。而外地来的文学家就大不一样了。请看下面这两首诗：

> 独眠不知曙，悄悄邻人语。
> 夜来榕子落，瓦上起风雨。
>
> ——（清）黄子高《仰高祠夜作》[②]

> 宦情羁思共凄凄，春半如秋意转迷。
> 山城过雨百花尽，榕叶满庭莺乱啼。
>
> ——（唐）柳宗元《柳州二月榕叶落尽偶题》[③]

两首诗都写榕树。榕树在岭南，是一种随处可见的常绿大乔木，雨季落叶。宋周去非《岭外代答》卷八“榕”条云：“四时结子，叶脱亦无时，随落随生。春时亦摇落满庭。”[④] 屈大均《广东新语》卷二十五“榕”条云：“性畏寒，逾梅岭则不生……有子无花，子落时常如密雨。”[⑤] 黄子高是香山（今广东中山）人，一生足迹不出岭南。他对榕树雨季落叶这种现象是司空见惯的，他感兴

---

① 刘勰：《文心雕龙·物色》，载范文澜《文心雕龙注》，人民文学出版社，1958，第693—694页。

② 黄子高：《仰高祠夜作》，载陈永正选注《岭南历代诗选》，广东人民出版社，1985，第620页。

③ 柳宗元：《柳州二月榕叶落尽偶题》，载《全唐诗》第352卷，中华书局，1960，第3937页。

④ 周去非著、杨武泉校注《岭外代答校注》，中华书局，1999，第289—290页。

⑤ 屈大均：《广东新语》，中华书局，1985，第617页。

趣的，是榕树的果实（榕子）像骤雨一样飘打在屋瓦上的那种声音。而柳宗元就不一样了。他的祖籍在河东（今山西永济），生长在京兆长安（今陕西西安），因“永贞革新”的失败，被贬在柳州做刺史。他最初在二月里看见榕树落叶时的反应，是迷惑不解（意转迷）。按照他在北方的经验，树木落叶，应该是在秋天，怎么会是“春半”（即二月）呢？他当时还不知道在岭南干季和湿季的区别比春、夏、秋、冬四季的区别还要大。榕树在天气晴朗干燥的时候并不落叶，秋、冬皆如此。但是在下雨的时候就要落叶了，不管在时令上是属于哪一个季节。由于尚不了解岭南的气候和物候特点，看见榕树落叶的景象，他就以为是秋天到了，一年好景即将过去，于是悲秋之感便油然而生，所谓“宦情羁思”，纷至沓来。

周去非和屈大均也是这样。周去非是外地（温州永嘉）人，曾在钦州和静江府（今广西桂林）为官六年。屈大均则是本地（广州番禺）人。他们对“榕”的记载也说明了这一点。周去非所关注的是榕叶的“春时亦摇落满庭”，屈大均所关注的则是榕子的“落时常如密雨”。

岭南本地文学家对岭南气候（物候）的反应是平淡的，可以说是“司空见惯寻常事”，一般不会有什么新奇之感。而外地文学家，或者说岭北的文学家对岭南气候（物候）的反应则是强烈的，他们往往感到新奇，感到惊诧，甚至迷惑。这是因为海德格尔等人所讲的那个“先结构”在起作用，是因为在这些外地文学家过去的经验世界里，根本就没有这种气候，或者物候。

四　岭南文学作品对岭南气候与物候之反映

也正是因为怀着这种新奇感、惊诧感，甚至迷惑感，从外地迁谪、流寓岭南的文学家们，真实而生动地描写了许多岭南风物，形象地反映了岭南的气候特点和物候变迁，从而丰富了中国文学的题材内容和审美风貌，丰富了读者的认知世界和审美感觉，也为从事气候学、物候学、生物学、地理学和民俗学研究的学者们提供了第一手宝贵的文献资料。下面分四个方面来予以介绍和说明。

（一）“四时常花，三冬不雪，一岁之暑热过中”

秋尽更无黄叶树，夜阑唯对白头僧。

——（唐）卢肇《题清远峡观音院》[①]

榕叶交阴笋出窠，南中冬律似春和。

——（清）查慎行《冬暖》[②]

秋尽而树叶不黄，冬时而榕荫如盖、新笋破土，这种四季如春的景象，只有在“南中”（即岭南）才能见得到。

南中有八桂，繁华无四时；
不识风霜苦，安知零落期？

——（南齐）范云《咏桂树》[③]

屈大均《广东新语》卷二十五“桂”条云：“古时番禺多桂。《山海经》云：‘贲禺之东，八桂生焉。’”[④] 内地的桂花是八月开花。江西民歌唱道：“八月桂花遍地开。”岭南的桂花则是四季常开，所谓“无四时”，即不分四时，不分季节，所以又叫“四季桂”。

交趾殊风候，寒迟暖复催。
仲冬山果熟，正月野花开。

——（唐）杜审言《旅寓安南》[⑤]

---

① 卢肇：《题清远峡观音院》，载黄雨《历代名人入粤诗选》，广东人民出版社，1980，第41页。

② 查慎行：《冬暖》，载黄雨《历代名人入粤诗选》，广东人民出版社，1980，第377页。

③ 范云：《咏桂树》，载黄雨《历代名人入粤诗选》，广东人民出版社，1980，第13页。

④ 屈大均：《广东新语》，中华书局，1985，第614页。

⑤ 杜审言：《旅寓安南》，载黄雨《历代名人入粤诗选》，广东人民出版社，1980，第23页。

安南，即唐时的安南都护府，包括两广及越南的一部分，治广州。所谓“殊风候”，即风物、气候特殊。在内地，仲冬无果，正月无花。岭南不是这样，所以称为“殊风候”。

瘴烟长暖无霜雪，槿艳繁花满树红。
每叹芳菲四时厌，不知开落有春风。

——（唐）李绅《朱槿花》[①]

厌，同餍，即美。红槿四季开花，与春天来去无关。孟琯《岭南异物志》云：“岭南红槿，自正月至十二月常开，秋冬差小。”[②]屈大均《广东新语》卷二十五“朱槿”：“自仲春花至仲冬……粤女多种之。插枝即生。以其花蒸醋食之，能美颜润血。”[③]

红蕉花样炎方识，瘴水溪边色最深。
叶满丛深殷似火，不唯烧眼更烧心。

——（唐）李绅《红蕉花》[④]

红蕉，即美人蕉，原产于热带地区。周去非《岭外代答》卷八“红蕉花”条云：“春夏开，至岁寒犹芳。”[⑤]

南路蹉跎客未回，常嗟物候暗相催。
四时不变江头草，十月先开岭上梅。

——（唐）樊晃《南中感怀》[⑥]

---

① 李绅：《朱槿花》，载黄雨《历代名人入粤诗选》，广东人民出版社，1980，第66页。

② 孟琯：《岭南异物志》，载骆伟、骆廷辑注《岭南古代方志辑佚》，广东人民出版社，2002，第241页。

③ 屈大均：《广东新语》，中华书局，1985，第665页。

④ 李绅：《红蕉花》，载黄雨《历代名人入粤诗选》，广东人民出版社，1980，第67页。

⑤ 周去非著、杨武泉校注《岭外代答校注》，中华书局，1999，第327页。

⑥ 樊晃：《南中感怀》，载《全唐诗》，中华书局，1960，第1166页。

未腊梅先实，经冬草自熏。

——（唐）许浑《岁暮自广江至新兴，往复中，题峡山寺》①

屈大均《广东新语》卷二十五“梅”条云：“梅花唯岭南最早。冬至雷动地中，则梅开地上。”在内地，梅花是在腊月开花，所以又叫“腊梅”。岭南则不然。屈大均又云：“广中梅于一之日已花，二之日成子。”（周历：一之日，十月以后第一个月的日子，即冬月。依此类推）又云：“韶州梅，长至已开。腊月大雪，梅复开尤盛。有于旧蒂而作新花者。其地属岭北，故梅以腊以正月开。广则秋末冬初，梅且开尽。往往不待长至。以地暖故开更早，气盛则开而又开。岭梅一岁再开花。”② 按樊晃所述，岭上梅在十月就开花了，比屈氏所言还要早。

罗浮山下四时春，卢橘杨梅次第新。
日啖荔枝三百颗，不辞长作岭南人。

——（宋）苏轼《食荔枝二首》之二③

荔枝性畏寒，受冻即枯萎，不能在北方生长，产地原只限于广东、福建及四川的部分地区。屈大均《广东新语》卷二十五“荔枝”条云：“荔枝以腊而萼，以春而华，夏至而翕然子赤。”④（夏至：阳历 6 月 21 日或 22 日至 7 月 6 日或 7 日）。又“粤东荔枝早熟”条云：“社日，犀角子先熟。……又三月熟者曰三月青，四月熟者曰四月红。……盖以先年十月作花，故早熟也。”⑤

《食荔枝二首》之二是苏轼的名作。苏轼在岭南前后生活了六年。他写过许多反映岭南的气候（物候）的作品。他在《江月五

① 许浑：《岁暮自广江至新兴，往复中，题峡山寺》，载黄雨《历代名人入粤诗选》，广东人民出版社，1980，第 87 页。

② 屈大均：《广东新语》，中华书局，1985，第 612—613 页。

③ 苏轼：《食荔枝二首》之二，载黄雨《历代名人入粤诗选》，广东人民出版社，1980，第 144 页。

④ 屈大均：《广东新语》，中华书局，1985，第 621 页。

⑤ 屈大均：《广东新语》，广东人民出版社，1980，第 661 页。

首》的引言中说："岭南气候不常，吾常云：菊花开时乃重阳，凉天佳月即中秋，不须以日月为断也。"① 他对岭南的气候特点的概括是很准确的。

岭南二月无桃李，夹路松开黄玉花。

——（宋）陈与义《又和大光》②

这里需要说明一下。岭南无李，但有桃。这里的"桃李"是偏义复词。桃树开花在阳历2月中旬。这里的"松"，是指马尾松。马尾松开花在阳历2月中下旬，色嫩黄，其洁如玉。

姚黄魏紫向谁赊？郁李樱桃也没些。
却是南中春色别，满城都是木棉花。

——（宋）杨万里《三月一十雨寒》③

春深绝不见妍华，极目黄茅际白沙。
几树半天红似染，居人云是木棉花。

——（宋）刘克庄《潮惠道中》④

木棉是热带植物。屈大均《广东新语》卷二十五"木棉"条云："正月发蕾，似辛夷而厚，作深红、金红二色。蕊纯黄六瓣，望之如亿万华灯，烧空尽赤，花绝大……花时无叶，叶在花落之后……自仲春至孟夏，连村接野，无处不开，诚天下之丽景也。"⑤

① 苏轼：《江月五首》，载黄雨《历代名人入粤诗选》，广东人民出版社，1980，第145页。

② 陈与义：《又和大光》，载黄雨《历代名人入粤诗选》，广东人民出版社，1980，第212页。

③ 杨万里：《三月一十雨寒》，载黄雨《历代名人入粤诗选》，广东人民出版社，1980，第245—246页。

④ 刘克庄：《潮惠道中》，载黄雨《历代名人入粤诗选》，广东人民出版社，1980，第270页。

⑤ 屈大均：《广东新语》，中华书局，1985，第615—616页。

化工到得巧穷时，东补西移也大奇。
君看桄榔一窠子，竹身杏叶海棠枝。

——（宋）杨万里《题桄榔树》[①]

桄榔也是热带植物。屈大均《广东新语》卷二十五“桄榔”条云：“与槟榔、椰、蒲葵三种，皆号木中之竹……诸祠宇多植桄榔、蒲葵、木棉，佛寺多植菩提，里社多榕，池塘堤岸多水松、荔枝。”[②]

自来北至无鸿雁，从此南飞有鹧鸪。

——（清）朱彝尊《度大庾岭》[③]

周去非《岭外代答》卷九“雁”条云：“衡阳有回雁峰，云雁至此不复南征。余在静江（桂林）数年，未尝见一雁，益信有回雁之说。盖静江虽无瘴疠，而深冬多类浅春，故雁不至。况于深广常燠之地乎？”[④] 宋之问《题大庾岭北驿》亦云：“阳月南飞雁，传闻至此回。”[⑤] 屈大均《广东新语》不载“雁”。这些均可证“自来北至无鸿雁”之说。

鹧鸪产自南方温暖之地，性畏霜露之寒。屈大均《广东新语》卷二十“鹧鸪”条云：“鹧鸪，随阳越雉也。天寒则口矜，暖则对啼。啼必连转数音，而多云但南不北。其飞必向日，日在南故常向南……其志怀南，故谓之南客。飞数必随月，正月一飞而止，十二月则十二飞而止。山中人辄以其飞而计月。人问何月矣，则云鹧鸪几飞矣。早暮有霜露则不飞……故性绝畏霜露……鸣必在万山丛薄中。鸣多自呼，其曰行不得也哥哥。声尤凄切，闻者多为堕泪。”[⑥]

---

① 杨万里：《题桄榔树》，载黄雨《历代名人入粤诗选》，广东人民出版社，1980，第252页。

② 屈大均：《广东新语》，中华书局，1985，第630—631页。

③ 朱彝尊：《度大庾岭》，载黄雨《历代名人入粤诗选》，广东人民出版社，1980，第348页。

④ 周去非著、杨武泉校注《岭外代答校注》，中华书局，1999，第372页。

⑤ 宋之问：《题大庾岭北驿》，载《全唐诗》，中华书局，1960，第640页。

⑥ 屈大均：《广东新语》，中华书局，1985，第516—517页。

来时麦苗绿，归路麦穗黄。
南方冬春交，物候总不常。
——（清）查慎行《二月八日初离广州》[1]

屈大均《广东新语》卷十四“麦”条云：“麦属阴而粟属阳。岭南阳地，故多粟而少麦。多小麦而少大麦。晚禾既获，即开畦以种小麦，正月而收。然作面常有微毒，以霜雪少，麦花夜吐，又种于冬收于春，以春为秋，故其性罕良。”[2] 北方是秋天种麦，夏天收麦；岭南则冬天种麦，春天收麦，二月八日就见“麦穗黄”了，故云“物候总不常”。

以上所述榕、笋、桂、槿、红蕉、梅、荔枝、木棉、桄榔、麦等十种植物，均体现了岭南地区“四时常花，三冬不雪”的气候特点。

下面再看其“暑热”之特点。

南越逢初伏，东林度一朝。
曲池煎畏景，高阁绝微飙。
竹簟移先洒，蒲葵破复摇。
地偏毛瘴近，山毒火威饶。
裛汗絺如濯，亲床枕并烧。
堕枝伤翠羽，萎叶惜红蕉。
且困流金炽，难成独酌谣。
望霖窥润础，思吹候纤条。
旅恨生乌浒，乡心系洛桥。
谁怜在炎客，一夕壮容销。
——（唐）刘言史《广州王园寺伏日即事寄北中亲友》[3]

初伏，也就是夏至后的第三个庚日（旧历以时日配天干地支。

① 查慎行：《二月八日初离广州》，载黄雨《历代名人入粤诗选》，广东人民出版社，1980，第378页。

② 屈大均：《广东新语》，中华书局，1985，第377页。

③ 刘言史：《广州王园寺伏日即事寄北中亲友》，载黄雨《历代名人入粤诗选》，广东人民出版社，1980，第72页。

每十天必有一个庚日），夏至在 6 月 21 日或 22 日至 7 月 6 日或 7 日，那么初伏，也就是七月中下旬。俗话说，“热在中伏”。但岭南的“初伏”就已经很热了。这时候的最高气温，可达 35℃。岭南的夏天，是内陆热于沿海，盆地热于山地。广州属于沿海，应该说还不是最热的地方。但据诗人的描述，已经是酷热难耐了。

岭南的天气，直到九月也还很热。苏辙《闰九月重九与父老小饮四绝》之一写道：

> 九日龙山霜露凝，龙川九日气如蒸。[①]

龙山，在今湖北江陵，是晋时孟嘉重九日登高处；龙川在广东，当时的循州治所，现在的河源市龙川县。通过对比，即可看到两地气候之差异。

（二）“晨昏多露，春夏雨淫，一岁之间，蒸湿过半”

> 积雨生昏雾，轻霜下震雷。
>
> ——（唐）杜审言《旅寓安南》[②]

安南即唐时的安南都护府，治所在今广州。杜审言被徙峰州（今越南北境）时，来往皆经过广州。这首诗当是写在广州。据曾隆颖所作《广东省广州的季节划分与自然历》载，1964—1982 年，广州“初霜”的平均日期在 1 月 7 日，最早日期在 12 月 5 日，最晚日期在 2 月 11 日；广州“终雷”的平均日期则在 10 月 11 日，最早日期在 9 月 11 日，最晚日期在 11 月 15 日。[③] 唐时广州的温度，要比今天高 1℃—2℃。唐代广州的“初霜”和“终雷”，应该比这个时间还要晚一点。杜审言旅寓广州时，居然在

---

① 苏辙：《闰九月重九与父老小饮四绝》之一，载黄雨《历代名人入粤诗选》，广东人民出版社，1980，第 159 页。

② 杜审言：《旅寓安南》，载黄雨《历代名人入粤诗选》，广东人民出版社，1980，第 23 页。

③ 曾隆颖：《广东省广州的季节划分与自然历》，载宛敏渭主编《中国自然历选编》，科学出版社，1986，第 284—285 页。

“轻霜”之日听到了“震雷”，这当然是很奇特的。这就表明岭南的雨是很多的，春、夏之季不必论，即便秋、冬之季，也还有“积雨”，有“昏雾”，而且有“震雷”，诚所谓“一岁之间，蒸湿过半”。又如：

重林宿雨晦，远岫孤霞明。

——（唐）杨衡《经端溪峡中》①

炎风杂海气，暑雨每成霖。
涂坭亲杖履，苔藓渍衣襟。

——（唐）杨衡《南海苦雨寄赠王四侍郎》②

地湿烟尝起，山青雨半来。

——（唐）宋之问《登粤王台》③

由于高温多雨，气候湿热，故山林间多有瘴气。如：

日夜清明少，春冬雾雨饶。
身经火山热，颜入瘴江消。

——（唐）宋之问《早发韶州》④

潭蒸水沫起，山热火云生。

——（唐）宋之问《入泷州江》⑤

---

① 杨衡：《经端溪峡中》，载黄雨《历代名人入粤诗选》，广东人民出版社，1980，第61页。

② 杨衡：《南海苦雨寄赠王四侍郎》，载黄雨《历代名人入粤诗选》，广东人民出版社，1980，第62页。

③ 宋之问：《登粤王台》，载黄雨《历代名人入粤诗选》，广东人民出版社，1980，第27页。

④ 宋之问：《早发韶州》，载黄雨《历代名人入粤诗选》，广东人民出版社，1980，第25页。

⑤ 宋之问：《入泷州江》，载黄雨《历代名人入粤诗选》，广东人民出版社，1980，第29页。

> 南海风潮壮，西江瘴疠多。
>
> ——（唐）张说《端州别高六戢》[①]

瘴气，指山林间因蒸湿郁热而致人疾病的气体。岭南尤多。瘴气在平原地区是很少的，主要是在山区。苏浚《气候论》云："郡居夷旷者，犹或差胜，若城依岩谷，或近卑湿，崎岖廹厄间，有近午方见日色者。至若蛮溪峫峒，草木蔚荟，虺蛇出没，江水有毒，瘴气易染，春三月曰青草瘴，四五月曰黄梅瘴，六七月曰新禾瘴，八九月曰黄茅瘴，又曰桂花瘴，菊花瘴。商旅氓□，触热征行，与夫饮食起居不节者，每为所中。"[②]

"瘴气"是个什么样子？请看下面这首诗：

> 山有浓岚水有氛，非雾非烟也非云。
> 北人不识南中瘴，只到龙川指以君。
>
> ——（宋）杨万里《明发龙川》[③]

"瘴气"一词，常见于诗词之中，但具体描写"瘴气"的诗，似只此一首。[④] 文献证明，杨万里的描写是非常真实而形象的。屈大均《广东新语》卷一"瘴"条云："其蒸变而为瘴也，非烟非雾，蓬蓬勃勃。又多起于水间，与山岚相合。"[⑤] 瘴气之由，即在天气的郁蒸。周去非《岭外代答》卷四"瘴"条云："南方凡病，皆谓之瘴，其实似中州伤寒。盖天气郁蒸，阳多宣泄，冬不闭藏，草木水泉，皆禀恶气。人生其间，日受其毒，元气不固，发为瘴疾。"[⑥]

---

① 张说：《端州别高六戬》，载黄雨《历代名人入粤诗选》，广东人民出版社，1980，第 34 页。

② 苏浚：《气候论》，载汪森辑《粤西文载》（四），广西人民出版社，1990，第 229 页。

③ 杨万里：《明发龙川》，载黄雨《历代名人入粤诗选》，广东人民出版社，1980，第 247 页。

④ 黄雨：《历代名人入粤诗选》，广东人民出版社，1980，第 247 页。

⑤ 屈大均：《广东新语》，中华书局，1985，第 23 页。

⑥ 周去非著、杨武泉校注《岭外代答校注》，中华书局，1999，第 152 页。

（三）“一日之内，气候屡变”

屈大均《广东新语》卷一“风候”条云：“岭南之地，其属韶阳者。秋冬宜寒而反热，春夏宜热而反寒……大抵冬不甚寒而春寒，夏不甚热而秋热，似与岭北气候较迟。”① 这种现象在文学作品中也有反映。如：

江云带日秋偏热，海雨随风夏亦寒。

——（唐）许浑《朝台送客有怀》②

木棉花落南风起，五月交州海气凉。

——（明）汪广洋《广州杂咏》③

这是写一年之中气候无常。更多的、更常见的，是“一日之内，气候屡变”。岭南的气候，不仅是高温、多雨，而且气温的日变化也大，一日之内，温度的升降可达6℃—8℃。如：

晴云欲平常挥扇，晓雾生寒又着绵。
自是岭南多气候，日中常有四时天。

——（宋）龚茂良《题惠来驿》④

粤南天欲尽，风气迥难持。
一日更裘葛，三家杂汉夷。

——（明）吴国伦《高州杂咏》⑤

“风气迥难持”，即一日气候多变，颇难将息。这个描述是非常

---

① 屈大均：《广东新语·天语》，中华书局，1985，第14页。

② 许浑：《朝台送客有怀》，载黄雨《历代名人入粤诗选》，广东人民出版社，1980，第86页。

③ 汪广洋：《广州杂咏》，载黄雨《历代名人入粤诗选》，广东人民出版社，1980，第310页。

④ 龚茂良：《题惠来驿》，载黄雨《历代名人入粤诗选》，广东人民出版社，1980，第235页。

⑤ 吴国伦：《高州杂咏》，载黄雨《历代名人入粤诗选》，广东人民出版社，1980，第329页。

真实的。即如笔者写作这一章的 2009 年 12 月间，早晨的广州，气温只有 10℃左右，上身要穿一件 T 恤，一件羊毛衫，一件棉褛。至 11 点以后，气温达到 16℃左右，就要脱掉棉褛，换上夹克；至下午两三点，气温再升至 20 度左右，连羊毛衫都要脱掉，只穿 T 恤和夹克了。许多年轻人在下午这个时候甚至连夹克都不穿了，只穿一件 T 恤。这不就是"一日更裘葛"的最好证明吗？笔者亦曾戏作《竹枝词》云：

三冬无雪草芊芊，二月多阴落叶旋。
最是一天寒暑替，午穿 T 恤早穿棉。①

又如：

海气空蒙日夜浮，山城才雨便成秋。
——（明）汪广洋《登南海驿楼》②

炎方入夏偏多雨，海国逢晴也半阴。
——（清）潘耒《惠来道中》③

周去非《岭外代答》卷四"广右风气"条云："南人有言曰：雨下便寒晴便热，不论春夏与秋冬。此语尽南方之风气矣……钦阳雨则寒气淅淅袭人，晴则温气勃勃蒸人，阴湿晦冥，一日数变，得顷刻明快，又复阴合。冬月久晴，不离葛衣纨扇；夏月苦雨，急须袭被重裘。大抵早温、昼热、晚凉、夜寒，一日而四时之气备。"④说的是钦州，其实体现了岭南气候的基本特点。

（四）与气候密切相关的几个生活习性

岭南炎热、蒸湿的气候环境，直接影响到人们的生活习性。这

---

① 《广州竹枝词·气候》，载中山大学中文系编《中华诗教国际学术研讨会资料》，2010 年 3 月。

② 汪广洋：《登南海驿楼》，载黄雨《历代名人入粤诗选》，广东人民出版社，1980，第 306 页。

③ 潘耒：《惠来道中》，载黄雨《历代名人入粤诗选》，广东人民出版社，1980，第 373 页。

④ 周去非著、杨武泉校注《岭外代答校注》，中华书局，1999，第 149 页。

些习性在文学作品中也多有反映。这里只讲其中的三种。

（1）赤足

粤女市无常，所至辄成区。
一日三四迁，处处售虾鱼。
青裙脚不袜，臭味猿与狙。
孰云风土恶？白州生绿珠。

——（宋）秦观《海康书事》①

“臭味猿与狙”，是说岭南各地来的女子同气相求，如猿与狙之同类。而“脚不袜”，即气候炎热、蒸湿所致。但是不能说这里的环境和人物不美。例如在白州（今广西玉林市博白县），还出了绿珠这样的大美人呢！

溪边赤足多蛮女，门外青帘尽酒家。

——（宋）李光《丙寅元日偶出，见桃李已离披，海南风土之异，不无感叹。独追惟三伏中荔枝之胜，又江浙所不及也。因并见于诗》②

蛮女科头足踏尘，丈夫偏裹越罗巾。
无分晴雨穿高屐，岂是风流学晋人？

——（清）徐乾学《潮州杂兴》③

“足踏尘”，就是不穿鞋袜。“屐”，就是木屐，木底铁齿鞋，走起路来吱吱作响。木屐是汉人的传统服饰，在隋唐以前很流行，在今天的广东潮汕地区仍常见。女人“足踏尘”与男人“穿高

---

① 秦观：《海康书事》，载黄雨《历代名人入粤诗选》，广东人民出版社，1980，第168页。

② 李光：《丙寅元日偶出，见桃李已离披，海南风土之异，不无感叹。独追帷三伏中荔枝之胜，又江浙所不及也。因并见于诗》，载黄雨《历代名人入粤诗选》，广东人民出版社，1980，第219页。

③ 徐乾学：《潮州杂兴》，载黄雨《历代名人入粤诗选》，广东人民出版社，1980，第360页。

屐”，都是气候炎热、蒸湿所致。竺可桢先生讲：“气候和人生关系之密切，从衣、食、住各方面都可以看出来……以鞋袜而论，山东、平、津一带的苦力，如东洋车夫，统是着鞋袜的。一到长江流域，一般苦力就赤双足、着草鞋。因为长江流域雨量多，到处是水田，普通苦力穿了鞋袜是行不通的。在北洋军阀时代，一般北方兵士到长江一带来，对于穿草鞋的习惯引为一桩苦事。到了两广一带，雨水更多，草鞋一浸水就不易干，一变而通行木屐。赤了足穿木屐，在多雨而闷热的岭南，是很适于环境。可惜现在有钱的人多穿皮鞋，皮鞋极不通风，在两广遂流行一种足趾湿气病，这类病为欧美所无，西医无以名之，遂名之曰香港足。”① 竺先生的描述是准确的，需要补充的是，在今天的岭南，虽然“有钱的人多穿皮鞋”，可是他们一旦进入自己的办公室，往往第一件事就是把皮鞋脱掉，换上拖鞋；一旦回到自己的家里，则往往连拖鞋也不穿了，干脆赤足。

（2）嚼槟榔

寂寂孤村竹映沙，槟榔迎客当煎茶。

——（宋）陈与义《又和大光》②

新插芭蕉一两丛，女墙多种木芙蓉。
朱唇轻染胭脂色，爱嚼槟榔玉齿红。

——（明）宋征璧《潮州竹枝词》③

屈大均《广东新语》卷二十五“槟榔”条云：“粤人最重槟榔，以为礼果，款客必先擎进。”又云：槟榔“入口则甘浆洋溢，香气熏蒸。在寒而暖，方醉而醒。既红潮以晕颊，亦珠汗而微滋。真可以洗炎天之烟瘴，除远道之饥渴。虽有朱樱、紫栗，无可尚之矣。……予尝有《竹枝词》云：日食槟榔口不空，南人口让北人

① 竺可桢：《天道与人文》，北京出版社，2005，第40页。

② 陈与义：《又和大光》，载黄雨《历代名人入粤诗选》，广东人民出版社，1980，第212页。

③ 宋征璧：《潮州竹枝词》，载黄雨《历代名人入粤诗选》，广东人民出版社，1980，第346页。

红。灰多叶少如相等，管取胭脂个个同”。[①]

屈诗有“灰多叶少”四字，何谓“灰多叶少”？周去非《岭外代答》卷六“食槟榔”云：灰即蚬灰，叶即蒌叶。周氏云：“自福建下四川与广东、西路，皆食槟榔者。客至不设茶，惟以槟榔为礼……唯广州为甚，不以贫富、长幼、男女，自朝至暮，宁不食饭，唯嗜槟榔……询之于人，何为酷嗜如此？答曰：辟瘴、下气、消食。食久，顷刻不可无之，无则口舌无味，气乃秽浊。”[②]

可见岭南人酷嗜槟榔，首要的目的即在于“辟瘴”，在于“洗炎天之烟瘴”，也是气候的炎热、蒸湿所致。

（3）缀素馨

积雨还教六月凉，家家砧杵捣衣裳。
素馨髻挽连环结，几度风吹枕簟香。
——（明）宋征璧《潮州竹枝词》[③]

金齿屐一尺，素馨花两鬟。
摸鱼歌未阕，凉月出云间。
——（清）朱彝尊《东官书所见》[④]

素馨髻，是指妇女用彩丝穿素馨花心，联结成环，缀于髻上，又名“花梳”，素馨花，是过去岭南人最为喜爱的一种花。屈大均《广东新语》卷二十七“素馨”条云：“珠江南岸，有村曰庄头，周里许，悉种素馨，亦曰花田。妇女率以昧爽往摘。以天未明，见花而不见叶。其稍白者，则是其日当开者也。既摘覆以湿布，毋使见日。其已开者则置之。花客涉江买以归，列于九门。一时穿灯者，作串与瓔珞者数百人。城内外买者万家。富者以斗斛，贫者以升，其量花若量珠然……信粤中之清丽物也。庄头人以种素馨为

① 屈大均：《广东新语》，中华书局，1985，第629页。
② 周去非著、杨武泉校注《岭外代答校注》，中华书局，1999，第235—236页。
③ 宋征璧：《潮州竹枝词》，载黄雨《历代名人入粤诗选》，广东人民出版社，1980，第346页。
④ 朱彝尊：《东官书所见》，载黄雨《历代名人入粤诗选》，广东人民出版社，1980，第350页。

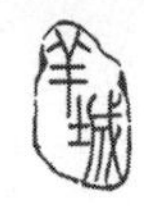

业。”又云：“南人喜以花为饰，无分男女，有云髻之美者，必有素馨之围。在汉时已有此俗。”即如上引这两首诗，一写在潮州，一写在东莞，可见爱素馨花者，远非广州一地之人。屈氏又云：“东莞又称素馨花为河南花，以其生长珠江南岸之河南村也。”

古时岭南人爱素馨，固然是由于这种花的芳香非他花可比，所谓“南越百花无香，惟素馨香特酷烈”，但更重要的还在于此花可以“辟暑”。屈氏又云：“怀之辟暑，吸之清肺气。予诗：‘盛开宜酷暑，半吐在斜阳’……或当宴会酒酣耳热之际，侍人出素馨球以献客，客闻寒香，而沉醉以醒，若冰雪之沃乎肝肠也。以挂复斗帐中，虽盛夏能除炎热，枕簟为之生凉。谚曰：槟榔辟寒，素馨辟暑。故粤人以二物为贵。献客者先以槟榔，次以素馨。”①

五　岭南气候与物候对岭南文学家生命意识之影响

在岭南文学中，伤春和悲秋之作非常少。这是岭南文学与岭北文学（内地文学）最大的不同之所在。

伤春和悲秋，是由春天和秋天的特定物候，例如花开花谢、草长莺飞、落叶飘零、燕去鸿归等，所引发的两种既有联系也有区别的令人伤感和悲戚的情绪。人们由自然界的物候的变迁，想到自己的生命状况，想到当下的处境和未来的命运，例如青春消磨、年华老去、人生苦短、来日无多，或者去国怀乡、衔冤负屈、坎坷沉沦、怀才不遇，等等，从而对自然、对人生、对历史、对现实，发出种种沉吟或浩叹。这是中国古代文学家的两种最为普遍、最为典型的情绪体验，也是中国古代文学中两个最基本的主题类型。

判断一个作品是不是伤春或悲秋之作，不是看它所抒发的情感，而是看它所描写的景物。因为类似青春消磨、年华老去、人生苦短、来日无多，或者去国怀乡、衔冤负屈、坎坷沉沦、怀才不遇等情感，也经常在别的主题类型的作品，如咏物、咏史、怀古、怀人、思乡、游仙之作中出现。伤春、悲秋之所以成为两个特别的主

① 屈大均：《广东新语》，中华书局，1985，第695—697页。

题类型，就是因为上述这些情感，是带有季节性或时序性的，是由春天或秋天的特定景物所触发的。

景物包罗万象，并不是所有的景物都是物候。只有那些随气候的变化而变化的景物，才可称物候。物候有两个主要特点，一是它的周期性，一是它的地域性。在岭南这个“四时皆似夏”、“季相”不明显的地方，能够引起文学家的伤春和悲秋之感的物候，原是很少的。

由于“季相”不明显，缺乏相应的能够触发创作主体的伤春和悲秋之感的物候，所以就难以产生真正的伤春和悲秋的作品。这也是岭南文学的一个特点。这个特点，过去一直没有人指出过。

文学史上许多内地文学家，由于种种原因被流放、贬谪、迁徙到岭南，虽不乏去国怀乡之感，却鲜有伤春悲秋之作。不是他们的内心里没有悲伤之感，而是岭南这个地方，“四时皆似夏”，季节不分明，“季相”不明显，春花不谢，秋叶不凋，春无来燕，秋无归鸿，没有相应的物候触发他们的春怀和秋思。换句话说，触动他们的去国怀乡、衔冤抱屈、坎坷沉沦、怀才不遇之感的，并不是内地常有的春花秋叶、春鸟秋虫等物候，而是别的景物，或者人事。是这些别的景物或人事，触发了他们对岭南这个流放、贬谪、迁徙之地的陌生感、疏离感，甚至是恐惧感，进而引起了他们的悲伤之情。例如：

交趾殊风候，寒迟暖复催。
仲冬山果熟，正月野花开。
积雨生昏雾，轻霜下震雷。
故乡逾万里，客思倍从来。

——（唐）杜审言《旅寓安南》[1]

在岭南这个地方，仲冬仍结果，正月即开花，冬、春之际竟然还有雷声，没有内地常见的春之落花与秋之落叶。而他的“客思”，即去国怀乡之情，也不是由花谢、叶落而引起的，而是由对岭南风

① 杜审言：《旅寓安南》，载黄雨《历代名人入粤诗选》，广东人民出版社，1980，第23页。

物的一种整体的陌生感引起的。再如：

> 地湿烟尝起，山青雨半来。
> 冬花采卢桔，夏果摘杨梅。
> 迹类虞翻枉，人非贾谊才。
> 归心不可度，白发重相催。
>
> ——（唐）宋之问《登粤王台》①

这里只写了“冬花”和“夏果”，没有涉及春花和秋叶，触发他的“归心”的，不是春秋两季的物候，而是冬景和夏景，以及虞翻被冤、贾谊蒙屈这两件“人事”。又如：

> 端州江口连云处，始信哀猿伤客心。
>
> ——（唐）李绅《闻猿》②

“伤客心”的媒介，或者触发物，是“猿”的啼叫，而“猿”的啼叫是不具周期性、季节性的，不是春天或秋天的物候现象。

> 不堪肠断思乡处，红槿花中越鸟啼。
>
> ——（唐）李德裕《贬崖州司户道中》③

孟琯《岭南异物志》云：“岭南红槿，自正月迄十二月常开。”④“红槿”的开谢与“越鸟”的啼叫，都是不具周期性、季节性的，都不是春天或秋天的物候现象。

内地文学家在内地颇多伤春悲秋之作，在岭南则几乎没有；岭

---

① 宋之问：《登粤王台》，载黄雨《历代名人入粤诗选》，广东人民出版社，1980，第27页。

② 李绅：《闻猿》，载黄雨《历代名人入粤诗选》，广东人民出版社，1980，第67页。

③ 李德裕：《贬崖州司户道中》，载黄雨《历代名人入粤诗选》，广东人民出版社，1980，第81页。

④ 孟琯：《岭南异物志》，载骆伟、骆廷辑注《岭南古代方志辑佚》，广东人民出版社，2002，第241页。

南文学家在内地也不乏伤春悲秋之作，然而一回到岭南，就很难再有了。例如：

木落浅滩石出，霜冷疏林叶丹。
天外数声归雁，人在高楼倚栏。

——（明）丘濬《秋思》[1]

这是一首很成功的悲秋之作。作品写深秋的清寒之景，就像一幅元人的山水画；其中的秋思秋悲，也很耐人寻味。丘濬是琼州人，36 岁中进士之后，一直在北方做官。这首诗无疑是在写北方的。再如：

迁客易为感，况兼秋有声。
天风吹木叶，一半满边城。
是处皆肠断，无时免泪零。
不知何时切？未必尽乡情。

——（清）函可《偶感》[2]

这也是一首很成功的悲秋之作。函可是个和尚，广东博罗人。后来因撰《再变记》一书，触犯忌讳，被清顺治皇帝发配至沈阳。这首诗就是在发配之地写的。再如：

戍晚栖乌乱，城秋班马哀。
茫茫王霸业，抚剑独徘徊。

——（明）屈大均《登潼关怀远楼》[3]

西望云州但夕阳，汉家何处有金汤？
三年马首迷春草，八月龙沙怨早霜。

① 丘濬《秋思》，载陈永正《岭南历代诗选》，广东人民出版社，1985，第 151 页。
② 函可：《偶感》，载陈永正《岭南历代诗选》，广东人民出版社，1985，第 311 页。
③ 屈大均：《登潼关怀远楼》，载陈永正《岭南历代诗选》，广东人民出版社，1985，第 356 页。

梦逐黄河穿塞尽，愁随秋雁入关长。
平生壮志成萧瑟，空复哀歌吊战场。

——（明）屈大均《望云州》①

秋林无静时，落叶鸟频惊。
一夜疑风雨，不知山月生。
松门开积翠，潭水入空明。
渐觉天鸡晓，披衣念远征。

——（明）屈大均《摄山秋夕作》②

潼关在陕西，云州即今山西大同，摄山即栖霞山，在南京。以上三首诗，都是屈大均的作品。屈大均是“岭南三子”之一，在明末清初的中国诗坛影响很大。为了寻求反清复明，他曾经四处奔走，到过许多地方。他对内地的气候（物候）变化是很敏感的，无论是在西北的潼关、北方的大同，还是长江流域的南京，他都有悲秋和伤春之作。他的词，如《浣溪沙·血洒春山尽作花》、《一落索·杜宇催春从汝》、《梦江南·悲落叶》，也都是很好的伤春悲秋之作，也都写于内地。可是他一回到岭南，似乎就失去了对气候的敏感，既不悲秋，也不伤春了。例如：

翠微春更湿，烟雨欲无山。
白鹭一溪影，桃花何处湾？
渔村疏竹外，古渡夕阳间。
田父不相识，相随谷口还。

——（明）屈大均《江皋》③

这是典型的岭南春景，闲淡幽雅，连一点伤春的影子都没有。

---

① 屈大均：《望云州》，载陈永正《岭南历代诗选》，广东人民出版社，1985，第364页。

② 屈大均：《摄山秋夕作》，载陈永正《岭南历代诗选》，广东人民出版社，1985，第352页。

③ 屈大均：《江皋》，载陈永正《岭南历代诗选》，广东人民出版社，1985，第377页。

黄培芳也是如此。在北方就悲秋，到了岭南就不悲秋了。例如：

三辅扼雄关，苍茫秋色间。
风高碣石馆，日落蓟门间。
塞马平原牧，居人古柳环。
寒衣刀尺急，词客几时还？

——（清）黄培芳《燕郊秋望》[①]

这是诗人于嘉庆二十四年（1819 年）在北京太学读书时的作品，是一首悲秋之作。及至第二年，他回到岭南，就不再悲秋了。例如：

气候南来暖渐舒，重裘尽卸薄绵初。
江流碧玉山如黛，爱听乡音唤卖鱼。

——（清）黄培芳《过清远》[②]

有客轻舟云水边，空蒙载入蔚蓝天。
珊瑚逐影春流乱，十里清溪放木棉。

——（清）黄培芳《金溪即目》[③]

黄培芳在清代的岭南诗坛颇有地位。论者谓其“诗格高浑，有山水清音”。黄乔松《香石诗钞题辞》更谓其“不仅作诗人，而诗兼众妙”，“如秋菘春韭，味出自然，要皆和平中正之音，而以清真为主”。[④] 他的这两首诗，确实当得起一个“清”字，但绝对没有“悲”或“伤”的色彩。

① 黄培芳：《燕郊秋望》，载陈永正《岭南历代诗选》，广东人民出版社，1985，第 602 页。

② 黄培芳：《过清远》，载陈永正《岭南历代诗选》，广东人民出版社，1985，第 603 页。

③ 黄培芳：《金溪即目》，载陈永正《岭南历代诗选》，广东人民出版社，1985，第 600 页。

④ 引自陈永正《岭南历代诗选》，广东人民出版社，1985，第 600 页。

不仅仅是屈大均和黄培芳，可以说，几乎所有的岭南作家，大凡写在岭南本地的作品，都很少伤春或悲秋的色彩。这方面的例子可以说是不胜枚举。我们先看写春景的：

池草不成梦，春眠听雨声。
吴蚕朝食叶，汉马夕归营。
花径红应满，溪桥绿渐平。
南园多酒伴，有约候新晴。

——（明）赵介《听雨》[①]

这首诗写春雨，但是并不伤感，诗人期待着天晴之后的南园之约，心情还很好。赵介是番禺人，一生未仕，足迹未出岭南。

九十韶光，回头过半，久雨初晴。百草抽芽，垂杨着絮，几处开耕。

撩人蝶蝶莺莺。最叵耐、啼鹃数声。昨日花朝，今朝寒食，明日清明。

——（清）黄子高《柳梢青·寒食日石溪庄作》[②]

这首词写寒食日的春景，也没有伤春之意，心情很好。黄子高是香山人，只做过广州学海堂学长，没有在外地做过官，一生足迹主要在岭南。

再看写秋景的：

豆花棚外稻花稠，绿野青山一片秋。
诗思渺然人独立，夕阳林外看耕牛。

——（清）林伯桐《秋日》[③]

① 赵介：《听雨》，载陈永正《岭南历代诗选》，广东人民出版社，1985，第136页。

② 黄子高：《柳梢青·寒食日石溪庄作》，载陈永正《岭南历代词选》，广东人民出版社，1987，第157页。

③ 林伯桐：《秋日》，载陈永正《岭南历代诗选》，广东人民出版社，1985，第595页。

作品写秋野风物，无任何悲秋之意。林伯桐一直生活在岭南，做过广州学海堂学长和德庆州学正，没有在外地为学为官的经历。

一棹三山十余里，三更将入二更初。
零烟漠漠秋蒹绿，月色江声闻打鱼。
——（清）李士祯《舟泊三山》①

三山在南海境内，是珠江边的一座小山。作品写珠江三角洲水乡秋景，清新幽美，亦无半点悲秋之意。

暮蝉不语抱疏桐，寥阔云天少过鸿。
凉月一棚星数点，豆花风里听秋虫。
——（近代）张维屏《杂忆》②

蝉不语，鸿少过，秋虫的声音不是从衰草里传来的，而是从豆花风里传来的，流露出生命的欢悦。作品虽写了不少秋景，但无悲秋的意思。

伤春和悲秋，体现了作者的生命意识，体现了作者对个体生命的状态、价值和意义的关切，因而是有积极意义的，也是最能打动读者的所在，因为它以作者对于生命的感悟，唤起了读者对于自身生命的感悟。

人只是大自然的一分子，人的生老病死，无不遵循着大自然的规律，就像大自然的花、草、虫、鸟一样，人的生命也是有限的。俗话讲“人生一世，草木一秋”，就是这个道理。然而，人由于世俗事务的种种牵绊，往往忽视了这一点。而自然界的花开花谢、草长草枯、雁去燕来等物候现象，无疑是对人的一种友善的提醒。它们让人知道：人的生命也是有限的。那么人就应该在有限的人生，让自己的生命更充实、更快乐、更有价值、更有意义。文学家们正是以自己的敏感，发现了物候的变迁，捕捉到了自然界生老病死的

① 李士祯：《舟泊三山》，载陈永正《岭南历代诗选》，广东人民出版社，1985，第597页。

② 张维屏：《杂忆》，载陈永正《岭南历代诗选》，广东人民出版社，1985，第655页。

信息，然后把这一切和自己当下的生命状态联系起来，形诸文字，发为吟咏，既警醒自己，也警醒读者。这就是伤春、悲秋之作的生成机制。从这个意义上讲，四时物候对于文学家的意义，伤春悲秋之作对于读者的意义，可谓大矣。

岭南这个地方，四季常青，三冬不雪，这是大自然对生于斯、长于斯、死于斯的岭南人的一种恩惠。值得注意的是，大自然在给予岭南人这种恩惠的时候，也在一定程度上麻痹了岭南人的感觉，使他们陶醉于四季常青的环境，而忽略了生命本身在静悄悄地流逝。他们眼前所见的，永远是鲜花，永远是绿色，这就容易让他们产生一种错觉，以为自己一直生活在春天里。其实大自然从来就没有改变过春、夏、秋、冬的运程，从来就没有改变过生、老、病、死的节律。只是他们未能通过气候的四时变化，真正领略春、夏、秋、冬的全部内涵，未能通过物候的周期性变迁，真正感受生、老、病、死的全部意义而已。岭南人在不知不觉中变老。

岭南的文学，尤其是岭南本地文学家在岭南本地创作的文学，缺乏真正意义上的伤春和悲秋的作品，这是一个事实。这个事实可以从两个方面来看。一方面，这样的文学确实能给人一种平和、清新、淡雅的美感；另一方面，这样的文学由于缺乏应有的生命意识，不能触及人的灵魂，也未免给人一种平淡、肤浅的感觉。上面所举的几个例子，就已经说明了这一点。为了进一步证明笔者的这个判断，我们不妨再举几个例子。

> 看月人谁得月多？湾船齐唱浪花歌。
> 花田一片光如雪，照见卖花人过河。
>
> ——（清）何梦瑶《珠江竹枝词》①

> 三十二村村一峰，峰峰削出青芙蓉。
> 歌声唱出浇茶女，幽涧杜鹃相映红。
>
> ——（清）陈世和《西樵歌》②

---

① 何梦瑶：《珠江竹枝词》，载陈永正《岭南历代诗选》，广东人民出版社，1985，第467页。

② 陈世和：《西樵歌》，载陈永正《岭南历代诗选》，广东人民出版社，1985，第469页。

熏人市有糟床气，近水门多茧簇香。
桑叶雨余堆野艇，鱼花春晚下横塘。

——（清）张锦芳《村居》[①]

渡头微雨笼斜阳，一个雷峰凝水光。
尽沤空青染江色，横波人影绿衣裳。

——（清）黎简《复题寄正夫》[②]

湖光如雪静无波，绿酒红亭倚醉歌。
三面青山四围水，藕花香处笛船多。

——（清）张锦麟《湖心亭》[③]

沿岸成球苦楝子，满天打旋红蜻蜓。
过河晓日村妆靓，横水渡头山影青。

——（清）锺启韶《即事》[④]

这些作品既不伤春，也不悲秋，在风格上都是很清淡、很平和的。就像我们熟悉的粤菜，清新，鲜嫩，平和，但是不够刺激。这也从一个很重要的角度，反映了岭南人的性格：平和，不激烈。

不能否认，岭南的文学，除了清淡的风格，还有雄直的风格，除了平和的一面，还有慷慨悲歌的一面。如梁启超的《水调歌头·甲午》：

拍碎双玉斗，慷慨一何多。满腔都是血泪，无处着悲歌。三百年来王气，满目山河依旧，人事竟如何？百户尚牛酒，四塞已干戈。

① 张锦芳：《村居》，载陈永正《岭南历代诗选》，广东人民出版社，1985，第486页。

② 黎简：《复题寄正夫》，载陈永正《岭南历代诗选》，广东人民出版社，1985，第517页。

③ 张锦麟：《湖心亭》，载陈永正《岭南历代诗选》，广东人民出版社，1985，第530页。

④ 鍾启韶：《即事》，载陈永正《岭南历代诗选》，广东人民出版社，1985，第579页。

千金剑，万言策，两蹉跎。醉中呵壁自语，醒后一滂沱。不恨年华去也，只恐少年心事，强半为销磨。愿替众生病，稽首礼维摩。

甲午战争失败后，腐败无能的清朝政府与日本签订了又一个丧权辱国的和约——《马关条约》，再次割地赔款，把中华民族带入灾难的深渊。当时年仅21岁的梁启超正在北京参加会试，闻讯义愤填膺，因而填写了这首词，以表达满腔忧愤与愿代人民受苦受难的赤诚。

需要指出的是，岭南文学的雄直，它的慷慨悲歌，往往是在异族入侵、国势岌岌的背景之下产生的。例如宋、元易代之际，明、清易代之际，以及鸦片战争、抗日战争时期，在岭南的文学中，就出现了许多雄直的、慷慨悲歌的作品。但是，这一类作品所抒写的大多是政治上的兴亡之感，是一个国家、一个民族的集体诉求，是国家意识、民族意识，或者家园意识、社会意识，较少涉及个体的生命意识。而在政局稳定，或者外患平息之后，雄直的风格往往就被清淡的风格所替代了。诚然，清淡的风格与生命意识的表达并不矛盾，但问题是，生命意识的表达，需要有相关的物候现象的触发，而岭南的文学，缺乏的就是一些可以触发作者的生命意识的物候。所以总的来看，岭南文学的生命意识，同内地文学相比，还是有些欠缺的。

缺乏生命意识的文学，给人的感觉就是平平淡淡，不够深刻，不够厚重，不够敏锐，缺乏一种触及灵魂、发人深省的力度。这是岭南文学的宿命，是特殊的气候（物候）条件造成的，与作家的学力、才气和智慧无关。好在岭南文学还有它雄直的一面，而这雄直，甚至是内地许多地方的文学所不及的，可以弥补它在生命意识方面的某些缺憾。

结　语

当然，我们只是讲岭南文学中缺乏真正的伤春、悲秋之作，并不是讲绝对没有。这里有两种情况需要做点说明。

1. 明清时期，是中国气候史上的“小冰期”

从1537年至1893年，岭南地区经历了6个冷冬年段，分别为：1537—1549年、1614—1619年、1682—1690年、1757—1763年、1830—1836年、1887—1893年。由于气候变冷，在岭南文学家写于岭南本地的作品中，也曾出现过霜、雪这种物候，但为数很少。由于气候变冷，在岭南文学家写于岭南本地的作品中，也曾出现过若干伤春、悲秋的作品，但其伤春、悲秋的意绪并不浓厚，远远不能和那些写于内地的同类作品相比。这是因为，第一，在明清“小冰期”，岭南的气候在全国来讲仍然是最暖和的；在长达356年的漫长岁月里，岭南只经历过6个冷冬年段，加起来也不过43年，而“四时皆似夏”、高温多雨、四季常青，仍然是其主要的气候（物候）特点。屈大均《广东新语》卷一“风候”条云：“广州风候，大抵三冬多暖，至春初乃有数日极寒。冬间寒不过二三日复暖。暖者岭南之常，寒乃其变。”[①] 说的是广州，其实代表了岭南。第二，岭南本地的文学向来缺少真正的伤春、悲秋之作，没有形成这个传统，所以即使遇到气候偶尔变冷的日子，也难以形成一个真正的伤春、悲秋的氛围。

2. 文学家伤春、悲秋，主要是出自个体生命之体验，但有时也是出自文学的传统和惯例

前人出自个体生命之体验的伤春、悲秋之作，由于写得很成功，后人也不免跟着写。但是这种写作不是出自个体生命之体验，而是辛弃疾所讲的“为赋新词强说愁”，读者一眼就可以看得出来的。因此，在岭南人和外地人写于岭南的作品中，我们偶尔也会看到某些与个体生命之体验没有关系的伤春或悲秋之作。由于这种东西既与物候的变化无关，也与作家的生命意识无关，我们就没有必要详加讨论了。

---

① 屈大均：《广东新语》，中华书局，1980，第13页。

第二章

广东历代文学家的地理分布及其文化背景

广东籍的文学家，虽然不少的文学史著作和文学家辞典都有记载，但是数量都很少。例如由谭正璧先生编、光明书局1934年出版的《中国文学家大辞典》，应该说是一部很有影响的工具书，该辞典收录我国文学史上有影响的文学家共6781人，其中有籍贯可考者6396人，除去占籍今朝鲜、蒙古和越南三国的6人，还有6390人，而广东籍的文学家只有114人，约占总人数的1.8%；又如由曹道衡、周祖譔、曾枣庄、钱仲联和梁淑安等分头主编，中华书局1992年起陆续出版的多卷本《中国文学家大辞典》，所收录的文学家大大超过谭氏编的辞典，但是广东籍的文学家仍然收录过少。例如清代卷，收录文学家达3124人，而广东籍的仅78人，仅占总数的2.5%。这就提醒我们，关于广东籍文学家的统计工作，不能仅仅依据大家所习见的各家文学史、各种文学家辞典、各史"文苑传"与"艺文志"，以及各个时代的文学总集、书目、纪事之类，而必须借助于广东地方文献。

只有通过查阅地方文献，弄清楚广东历代究竟有多少位文学家，才能在此基础上描述其分布格局和特点，进而探讨其分布背景或者成因。本项研究正是依据这样一个思路进行的。

一　广东历代文学家的分布格局及其特点

事实上，广东地方文献所著录的文学家是很多的，有的人有文集传世，有的人文集已经散佚，有的人只留下若干单篇作品或作品片段，有的人没有留下任何作品，只是被某些记载描述为能诗、能文，等等，这就需要有所取舍。笔者的取舍原则是：

第一，元代和元代以后的文学家，必须有文集传世，方能入选；

第二，元代以前的文学家，曾经有文集，后来散佚了，可入选；

第三，原本就没有文集，只有单篇作品，或作品片段，不入选。

根据这三条原则，筛选出广东籍的文学家共 2048 人，见表一及图一。

表一　广东历代文学家的地理分布

单位：人

市名	县（市、区）名	人数	汉代	晋代	南朝陈代	唐、五代	宋代	元代	明代	清代	近代
广州市	番禺及广州城区	589	1	1	1	1	7		124	289	165
	增城市	14					2		5	4	3
	从化市	6							5	1	
	花都区	2								1	1
	小计	611									
佛山市	南海区	45					1		19	18	7
	顺德区	249					2	1	68	137	41
	三水区	16							1	3	12
	高明区	7					1		6		
	小计	317									
中山市		173						1	15	110	47
珠海市		13							3	7	3
东莞市		140					9	1	49	50	31
江门市	新会区	125							39	65	21
	台山市	17						1		3	13
	鹤山市	6								2	4
	开平市	3									3
	恩平市	1								1	
	小计	152									

续表

市名	县（市、区）名	人数	汉代	晋代	南朝陈代	唐、五代	宋代	元代	明代	清代	近代
惠州市	惠阳区	19							5	5	9
	博罗县	8					1		3	4	
	龙门县	1									1
	小计	28									
深圳市		1									1
肇庆市	高要市	20							1	16	3
	端州	1							1		
	德庆县	10					1		3	4	2
	封开县	3	1			1				1	
	四会市	4								3	1
	小计	38									
阳江市	阳春市	3								3	
	江城区	2					1				1
	小计	5									
云浮市	新兴县	7							2	3	2
	罗定市	2								2	
	云城区	1								1	
	郁南县	1								1	
	小计	11									
茂名市	高州市	12							2	4	6
	信宜市	11								2	9
	电白县	3								3	
	化州市	2							1		1
	小计	28									
湛江市	雷州市	5							1	4	
	吴川市	10								8	2
	遂溪县	1									1
	廉江市	1									1
	小计	17									

续表

市名	县（市、区）名	人数	汉代	晋代	南朝陈代	唐、五代	宋代	元代	明代	清代	近代
清远市	清城区	3							2	1	
	连州市	7				3	3			1	
	英德市	2								1	1
	阳山县	1								1	
	小计	13									
韶关市	曲江区	7				2	1		1	2	1
	始兴县	6					2		2		2
	翁源县	2				1			1		
	仁化县	2							1	1	
	新丰县	1								1	
	乐昌市	1									1
	南雄市	1								1	
	小计	20									
河源市	连平县	5								4	1
	和平县	1								1	
	小计	6									
梅州市	梅县	47					1		4	28	14
	大埔县	33							4	13	16
	兴宁市	19							3	9	7
	五华县	10							1	2	7
	蕉岭县	8								4	4
	平远县	5								3	2
	丰顺县	3									3
	小计	125									
潮州市	潮安县	42					3	1	13	22	3
	饶平县	12					1		6	2	3
	小计	54									
汕头市	澄海	12							5	4	3
	潮阳	17							11	4	2
	小计	29									

续表

市名	县（市、区）名	人数	汉代	晋代	南朝陈代	唐、五代	宋代	元代	明代	清代	近代
揭阳市	揭阳	13					1		10	1	1
	惠来	6							1	3	2
	小计	19									
汕尾市	陆丰	1								1	
	海丰	3							1	1	1
	小计	4									
详市县者合计		1805	2	1	1	8	37	5	419	866	465
未详市县者合计		242		2		1	7		19	113	100
未详时代者合计		1									
全省总计		2048	2	3	1	9	44	5	438	979	565

说明：

1. 历代广东籍文学家共 2048 人，其中定安（4 人）、琼山（14 人）、文昌（3 人）三地，1988 年以前属广东，今属海南；合浦（2 人）、钦州（1 人）两地，1965 年以前属广东，今属广西；九龙（1 人）一地，1897 年以前属广东，今属香港。三地合计 25 人，本表未予列入，实为 2023 人。

2. 本表所列市、县（市、区）名称，以民政部编《中华人民共和国行政区划简册（2005）》所载广东省行政区为准。

3. 部分数据有微小出入，为来源文献之误。

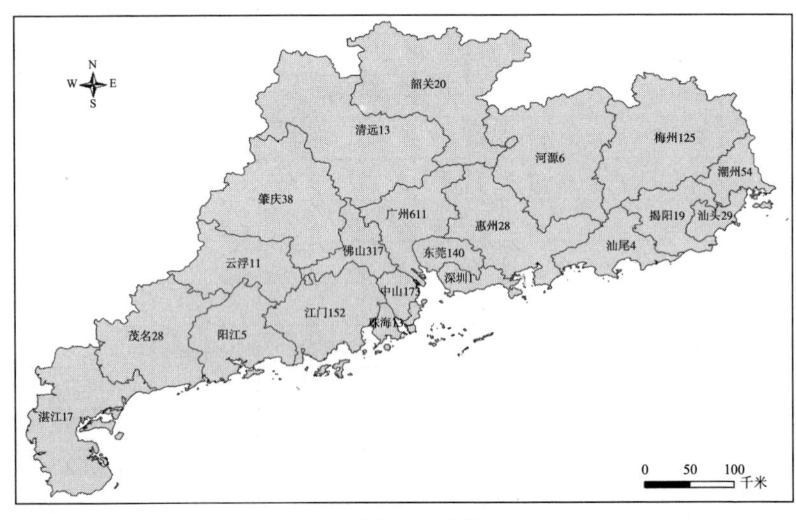

图一 广东历代文学家的地理分布

东汉时，有两位文学家占籍广东，一为苍梧郡封开县的陈元，一为南海郡的杨孚。陈元的文集已佚，严可均辑《全上古三代秦汉三国六朝文》收有他的《请立〈左传〉疏》一文，这是一篇有文学价值的古文。杨孚著有《南裔异物志》一卷，其中的某些韵语，是有文采的四言诗。晋代也有三位文学家占籍广东，一为黄整，一为王范，文集均已佚。一为黄恭，撰有《十三洲记》。南朝陈代，有南海郡人刘删，被时人目为“江左奇才”，《艺文类聚》载其五言诗 9 首，多音律谐协，对仗工整。然以上这些，都只能算是广东文学的滥觞，尚未形成自己的特色；文学家的分布格局，也是如此。

广东文学之自具面目，实始于唐代；文学家的分布格局，也在这个时期开始形成自己的特点。唐、五代时期，占籍广东的文学家共有 9 人，除去未详州县者 1 人，还有 8 人，其中粤北（连州和韶州）6 人，粤西（封州）1 人，珠三角（广州）1 人。粤北文学家占了大部分，而且出了像张九龄这样开宗立派的重量级人物。这个时期，广东文学家的分布中心在粤北。

两宋时期，占籍广东的文学家共 44 人，除去未详州县者 7 人，还有 37 人。其中珠三角（广州和惠州）23 人，粤西（南恩州和德庆府）2 人，粤北（连州和韶州）6 人，粤东（梅州、潮州和揭阳）6 人。粤北籍文学家所占比例由唐五代的 75% 下降到 16%，虽然出了像余靖这样有影响的人物，但是，粤北的文学人才中心地位已经丧失。珠三角籍的文学家占了 62%，而且出了像崔与之、李昴英这样有全国影响的人物，珠三角取代粤北，成了广东文学人才的中心；粤西在唐代占 12.5%，在宋代占 5%，降幅不太大；粤东则异军突起，不仅实现零的突破，而且占了 16% 的份额，比粤西多 11 个百分点。

元代的广东文学，是唐宋和明清、近代之间的一个低谷，这个时期的广东籍文学家只有 5 人。其中珠三角（广州路）4 人，粤东（潮州路）1 人。值得注意的是，珠三角地区的文学家仍然占了总数的 80%，仍然处于中心位置，粤东占 20%，粤西、粤北均为零。

明代，占籍广东的文学家达 438 人，除去未详府县者 19 人，还有 419 人。其中珠三角（广州府和惠州府）336 人，占 81%；粤

西（肇庆府、高州府和雷州府）11人，占2.6%；粤北（韶州府和南雄府）5人，占1.2%；粤东（潮州府和惠州府的兴宁、长乐）67人，占15.9%。珠三角地区仍然是广东籍文学家的分布中心之所在，其中最令人瞩目的是广州府的南、番、顺三县。这三个在地理上毗邻的县，一共出了211位文学家，占全省的50%，文学史上有名的“南园五先生”（南海孙蕡、王佐，番禺赵介、李德、黄哲）和“岭南三大家”（南海梁佩兰、番禺屈大均、顺德陈恭尹）就出在这里。

清代是广东籍文学家出现最多的一个时代，仅从清朝开国至道光末年这230年左右的时间里，占籍广东的文学家就多达979人。除未详府县者113人，还有866人。其中珠三角（广州府、惠州府和肇庆府的鹤山、恩平）700人，占81%；粤北（韶州府、南雄州、连州和惠州府的长宁）共9人，占1%；粤西（肇庆府、罗定州、高州府和雷州府）55人，占6%；粤东（潮州府、嘉应州和惠州府的和平、连平）102人，占12%。珠三角地区仍然是文学家的分布中心，粤西地区比明代上升了3.4个百分点，粤东地区比明代下降了3.9个百分点，粤北地区比明代下降了0.2个百分点。清代广东籍文学家的地理分布仍然保持明代的格局。

近代在这里是一个比较宽泛的概念，实际上包括了晚清（咸丰、同治、光绪、宣统四朝）和中华民国这两个时间段，大约100年的时间。近代广东籍的文学家共565人，除去未详区县者100人，还有465人。其中珠三角（省政府直接督察区，专署行政督察区第一区、第五区）共362人，占77.8%；粤北（第二区、第三区）5人，占1.1%；粤西（第四区、第八区、第九区）29人，占6.2%；粤东（第六区、第七区）69人，占15%。珠三角地区虽比清代低了3.2个百分点，但仍保持宋元以来的中心地位，出现了像南海康有为、新会梁启超这样领一代风骚的人物；粤西地区比清代上升0.2个百分点；粤北地区比清代上升了0.1个百分点；粤东地区比清代上升了3个百分点。粤东不仅较其他地区发展更快，而且出现了像嘉应黄遵宪、蕉岭丘逢甲这样在近代文学史上非常有影响力的人物（见表二）。

表二 广东四大地区文学家分布数量升降情况

时代	地区人数（人）	百分比（%）	地区人数（人）	百分比（%）	地区人数（人）	百分比（%）	地区人数（人）	百分比（%）	历代总数（人）
汉代			珠三角 1	50	粤西 1	50			2
晋代			珠三角 1	100					1
陈代			珠三角 1	100					1
唐、五代	粤北 6	75	珠三角 1	12.5	粤西 1	12.5	粤东 0		8
宋代	粤北 6	16	珠三角 23	62	粤西 2	5	粤东 6	16	37
元代	粤北 0		珠三角 4	80	粤西 0		粤东 1	20	5
明代	粤北 5	1.2	珠三角 336	81	粤西 11	2.6	粤东 67	15.9	419
清代	粤北 9	1	珠三角 700	81	粤西 55	6	粤东 102	12	866
近代	粤北 5	1.1	珠三角 362	77.8	粤西 29	6.2	粤东 69	15	465
合计	31	1.66	1429	79.2	99	5.5	246	13.6	1805

说明：

1. 虽占籍广东，然未详州县的 242 位文学家（包括晋代的 2 位）没有列入；
2. 原占籍广东，现属于海南、广西和香港的 25 位文学家没有列入。
3. 占籍广东，然时代未详者 1 人没有列入。
4. 个别数据有微小出入，系来源文献之误。

这 1805 位文学家的分布格局，有其鲜明的地域特征，概而言之，表现为以下三点。

第一，文学家的分布中心经历了一个由北而南的转移。唐代以来，广东先后出现了两个文学家的中心，一个是唐五代时的粤北地区，一个是宋、元、明、清、近代的珠三角地区。粤北地区的优势地位自宋代开始丧失之后，再也没有恢复过来；珠三角地区自宋代开始成为文学家的中心之后，历经千年而保持不变。粤西地区自唐、五代以后，总在低水平上徘徊，它所占的比例再也没有超过

10%。粤东地区文学家的增长幅度自宋代以来虽有起伏，但总的来讲胜过粤北和粤西。如果说，粤北和珠三角先后为广东文学的发达地区，粤东便是次发达地区，粤西则是欠发达地区。

第二，上述四个地区的郡、州、路、府之治所，成了文学家的亚中心。这类治所和本地区的其他县份相比，往往具有得天独厚的自然条件，具有政治、经济、交通、教育、文化传播诸方面的区位优势，具有丰富的文化积累，因而也就成了文学家的一个渊薮。如番禺自秦以来、南海自宋以来，即为历代的郡（州、路、府）之治所，这两个县份所出的文学家多达634名，占了珠三角地区文学家的44%；又如广信（今封开一带）、高要、茂名（今高州）、海康（今雷州）等县，自汉以来，亦先后为各个郡（州、路、府）之治所，这四个县份出了40名文学家，占了粤西地区文学家的40%；而程乡县（今梅县）自宋以来、海阳县（今潮安）自明以来则分别为有关州、府之治所，两个县份一共出了89位文学家，占了粤东地区文学家的36%。

第三，就各个县份来讲，文学家族的优势又非常明显。如番禺县的卫氏、王氏、方氏、叶氏、冯氏、史氏、伍氏、刘氏、汪氏、张氏、居氏、屈氏、胡氏、俞氏、凌氏、梁氏、黎氏、潘氏，从化县的黎氏，南海县的伦氏、关氏、劳氏、吴氏、陈氏、招氏、庞氏、桂氏、郭氏、梁氏、谭氏、颜氏，顺德县的佘氏、苏氏、李氏、吴氏、张氏、陈氏、罗氏、黄氏、梁氏、温氏，高明县的区氏，香山县的刘氏、李氏、麦氏、何氏、黄氏，东莞县的祁氏、刘氏、张氏、林氏，新会县的区氏、苏氏、李氏、易氏、陈氏、唐氏、黄氏，台山县的陈氏，博罗县的韩氏，德庆县的李氏，高要县的冯氏，电白县的邵氏、彭氏，丰顺县的丁氏，蕉岭县的邱氏，嘉应县的黄氏、叶氏，海阳县的吕氏、陈氏，澄海县的谢氏，潮阳县的周氏，揭阳县的郭氏等，据笔者统计，这样的文学家族不下于80个，被列入表一、表二者，都是有文集问世或曾经有文集问世的。这些文学家族的成员，或为祖孙关系，或为父子（父女）关系，或为兄弟（姐妹）关系，少则三五人，多则10余人，他们声应气求，薪火相传，构成了一道又一道亮丽的文学风景。

二　广东历代文学家的分布背景

广东历代文学家的分布格局的形成与变化，有其独特的区域文化背景；而远离主流文化中心的广东文化之所以能在唐宋时期显露生机，在明清时期大放异彩，一是得益于自秦汉以来的由北而南、由西而东的经济开发，二是得益于北方文化的影响，尤其是东汉以来北方“谪宦”和“流寓”文人的影响，三是得益于宋代以来处于全国先进行列的官、私学校教育。

1. 区域经济背景

文学家的分布格局的形成与变化，与地区经济的发展格局是基本吻合的。如同文学家的分布线路是由北而南、由西而东一样，广东经济的开发架构也是由北而南、由西而东。纵观古代广东的经济发展历程，大体上可以分为三个时期。

第一个时期是唐以前。这个时期，自然经济在广东占绝对优势，农业生产主要集中在西部、北部和南部地势高旷、气候干爽、中原移民较多的河谷、盆地之中，包括贺江盆地、连州盆地、坪石盆地、韶关盆地、南雄盆地、英德盆地，以及高州、雷州和广州附近的台地等。由于铁器和耕牛的广泛使用，水稻、甘薯、芋、粟等粮食作物和甘蔗、荔枝、龙眼等经济作物得到大量种植。与此同时，手工业、采矿业也得到一定程度的发展。广东最早出现的一批城镇，如曲江、桂阳（连州）、中宿（清远）、博罗、四会、高要、番禺等，主要就分布在北江和西江沿岸。当这些地方成为重要的经济文化区域的时候，粤东地区还相当落后，农业的开发程度很低，城镇也非常少见。经济的发展为文化教育的发展提供了保障，文化教育的发展则为文学家的产生提供了土壤。我们看唐、五代以前广东籍的文学家，有籍贯可考的共 12 人，其中粤北出了 6 人，粤西出了 2 人，珠三角出了 4 人，粤东则一个也没有。当时粤北的发展程度最高，文学家也出得最多。

第二个时期是唐宋两代。随着大庾岭的开通和广州对外贸易的活跃，广东与内地的物质交流和人员往来得到加强，在全国的地位日益上升。中唐以后，北方人口大量南迁，入居广东者主要分布在珠江三角洲、东江和韩江谷地，以及雷州半岛等地，沿海地区的农

业得到快速发展。在宋代，广州、惠州和潮州成为广东三大米市，粮食可以自给，甚至还可以卖到闽浙等地，号称“广米”。经济作物的地位也得到提升，分布区域进一步扩大。手工业的门类、水平和分布区域都超过唐代，矿冶、纺织、制盐、造船和制糖等，在国内享有较高的地位。当时全国共有91处盐场，广东就占了17处。潮州、佛山和阳江的陶瓷闻名遐迩，在潮州附近，还出现了“百窑村”。经济发展的一个重要标志是人口的增加。在宋代，除京畿之外，各路依户口分县为六等，其中广州有望、上、中县5个，韶州有6个，连州有3个，潮州有3个，循州（惠州）有3个，钦州有1个，廉州有1个，其余诸州均以中、下县为主。与人口的增加相伴随，城镇也多了起来，除了广州作为广南东路最大的政治经济中心之外，有影响的城镇还有循州、韶州、连州、潮州、南恩州、雷州、廉州等。总的情况是，有宋一代，粤北（韶州、连州）的经济地位开始下降，而珠三角（广州、循州）和粤东（潮州）的地位则大幅度提升。文学家的地理分布也是这样。粤北籍文学家所占的比重由唐代的75%下降到16%，珠三角地区则由12.5%上升到62%，粤东则异军突起，并且占了16%的份额。

第三个时期是元明清和近代。宋亡之后，广东的经济文化遭受重创，好长时间都未能恢复。但由于元代统治者比较重视农业、手工业和海外贸易，沿海地区的经济仍然得到一定程度的发展，人口数量已经超过粤北。明代，广东的矿冶、纺织、陶瓷、造船、制糖和食品业取得辉煌的成就，许多技术达到世界一流水平。佛山成为仅次于河北遵化的全国第二大冶铁中心；盐业产量占了全国20%的市场份额；广州、潮州、高州和琼州生产的“广船”，其质量和性能远远超过福建的“福船”；广州、佛山、潮州、雷州和琼州生产的各款织品，代表了那个时代的最高水平；而佛山和潮州生产的陶瓷，更是风靡海内外。清初，广东的经济文化再次遭受重创，经过90多年的休养生息，直到康熙后期才完全恢复过来。乾隆时期，广东的工业超过了明代的发展水平，在许多领域出现了资本主义的萌芽。佛山、广州、潮州等地生产的铁器、陶瓷、纺织品、白糖等，均远销海内外。鸦片战争以后，广东的自然经济开始解体，传统的冶铁、纺织等手工业陷于停滞，但是由于地处沿海，广东在吸收新式工业技术方面比内地方便，成为中国民族资本主义发展最快的省份。明清时期，广东的粮食生产量下降，开始成为缺粮省份，但是经济作物最为发达，尤其是蚕桑、水果、蒲葵、香料、花卉、蔬菜等，在珠江三角洲和沿海一些地区形成了专业化的商品性生产。清代广东的商业贸易较明代更为繁荣。康熙二十四年（1685年）解除海禁、成立粤海关之后，广东对外贸易的大小口岸多达六七十处，广布于沿海各港，重要的则有广州、澳门、潮州庵埠、惠州乌坎、高州梅菉、雷州海安和琼州海口等。这个时期的珠江三角洲和粤东、粤西的部分地区之所以得到快速发展，一个非常重要的原因是得沿海之地利，它们在设备、人才、技术、资金、信息、市场乃至货物运输各个方面的优势，都远非处在内陆的粤北所能望其项背。广东境内的地区差异，实际上从明清时期就形成了。在古代的中国，人口数量的升降最能反映出地区经济的发展水平。唐代天宝元年（742年），广东各州郡的人口为109.2万人，粤北地区的韶州和连州就多达31.2万人，珠三角的广州和循州（惠州）只有27.1万人，而粤东地区的潮州只有2.6万人；[①] 到了清代雍正七年（1729年），广东的人口发展到465.9万人，珠三角的广州和惠州多达180.5万人，粤东的潮州和嘉应州达96.2万人，粤西的高州、罗定、廉州、雷州、肇庆达93.8万人，而粤北的韶州、连州、南雄州只有50.7万人，还不到珠三角的1/3。[②] 与人口的发展状况大致吻合，珠三角的文学家数量自宋代以后一直占据绝对优势，多达1425人，粤东次之，达246人，粤西再次之，达97人，粤北最少，仅有25人，少得不成比例。

2. 区域文化背景——北方“谪宦”与“流寓”文人的影响

经济是文学发展的物质基础。然而经济和文学的关系，并不是一种直接的对应关系，其间还有一个中介，这便是文化（狭义的）的作用。文化的土壤丰厚了，赖以生长的文学之树才会拔地而起。世界上有些地方的经济发达，但文学并不发达，这是因为培育文学家生长的文化土壤还不丰厚；有些地方的经济在某个时期并不发达，但是文学仍然发达，这是因为文化的土壤已经很丰厚了，也就是说，早已具备了丰富的文化积累和悠久的文化传统。文化具有相

① 赵文林、谢淑君：《中国人口史》，人民出版社，1983，第208页。

② 司徒尚纪主编《广东历史地图集》，广东地图出版社，1995，第46页。

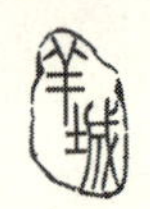

对的稳定性，不会因为经济状况的变化而立刻变化。所以我们只能说“文学家的分布格局的形成与变化，与地区经济的发展格局是基本吻合的”，只能是基本吻合，不可能是绝对吻合。

中国文化的丰厚土壤，均在黄河与长江的中下游流域。处于珠江下游流域的广东，由于远离主流文化的中心，自然条件也不是很好（蛮烟瘴雨之乡），其文化土壤的培育，较之黄河中下游流域和长江中下游流域的那些地区，显然要艰难得多。广东文化之所以能在唐宋时期显露生机，在明清时期大放异彩，固然是得益于自秦汉以来的由北而南、由西而东的经济开发，得益于宋代以来日益兴盛的官、私教育，然而北方文化的影响，尤其是由北方“谪宦”、“流寓”和仕宦于此的文人的影响，也是非常重要的。

自东汉起，包括广东在内的岭南大部分地区，就成为朝廷流放获罪官吏的地方。清郝玉麟《广东通志·谪宦录》云：“唐以前得罪至岭南皆迁徙为民，至唐始谪为宦，有责授左授之分。”[①] 该志又引明王守仁《送李柳州序》云：“唐宋时吏其土者或未必尽以谴谪，而以谴谪者居多。”部分被谴谪的人，时间久了，他们或他们的后人，也就落籍于当地。欧阳修《新五代史·南汉世家·刘隐传》云：“唐世名臣谪死南方者往往有子孙，或当时仕宦遭乱不得还者，皆客岭表。”例如唐代名臣刘崇望之子刘浚、太学博士倪曙、宰相李德裕之孙李衡、司农少卿周杰、娴于典章制度的杨洞潜、孔子四十一世孙孔昌弼等，均先后落籍岭南。还有一些人并非被贬谪的官员，而是因为各种原因（主要是避乱）而客居岭南，也就是所谓“流寓”。“是时，天下已乱，中朝士人以岭外最远，可以避地，多游焉。”[②] 这说明由北方客居岭南的士人中，有“谪宦”者，也有“流寓”者。

这些“谪宦”中间就有许多文人。据刘庆华根据清阮元主修之《广东通志·谪宦录》和其他相关史料统计，得知从东汉至明代，被贬谪到广东的文人，仅仅是有作品传世者，就多达 271 人[③]（见表三）。

---

① 郝玉麟：《广东通志》第 262 卷，文渊阁《四库全书》本。

② 欧阳修：《新五代史》，中华书局，1974，第 810 页。

③ 刘庆华：《广东贬谪文人的时空考察》，《学术研究》2009 年第 5 期。

表三　历代被贬谪广东的文人统计

朝代	时间	被贬谪文人
东汉		毋将隆、冷褒
三国		虞翻、顾谭、薛莹、王著
东晋		王诞
南朝	宋	谢灵运、何长瑜、沈怀远、垣袭祖、徐爰
	齐	谢超宗、刘祥
	梁	范缜
隋朝		薛道衡、王頍
唐朝	太宗	王义方、崔仁师
	高宗	褚遂良、韩瑗、唐临、源直心、许彦伯、杜正伦、李义府、董思恭、徐齐聃、郎余庆、魏元同
	武后	李昭德、胡元范、李慎、郭正一、元万顷、李嗣真、薛克构、韦方质、俞文俊、王璿、李充素、张楚金、张说、李福业
	中宗	宋之问、沈佺期、杜审言、崔融、房融、王无竞、崔神庆、韦承庆、韦元旦、李峤、桓彦范、张柬之、袁恕己、閰邱均、阎朝隐、张锡、袁守一、刘升
	玄宗	吕温、崔湜、张鷟、刘幽求、郑愔、卢藏用、王昌龄、孔璋、卢崇道、孙平子、李邕、李泳、裴朏、宋昱、崔器、吉温、齐澣
	肃宗	杜位、苏端、崔伯阳、张均、储光曦
	代宗	韩颖、李嘉祐
	德宗	李铣、李巽、李宏、常衮、薛邕、杨炎、袁高、卢杞、王仲舒、包佶、刘长卿、杨凭
	宪宗	韦执谊、窦群、韩愈、刘禹锡、杨敬之、崔珙、林蕴、李涉、于方、路岩、欧阳秬、崔祝
	穆宗	李道古、皇甫鎛、李绅、蒋防、窦紃、吴武陵
	敬宗	李甘、刘栖楚、孟云卿
	文宗	李宗闵
	武宗	杜元颖、杨嗣复、牛僧孺、苏滁、韦瓘、裴夷直、房千里、崔珙、李珏
	宣宗	李德裕、魏鉶、崔嘏、郑亚、李商隐、康季荣
	懿宗	柳仲郢、卢肇、杨收、蔡京、刘瞻、郑仁表、高湘、王镣、刘崇鲁
两宋	太宗	冯拯、牛冕、卢多逊
	真宗	姚铉、洪湛、寇准

续表

朝代	时间	被贬谪文人
两宋	仁宗	丁谓、唐介、余靖
	神宗	王巩、章惇、郑侠、郭祥正
	哲宗	吕大防、蔡确、刘挚、刘跂、王岩叟、梁焘、苏轼、苏过、苏辙、孔平仲、秦观、邹浩、刘安世、范祖禹、唐庚、范坦、王履、刘安世
	徽宗	曾布、李璆、张庄、任伯雨、陈瓘、王霁、赵良嗣、颜博文、康与之、陈次升
	钦宗	蔡京、蔡攸、蔡絛、郑望之
	高宗	冯时行、陈鹏飞、张浚、宇文虚中、赵子崧、范致虚、李纲、高登、王元、郭仲荀、莫俦、吴开、李光、洪皓、赵鼎、黄公度、郑刚中、胡寅、曹泳、宋贶、吕愿中、龚茂良、傅雱、杨炜、胡铨、王庭珪、李弥逊、朱翌、张仲宗、吴元美、王之奇、沈长卿、林东、薛仲邕、莫汲、陆升之、陈知柔、李乔木
	孝宗	洪适、洪迈、危稹
	光宗	赵汝愚
	宁宗	吕祖俭
	理宗	谢方叔、张端义、陈垓、丁大全、许应龙、吴潜
	恭帝	王庭、范晞文、贾似道
明代	太祖	赵起潜、黄谏、刘玉、钱溥、许存仁、汪广洋、周溑
	成祖	解缙
	英宗	倪谦、岳正
	孝宗	邹智、王献臣
	武宗	戴冠、李中、张文明、王思、周广、潘恩、胡松、戴嘉猷
	世宗	陈察、程文德、李璋、冯恩、林希元、张焕
	神宗	高攀龙、汤显祖、沈思孝
	思宗	李曰辅、陈九畴

需要补充的是，除了上述这些被“贬谪”在广东的文人，还有一些“流寓”在此的文人，如三国时的许靖，六朝时的谢嘏，唐代的刘言史、杨衡、李群玉、许浑、陈陶、曹松、李郢，宋代的陈与义、朱敦儒、留正、张栻、朱熹，明代的李承箕等，其数量不在少数。另外还有一些被阮志列入“名宦”的，同样也不在少数。郝玉

麟《广东通志》云："仕宦谪籍岭南尤众，岂非以古荒服地而蛮烟瘴雨之乡欤？夫君子之事君也，赏罚予夺，君所命也；东西南北，君所使也。君有用不用之异，而臣无忠不忠之分。所以窜逐之余，鞠躬尽瘁，绩有不朽，仍归名宦。若乃树品虽高，宿勋亦烂，而放废闲曹，徜徉诗酒，赋小雅之巷伯，吟屈子之江潭，哀而不伤，怨而不怒，则编之曰谪宦。抑亦寓公之类也，故以流寓附焉。"[①] 阮元《广东通志》亦仿其例。由于这个原因，许多人的名字并不在"谪宦"卷，而在"名宦"卷。

总之，从东汉到明代，"谪宦"、"流寓"和仕宦于广东的文人究竟有多少，目前来看是一个未知数，然表三中的271人，已经是一个不小的数字了。

可以肯定的是，这些"谪宦"、"流寓"和仕宦于广东的文人，有许多都是在中国文学史上有影响的文学家。他们在广东的文学业绩主要体现在两个方面。一方面，丰富和提升了自己的创作，同时也丰富和提升了流入地广东的文学创作。郝玉麟《广东通志》云："唐诗之兴，始自杜审言与沈宋倡为律诗，而审言之孙甫称大家……至于咸通以后，其衰极矣。一代名家，始终寓迹，多在五岭三江间，他邦所无也。"[②] 这话是很有见地的。笔者根据黄雨选注的《历代名人入粤诗选》一书统计，从西汉到晚清，有128位有影响的诗人在广东留下了至少400多首足堪传诵的优秀诗歌，仅唐代就有杜审言、宋之问、沈佺期、张说、刘长卿、韩愈、刘禹锡、李绅、李德裕、许浑、李商隐、李群玉、陈陶、曹松等28位优秀诗人留下了100多首优秀作品。[③] 凡是在广东这块土地上创作的作品，就是广东文学的一部分。所以这些"谪宦"、"流寓"和仕宦于广东的北方作家在广东创作的优秀作品，无疑极大地丰富了广东的文学宝库，成了本地文学积累的重要组成部分，它们对广东本地文学家的深远影响是不可低估的。

另一方面，这些"谪宦"、"流寓"和仕宦于广东的北方作家，为本地文学人才的成长，做了许多直接的培植工作。如虞翻徙南

① 郝玉麟：《广东通志》第262卷，文渊阁《四库全书》本。

② 郝玉麟：《广东通志》第43卷，文渊阁《四库全书》本。

③ 黄雨：《历代名人入粤诗选》，广东人民出版社，1980。

海，“虽处罪放，而讲学不倦，门徒尝数百人”。郑侠徙英州时，“英人无贵贱，皆加敬礼。争遣子弟从学”。[①] 刘禹锡在连州，“以词章自适，而郡中文学日兴。论者多其振作之功”。韩愈在潮州时，“命进士赵德为之师，自是潮之士笃于文行”。[②] 张九龄是广东第一位进士、第一位宰相，也是第一位在全国有影响的诗人。张九龄走上诗坛，进而走上政坛，成为唐代著名的文学家和政治家，与仕宦广东的王方庆是有关系的，与贬谪广东的沈佺期和张说更有关系。《新唐书·张九龄传》载：“张九龄字子寿，韶州曲江人。七岁知属文。十三以书干广州刺史王方庆，方庆叹曰：‘是必致远。’会张说谪岭南，一见厚遇之。”[③] 王方庆是咸阳人，垂拱元年（685 年）始任广州都督。《广东通志·名宦志》对他评价很高，称“有唐以来治广州者，无出方庆之右”。此人不仅清正廉洁，而且“博学好著述，所撰杂书凡二百卷，尤精三礼”。[④] 张说于武后长安三年（703 年）九月流钦州，中宗立（705 年），被召还。据《新唐书·张说传》，此人“喜推藉后进”，“善用人之长，多引天下知名士以佐佑王化”。“为文属思精壮，长于碑志，世所不逮”，“朝廷大述作多出其手”。[⑤] 这方面的例子还有很多，难以一一列举。

以韶州、连州、南雄州为中心的粤北地区，是中原文化进入广东的第一站。秦汉以来，中原移民入粤，多在此地小作停留，然后图南，故粤北地区是受中原文化影响最早也最大的地区。据笔者不完全统计，在唐、宋两代，“谪宦”、“流寓”粤北的著名文人就有崔仁师、卢肇、韩愈、窦存亮、刘禹锡、凌准、吴武陵、姚铉、章得象、米芾、苏轼、郑侠、朱敦儒、刘安世、李璆、张浚、张栻、方信孺、朱翼、洪皓、吴元美、吕祖俭、张震发、秦纲等 20 多人。故唐宋时期（尤其是唐代）此地文风之盛，非他处可比。唐宋时期，占籍广东的文学家一共 54 人，有具体州、县户籍可考者 46 人，其中就有 12 人出生在粤北，占有户籍可考者的 26%。由此可见北方“谪宦”、“流寓”者对粤北文化（包括文学）的积极影响。

---

① 郝玉麟：《广东通志》第 38 卷，文渊阁《四库全书》本。

② 郝玉麟：《广东通志》第 38 卷，文渊阁《四库全书》本。

③ 《新唐书·张九龄传》，中华书局，1975，第 4424 页。

④ 郝玉麟：《广东通志》第 38 卷，文渊阁《四库全书》本。

⑤ 《新唐书·张说传》，中华书局，1975，第 4410 页。

至于其他“谪宦”和“流寓”者对粤东、粤西和珠三角地区的积极影响，如韩愈在潮州，苏轼在惠州，等等，都是大家熟知的事实，不再细说。

3. 区域教育背景

一个文学家所接受的文化熏陶应该是多方面的，为什么我们在讲到文化因素的作用时，只讲到北方“谪宦”和“流寓”文人的影响呢？因为这一点在广东是非常突出的，在全国也是非常典型的。北方“谪宦”和“流寓”文人，不仅为广东带来了先进的文化，包括观念型的文化和应用型的文化，还带来了先进的教育思想和行之有效的教育方法。因为这个缘故，虽然他们后来离开了广东，但是他们的教育思想和教育方法被传承下来，一代又一代地沾溉后人。例如韩愈在潮州，前后不到一年，他所做的工作原是很有限的。他的高明之处，是启用了赋闲在家的当地秀才赵德，让他专门负责教育。赵德就用韩愈的文章作教材，来培养当地的青少年。后来韩愈调走了，赵德仍然忠实地履行自己的职责，为当地培养了许多人才。许多年后，潮州这个地方文风大盛，人才辈出，被称为“海滨邹鲁”。潮州人饮水思源，奉韩愈为神明，为他建祠，甚至连山水的名字都因他而改了，山叫韩山，江则叫韩江。

然而个人的影响仍然是有限的。一个地区的教育办得如何，固然与某些有识之士的倡导和身体力行分不开，但是也取决于当地的经济发展状况。一般来讲，经济发达，教育的投入就会相应地增多，人口平均受教育的概率就会增大，成才的机会也会相应地多起来。

广东的官、私学校教育，起步虽晚，但发展速度惊人，原因即在于经济发达，有条件办教育。

秦汉以降，随着中原文化传入岭南，广东的官、私学校就出现了。但是直到唐代，广东的学校仍不多见。至宋代，广东的州学有15所，县学有25所，州学普及率达到100%，县学普及率达到58%。据美国学者John W. Chaffee所著《宋代科举》一书统计，当时全国24路中，州学普及率达到100%、县学普及率达到58%以上的只有7路，即两浙东路、两浙西路、江南东路、江南西路、福建路、荆湖南路和广南东路，广东的官学教育居全国第六位。[①] 至

① 〔美〕John W. Chaffee：《宋代科举》，台湾东大图书有限公司，1995。

于私人创办或主持的书院，在广东也是非常发达的。据王炳照《中国古代书院》一书统计，宋代的广东有书院 39 所，居全国第四位（前三位依次为江西、浙江、湖南）。明代发展到 156 所，居全国第三位（前两位依次为江西、浙江）。这些书院，主要分布在珠三角的广州、惠州，粤东的潮州，粤西的高州、罗定州和雷州等地，粤北非常少。清代广东的书院多达 242 所，居全国第五位（前四位依次为浙江、四川、江西、河南）。[①] 这些书院，仍以珠三角（广州府）为多，仅香山、南海和新会三县，就有 35 所。至于官学，则是每一个府、县皆有，普及率达到 100%。

官学是政府出资办的，每个州县都有，私学则是民间出资办的，要根据创办人或资助人的经济条件量力而行。真正导致教育的地区差异的，是私学的数量、规模和水平。宋元以后，粤北地区因地理环境所限，经济发展缓慢，私学甚少，影响了整个地区教育水平的提高，故其文化落后于珠三角，人才也远不如珠三角多；而珠三角的文化之所以如此发达，人才辈出，说到底，还是由于学校教育的成功，尤其是私学，功不可没。

官、私学校是培养科举人才的摇篮。宋周去非《岭外代答》云："岭外科举尤重于中州。"[②] 广东人的功名意识也是很强的。据诸史不完全统计，宋代广东的制举、辟荐 168 人，乡贡 250 人，进士 575 人，共 993 人。这 993 人的分布情况是：粤北 209 人，占 21%；珠三角 336 人，占 34%；粤东 133 人，占 13%；粤西 156 人，占 16%；其他地区 159 人，占 16%。珠三角的科举人才居第一位，粤北科举人才居第二位。

元代广东的科举人才，大致保持着宋代的格局。据《广东通志·选举表》载：有元 90 年间，广东乡贡 119 人，进士 31 人，加上被察举者，共 422 人。在这 422 人中，粤北 45 人，占 10.7%；珠三角 145 人，占 34.4%；粤东 67 人，占 15.9%；粤西 51 人，占 12%；其他地区 114 人，占 27%。珠三角科举人才仍然居第一位，粤北科举人才则退到了第四位。

明代广东被朝廷察举 618 人，举人 6437 人，进士 874 人，总

---

① 王炳照：《中国古代书院》，商务印书馆，1998，第 202—203 页。

② 周去非著、杨武泉校注《岭外代答校注》，中华书局，1999，第 168 页。

共 7929 人，而珠三角科举人才就占了 49%，排第一位，粤东科举人才占了 22.8%，排第二位。尤其值得注意的是广州府的南海、番禺和顺德三县。据记载，明代南海有进士 148 人，举人 563 人；顺德有进士 99 人，举人 257 人；番禺有进士 86 人，举人 405 人。三县进士、举人总数分别占全省的 38% 和 19%，成为著名的人才之乡。明代的广东出了 3 个状元，南海 1 个，顺德 1 个，还有 1 个在海阳。海阳是潮州府治所在地，有明一代，潮州中举者多达千人，潮州城里的“儒林坊”、“状元坊”、“四进士”等牌坊林立，因此被誉为“海滨邹鲁”。

清代广东的科举人才在总量上不及明代，进士、举人，还有被察举者，总共才 6192 人，仅及明代的 78%，但是在地理分布上，仍然保持明代的格局。值得注意的是粤东地区的人才剧增。仅仅是一个嘉应州，就多达 826 人，占了全省的 13.3%。[①]

宋代以来广东科举人才的发达，充分说明了官、私学校教育对人才成长的决定作用。值得注意的是，这些科举人才在地理上的分布格局，与上述文学人才的分布格局是相吻合的。据笔者不完全统计，在上述有具体的州、县户籍可考的 1805 名文学家中，有进士、举人、秀才这样的头衔和诸生、贡生这样的资格，以及民国以后有大学学历或海外留学背景的人，竟多达 1075 人，占总人数的 60%。这些数据表明：在古代，多数的文学家是有科举功名的；在民国时期，多数的文学家是有大学学历的，部分人士甚至还有海外留学背景。这些文学家的成长，都离不开学校教育。

① 参见司徒尚纪《广东历史地图集》，广东地图出版社，1995，第 142—143 页。

第三章
广东文学景观的地理分布与地域特征

一　广东文学景观的地理分布

广东境内有多少个实体性文学景观？它们又都分布在哪些地方？笔者根据《岭南历代诗选》、《岭南历代词选》、《岭南历代文选》和《历代名人入粤诗选》这四个比较有影响的古代文学选本做了一个统计。①

设定凡是在这四个选本中出现（被描写和被提及）过两次以上的景观，就是一个文学景观，得出广东文学景观的统计结果（见表一）。

表一　广东文学景观统计

单位：篇

主景观	景观	被描写	被提及	总计
梅岭	梅关	1	2	3
	梅岭	12	11	23
	张文献公祠	3	0	3
韶石		3	5	8
南华寺		1	2	3

① 这四个选本分别为陈永正：《岭南历代诗选》，广东人民出版社，1985；朱庸斋、陈永正：《岭南历代词选》，广东人民出版社，1987；仇江：《岭南历代文选》，广东人民出版社，1993；黄雨：《历代名人入粤诗选》，广东人民出版社，1980。前三本书所谓“岭南”，均取其狭义。

续表

主景观	景观	被描写	被提及	总计
清远峡山	清远峡山	8	4	12
	归猿洞、飞来寺	8	1	9
英德碧落洞		3	0	3
七星岩	嵩台	2	0	2
	石室岩、七星岩	6	0	6
惠州西湖		10	1	11
罗浮山	飞云顶、铁桥	3	0	3
	凤凰谷、朱明洞	1	2	3
	暗花溪、洗药池	2	0	2
	水帘洞、宝积寺	2	0	2
	浮丘、中阁	1	2	3
	罗浮山	21	12	33
崖门山	崖山、崖门	5	10	15
	三忠祠、慈元庙	5	2	7
西樵山		6	1	7
越秀山	越王台、朝汉台	16	16	32
	镇海楼、学海堂	7	1	8
	越井冈、越王井	1	1	2
	越秀山、五羊石	8	3	11
白云山	蒲涧濂泉、九龙泉	6	1	7
	景泰、饮虹桥	3	0	3
	白云山	7	3	10
珠江	虎门	6	1	7
	零丁洋、狮子洋	3	1	4
	黄木湾	0	3	3
	白鹅潭、海珠寺	1	1	2
	珠江	4	8	12
南海神庙		6	3	9
石门	石门	2	2	4
	贪泉	5	1	6

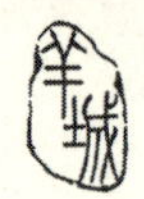

续表

主景观	景观	被描写	被提及	总计
花田		6	2	8
六榕寺花塔		3	2	5

由表一可知，在上述四个选本中出现（被描写和被提及）过两次以上的景观共有 54 处，其中主景观 17 处。

设定在这 17 个主景观中，凡是在上述四个选本中出现（被描写和被提及）过 8 次以上的景观为著名文学景观，8 次以下（含 8 次）的为优质文学景观，得出广东著名文学景观与优质文学景观的统计结果和分布格局（见表二）。

表二　广东著名文学景观与优质文学景观的地理分布统计

单位：次

地区	市	主景观	被描写和提及次数	著名文学景观	优质文学景观
粤北地区	韶关	梅岭	29	√	
		韶石	8		√
		南华寺	3		√
	清远	清远峡山	21	√	
		英德碧落洞	3		√
珠江三角洲地区	肇庆	七星岩	8		√
	惠州	惠州西湖	11	√	
		罗浮山	46	√	
	江门	崖门山	22	√	
		小鸟天堂		√	
	佛山	西樵山	7		√
	广州	越秀山	53	√	
		白云山	20	√	
		珠江	28	√	
		南海神庙	9	√	
		石门	10	√	
		花田	8		√
		六榕寺花塔	5		√

由表二可知，在17处主景观中，著名文学景观有10处，即梅岭、清远峡山、惠州西湖、罗浮山、崖门山、越秀山、白云山、珠江、南海神庙和石门，再加上一处没在上述四个选本中出现，而被现代文学作品描写过的著名景观，即“小鸟天堂”，广东境内的著名文学景观一共是11处。

这11处著名文学景观全都分布在粤北地区和珠江三角洲地区。本书下篇第二章“广东历代文学家的地理分布及其背景”的统计结果表明，粤北地区和珠江三角洲地区，恰好是广东历史上两个文学家分布中心之所在。这说明文学家的分布中心，与文学景观的分布中心是相吻合的。文学家多的地方，文学景观自然多。

二　广东著名文学景观的地域特征

1. 梅岭

梅岭在五岭东部，居江西大余和广东南雄之间。相传秦朝末年，越王勾践的后裔梅鋗逃居此地，征召壮士，抗击秦兵，“梅岭”这个名字由此传开。此后梅鋗的裨将庾胜兄弟，长期镇守此关，故又称“大庾岭”。

梅岭以梅岭古道和梅花而闻名于世。梅岭古道，是唐代开元以后内地和岭南之间的一条交通要道，由广东第一位进士、第一位宰相、第一位著名诗人张九龄主持开凿。张九龄的散文名作《开凿大庾岭序》，描述了大庾岭驿道开通之后，“坦坦而方五轨，阗阗而走四通”，南北客商“有宿有息”，中外货物“如京如坻”的热闹情景。①

梅岭多梅树。每年1月，粤北的天气多是白天阳光灿烂，夜间低温霜冻，日夜温差大，适宜梅花的生长。由于梅岭南、北山坡气候差异明显，素有“南枝既落、北枝始开”（《白氏六帖》）的奇特景观。

唐代以后，尤其是唐、宋、明三朝，由内地“谪宦”岭南的文人很多，他们多是通过梅岭而进入岭南。在梅岭，他们留下了许多

---

① 张九龄：《开凿大庾岭序》，载仇江《岭南历代文选》，广东人民出版社，1993，第16页。

梅岭古道

优秀的文学作品。据不完全统计，仅仅是写梅岭之梅花的诗歌就多达千余首。另外还有许多主要写迁谪之感的作品，例如唐代宋之问的《题大庾岭北驿》、《度大庾岭》等，就是这一方面的名作。请看《度大庾岭》：

度岭方辞国，
停轺一望家。
魂随南翥鸟，
泪尽北枝花。
山雨初含霁，
江云欲变霞。
但令归有日，
不敢恨长沙。①

这首诗，描写了诗人在梅岭所见的奇异的自然景观，表达了迁客骚人对家园故土的深切思念，对贬谪之地的陌生感，以及对政治前途的忧虑。

---

① 宋之问：《度大庾岭》，载《全唐诗》第2册，中华书局，1960，第640页。

梅岭这个景观的突出特点，就是它的地域感。一个人上了梅岭，地域之感就会油然而生，因为岭南和岭北的气候、植物、语言、风俗不一样，就连岭上的同一棵梅树，也有南枝和北枝的不一样。而且由这种地域之感，自然会生出故园之思与迁谪之意。所以历来写梅岭的作品中，一般都包含这样几个元素：梅花、古道、地域感、故园之思、迁谪之意。

2. 清远峡山

清远峡山，一名观亭山，在广东清远市清新县境内。此地最著名的景观，一是飞来峡，一是飞来寺。郦道元《水经注》卷三十八云："溱水又西南，径中宿县会一里水，其处隘，名之为观峡。连山交枕，绝崖壁竦，下有神庙，背阿面流，坛宇虚肃，庙渚攒石巉岩，乱峙中川。时水洊至，鼓怒沸腾，流木沦没，必无出者。"① "中宿县"就是今天的清新县，"观峡"就是飞来峡，"神庙"就是飞来寺。

飞来峡是广东北江三峡中最为雄伟险峻的一个，素以"古、广、美、奇"的独特风格驰名遐迩。飞来寺，又名峡山寺、广庆寺，位于飞来峡北岸，靠近飞来峡的出口处，始建于梁武帝普通元年（520年），是岭南佛教圣地之一，中国佛教史上许多著名的高僧大德都曾先后在这里开坛说法。

清远峡山

飞来寺

奇丽壮美的自然景观和底蕴深厚的人文景观，吸引了无数的游人和文人墨客，南朝的江总，唐代的张九龄、韩愈、李翱，宋代的苏轼、向子諲、杨万里，明代的海瑞、汤显祖，清代的朱彝尊、袁枚等著名文人，都曾来过这里，留下许多优秀的诗赋，其中以李翱的《峡山寺》、苏轼的《峡山寺》和杨万里的《峡山寺竹枝词》最为知名。如杨万里的《峡山寺竹枝词》（五首选二）：

① 郦道元著、陈桥驿校证《水经注校证》，中华书局，2013，第861页。

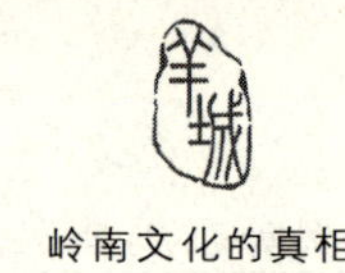

一水双崖千万萦，
有天无地只心惊。
无人打杀杜鹃子，
雨外飞来头上声。

一滩过了一滩奔，
一石横来一石蹲。
若怨古来天设险，
峡山不到也由君。①

内地作家到了清远峡山，都会被这里的奇山、异水、古寺、老僧所吸引，尘世的烦恼一扫而空，离家的忧愁烟消云散。

3. 越秀山

越秀山位于广州旧城北部，又名越王山，在古代与番山、禺山合称为“广州三山”。山上冈峦起伏，花木明秀，古迹甚多，尤其是越王台、朝汉台、歌舞冈等遗址和越王井、五羊石、镇海楼等名胜，皆为历代文人吊古、伤怀之所。唐人宋之问、崔子向、刘言史、李涉、许浑、李群玉，宋人文天祥，清人王士禛、沈元沧、杨锐等，都留下了佳作。举两首诗为例：

越井冈头松柏老，
越王台上生秋草。
草木多年无子孙，
牛羊践踏成官道。

——（唐）崔子向《题越王台》②

歌舞冈前辇路微，
昌华故苑想依稀。

① 杨万里：《峡山寺竹枝词》，载钟山等编《广东竹枝词》，广东高等教育出版社，2010，第 310 页。

② 崔子向：《题越王台》，载黄雨《历代名人入粤诗选》，广东人民出版社，1980，第 59 页。

刘郎去作降王长，
斜日红棉作絮飞。

——（清）王士禛《歌舞冈》[1]

第一首借越王台的荒废，感叹南越王霸业成空。诗人不说南越王无子孙，而说草木无子孙，构思尤为别致，感慨尤为深沉。第二首借歌舞冈前呼銮道的沦没，以及昌华苑的消失，讽刺南汉主刘龑和南汉后主刘鋹的荒淫残暴，享国不长。

越秀山文学景观的主要特点，就是它的沧桑感。许多作品都是借南越、南汉这两个割据政权的兴废，来写历史的无情与人世的沧桑。

五羊石

镇海楼

4. 白云山

白云山位于今广州市区北部，为南昆山余脉，因暮春雨后山间白云缭绕而得名。山上景色秀丽，古树苍苍，景点遍布全山，如“蒲涧濂泉”、“白云晚望”、“景泰僧归”等，曾被列入宋、元时期的“羊城八景”。历代文人登山赋诗者不计其数，著名诗人杜审言、苏轼、杨万里、王士禛、全祖望、黄松乔、张维屏等均留有佳作。如宋苏轼的《广州蒲涧寺》：

不用山僧导我前，
自寻云外出山泉。

① 王士禛：《歌舞冈》，载黄雨《历代名人入粤诗选》，广东人民出版社，1980，第365页。

千章古木临无地，
百尺飞涛泻漏天。
昔日菖蒲方士宅，
后来薝蔔祖师禅。
而今只有花含笑，
笑道秦皇欲学仙。①

又如清人黄乔松的《穿云径》：

人行云亦行，
人住云亦住。
杳然不见人，
但见云来去。
盘旋入层云，
人声落空翠。②

白云山的特点，就是自然环境优美，这里的白云、清泉、古树、芳草、珍禽等，为广州这个具有2200多年历史的喧嚣的城市提供了一道绿色的屏障，今人称为“市肺”；白云山文学景观的基本特征，就是山水清嘉，天人合一。

广州白云山

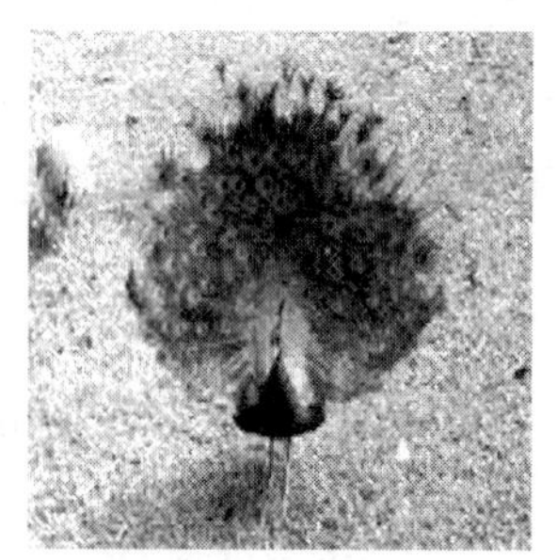

白云山鸣春谷之珍禽

① 苏轼：《广州蒲涧寺》，载黄雨《历代名人入粤诗选》，广东人民出版社，1980，第142页。

② 黄乔松：《穿云径》，载陈永正《岭南历代诗选》，广东人民出版社，1985，第591页。

5. 珠江

珠江，又叫珠江河，全长2400公里，是中国境内第三条大河。古人所讲的珠江，是指广州到入海口的这一段河道，今人所讲的珠江，则是西江、北江、东江和珠江三角洲诸河的总称。

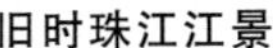
旧时珠江江景

珠江上的龙舟赛

珠江的干流西江发源于云南省沾益县的马雄山，流经云南、贵州、广西、广东、香港、澳门等地，源远流长，风情万种，文化底蕴极为深厚。历代文人描写和歌咏珠江的作品不计其数，给人印象最深的则是那些描写珠江及其沿岸风情的竹枝词。据统计，仅仅在明、清两代，仅仅是以“珠江竹枝词”命名的竹枝词集，就多达42种，如以“珠江春词”、“越江曲”、“五日珠江曲”、“珠江口号”、“珠江杂诗”、“珠江棹歌”、“珠江棹歌词”、“珠江曲”、“珠江春泛”、“珠江竞渡词”、“珠江杂咏”、“珠江秋泛”等命名的竹枝词集，则多达24种。至于其他不以“珠江竹枝词”或其他类似名称命名而实际上描写珠江风情的竹枝词集，那就更多了。描写珠江及其沿岸风情的竹枝词中有许多好作品，例如清人王士禛的《广州竹枝六首》（选二）：

潮来濠畔接江波，
鱼藻门边净绮罗。
两岸画栏红照水，
疍船争唱木鱼歌。

海珠石上柳阴浓，
队队龙舟出浪中。
一抹斜阳照金碧，

齐将孔翠作船篷。[1]

又如清人查慎行的《珠江棹歌词》（四首选二）：

一生活计水边多，
不唱樵歌唱棹歌。
疍子裹头长泛宅，
珠娘赤脚自凌波。

剪得青蒲织作篷，
平铺如席卷如筒。
往来惯是乘潮便，
不便朝南暮北风。[2]

或写岸边的街景与市民生活，或写江中的龙舟比赛，或写疍民的水上生活，包括他们的歌唱，等等，都极具珠江流域之风情，极具地域之特色。

可以说，珠江文学景观的基本特点，就是浓郁的珠江流域的民情风俗。

6. 石门

石门位于广州西北郊，在小北江与流溪河的汇合处，两岸峰峦雄峙，夹江如门，故名。石门是汉代以来北通中原的主要水道和广州西北面的防守要冲。

每当夕阳西下，满天的彩霞与江中水波相映，红光潋滟，景色奇丽，故称“石门返照”，是宋、元时期“羊城八景”之一。

石门最著名的人文景观是“贪泉”。“贪泉”之名起于何时，无从查考。相传从北方南来广州做官的人，饮了石门泉水，便生贪念，故名“贪泉”。“石门贪泉”为天下所知，是因为东晋广州刺史吴隐之的一首《酌贪泉诗》：

---

① 王士禛：《广州竹枝六首》，载钟山等编《广东竹枝词》，广东高等教育出版社，2010，第 82 页。

② 查慎行：《珠江棹歌词》，载钟山等编《广东竹枝词》，广东高等教育出版社，2010，第 186 页。

古人云此水，
一歃怀千金。
试使夷齐饮，
终当不易心。①

《晋书》载："隐之为广州刺史。未至州十里，地名石门，有水曰贪泉，饮者怀无厌之欲；隐之酌而饮之，因赋此诗。及在州，清操益厉。""贪泉"在五代时已湮没。明万历年间，广东右布政使李凤在此立"贪泉碑"。

后代诗家咏石门者不在少数，也留下一些很好的作品。如唐人李群玉《石门戍》：

至此空思吴隐之，
潮痕草蔓上幽碑。
人来皆望珠玑去，
谁咏贪泉四句诗。②

作者认为，吴隐之的《酌贪泉诗》虽然好，但是来岭南为官的人，多数还是奔珠宝而去，不会理会这首诗的深意。作者的感慨是很深沉的。

石门这个地方的自然景观虽然非常奇丽，但是名传千古的还是"石门贪泉"和吴隐之的《酌贪泉诗》。所以石门文学景观的人文精

石门返照

贪泉碑

① 吴隐之：《酌贪泉诗》，载黄雨《历代名人入粤诗选》，广东人民出版社，1980，第6页。

② 李群玉：《石门戍》，载黄雨《历代名人入粤诗选》，广东人民出版社，1980，第96页。

神，还是清廉自守。

7. 罗浮山

罗浮山，在广东增城市东，跨博罗县界。《元和郡县图志》“岭南道一”曰：“罗浮山，在（博罗县）西北二十八里。罗山之西有浮山，盖蓬莱之一阜，浮海而至，与罗山并体，故曰罗浮。高三百六十丈，周回三百七十里，峻天之峰，四百三十有二焉。”[①] 罗浮山风景瑰奇而灵秀，不仅是粤中名山，也是中国十大道教名山之一，相传东晋葛洪曾在此修道炼丹，遗迹至今犹在。

罗浮山

冲虚道观

历代许多文人墨客、方士道人喜欢前往罗浮山游览、隐居、读书和修炼，与“道”结下不解之缘。陆贾、葛洪、谢灵运、阴铿、刘禹锡、吕岩、祖无择、苏轼、朱熹、杨万里、屈大均、赵翼、翁方纲等人，都曾在罗浮山作赋吟诗。如宋人祖无择的《罗浮山行》：

昔年潘阆倒骑驴，
为爱三峰插太虚。
我到罗浮看不足，
下山还敢倒肩舆。[②]

所谓“倒肩舆”，是说让轿子前后倒抬，以便自己一面离去，一面观看山景，就像当年潘阆“倒骑驴”看华山三峰一样，表达了诗人对罗浮山景观恋恋不舍的心情。

---

① 李吉甫：《元和郡县图志》第 38 卷，中华书局，1983，第 893 页。

② 祖无择：《罗浮山行》，载黄雨《历代名人入粤诗选》，广东人民出版社，1980，第 134 页。

写罗浮山的文学作品中，最负盛名的还是宋人苏轼的《食荔枝二首》之二。这首诗，为罗浮山做了永久的广告。

罗浮山下四时春，
卢橘杨梅次第新。
日啖荔枝三百颗，
不辞长作岭南人。①

由罗浮山的四时佳果，想到岭南四季如春的宜人景色，因而决定长居此地，安老是乡。这种随遇而安的旷达，正是苏轼一生的情怀。

罗浮山文学景观的主要内涵，就是崇真尚道，恬淡修隐。

8. 惠州西湖

惠州西湖，在惠州市区西部。原名丰湖，是惠州最著名的自然景观，历史上曾与杭州西湖、颍州西湖齐名。宋代诗人杨万里有诗云："三处西湖一色秋，钱塘颍水与罗浮。"说的就是这三大西湖。惠州西湖闻名遐迩，也与苏轼的吟咏歌颂分不开。苏轼谪惠时曾为惠州西湖赋诗多首，并且给后人留下了"苏堤"与"朝云墓"等重要名胜。几百年来，吟咏惠州西湖的诗作以千百计，仅广东人就写了过百篇。明万历年间，叶萼、叶春及、李学一、叶梦熊、杨起元五人居于惠州，时至西湖饮酒赋诗，后人称"湖上五先生"，并建祠以祀。

玉塔微澜

朝云墓

① 苏轼：《食荔枝二首》之二，载黄雨《历代名人入粤诗选》，广东人民出版社，1980，第144页。

历来写西湖的佳作很多。最有名的当是苏轼的《江月五首》。其一云：

一更山吐月，
玉塔卧微澜。
正似西湖上，
涌金门外看。
冰轮横海阔，
香雾入楼寒。
停鞭且莫去，
照我一杯残。①

作品体现了一如既往的达观豪迈。尤其是把惠州西湖的月亮写得既壮观又优美。后人建在西湖边上的“玉塔微澜”这一景点，即得名于此诗第二句。

惠州西湖到了南宋后期，名声就很大了，这与苏轼的极力歌颂是分不开的。宋人刘克庄有诗云：

岷峨一老古来少，
杭颍二湖天下无。
帝恐先生晚牢落，
南迁犹得管西湖。

小米侍郎生较晚，
龙眠居士远难呼。
不知若个丹青手，
能写微澜玉塔图。

——刘克庄《丰湖》之一、之二②

---

① 苏轼：《江月五首·其一》，载黄雨《历代名人入粤诗选》，广东人民出版社，1980，第145页。

② 刘克庄：《丰湖》，载黄雨《历代名人入粤诗选》，广东人民出版社，1980，第271页。

惠州西湖的景色是清新恬淡的，一如诗人们清雅脱俗、超然旷达的品质。

9. 崖门山

崖门山，亦曰厓门山，在新会南。因与汤瓶山对峙，有如天阙，故曰厓门。这是宋末抗元的最后据点。《宋史·陆秀夫传》："至元十六年二月，厓山破，秀夫走卫王舟，而世杰、刘义各断维去，秀夫度不可脱，乃杖剑驱妻子入海，即负王赴海死。"①

崖门炮台

崖门奇石

明政权建立以后，人们在崖山上建有大忠祠以纪念陆秀夫、张世杰、文天祥等爱国志士，崖门便成了人们登临怀古的胜地，以凭吊崖门、大忠祠、慈元庙为主题的诗词也越来越多，戴献猷、李东阳、赵翼等人均有佳作，如明人李东阳的《大忠祠》：

汴城杭国总丘墟，
三百年来此卜居。
海外河山非汉有，
岭南人物是周余。
行宫草草慈元殿，
请幄勤勤大学书。
辛苦相臣经国念，
有才无命欲何如？②

① 脱脱等：《宋史·陆秀夫传》，中华书局，1985，第13276页。
② 李东阳：《大忠祠》，载黄雨《历代名人入粤诗选》，广东人民出版社，1980。

作品写得悲壮慷慨。对文天祥、陆秀夫、张世杰这样的“辛苦相臣”，以及跟随他们一同英勇抗元的“岭南人物”表达了崇高的敬意和深切的缅怀，也对以张弘范为代表的民族败类给予了严厉的鞭挞。

崖门山文学景观的主要内涵就是吊古抒怀，张扬民族气节。

10. 小鸟天堂

小鸟天堂在新会的天马村。相传明万历四十六年（1618 年），新会县天马村的老百姓在村前挖了一条小河，名叫“天马河”，后来又在河中间垒起了一个“土墩”，又在“土墩”上插了一根榕树枝。后来这根榕树枝竟长成了一棵巨大无比的榕树，它的枝叶覆盖了 1 万多平方米，树上的栖鸟多达万只。当地人称这个“土墩”叫“罗星凸”，后来又叫“雀墩”。

小鸟天堂

这是一处美丽的自然景观，但是，在巴金先生到访之前，它是不为外界所知的。1933 年 6 月，巴金先生应朋友之约，来新会逗留了 10 天。他在朋友的陪同下，乘船游览了“小鸟天堂”，叹为观止，写下了约 900 字的散文《鸟的天堂》。从此，“小鸟天堂”才由一处不为人知的自然景观，变成一处享誉中外的文学景观。人们常用四句话来概括“小鸟天堂”的特点：一棵 390 多岁的奇树——水榕树，一群天生天养的神鸟——鹭鸟，一篇风行全国的名文——《鸟的天堂》，一幅堪称人与自然和谐相处的天然画卷。请看其中的三个段落：

> 这一次是在早晨，阳光照在水面上，也照在树梢。一切都显得非常明亮。我们的船也在树下泊了片刻。
>
> 起初四周非常清静。后来忽然起了一声鸟叫。朋友陈把手一拍，我们便看见一只大鸟飞起来，接着又看见第二只，第三只。我们继续拍掌。很快地这个树林变得很热闹了。到处都是鸟声，到处都是鸟影。大的，小的，花的，黑的，有的站在枝上叫，有的飞起来，有的在扑翅膀。
>
> 我注意地看。我的眼睛真是应接不暇，看清楚这只，又看漏了那只，看见了那只，第三只又飞了。一只画眉飞了出来，给我们的拍掌声一惊，又飞进树林，站在一根小枝上兴奋地唱着，它的歌声真好听。①

小鸟天堂这个文学景观的基本特征，就是浓郁的岭南水乡风情和人与自然和谐相处的境界。

11. 南海神庙

南海神庙位于广州市黄埔区庙头村（即古扶胥镇之所在地），始建于隋开皇十四年（594 年），至今已有 1400 多年的历史，系中国古代四大海神庙中仅存的一座，又称东庙、波罗神庙，是隋唐以来历代王朝祭祀南海神的地方，庙宇规模宏大，气势威严。庙前有一座石牌坊，上书“海不扬波”四个大字。石牌坊前有古码头遗址。庙西有埠名“章丘”，丘上有“浴日亭”，亭内有“浴日亭诗碑”。

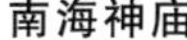

南海神庙

“海不扬波”牌坊

① 巴金：《鸟的天堂》，载《巴金作品精编》，漓江出版社，2002，第 95—96 页。

南海神庙是一座历史悠久的“国庙”，皇帝即位、祈雨、止疫、平叛，甚至求嗣，都要派重臣或本地要员来此祭祀南海神，并一一立碑为记。据介绍，庙内有唐碑1块、宋碑11块、元碑10块、明碑26块、清碑21块，还有历代名人的诗文碑刻16方85块。[①] 东晋的庾阐，唐代的李邕、韩愈、贾岛、高骈、曹松，宋代的苏轼、李纲、杨万里、方信孺、刘克庄、文天祥，明代的汤显祖、陈献章，明清之际的屈大均，清代的梁佩兰、陈恭尹、丘逢甲等著名文学家，都在这里留下了他们的作品。因此，南海神庙也成了广东境内一个非常著名的文学景观。

南海神庙文学景观的文化内涵，与梅岭、清远峡山、越秀山、白云山、珠江、石门、罗浮山、惠州西湖、崖门山、小鸟天堂等其他10个著名文学景观都不一样。如果说，梅岭文学景观的文化内涵主要是迁谪之感与故园之思，清远峡山文学景观的文化内涵主要是山水之乐与出尘之想，越秀山文学景观的文化内涵主要是历史的沉思与人世的沧桑，白云山文学景观的文化内涵主要是暂离尘嚣与走近自然，珠江文学景观的文化内涵主要是世俗情怀与淳朴民风，石门文学景观的文化内涵主要是比德山水与清廉自守，罗浮山文学景观的文化内涵主要是崇真尚道与恬淡修隐，惠州西湖文学景观的文化内涵主要是清新脱俗与超然旷达，崖门山文学景观的文化内涵主要是吊古抒怀与高扬民族气节，小鸟天堂文学景观的文化内涵主要是水乡风情与天人合一之境，那么，南海神庙文学景观的文化内涵，主要就是面朝大海、仰观日出，走向世界、走向未来，开拓更壮美、更雄奇的人生。请看下面这两首诗：

剑气峥嵘夜插天，
瑞光明灭到黄湾。
坐看旸谷浮金晕，
遥想钱塘涌雪山。
已觉沧凉苏病骨，
更烦沆瀣洗衰颜。

---

① 参见曾应枫、黄应丰编著《千年海祭——广州波罗庙》，广东教育出版社，2010，第59页。

忽惊鸟动行人起，
飞上千峰紫翠间。

——（北宋）苏轼《南海神庙浴日亭》①

南海端为四海魁，
扶胥绝境信奇哉。
日从若木梢头转，
潮到占城国里回。
最爱五更红浪拂，
忽吹万里紫霞开。
天公管领诗人眼，
银汉星槎借一来。

——（南宋）杨万里《东庙浴日亭》②

南海神庙，固然有许多可观之处，但古代文人最看重的，还是在“浴日亭”观日。屈大均《广东新语》卷一云：“扶胥之口地以卑，而见日若凌倒景，比罗浮所见乃益奇。郁溪云：‘日自地出而行于水之外，水自天来而行于日之中，故观日尤宜于水。’扶胥者，广东诸水之汇也。南海之神庙焉。其西南百步有一峰，岿然出于林杪，是曰章丘。俯瞰牂牁之洋，大小虎门之浸。惊涛怒飓，倏忽阴晴。洲岛萦回，远山灭没。万里无际，极于尾闾。诚炎溟之巨观也。一亭在其上，以浴日名。吾尝中夜而起，四顾寥寂。潮鸡始声，月影未息。俄而狮子海东，光如电激。由红而黄，波涛荡涤。半晕始飞，鸿蒙已辟。火云一烧，天海皆赤。潮头高以数丈，日体大可百尺。因咏子瞻‘坐看旸谷浮金晕’，与白沙‘赤腾空洞昨宵日’之句，心荡神摇，欲拟之而茫然未得也。”这一段散文诗式的文字，生动地描述了作者在“浴日亭”观日的所闻与所见，有助于我们对苏、杨二诗的理解。屈大均还说：“上有罗浮，下有章丘。

① 苏轼：《南海神庙浴日亭》，载黄雨《历代名人入粤诗选》，广东人民出版社，1980。

② 杨万里：《东庙浴日亭》，载黄雨《历代名人入粤诗选》，广东人民出版社，1980。

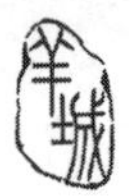

于高见日则小，于卑见日则大，然皆在于夜中。”① 我们看苏、杨二人这两首诗，都是写他们在五更以前就登上“浴日亭”等待日出，既见日出则兴奋异常的情景。因为在这里是低处观日，在罗浮山则是高处观日。低处观日所见者大，高处观日所见者小。他们在这里体验到了不一样的大自然，也体验到了不一样的人生。

除了写日出、写大海外，在南海神庙，作家们还留下了许多别的题材的作品，例如刘克庄写这里的赛海神祠，黎遂球写这里的铜鼓，陈恭尹、梁无技写这里的木棉，等等，都显得格调高昂，语气豪迈，胸胆开张，平日的郁闷与纠结都为之一扫。

所以笔者认为，南海神庙文学景观是一处非常独特的文学景观，是一处鼓舞人们拥抱大海、拥抱太阳，走向世界、走向未来的文学景观，是一处豪放、壮美、明快、绚丽的文学景观。这个景观的文化内涵和审美特征，与当今这个时代的主流精神是相通的。

---

① 屈大均：《广东新语》，中华书局，1985，第1—3页。

第四章 明清至民国时期广州府的文学家族之分布

一　文学家族之界定及有关统计之说明

1. 文学家族之界定

明清至民国时期的广州府，实际上管辖今天的广州市、佛山市、江门市、中山市、珠海市、东莞市、深圳市全境，以及清远市的大部和惠州市的龙门县，在1841年以前还管辖香港，在1881年以前还管辖澳门。也就是说，明清至民国时期的广州府所管辖的范围，几乎包含了全部的珠三角地区。而明清至民国时期广州府的文学家族，也就是今天的广州、佛山、江门、中山、珠海、东莞、深圳七市，以及清远大部和惠州龙门县的文学家族。

所谓文学家族，就是以某种血缘（亲缘）关系为纽带、以某个地域为背景的文学群体。[①] 文学家族有四个特点。一是血缘性或亲缘性。家族成员之间有的是父子（女）关系、祖孙（女）关系、兄（姐）弟（妹）关系，有的是外祖孙关系、舅甥关系、表亲关系，有的则是夫妻关系、翁婿关系、连襟关系，等等。二是地域性。具血缘关系者，其籍贯（本籍）是一致的；具亲缘关系者，其籍贯（本籍）不尽一致，但是相距不是太远，一般不出方圆40里（1里合500米，下同）。三是世代承袭性，即传承性，少则两三代，多则十几代。四是文学性，即这些人都从事文学的创作，虽然他们的本业不一定是文学创作，即专门从事文学创作的人很少。具备这四个特点的家族就是文学家族，广东的文学自汉代至明代以前属于成长期，明代以后才进

① 曾大兴：《文学地理学研究》，商务印书馆，2012，第13页。

入繁荣期，所以广东的文学家族在明代以前是很少的，有影响的文学家族一个都没有。广东文学家族的大量出现是在明代以后，而且主要出现在旧广州府，也就是今天的珠三角地区。

2. 有关统计之说明

（1）本统计表（表一，下同）的时间上限是明代开国之年（1368 年），下限是中华人民共和国成立之年（1949 年）。

（2）本统计表对于文学家的时代认定，绝大多数以其卒年为准，极个别除外，如商承祚、叶恭绰等海内外知名者。

（3）本统计表对于文学家族的地域认定，以明清至民国时期广州府的管辖范围为据。

（4）本统计表所列入的文学家，均是有文集（包括诗集、词集、散文集、小说集、戏剧文学集和文学研究著作）的文学家。凡是没有文集（无论是否刊刻、出版过）的文学家一律不列入。事实上，没有文集而只有单篇作品甚至作品片段的文学家是很多的，如果把他们都列入统计表，那么这个统计表就太烦琐了，读者会感到厌倦。由于这个原因，表一所列文学家族有的甚至只有两个人，但是并不意味着这个文学家族实际上只有两个人。希望读者不要误解。

（5）据《番禺县志》（广东人民出版社 1995 年版）记载：番禺建县始于秦始皇三十三年（前 214 年），其境域相当于今番禺区的 10 多倍。自东汉建安六年（201 年）至清康熙二十五年（1686 年）的近 1500 年间，由番禺县先后析出增城、东官（东莞）、怀化（怀集）、南海、从化、花县（花都）等县，并由这些县再析出龙门、香山（中山）、新安（宝安）、顺德、三水等县以及香港、澳门地区。自清康熙二十五年（1686 年）析地建花县至 1921 年广州建市，这 235 年间，番禺县的境域基本没有变动，即以县学宫（今广州农讲所）为中心，正北 48 里至花县界，正南 35 里至顺德县界，正东 51.5 里至增城县界，正西 1.5 里至南海县界，东北 70.5 里至从化县界，东南 75 里至东莞县界，西北 2 里及西南 3.5 里至南海县界。民国十年（1921 年）广州正式建市，番禺之捕属（广州市东半部）及河南街区划为市区，数年后，其近郊乡村相继划属广州市区。1949 年以后，又分数次将禺北、禺东一带划入广州市区。1959 年，原属中山县的大岗、万顷沙、南沙、黄阁划入番禺。2002 年以后，万顷沙、南沙、黄阁又划入新成立的南沙区。2013

年，大岗、榄核、东涌三镇再次划入南沙区。如今的广州市番禺区，管辖市桥、桥南、沙头、大石、小谷围、钟村等6个街道和新造、石基、石楼、化龙和南村等5个镇。

1922年，番禺县府由广州市区移至新造，1945年移至市桥，至今未变。

考虑到表一中所列番禺籍文学家，均出生于民国十年（1921年）广州建市以前，故其“今地”均系于今广州市。少数人的籍贯能够具体到某个街道或乡镇，如果这个街道或乡镇属于今天的广州番禺区，则其“今地”系于“广州番禺”；如果这个街道或乡镇属于今天的广州海珠区，则其“今地”系于“广州海珠”。依此类推。

（6）据《南海县志》（光绪庚戌版）记载，南海建县始于隋文帝开皇十年（590年），明代宗景泰三年（1452年）析地置顺德县，明世宗嘉靖五年（1526年）析地置三水县，清世祖康熙二十五年（1686年）析地置花县。民国九年（1920年），县城——捕属划入广州市区。如今的佛山市南海区，管辖桂城1个街道和里水、九江、丹灶、大沥、狮山、西樵等6个镇。考虑到表一中所列南海籍文学家，均出生于民国九年（1920年）以前，故其“今地”除了确属于今佛山南海区的上述1个街道与6个镇以外，其余均系于今广州市。

（7）“番禺捕属”，即由外省落籍番禺者，居今广州市区东半部。

（8）“南海捕属”，即由外省落籍南海者，居今广州市区西半部。《南海县志》（光绪庚戌版）记载：“捕属居省城之西城内，前以双门底街为界，后以正南街为界，新城以小市街为界，城外以五仙直街为界。”

（9）本统计表所列文学家之籍贯，一般只具体到县一级。少数具体到街道、乡镇一级者，皆因当时所属县级行政区划与今天的县级行政区划有所不同，因而县名也有所不同。

二　明清至民国时期广州府的文学家族之分布格局

笔者通过查阅大量的广东地方文献，并参考前贤和时贤的有关研究成果，得知从明代开国至中华人民共和国成立这581年间，广州府共有文学家族105个。兹根据上述之统计说明，列表一如下。

表一　明清至民国时期广州府的文学家族统计

姓名	时代	籍贯	今地	代表作	功名或学历	血缘关系
1. 番禺商衍鎏家族						
商廷焕	民国	番禺兴仁	广州花都	《味灵华馆诗集》		广州驻防汉军
商衍鎏	民国	番禺兴仁	广州花都	《商衍鎏诗书画集》	光绪三十年探花	商廷焕之子
商承祚	民国	番禺兴仁	广州花都	《殷墟文字类编》《商承祚篆册》	1925年北京大学国学门研究生毕业	商衍鎏之子
2. 从化黎民表家族						
黎民表	明	从化	广州从化	《瑶石山人诗稿》	嘉靖十三年举人	“南园后五子”之一
黎民衷	明	从化	广州从化	《司封集》	嘉靖三十五年进士	黎民表之弟
黎民怀	明	从化	广州从化	《清居集》	嘉靖岁贡	黎民表之弟
黎邦瑊	明	从化	广州从化	《洞石稿》	万历岁贡	黎民表之侄
黎邦琰	明	从化	广州从化	《旅中稿》《广东文献》	隆庆进士	
3. 番禺卫廷璞家族						
卫廷璞	清	番禺	广州	《安蛰草》		
卫廷珙	清	番禺	广州	《文行集》		卫廷璞之弟
4. 番禺王邦畿家族						
王邦畿	明	番禺	广州	《耳鸣集》	隆庆元年举人	
王隼	清	番禺	广州	《大樗堂集》		王邦畿之子

续表

姓名	时代	籍贯	今地	代表作	功名或学历	血缘关系
王鸣雷	清	番禺	广州	《王中秘文集》	隆庆元年举人	王邦畿从子
王瑶湘	清	番禺	广州	《逍遥楼诗》		王隼之女
5. 番禺方殿元家族						
方殿元	清	番禺	广州	《九谷集》	康熙三年进士	
方还	清	番禺	广州	《灵洲集》	贡生	方殿元长子
方朝	清	番禺	广州	《勺湖集》	国学生	方殿元次子
方洁	清	番禺	广州	《方彩林诗集》		方殿元之女
成鹫	清	番禺	广州	《鹿湖草》	出家为庆云寺住持	方殿元之弟
6. 番禺叶衍兰家族						
叶衍兰	清	番禺捕属	广州	《海云阁诗钞》	咸丰六年进士	叶英华之子
叶衍桂	清	番禺捕属	广州	《天船词》		叶衍兰之弟
叶佩瑜	民国	番禺捕属	广州	《蘖饧庵诗钞》		叶衍兰之侄
叶恭绰	民国	番禺捕属	广州	《遐庵汇稿》、《全清词抄》		叶衍兰之孙
7. 番禺史善长家族						
史善长	清	番禺	广州	《味根山房诗钞》		
史印玉	清	番禺	广州	《芙蓉馆遗稿》		史善长孙女

续表

姓名	时代	籍贯	今地	代表作	功名或学历	血缘关系
8. 番禺冯昕华家族						
冯昕华	民国	番禺	广州	《巢云山房诗钞》		
冯哲华	民国	番禺	广州	《雪鸿草》		冯昕华之弟
冯晴华	民国	番禺	广州	《絮吟馆诗钞》		冯昕华之弟
冯城宝	民国	番禺	广州	《玉仪轩吟草》		冯晴华之子
9. 番禺吕坚家族						
吕坚	清	番禺	广州	《迟删集》等	乾隆岁贡生	
张芬	清	未详	未详	《蕉窗诗》		吕坚之室
10. 番禺朱启连家族						
朱启连	民国	番禺捕属	广州	《棣垞集》		
朱执信	民国	番禺捕属	广州	《朱执信集》	留日生	朱启连之子
11. 番禺伍廷鎏家族						
伍廷鎏	清	番禺	广州	《松苔馆诗》		
伍德彝	清	番禺	广州	《松苔馆花甲酬唱集》		伍廷鎏次子
12. 番禺刘善才家族						
刘善才	清	番禺	广州	《笔耒轩吟稿》		
刘彬华	清	番禺	广州	《玉壶山房诗钞》	嘉庆六年进士	刘善才之子

续表

姓名	时代	籍贯	今地	代表作	功名或学历	血缘关系
13. 番禺刘广礼家族						
刘广礼	清	番禺	广州	《息机轩诗》	嘉庆举人	
刘广智	清	番禺	广州	《簾青书屋诗钞》	道光举人	刘广礼之弟
14. 番禺刘钊家族						
刘钊	民国	番禺	广州	《鸿雪留题集》		
刘月娟	民国	番禺	广州	《倚云楼诗钞》		刘钊第五女
15. 番禺刘景堂家族						
刘景堂	民国	番禺	广州	《心影词》《沧海楼词钞》		
刘玑	民国	番禺	广州	《潜室诗稿》		刘景堂之弟
16. 番禺汪兆铭家族						
汪瑔	清	番禺捕属	广州	《随山馆诗集》		
汪兆铨	民国	番禺捕属	广州	《惺默斋诗文集》	光绪举人	汪瑔之子
汪兆镛	民国	番禺捕属	广州	《微尚斋诗》	光绪举人	汪兆铨从弟
汪兆铭	民国	番禺捕属	广州	《双照楼诗词集》	日本东京大学毕业	汪兆镛之弟
17. 番禺张维屏家族						
张维屏	清	番禺捕属	广州	《松心草堂集》	道光二年进士	
张彦端	清	番禺捕属	广州	《香雪巢诗》		张维屏次女

续表

姓名	时代	籍贯	今地	代表作	功名或学历	血缘关系
18. 番禺居巢家族						
居鍠	清	番禺隔山	广州海珠	《梅溪草》	道光诸生	居巢之父
居巢	民国	番禺隔山	广州海珠	《今夕庵诗集》		
居仁	民国	番禺隔山	广州海珠	《菜花草堂词》		居巢之四弟
居庆	民国	番禺隔山	广州海珠	《宜春阁吟草》		居巢之女
19. 番禺屈大均家族						
屈群策	明	番禺沙亭	广州番禺	《来熏书院集》		屈大均十五世伯祖
屈青野	明	番禺沙亭	广州番禺	《交翠轩集》		屈群策之子
屈瑛	明	番禺沙亭	广州番禺	《草虫鸣砌集》		屈大均十二世祖
屈士燝	明	番禺沙亭	广州番禺	《显晦草》《食薇草》	隆庆乡荐	
屈士煌	明	番禺沙亭	广州番禺	《屈泰士遗诗》	隆庆元年补诸生	屈士燝之弟
屈大均	明	番禺沙亭	广州番禺	《广东新语》《翁山诗集》	县学生员	屈士燝从弟“岭南三大家”之一
黎静卿	清	东莞	东莞	《道香楼集》		屈大均继室
20. 番禺屈应丁家族						
屈应丁	清	番禺	广州	《环水村农诗存》		
屈肇基	清	番禺	广州	《留荫园诗草》		屈应丁子

续表

姓名	时代	籍贯	今地	代表作	功名或学历	血缘关系
21. 番禺胡汉民家族						
胡汉民	民国	番禺捕属	广州	《不遗室诗钞》	留日学生	
胡毅生	民国	番禺捕属	广州	《绝尘想室诗》	留日学生	胡汉民从弟
22. 番禺俞安凤家族						
俞安凤	民国	番禺	广州	《三十六溪花萼集》（与俞安鼐合著）	光绪二十年举人	
俞安鼐	民国	番禺	广州	《自怡悦斋诗稿》		俞安凤之弟
23. 番禺凌鱼家族						
凌鱼	清	番禺	广州	《书耘斋前后集》	乾隆十三年进士	
凌净真	清	番禺	广州	《凌氏节妇拾遗草》（合集）		凌鱼次女
凌洁真	清	番禺	广州	《凌氏节妇拾遗草》（合集）		凌鱼三女
24. 番禺凌骥家族						
凌骥	清	番禺	广州	《枥鸣草》		
凌扬藻	清	番禺	广州	《药洲文略》《岭海诗抄》		凌骥之子
凌湘衡	清	番禺	广州	《冷痴子集》		凌扬藻长子
凌嘉遇	清	番禺	广州	《披榛轩诗稿》		凌扬藻从弟

续表

姓名	时代	籍贯	今地	代表作	功名或学历	血缘关系
25. 番禺涂瑞家族						
涂瑞	明	番禺	广州	《东窗集》	成化进士	
涂瑾	明	番禺	广州	《东庄诗集》	成化十三年进士	涂瑞从弟
26. 番禺梁士楚家族						
梁士楚	明	番禺	广州	《木湾集》	嘉靖三十一年举人	
梁元最	明	番禺	广州	《隐园吟草》	嘉靖三十一年举人	梁士楚子
27. 番禺梁鼎芬家族						
梁鼎芬	民国	番禺	广州	《节庵先生遗诗》	光绪六年进士	
梁友衡	民国	番禺	广州	《求放心斋诗稿》	广东法政专门学校毕业	梁鼎芬之侄
28. 番禺梁庆桂家族						
梁庆桂	民国	番禺黄埔	广州海珠	《式洪室诗文集》	光绪举人	
梁广照	民国	番禺黄埔	广州海珠	《柳斋遗稿》	留日学生	梁庆桂之子
29. 番禺韩上桂家族						
韩上桂	明	番禺古坝	广州番禺	《朵云山房遗稿》	万历二十二年举人	
韩文举	清	番禺古坝	广州番禺	《韩树园先生遗诗》		韩上桂之后
30. 番禺黎遂球家族						
黎瞻	明	番禺板桥	广州越秀	《燕台集》	嘉靖元年举人	

续表

姓名	时代	籍贯	今地	代表作	功名或学历	血缘关系
黎密	明	番禺板桥	广州越秀	《黎镇之游稿》	万历诸生	黎瞻之孙
黎遂球	明	番禺板桥	广州越秀	《莲须阁诗文全集》	天启七年举人	黎密之子
黎延祖	明	番禺板桥	广州越秀	《瓜圃小草》	贡生	黎遂球长子
黎彭祖	明	番禺板桥	广州越秀	《醇曜堂集》	岁贡生	黎遂球次子
31. 番禺黎淳先家族						
黎淳先	清	番禺	广州	《鞾言集》	诸生	
黎彭龄	清	番禺	广州	《芙航集》	诸生	黎淳先次子
32. 番禺潘飞声家族						
潘有为	清	番禺龙溪	广州海珠	《南雪巢诗钞》	乾隆三十七年进士	
潘有度	清	番禺龙溪	广州海珠	《义松堂遗稿》		
潘正衡	清	番禺龙溪	广州海珠	《常阴堂遗诗》		潘有为子
潘正亨	清	番禺龙溪	广州海珠	《万松山房诗钞》		潘有度长子
潘正常	清	番禺龙溪	广州海珠	《丽泽轩诗钞》	嘉庆进士	潘有度三子
潘正炜	清	番禺龙溪	广州海珠	《听风楼诗钞》	贡生	潘有度四子
潘恕	清	番禺龙溪	广州海珠	《双桐圃诗文钞》	贡生	潘正衡长子
潘定桂	清	番禺龙溪	广州海珠	《三十六村草堂诗钞》		潘正衡次子
潘仕扬	清	番禺龙溪	广州海珠	《三长斋诗钞》		潘正亨长子

续表

姓名	时代	籍贯	今地	代表作	功名或学历	血缘关系
潘丽娴	清	番禺龙溪	广州海珠	《崇兰馆诗钞》		潘恕之女
潘光瀛	清	番禺龙溪	广州海珠	《梧桐庭院诗钞》		潘恕之子
潘宝璜	民国	番禺龙溪	广州海珠	《望琼仙馆诗钞》	光绪进士	潘正炜之孙
潘飞声	民国	番禺龙溪	广州海珠	《说剑堂集》《粤东词抄》	光绪诸生	潘光瀛之子
梁霭	民国	南海	广州	《飞素阁遗诗》		潘飞声之室
33. 番禺郭棐家族						
郭棐	明	番禺	广州	《粤大记》《岭海名胜记》	嘉靖四十一年进士	
郭棨	明	番禺	广州	《明霞集》《桂华集》	嘉靖四十年举人	郭棐之弟
34. 南海徐荣家族						
徐荣	清	南海	广州	《怀古田舍诗钞》	道光十六年进士	
徐同善	清	南海	广州	《小南海集诗抄》		徐荣第三子
35. 南海关赓麟家族						
关霁	民国	南海	广州	《思痛轩诗存》	京师大学堂毕业，赏举人	
关赓麟	民国	南海	广州	《稊园诗集》	光绪进士	关霁之弟
张祖铭	民国	江苏铜山	江苏铜山	《饴乡集》		关赓麟继室
36. 南海李长荣家族						
李长荣	清	南海	广州	《柳堂诗录》		

续表

姓名	时代	籍贯	今地	代表作	功名或学历	血缘关系
李氏	清	南海	广州	《写韵轩遗诗》		李长荣女，番禺梁保庸室
37. 南海何惟藻家族						
何惟藻	清	南海	广州	《争笑轩集》	顺治十四年举人	
何逢	清	南海	广州	《余耽集》	诸生	何惟藻之子
38. 南海桂鸿家族						
桂鸿	清	南海捕属	广州	《渐斋诗抄》	乾隆举人	
桂文耀	清	南海捕属	广州	《清芬小草》	道光九年进士	桂鸿之孙
桂文灿	清	南海捕属	广州	《潜心堂诗集》	道光举人	桂文耀之弟
桂文炽	清	南海捕属	广州	《鹿鸣山馆稿》	道光间补博士弟子员	桂文耀之弟
桂坛	民国	南海捕属	广州	《晦木轩稿》	光绪举人	桂文灿长子
桂坫	民国	南海捕属	广州	《晋砖宋瓦室类稿》	光绪进士	桂文灿之侄
39. 南海徐良琛家族						
徐良琛	民国	南海	广州	《搴芙蓉馆集》		
徐良瑛	民国	南海	广州	《石洲诗草》		徐良琛之弟
40. 南海梁士济家族						
梁士济	明	南海	广州	《城台集》	天启五年进士	
梁观	明	南海	广州	《虚斋集》	贡生	梁士济之子

续表

姓名	时代	籍贯	今地	代表作	功名或学历	血缘关系
41. 南海谭莹家族						
谭莹	清	南海捕属	广州	《乐志堂集》	道光六年举人	
谭宗浚	民国	南海	广州	《荔村草堂诗钞》	同治十三年榜眼	谭莹之子
谭祖任	民国	南海	广州	《聊园词》	光绪拔贡	谭莹之孙
42. 南海颜斯绥家族						
颜斯绥	清	南海	广州	《常惺惺斋诗集》	乾隆进士	
颜斯缉	清	南海	广州	《菊湖诗抄》	嘉庆拔贡	颜斯绥从弟
颜斯总	清	南海	广州	《听秋草堂诗抄》	嘉庆顺天府举人	颜斯绥从弟 颜斯缉之弟
43. 南海方献夫家族						
方茂夫	明	南海丹灶	佛山南海	《狎鸥亭集》	正德八年举人	
方献夫	明	南海丹灶	佛山南海	《西樵遗稿》	弘治十八年进士	方茂夫之弟
方蕖	明	南海丹灶	佛山南海	《龙井集》		方献夫次子
44. 南海伦文叙家族						
伦文叙	明	南海黎涌	佛山南海	《迂冈集》	弘治十二年状元	
伦以谅	明	南海黎涌	佛山南海	《石溪集》	正德十五年进士	伦文叙长子
伦以训	明	南海黎涌	佛山南海	《白山集》	正德十二年榜眼	伦文叙次子

续表

姓名	时代	籍贯	今地	代表作	功名或学历	血缘关系
伦以诜	明	南海黎涌	佛山南海	《穗石集》	嘉靖十七年进士	伦文叙季子
45. 南海劳孝舆家族						
劳孝舆	清	南海魁岗	佛山南海	《阮斋诗钞》等	雍正十三年拔贡	
劳潼	清	南海魁岗	佛山南海	《荷经堂稿》等	乾隆三十年举人	劳孝舆之子
46. 南海吴琏家族						
吴琏	明	南海佛山	佛山南海	《竹庐诗集》	成化二十年进士	
吴允禄	明	南海佛山	佛山南海	《九岩集》	嘉靖二年进士	吴琏次子
47. 南海吴趼人家族						
吴荣光	清	南海佛山	佛山南海	《石云山人集》等	嘉庆四年进士	
吴弥光	清	南海佛山	佛山南海	《芬陀罗馆文钞》	道光举人	吴荣光之弟
吴用光	清	南海佛山	佛山南海	《修月楼稿》	嘉庆诸生	吴荣光从兄
吴林光	清	南海佛山	佛山南海	《饮兰露馆诗钞》	道光进士	吴荣光从弟
吴琛光	清	南海佛山	佛山南海	《墨香小室遗稿》		吴荣光从弟
吴奎光	清	南海佛山	佛山南海	《建业堂诗集》	嘉庆太学生	
吴尚熹	清	南海佛山	佛山南海	《写韵楼词》		吴荣光之女
吴趼人	民国	南海佛山	佛山南海	《二十年目睹之怪现状》		吴荣光曾孙

续表

姓名	时代	籍贯	今地	代表作	功名或学历	血缘关系
48. 南海陈绍儒家族						
陈绍儒	明	南海沙贝	广州白云沙贝	《留余遗稿》	嘉靖十七年进士	
陈绍文	明	南海沙贝	广州白云沙贝	《中阁集》	嘉靖十六年举人	陈绍儒堂弟
陈子壮	明	南海沙贝	广州白云沙贝	《陈文忠公遗集》	万历四十七年进士	陈绍儒曾孙
陈子升	明	南海沙贝	广州白云沙贝	《陈中洲先生全集》	贡生	陈子壮之弟
49. 南海招子庸家族						
招茂章	清	南海横沙	广州白云横沙	《橘天园诗钞》		
招子庸	清	南海横沙	广州白云横沙	《粤讴》	嘉庆二十一年武举人	招茂章长子
招子恕	清	南海横沙	广州白云横沙	《独榕冈草堂诗钞》	贡生	招子庸之弟
招健升	清	南海横沙	广州白云横沙	《自怡堂集》	诸生	招子庸从兄
50. 南海庞嵩家族						
庞嵩	明	南海张槎	佛山禅城	《弼唐存稿》	嘉靖十三年举人	
庞一德	明	南海张槎	佛山禅城	《双瀑堂草》	万历四年举人	庞嵩次子
51. 南海康有为家族						
康有为	民国	南海西樵	佛山南海	《康有为先生文集》	光绪二十一年进士	
康有溥	民国	南海西樵	佛山南海	《康幼博茂才遗诗》		康有为之弟

续表

姓名	时代	籍贯	今地	代表作	功名或学历	血缘关系
52. 南海谢兰生家族						
谢兰生	清	南海和顺	佛山南海	《常惺惺斋诗集》	嘉庆七年进士	
谢念功	清	南海和顺	佛山南海	《梦草草堂诗集》	道光举人	谢兰生次子
53. 南海廖廷福家族						
廖廷福	民国	南海佛山	佛山南海	《红荔山房诗稿》		
廖景增	民国	南海佛山	佛山南海	《学海堂课艺》	学海堂及广雅书院肄业	廖廷福之侄
54. 南海霍韬家族						
霍韬	明	南海魁岗	佛山南海	《渭涯集》	正德九年进士	
霍与瑕	明	南海魁岗	佛山南海	《勉斋集》	嘉靖三十八年进士	霍韬次子
55. 顺德龙令宪家族						
龙令宪	民国	顺德	佛山顺德	《五山草堂初编》		
龙唫芗	民国	顺德	佛山顺德	《蕉雨轩诗稿》		龙令宪四姊
56. 顺德佘象斗家族						
佘象斗	清	顺德	佛山顺德	《啸园诗稿》	顺治十八年进士	
佘锡纯	清	顺德	佛山顺德	《语山堂集》	明经	佘象斗次子
佘云祚	清	顺德	佛山顺德	《柱史阁初集》	康熙九年进士	佘象斗侄

续表

姓名	时代	籍贯	今地	代表作	功名或学历	血缘关系
57. 顺德刘杰家族						
刘杰	清	顺德	佛山顺德	《蜗寄山房诗草》		
刘潜蛟	清	顺德	佛山顺德	《太乙亭诗草》		刘杰之子
58. 顺德苏葵家族						
苏葵	明	顺德	佛山顺德	《吹剑集》	成化二十三年进士	
苏仲	明	顺德	佛山顺德	《古愚集》	弘治十五年进士	苏葵仲弟
苏方晋	明	顺德	佛山顺德	《乐善堂稿》	弘治副贡生	苏仲四子
59. 顺德苏宝盉家族						
苏宝盉	民国	顺德	佛山顺德	《冬心室学制骈文》	光绪三十二年优贡	
苏文擢	民国	顺德	佛山顺德	《邃加室诗集》	无锡国文专修馆毕业	苏宝盉之子
60. 顺德李文灿家族						
李文灿	明	顺德	佛山顺德	《天山草堂集》	贡生	
李殿苞	清	顺德	佛山顺德	《凤冈集》等	贡生	李文灿之子
61. 顺德李德林家族						
李德林	清	顺德	佛山顺德	《柯山草堂集古》	康熙岁贡	
李德炳	清	顺德	佛山顺德	《北游诗草》	康熙三十八年举人	李德林之弟
李文田	民国	顺德	佛山顺德	《李文诚公遗诗》	咸丰三年探花	

续表

姓名	时代	籍贯	今地	代表作	功名或学历	血缘关系
李渊硕	民国	顺德	佛山顺德	《智剑庐诗稿》		李文田之子
62. 顺德吴槐柄家族						
吴槐柄	清	顺德	佛山顺德	《冈州近稿》等	乾隆举人	
吴应麟	清	顺德	佛山顺德	《籯经阁诗钞》	嘉庆诸生	吴槐柄之子
63. 顺德岑万家族						
岑万	明	顺德	佛山顺德	《蒲谷集》	嘉靖五年进士	
岑用宾	明	顺德	佛山顺德	《小谷集》	嘉靖三十八年进士	岑万长子
64. 顺德邱士超家族						
邱士超	清	顺德	佛山顺德	《晚香圃吟草》	嘉庆诸生	
邱掌珠	清	顺德	佛山顺德	《绿窗庭课吟卷》		邱士超之女
65. 顺德何绛家族						
何绛	明	顺德	佛山顺德	《不去庐诗集》		“北田五子”之一
何滨	明	顺德	佛山顺德	《寄亭诗草》		何绛之孙
66. 顺德张锦芳家族						
张晖良	清	顺德	佛山顺德	《逃虚阁诗集》	乾隆五十四年进士	陈恭尹曾孙婿
张锦芳	清	顺德	佛山顺德	《逃虚阁诗钞》	乾隆四十五年解元	张晖良之弟，“岭南三子”之一

续表

姓名	时代	籍贯	今地	代表作	功名或学历	血缘关系
张锦麟	清	顺德	佛山顺德	《少游草》	乾隆三十年举人	张锦芳之弟
张思齐	清	顺德	佛山顺德	《吟秋馆诗抄》		张晖良之子
张思植	清	顺德	佛山顺德	《荔生诗钞本》		张思齐之弟
67. 顺德陈恭尹家族						
陈邦彦	明	顺德	佛山顺德	《雪声堂集》	诸生	
陈恭尹	明	顺德	佛山顺德	《独漉堂集》		陈邦彦之子，“岭南三大家”之一
陈䂮	清	顺德	佛山顺德	《弗如亭草》	南海籍增生	陈恭尹长子
陈励	清	顺德	佛山顺德	《东轩草》	康熙三十八年举人	陈恭尹次子
陈世和	清	顺德	佛山顺德	《介亭诗抄》	雍正元年拔贡	陈恭尹之孙 陈励之子
陈华封	清	顺德	佛山顺德	《复斋诗抄》	太学生	陈恭尹之孙
陈贤	清	顺德	佛山顺德	《柔存堂诗草》		陈华封之女，张晖良室
陈次蕃	清	顺德	佛山顺德	《小禺诗草》		陈华封之子
陈份	清	香山	中山	《水夌集》	乾隆元年举人	少居陈恭尹家
68. 顺德罗天尺家族						
罗孙耀	清	顺德	佛山顺德	《石湖集》	顺治十五年进士	
罗世举	清	顺德	佛山顺德	《饥驱集》	康熙三十二年副贡	罗孙耀之子

续表

姓名	时代	籍贯	今地	代表作	功名或学历	血缘关系
罗天尺	清	顺德	佛山顺德	《瘿晕山房诗钞》等	乾隆元年举人	“惠门四子”之一
罗天俊	清	顺德	佛山顺德	《贲园诗草》	乾隆诸生	罗天尺之弟
69. 顺德周棠芬家族						
周棠芬	清	顺德	佛山顺德	《味闲轩诗钞》		
周庆麟	清	顺德	佛山顺德	《不懈斋诗钞》	同治举人	周棠芬之子
70. 顺德黄维贵家族						
黄维贵	明	顺德	佛山顺德	《敦仁堂稿》	万历十年举人	
黄圣期	明	顺德	佛山顺德	《春晖堂稿》	万历三十八年进士	黄维贵子
黄圣年	明	顺德	佛山顺德	《薜蕊斋诗草》等	万历四十六年举人	黄维贵子
71. 顺德梁霭如家族						
梁霭如	清	顺德	佛山顺德	《无懈怠斋诗集》	嘉庆进士	
梁九图	清	顺德	佛山顺德	《紫藤馆诗钞》		梁霭如长子
梁邦俊	清	顺德	佛山顺德	《小崖遗草》		梁霭如之子
72. 顺德梁廷枏家族						
梁廷枏	清	顺德	佛山顺德	《藤花亭诗文集》《粤海关志》	道光十四年副贡生	
梁媛玉	清	顺德	佛山顺德	《同怀剩稿》（合著）		梁廷枏长女
梁媞玉	清	顺德	佛山顺德	《同怀剩稿》（合著）		梁廷枏次女

续表

姓名	时代	籍贯	今地	代表作	功名或学历	血缘关系
73. 顺德温汝能家族						
温闻源	清	顺德	佛山顺德	《碧池诗钞》		温汝适之叔
温汝能	清	顺德	佛山顺德	《谦山诗文钞》《粤东文海》《粤东诗海》	乾隆五十三年举人	
温汝适	清	顺德	佛山顺德	《携书轩诗钞》	乾隆四十九年进士	温汝能从弟
温汝骥	清	顺德	佛山顺德	《灵洲诗集》	乾隆举人	温汝能从弟
温汝骧	清	顺德	佛山顺德	《环翠山房诗集》	诸生	温汝能从弟
温汝科	清	顺德	佛山顺德	《寄崖诗集》	乾隆举人	温汝能从弟
温汝造	清	顺德	佛山顺德	《印可斋诗馀》		
74. 顺德简嵩培家族						
简嵩培	清	顺德	佛山顺德	《得到梅花馆诗钞》	嘉庆举人	
简钧培	清	顺德	佛山顺德	《觉不觉斋诗钞》	嘉庆二十四年举人	简嵩培之弟
75. 香山刘信烈家族						
刘信烈	清	香山	中山	《归来吟》《运米诗集》	康熙三十八年举人	
刘翰长	清	香山	中山	《慎独堂集》	太学生	刘信烈之子
76. 香山麦英桂家族						
麦英桂	清	香山	中山	《芸香阁诗草》（合集）		麦德沛第五女，何启图室

续表

姓名	时代	籍贯	今地	代表作	功名或学历	血缘关系
麦又桂	清	香山	中山	《谢庭诗草》（合集）		麦英桂之妹，何怀向室
77. 香山李孙宸家族						
李孙宸	明	香山	中山	《连霞楼集》	万历四十一年进士	
李航	清	香山	中山	《鹤柴小草》	康熙四十一年岁贡生	李孙宸之孙
李嶟	清	香山	中山	《拙轩诗稿》	岁贡生	李孙宸之孙
李洸	清	香山	中山	《荆园诗草》		李嶟裔孙
78. 香山李遐龄家族						
李修凝	清	香山	中山	《小香亭稿》等	岁贡生	
李捷章	清	香山	中山	《鸣盛山房诗钞》		李修凝之子，李遐龄之祖
李若兰	清	香山	中山	《拾月山房遗诗》		李遐龄之父
李遐龄	清	香山	中山	《勺园诗钞》	嘉庆贡生	
李霭元	清	香山	中山	《松溪诗钞》	嘉庆恩贡生	李遐龄仲弟
李文燮	清	香山	中山	《北潜诗草》	道光诸生	李遐龄之子
李从吾	清	香山	中山	《实庭诗存》	道光举人	李遐龄之子
李贺镜	清	香山	中山	《课余吟草》	同治诸生	李文燮之子
李之机	清	香山	中山	《在园诗草》		李从吾之子
李赞辰	清	香山	中山	《百尺楼诗词稿》		

续表

姓名	时代	籍贯	今地	代表作	功名或学历	血缘关系
李蟠	清	香山	中山	《小容安堂诗稿》		李赞辰之子
李翰	清	香山	中山	《怡怡草堂遗草》		李赞辰之子
79. 香山何吾驺家族						
何吾驺	明	香山	中山	《元气堂集》	万历四十七年进士	
何准道	明	香山	中山	《棕山诗集》	崇祯十五年举人	何吾驺长子
何巩道	明	香山	中山	《樾巢诗集》	诸生	何吾驺次子
何栻	明	香山	中山	《南塘诗钞》	诸生	何吾驺孙
何晖山	清	香山	中山	《花村小草》	太学生	何吾驺五世孙
80. 香山何文明家族						
何文明	清	香山	中山	《二思堂集》《何氏家集》（与曰愈合集）	乾隆四十四年恩科举人	
何曰懋	清	香山	中山	《秋崖诗稿》	嘉庆太学生	何文明长子
何曰愈	清	香山	中山	《余甘轩诗钞》		何文明之子
何憬	清	香山	中山	《事余轩集》	道光二十七年进士	何曰愈之子
81. 香山张宝云家族						
张宝云	民国	香山	中山	《梅雪轩全集》		张兆鼎长女
张铁生	民国	香山	中山	《听香阁诗草》		张宝云之妹

续表

姓名	时代	籍贯	今地	代表作	功名或学历	血缘关系
82. 香山陈饶俊家族						
陈饶俊	清	香山	中山	《八渔诗草》	道光诸生	
陈润书	清	香山	中山	《凹碧山房诗集》		陈饶俊族弟
83. 香山黄廷籍家族						
黄廷籍	清	香山	中山	《枕莲诗钞》	嘉庆诸生	
黄廷昭	清	香山	中山	《宦游诗草》		黄廷籍之弟
黄承谦	清	香山	中山	《观自养斋诗钞》	道光十九年举人	黄廷籍之子
84. 香山黄映奎家族						
黄映奎	民国	香山	中山	《杜斋诗钞》	光绪贡生	
黄佛颐	民国	香山	中山	《慈博词》《广州城坊志》	宣统拔贡	黄映奎之子
85. 香山黄佐家族						
黄瑜	明	香山荔山	珠海斗门	《双槐集》	景泰七年举人	
黄畿	明	香山荔山	珠海斗门	《粤洲集》	补弟子员	黄瑜之子
黄佐	明	香山荔山	珠海斗门	《泰泉集》《广东通志》	正德十五年进士	黄畿之子
黄绍统	清	香山荔山	珠海斗门	《仰山堂遗集》	乾隆二十四年举人	
黄沃楷	清	香山荔山	珠海斗门	《松谷诗草》	嘉庆诸生	黄绍统从兄
黄培芳	清	香山荔山	珠海斗门	《岭海楼诗集》	嘉庆九年副贡	黄绍统之子

续表

姓名	时代	籍贯	今地	代表作	功名或学历	血缘关系
黄芝	清	香山荔山	珠海斗门	《瑞谷山人遗集》		黄绍统从子
黄沃棠	清	香山荔山	珠海斗门	《楚游草》	嘉庆诸生	黄绍统从子
黄谦	清	香山荔山	珠海斗门	《虚谷诗钞》	嘉庆诸生	黄绍统从子
黄大干	清	香山荔山	珠海斗门	《临溪集》		黄绍统从子，黄培芳从兄
黄熊文	民国	香山荔山	珠海斗门	《尚友斋诗存》	咸丰副贡生	黄培芳之子
86. 东莞刘鸿渐家族						
刘鸿渐	明	东莞	东莞	《兰轩诗文集》		
刘祖启	清	东莞	东莞	《留稚堂集》	康熙二十九年举人	刘鸿渐之孙
87. 东莞祁顺家族						
祁顺	明	东莞	东莞	《巽川集》	天顺四年进士	
祁敕	明	东莞	东莞	《堂野稿》	正德进士	祁顺之子
祁衍曾	明	东莞	东莞	《绿水园集》	万历四年举人	祁顺曾孙
88. 东莞张家玉家族						
张家玉	明	东莞	东莞	《军中遗稿》	崇祯十六年进士	
张家珍	明	东莞	东莞	《寒木楼遗诗》		张家玉之弟
89. 东莞陈铭珪家族						
陈铭珪	清	东莞	东莞	《荔庄诗文存》	咸丰副贡生	

续表

姓名	时代	籍贯	今地	代表作	功名或学历	血缘关系
陈伯陶	民国	东莞	东莞	《瓜庐文剩》	光绪进士	陈铭珪之子
90 东莞林蒲封家族						
林蒲封	清	东莞	东莞	《鳌洲诗草》	雍正八年进士	
林兰雪	清	东莞	东莞	《小山楼诗草》		林蒲封之女，邓大林室，邓淳之母。
91. 东莞郑修家族						
郑修	清	东莞	东莞	《红雨楼诗草》	乾隆进士	
郑菼	清	东莞	东莞	《秋水轩诗草》	乾隆举人	郑修之弟
92. 东莞戴铣家族						
戴铣	明	东莞	东莞	《戴子声家集》	嘉靖进士	
戴记	明	东莞	东莞	《游滇稿》	嘉靖进士	戴铣之子
93. 新会区越家族						
区越	明	新会	江门新会	《区西屏集》	进士	
区元晋	明	新会	江门新会	《见泉集》《区奉政遗稿》	嘉靖四年举人	区越次子
94. 新会许绶家族						
许绶	清	新会	江门新会	《雁洲草堂稿》		
许节	清	新会	江门新会	《鸣和集》		许绶之子

续表

姓名	时代	籍贯	今地	代表作	功名或学历	血缘关系
95. 新会苏楫汝家族						
苏楫汝	清	新会	江门新会	《梅岗集》	顺治十八年进士	
苏枚	清	新会	江门新会	《西岩集》		苏楫汝次子
96. 新会李之世家族						
李之世	明	新会	江门新会	《鹤汀全集》	万历三十四年举人	
李之标	明	新会	江门新会	《凫渚集》	万历举人	李之世弟
97. 新会陈献章家族						
陈献章	明	新会	江门新会	《白沙全集》	正统十二年举人	
陈上国	明	新会	江门新会	《环泗亭诗略》		陈献章族孙
98. 新会陈洵家族						
陈昭常	民国	新会	江门新会	《二十四番风馆诗词钞》	光绪进士	
陈洵	民国	新会	江门新会	《海绡词》《海绡说词》		陈昭常之侄
99. 新会林皋家族						
林皋	明	新会	江门新会	《懿文堂诗草》	隆庆举人	
林隆卜	明	新会	江门新会	《笑园稿》		林皋之子
100. 新会易训家族						
易训	明	新会	江门新会	《东樵遗集》		

续表

姓名	时代	籍贯	今地	代表作	功名或学历	血缘关系
易弘	明	新会	江门新会	《云华阁诗略》		易训之弟
101. 新会唐化鹏家族						
唐化鹏	清	新会	江门新会	《思翁堂诗集》	诸生	
唐蒙	清	新会	江门新会	《有此庐诗稿》		唐化鹏之子
唐钧	清	新会	江门新会	《荫松堂诗草》		唐蒙之子
102. 新会陶天球家族						
陶天球	明	新会	江门新会	《世烈堂集》	诸生	
陶錧	清	新会	江门新会	《四桐园存稿》		陶天球之子
103. 新会梁启超家族						
梁启超	民国	新会	江门新会	《饮冰室合集》	光绪十五年举人	
梁启勋	民国	新会	江门新会	《词学》		梁启超之弟
104. 新宁陈遇夫家族						
陈遇夫	清	新宁	江门台山	《涉需堂诗文集》	康熙二十九年解元	
陈翰	清	新宁	江门台山	《歧门集》		陈遇夫之子
105. 台山陈葵苑家族						
陈葵苑	民国	台山	江门台山	《向日堂集》		
陈兆松	民国	台山	江门台山	《百尺楼诗词稿》		陈葵苑之子

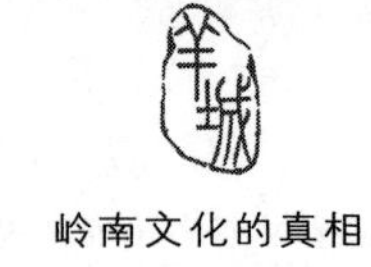

三　明清至民国时期广州府的文学家族之分布特点

明清至民国时期广州府的文学家族之地理分布、时代分布与类型分布，有如下几个突出特点。

（1）从地理上看，这些文学家族主要分布在今天的广州城区（含番禺）、从化、花都、佛山南海、顺德、中山（香山）、东莞、江门新会、台山（新宁）这 9 个市区，其中广州城区（含番禺）40 个，从化 1 个，花都 1 个，南海 12 个，顺德 20 个，中山（香山）11 个，东莞 7 个，新会 11 个，台山（新宁）2 个，其他县一个都没有。这个分布格局与广州府历代文学家的分布格局是基本吻合的[①]，见表二。

表二　广州府历代文学家分布格局与文学家族分布格局对照

市区名	文学家总数（位）	排序	文学家族总数（个）	排序	市区名	文学家总数（位）	排序	文学家族总数（个）	排序
广州城区（含番禺）	589	1	40	1	广州增城	14	9	0	0
佛山顺德	249	2	20	2	广州从化	6	10	1	7
中山（香山）	172	3	11	4	江门开平	3	11	0	0
东莞	140	4	7	5	广州花都（花县）	2	12	1	7
江门新会	124	5	11	4	清远	3	11	0	0
佛山南海	45	6	12	3	江门鹤山	6	10	0	0
江门台山（新宁）	17	7	2	6	深圳宝安	1	13	0	0
佛山三水	16	8	0	0					
文学家合计：1387					文学家族合计：105				

① 关于广府历代文学家的统计数字，参见曾大兴《文学地理学研究》，商务印书馆，2012，第 331 页。

由此可见，大凡文学家分布较多的地方，文学家族的分布也相对较多，反之亦然。

（2）就文学家族的时代分布而言，亦与文学家的时代分布格局大体相符，见表三。

表三　各代（时段）文学家总数（排序）与文学家族总数（排序）对照

时代（历史时段）	文学家总数（位）	排序	文学家族总数（个）	排序
汉代	1	6	无	0
南朝陈代	1	6	无	0
唐、五代	1	6	无	0
宋代	21	4	无	0
元代	4	5	无	0
明代	337	2	25	3
清代	678	1	49（包含9个由明代传承下来的）	1
民国	344	3	31（包含10个由清代传承下来的）	2
合计	1387		105	

（3）就文学家族的类型来讲，单纯的父子型34个，单纯的兄弟型14个，单纯的父女型7个，单纯的姊妹型2个，单纯的夫妻型1个，包含了祖孙、父子、兄弟、兄妹、姊妹、叔侄、从兄弟、夫妻等多种关系的综合型家族最多，达47个。

（4）在这105个文学家族中，一共有25名女性文学家，这是很了不起的。这说明广州府的文学观念远比内地任何一个地区都要开放。这是广府地区社会开放与文化开放的结果。

（5）在这105个文学家族中，跨时代（或是由明代传承至清代，或是由清代传承至民国，个别家族甚至由明代一直传承至民国）的家族达到19个，有的甚至传承10多代人。这说明明代以后，广府文化的传承性是很好的。也就是说，虽然经历了改朝换代，但是文化并没有中断。

以上这五个特点，都是值得我们做深入的、细致的研究的，因为这里面包含着很丰富、很深刻的意义，这里只能点到为止。

四　本项研究之意义

广州府文学家族研究是广府文学研究的重要组成部分。广州府文学家族研究，既是文学史的研究，更是文学地理的研究。一个文学家族是如何产生、如何发展、如何传承、如何衰落的，既与它所处的时代有关，更与它所处的自然和人文地理环境有关。而家族文学特点的形成，它在文学的题材、主题、文体、语言、风格等方面的表现，既有时代的原因，也有地理环境方面的原因。近年来，文学家族或家族文学成为文学研究的一个热点，但是研究者的思维仍然还只是文学史的思维，缺乏文学地理的思维。因此这种研究虽然很热闹，但它的片面性则是不言而喻的。“明清至民国时期广州府的文学家族研究”这个课题注意到了家族的时代分布和地理分布这两个问题，可以说是兼顾了时间和空间、时代和地理这两个维度，虽然这项研究本身还不够深入，但是这种研究路数应该说是具有某种创新意义的。

近年来的文学家族研究所存在的第二个问题，就是重微观研究而轻宏观研究，重个案研究而轻综合研究，因此给人的感觉往往是只见树木而不见森林。事实上，任何一个有影响的文学家族的产生、发展、繁荣和衰落，以及它在文学的题材、主题、文体、语言、风格等方面的表现，都不可能是一种孤立的现象，都与它同时代、同地域的其他文学家族或家族文学有着这样或那样的关系。法国著名文学批评家丹纳曾经指出：“艺术家本身，连同他所产生的全部作品，也不是孤立的。有一个包括艺术家在内的总体，比艺术家更广大，也就是他所隶属的同时同地的艺术宗派或艺术家家族。例如莎士比亚，初看似乎是天上掉下来的一个奇迹，从别个星球上掉下来的陨石，但在他的周围，我们发现十来个优秀的剧作家……到了今日，他们同时代的大宗师的荣誉似乎把他们湮没了；但要了解那位大师，仍然需要把这些有才能的作家集中在他周围，因为他只是其中最高的一根枝条，只是这个艺术家庭中最显赫的一个代表。”丹纳进一步指出：“这个艺术家庭本身还包括在一个更广大的总体在内，就是在它周围而趣味和它一致的社会。因为风俗习惯与时代精神对于群众和对于艺术家是相同的；艺术家不是孤立的人。

我们隔了几世纪只听到艺术家的声音；但在传到我们耳边来的响亮的声音之下，还能辨别出群众的复杂而无穷无尽的歌声，像一大片低沉的嗡嗡声一样，在艺术家四周齐声合唱。只因为有了这一片和声，艺术家才成其为伟大。”[①] 因此，研究文学家族，除了需要考察家族内部的文学传承关系，考察家风、家学等对文学的影响，考察家族文学的共同特点与个别差异，还应考察这个家族与它周围的其他家族之间的关系。只有这样，才能避免“只见树木，不见森林”之憾。事实上，如果我们不能对一个时代、一个地域的文学家族有一个整体的了解，即便我们对某一个文学家族的研究再深入、再细致，这种研究也仍然是局部的、片面的，难以达到圆融、通透之境。

① 〔法〕丹纳：《艺术哲学》，傅雷译，人民文学出版社，1963，第5—6页。

第五章
建立广州文学馆的意义及其构想

一 建立广州文学馆的意义

自西汉至民国，广州历史上曾经产生过1387位有籍贯可考的文学家[①]，占了广东历史上文学家总数（2048位）的68%，既如此，建立一个广州文学馆，应该说是有意义的。我们可以从两个方面来看：一是文学和文学家的意义，二是文学与软实力之间的关系。

文学是什么？从文化学的角度来讲，它是文化的一个形象载体。和其他所有的文化载体相比，文学所承载的文化信息是最多的。据考察，文学所承载的文化信息，至少涉及天文、地理、气象、数学、水利、交通、通信、建筑、铸造、冶炼、农业、林业、商业、环境、生物、赈灾、化学、医药、体育、养生、生育、饮食、服饰、酿造、制度、礼仪、民俗、政治、治安、军事、外交、民族、宗教、伦理、哲学、法律、教育、音乐、舞蹈、戏曲、绘画、书法、印刷、传播、收藏、旅游、文字、语言等50多个学科门类[②]，这里有人文社会科学方面的信息，有自然科学方面的信息，还有不少交叉学科方面的信息。文学的内容是极为丰富的。人们称杜甫的诗歌为“诗史”，称曹雪芹的《红楼梦》为“中国封建社会的百科全书”；恩格斯甚至说，他从巴尔扎克的《人间喜剧》所得

① 参见本书下篇附录三“广东历代文学家之地理分布统计表”。

② 曾大兴：《根据不同的教学目的，选择不同的教学方法》，载曾大兴、纪德君主编《古代文学教学创新与大学生能力建设》，广东高等教育出版社，2006，第202页。

到的知识，比从职业的统计学家和经济学家那里所得到的还要多，就是讲好的文学作品，是具有百科全书的容量和功能的。

从艺术的角度来讲，文学又是一门表现力最强的、内涵最为丰富的艺术。文学拥有世界上最丰富、最自由、最富于表现力的手段——文字，可以随心所欲地表现世间万物，表现人的心灵世界，而其他艺术形式，如音乐、舞蹈、绘画、雕塑等则有所不能，它们的表现手段和表现空间都是很有限的。文学可以充分地表现音乐、舞蹈、绘画、雕塑等所表现的内容，而音乐、舞蹈、绘画、雕塑等却不能充分表现文学所能表现的内容。由于这个原因，文学又可以说是一门综合艺术，它的容量与功能在其他所有艺术门类之上。

文学的丰富性来源于文学家心灵世界的丰富性，也来源于文学家队伍的多元化。以中国古代为例，中国古代是没有专业的文学家的，或者说，在中国古代的文学家中，很少有人是以文学创作为专门职业的，他们当中的多数人首先是各级政府的官员①，文学创作只是他们的一种业余爱好。少数人虽然没有做官，但也不靠文学创作来谋生，他们或者是教师、医生、画家，或者是农民、工匠、商人，或者是和尚、道士、歌女，等等，总之，在三百六十五个行当中，文学创作并不是一个专门的独立的职业。因为不是一个专门的独立的职业，也就成了许多人都可以为之的一件风雅之事。在中国古代，凡是对文学有兴趣，又有一定文化素养的人，都可以从事文学创作。这就造成了文学家队伍的多元化。

中国古代的文学家，不管有没有做官，有没有进士、举人或秀才这样的头衔，他们大都受过良好的教育，大都具有多方面的文化素养，经、史、子、集，诗、词、文、赋，琴、棋、书、画，他们大都很熟悉。他们的著述，往往既有文学方面的，更有其他方面的。可以说，中国古代的文学家，也就是社会上受过良好教育的，有较高的文化素养、较深厚的文化底蕴的那一部分人。他们是文学的创造者，也是文化的创造者，他们是文学家，更是文化人。他们

① 日本著名学者吉川幸次郎指出：中国在7世纪科举制实行后，“所考的题目，原则上是政治论、哲学论，同时还要考诗。像这样，参与政治者必然应该参与文学活动；倒过来，参与文学活动者应该参与政治，至少应具有参与政治的欲望”；“一般来说，任何形式的官吏经历都没有的文学家是很稀少的”。参见吉川幸次郎著《中国诗史》，章培恒等译，安徽文艺出版社，1986，第4页。

的意义和价值，是需要从多种角度来确认的。

一个地方出不出文学家，出多少文学家，与一个地方的自然环境和人文环境是有重要关系的。一个地方的自然条件好，经济发展水平相对较高，社会又比较安定，教育发达，民风向学，文化积累深厚，文化传统悠久，加上交通方便，人员往来自由，文化交流不受阻滞，这个地方就适宜于文学家的出生和成长。而一个地方的文学家数量之多少、成就之高低、影响之大小，就成了衡量一个地方的人文环境之优劣、文化底蕴之厚薄的重要指标，也成了衡量一个地方“软实力”之强弱的重要指标。

广州历史上的文学家，就是广州历史上的文化人，而且不是一般的文化人，是曾经有著作、有作品问世的文化人，是优秀的文化人。建立一个广州文学馆，不仅可以借此了解广州历史上有多少文学家，有多少文学作品，还可以借此了解他们曾经生活过的自然环境和人文环境如何，了解历代广州人在经济、教育、文化方面的建设成效如何，进而了解今天的广州究竟拥有什么样的文化底蕴，究竟拥有多大的软实力。

总之，不要用今天盛行的那种非常专业化、非常标准化，同时也是非常简单化、非常狭隘化的尺度来衡量历史上的文学家，不要把他们理解为除了文学之外，别的方面都不懂、都不在行的单打一的文学家；不要把文学馆理解为一个单纯的文学方面的场馆，不要认为文学馆的作用只在文学这一方面。

下面再讲讲文学和软实力之间的关系。

“软实力”这个概念是从西方引进的。第一个使用这个概念的，是美国哈佛大学的教授约瑟夫·奈。1990 年，他分别在《政治学季刊》和《外交政策》杂志上发表《变化中的世界力量的本质》和《软实力》等一系列论文，并在此基础上出版了《美国定能领导世界吗》一书，提出了“软实力”（Soft Power）这个概念。约瑟夫·奈指出，一个国家的综合国力既包括由经济、科技、军事实力等表现出来的“硬实力”，也包括由文化和意识形态吸引力体现出来的“软实力”。他认为，“硬实力”和“软实力”同样重要，但是在信息时代，“软实力”正变得比以往更为突出。

“软实力”，原是指一个国家的文化、价值观念、意识形态、社会制度、发展模式等的国际影响力与感召力，它是相对于国民生产总值、科研成果及转化率、国防力量等“硬实力”而言的。在我国（除了香港、澳门和台湾），社会制度、发展模式、意识形态，乃至核心价值观念，都是统一的，因而都是国家层面的问题。只有讨论到国家的“软实力”时，才会涉及这些问题。具体到一个地区、一个城市来讲，它的“软实力”是什么呢？其实就是指它在文化方面（而且主要是地域文化方面）的影响力与感召力，虽然在一般意义上讲，价值观念、意识形态、社会制度、发展模式等，都应该属于文化的范畴。

这样，我们可以把广州的“软实力”做一个简要的界定，这就是它在文化方面尤其是在精神文化方面的影响力与感召力。

广州这座城市，从秦始皇三十三年（前 214 年）设立南海郡，以番禺（今广州）为郡治算起，到今天，已经有了 2200 多年的历史。这 2200 多年当中，广州历代热心于文化事业的政府官员和文化人士，为这座城市的文化建设，做出了重大的、不可磨灭的贡献。历史地看，广州曾经拥有的文化成就、文化底蕴、文化地位和文化影响，也就是它曾经拥有的“软实力”，不仅仅是在广东境内，就是在整个岭南地区，包括广西、海南、香港、澳门，都是首屈一指的。如上所述，根据笔者的统计，从西汉到近代，即从公元前 206 年到公元 1949 年这 2155 年间，广东籍的文学家有 2048 人，其中广州籍的就有 1387 人，占总数的 68%，而这些人又都是优秀的文化人，广州曾经拥有的“软实力”，由此可见一斑。

为了进一步挖掘、展示和提升广州的“软实力”，可以有许多途径、许多办法。笔者在这里只谈一点，就是建立一个广州文学馆。如上所述，一个城市的“软实力”，就是指它在文化方面尤其是在精神文化方面的影响力和感召力，而文学是精神文化的一个形象载体，它的内涵是最为丰富的，通过一个地方的文学，来了解一个地方的文化，进而了解它的“软实力”，可以说是最佳途径之一。2000 多年来，广州的文学在广东全省，乃至在整个岭南地区，都是最有成就、最有影响的。这里曾经产生过 1387 位有文集行世的文学家，曾经出现过许多经得起历史检验的，既有中国作风和中国气派又富有岭南文化特色的优秀的文学作品，其中不少作品在海内外都是很有影响的。这些文学家和文学作品，包含了极为丰富的人文底蕴，既是了解广州文化，认识广州文化，展示广州“软实力”

的一个形象载体，也是提升广州“软实力”可资开采的一座富矿，还是提高当代广州人的文化素质、道德水准和地方认同，繁荣当代广州文学创作的一个最好的借鉴。

建立广州文学馆的文化意义，超过了建一座同等规模的美术馆、音乐厅或雕塑园的文化意义。可是我们早就有了多个美术馆，早就建了一个音乐厅和一个雕塑园，我们为什么就不能建一个文学馆呢?

就全国范围来讲，到目前为止，还只有一座中国现代文学馆，建在北京，属于一种断代性的文学馆。另外还有若干家文学家纪念馆，如郭沫若纪念馆、沈从文纪念馆、闻一多纪念馆，等等。既没有一座涵盖古今3000年文学的综合性文学馆，也没有一座地方性文学馆。如果广州能够在三五年之内建成一座地方性的，同时又是综合性的文学馆，可以说是开风气之先。这件事情在全国的影响和示范作用，是可以预见的。它可以从一个很新颖、很别致的角度，展示广州的“软实力”。

二　广州文学馆的基本构想

1. 广州文学馆的基本功能

笔者所构想的广州文学馆，应该具备如下几个功能。

一是收藏功能。上述1387位广州籍的文学家，都曾经有文集问世。这些文集，有的被省内各地图书馆收藏，有的被香港、澳门、台湾等地图书馆收藏，有的被国外图书馆收藏，有的由其后人收藏，有的则散落在各处。除少数文集得到重印之外，多数文集都被束之高阁，甚至不同程度地遭到自然的或人为的损毁。如果建立一个广州文学馆，就可以以政府的名义，把这些文集逐步地收藏起来，加以妥善的保管和有效的利用。

广州文学馆除了收藏广州籍文学家的文集，还应收藏曾经“贬谪”、“流寓”、“仕宦”广州的外地文学家的文集。汉代以后，尤其是唐宋以后，“贬谪”、“流寓”、“仕宦”广州的外地文学家是很多的，他们在广州留下了许多文学作品，有些还是脍炙人口的佳作。他们对广州的文学和文化，是有过重要贡献的。收藏他们的文集，可以体现广州文学馆的丰富性或多样化。

广州文学馆除了收藏汉代至民国时期的文学作品，即古代和近代的文学作品，还可以收藏当代的文学作品。除了收藏当代广州籍文学家（包括在广州居住的和在外地、海外居住的）的作品，还可以收藏居住在广州的外地文学家的作品。

关于作品的收藏方式，可以是购买，也可以动员有关人士捐赠。后者可能是主要方式。

二是展示功能。上述1387位文学家的文集，还有许多“贬谪”、“流寓”、“仕宦”广州的外地文学家的文集，有的是印本，有的是抄本，还有的是作者本人的手写本。它们的版式、装帧、纸张、书法等，体现了不同的时代风格、地域风格和个人风格，各式各样，丰富多彩。如果建成一个广州文学馆，就可以开辟一个或若干个版本展示厅，为广大读者和版本、书法爱好者展示这些文集的部分原件或复印件。

另外许多文学家的画像、照片、手迹，有关故居、墓地、文学活动场所的图片，他们生前用过的部分实物，等等，都可以在这里展示。

三是传播功能。广州文学馆建成之后，许多具有研究价值、使用价值和阅读价值的文集，包括许多平时不易见到、不易借阅的文集，就可以发挥它们固有的文化传播功能，服务于广大的读者和研究工作者。

文学馆还可以经常性地开设相关的文学讲座和文化讲座，吸引市内外、省内外、国内外的作家、文学评论家和文化研究专家，在这里讲授文学，传播文化。

四是研究功能。文学馆建成之后，可以吸引市内外、省内外、国内外那些专业的或业余的研究工作者，在这里从事相关的考察、研究。

文学馆本身，还可以成立相关的研究所、研究室，邀请那些专业的或业余的研究工作者，从事相关问题的研究。

文学馆还可以出版相关的或公开或内部的学术刊物，将有关整理和研究成果公之于众。

还可以召开有关的研讨会。

2. 广州文学馆的建设和管理

广州文学馆的建设和管理，是展示和提升广州“软实力”的一

项重要举措。它的意义在于真正确立一种“以文化论输赢”的价值观，在于营造一种浓郁的文化氛围，在于更好地发挥这座城市的文化影响力和感召力。它为这座城市所提供的无形资产是无法估量的。

为此，广州文学馆的建设和管理，必须是一项公益行为。为了保证它的公益性，最好是由政府长期投资。如果民间参与投资建设和管理，也必须是无偿的。

文学馆的选址不能偏僻，应该选在市中心，这样不仅可以方便广大的读者，更可以营造一种气氛。

文学馆不能成为又一座象牙之塔。它不是为少数人服务的。它应该是广大市民可以光顾的公共文化场所。人们可以自由地在这里参观、考察、阅读、听讲座，不必像进美术馆、音乐厅、科学馆那样购买任何门票。

文学馆可以聘请少量的专业人员从事日常管理工作，多数的工作人员可以由志愿者来充当。

文学馆本身不能期待任何经济回报，不能期待任何经济补偿。

来文学馆讲学的专家，也不应该期待从这里得到多少经济回报。

如果能够逐渐形成这样一个观念，即建立广州文学馆，是弘扬优秀的传统文化、展示和提升广州“软实力”的一项重要举措，是惠及千千万万人民群众、惠及子孙后代的一项公益事业，在文学馆工作、服务、举办讲座等，是一种荣誉，是社会对他的一种认可，而在文学馆参观、考察、阅读、听讲座等，则是仰慕优秀文化、提高自身文化素质的一种表现，那么，人们所期待的这个具有2200多年历史的文化名城的影响力和感召力，就开始形成了。

第六章

朱敦儒在岭南的生活与创作

朱敦儒（1081—1159 年），字希真，别号岩壑老人，洛阳人，南北宋之交的重要词人。《宋史・朱敦儒传》载："敦儒志行高洁，虽为布衣而有朝野之望。""素工诗及乐府，婉丽清畅。"[①] 有词集《樵歌》传世。黄升《花庵词选》云：希真"博物洽闻，东都名士。南渡初以词章擅名，天资旷远，有神仙风致"。[②] 汪莘《方壶存稿》云："平生所爱者苏轼、朱希真、辛弃疾三人，当谓词家三变。"[③] 可见他在宋代词坛的地位是很高的。

朱敦儒的《樵歌》存词 246 首[④]，其中写于岭南的词（简称"岭南词"），据笔者考证和统计，共 15 首，即《醉落魄・泊舟津头有感》、《浪淘沙・康州泊船》、《鹊桥仙・康州同子权兄弟饮梅花下》、《雨中花・岭南作》、《沙塞子》（万里飘零南越）、《卜算子》（山晓鹧鸪啼）、《浪淘沙・中秋阴雨，同显忠、椿年、谅之坐寺门作》、《十二时》（连云衰草）、《采桑子》（一番海角凄凉梦）、《相见欢》（泷州几番清秋）、《渔家傲》（谁转琵琶弹侧调）、《忆秦娥・若无置酒朝元亭，师厚同饮作》、《蓦山溪・和人冬至韵》、《沙塞子・大悲再作》和《南歌子・沈蕙乞词》。

宋代以来，有关朱敦儒的研究一直比较薄弱。20 世纪以来，在关于朱敦儒的 60 余篇论文中，绝大多数都集中在对其人品的分析、隐逸词的探讨及南渡前后词风的描述上，没有一篇论文对他在岭南的生活与创作进行具体的考察。本章以《樵歌》中的"岭南

① 脱脱等：《宋史・朱敦儒传》，中华书局，1977，第 13141—13142 页。

② 黄升：《花庵词选》，中华书局，1958，第 179 页。

③ 汪莘：《方壶存稿》，文渊阁《四库全书》本，第 1178 册。

④ 朱敦儒：《樵歌》，载唐圭璋编《全宋词》，中华书局，1965。按本章所引朱敦儒词均出自该版本，不再一一注明。

词”为对象，同时参考相关史料，重点考察朱敦儒在岭南的行踪，分析其“岭南词”所体现的心境，同时探讨其独特的地域文化风貌。

一 从“岭南词”考察朱敦儒在岭南的行踪

宋钦宗靖康二年（1127 年），北宋覆亡，官民大批南渡。据考察，当时南渡官民所走的路线主要有两条，即江浙线（江南东路和两浙路）、湖南江西线（荆湖南路和江南西路）。其中大多数词人追随高宗南渡至江南东路和两浙路等经济条件比较好的地区，少数词人如陈与义、朱敦儒等南逃至荆湖南路和江南西路，再进入岭南（广南东路和广南西路）。朱敦儒没有追随高宗南逃至江浙，而是以平民百姓的身份南逃至经济相对落后但社会相对安定的岭南。庄绰《鸡肋编》卷中云：“自中原遭胡虏之祸，民人死于兵革水火疾饥坠压寒暑力役者，盖已不可胜计，而避地二广者，幸获安居。”[①]两广地处岭南，没有受到战火的影响，人民的生命安全得到较好的保障，因此吸引了大批官民南迁至此。

据《樵歌》及相关史料提供的线索，朱敦儒于靖康二年（1127 年）洛阳城破之后，走水路，经淮阴、金陵，入鄱阳湖，至彭泽、九江，于公元 1128 年初到洪州（今南昌），受洪州知州胡直孺之邀，参与编辑黄庭坚《豫章集》。公元 1129 年 10 月，金兵渡江追击隆佑太后，直奔洪州。11 月，洪州城陷。当月，太后到达虔州（赣州）。朱敦儒也和当时许多南渡官民一样，随隆佑太后到了虔州。但是，朱敦儒没有选择随太后往临安，而是继续南下，翻越大庾岭，到了南雄。估计到达南雄的时间为公元 1130 年初。

笔者根据朱敦儒“岭南词”的描述，参考《建炎以来系年要录》等相关史料的记载，考证出朱敦儒进入岭南之后所经由的路线应该是以水路为主。这是因为，在他的“岭南词”中多次出现走水路的痕迹。在岭南境内，有北江和西江两条主要水流。北江是珠江的支流，正源是浈水，发源于江西省信丰县的西溪湾，流经广东的

---

① 庄绰：《鸡肋编》，文渊阁《四库全书》本，第 1039 册。

韶关、清远、佛山，在三水汇入珠江；西江也是珠江的支流，发源于云南省沾益县马雄山，流经广东的云浮、肇庆、佛山，也是在三水汇入珠江。朱敦儒沿着北江、西江，一路行走。他的行走路线是：南雄州—广州—肇庆府—康州（德庆府）—梧州—藤州—泷州（属德庆府）。

《建炎以来系年要录》明确记载：朱敦儒由江西大庾到达南雄州。再由南雄沿着浈水，继续往南。宋仁宗时的韶州曲江人余靖在《望京楼记》中说："今天子都大梁，浮江淮而得大庾，故浈水最便。"[①] 浈水就是北江上游，而南雄就成为进入岭南的第一站了。

据其"岭南词"的有关线索来看，朱敦儒应该到过广州。其《南歌子·沈蕙乞词》写道：

住近沈香浦，门前蕙草春。鸳鸯飞下柘枝新。见弄青梅初着、翠罗裙。

怕唤拈歌扇，嫌催上舞茵。几时微步不生尘。来作维摩方丈、散花人。

沈香浦，即沉香浦，在今广州市西郊的珠江之滨。相传晋时广州刺史吴隐之曾投沉香于其中，因而得名。

朱敦儒到达广州的时间应该是在公元1130年的春夏之交。

同年夏秋之间，朱敦儒离开广州，往西南行，在三水（北江、西江、绥江交汇处）进入西江，再溯江而上，秋天到达康州。《浪淘沙·康州泊船》云：

风约雨横江，秋满篷窗。个中物色尽凄凉。更是行人行未得，独系归艎。

拥被换残香，黄卷堆床。开愁展恨翦思量。伊是浮云侬是梦，休问家乡。

词里明显出现了"康州"这个地名。而"秋满篷窗"四字，

① 余靖：《韶州新修望京楼记》，载《武溪集》卷五，文渊阁《四库全书》本，第1089册。

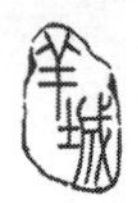

则表明词人到达康州的时间就是在1130年的秋天，这也是朱敦儒在岭南过的第一个秋天。

词人在康州时，还写过一首《鹊桥仙·康州同子权兄弟饮梅花下》：

竹西散策，花阴围坐，可恨来迟几日。披香不觉玉壶空，破酒面飞红半湿。

悲歌醉舞，九人而已，总是天涯倦客。东风吹泪故园春，问我辈何时去得。

作品写到了初春的梅花。时间是在到康州之后的第二年，即绍兴元年（1131年）的初春。可见词人在康州逗留的时间至少在三四个月以上。

顺便说一句，这两首词都是朱敦儒初抵粤西的作品，作品中蕴含一种浓重的去国之悲。这种情绪在他的“岭南词”尤其是初期的“岭南词”中特别明显。

其《卜算子》写道：

山晓鹧鸪啼，云暗泷州路。榕叶荫浓荔子青，百尺桄榔树。

尽日不逢人，猛地风吹雨。惨黯蛮溪鬼峒寒，隐隐闻铜鼓。

泷州，即现在的广东省罗定市，古称泷州，北宋时划入康州，绍兴元年（1131年），康州更名为德庆府。泷州境内有一条泷江，古称南江，是西江的支流，在今广东省郁南县南江口镇汇入西江。榕树是一年四季常绿的树，在农历四月、五月最浓，而荔子就是荔枝，其开始挂果也是在农历四月、五月。可见朱敦儒在泷州写《卜算子》的时间，应该是绍兴元年（1131年）的夏天。这个时候的岭南多雨，常常还伴着狂风，所以词人讲“猛地风吹雨”，应该说是很真实的。

泷州，应该是词人在岭南居住时间最长的一个地方。在泷州，词人还写过一首《相见欢》：

泷州几番清秋，许多愁。叹我等闲白了少年头。

人间事，如何是，去来休。自是不归归去、有谁留。

由“泷州几番清秋”这一句，可见词人在泷州逗留的时间至少在两年以上。

在泷州，朱敦儒还写过一首《浪淘沙·中秋阴雨，同显忠、椿年、谅之坐寺门作》：

圆月又中秋，南海西头。蛮云瘴雨晚难收。北客相逢弹泪坐，合恨分愁。

无酒可消忧，但说皇州。天家宫阙酒家楼。今夜只应清汴水，呜咽东流。

邓子勉教授认为，这首词作于广州。笔者认为，还是写在泷州。所谓“圆月又中秋”，就是指朱敦儒在这里又度过了一个秋天。所谓“南海西头”中的南海，并非指广州的南海县，即并非一个行政区划的名称，而是指中国南海（简称南海）。而南海的西头就是粤西，再说具体一点，就是泷州。再说宋时的广州已是一个具有相当规模的城市，一个国内数一数二的对外贸易港口，商业繁华，酒肆林立。这样的城市，既不是“蛮云瘴雨”之乡，也不是“无酒可消忧”的乡野之地。

还有一首《沙塞子》也值得我们注意：

万里飘零南越，山引泪，酒添愁。不见凤楼龙阙、又惊秋。

九日江亭闲望，蛮树绕，瘴云浮。肠断红蕉花晚、水西流。

作品写在重阳节的那一天。有关意象、时令和心境，都和上一首词相类，有可能都写在同一个年份的同一个地方。

朱敦儒居留广南东路的康州、泷州期间，还到过广南西路的藤州和梧州。他有一首名为《小尽行》的诗写道：“藤州三月作小尽，梧州三月作大尽。”朱敦儒到梧州和藤州的时间是在哪一年呢？

下面一则材料可以提供佐证。周必大《二老堂诗话》载："绍兴二年，诏广西宣谕明橐访求山林不仕贤者，橐荐希真深达治体，有经世之才，静退无竞，安于贱贫，尝三召不起，特补迪功郎，后赐出身。"① 可见朱敦儒在梧州和藤州的时间，应该是绍兴二年（1132年）。梧州和藤州，地处于西江的上游，可由泷州、康州经水路到达。朱敦儒由泷州、康州至梧州和藤州，在交通上也是比较方便的。

朱敦儒离开泷州，去肇庆府的时间，最晚应该是在绍兴二年（1132 年）的年末。其《蓦山溪·和人冬至韵》写道：

> 西江东去，总是伤时泪。北陆日初长，对芳尊、多悲少喜。美人去后，花落几春风，杯漫洗。人难醉。愁见飞灰细。
>
> 梅边雪外。风味犹相似。迤逦暖乾坤，仗君王、雄风英气。吾曹老矣，端是有心人、追剑履。辞黄绮。珍重萧生意。

由"冬至"这个时令名词，以及"梅边雪外"这两个自然意象，可以推知这首词的写作时间应该是在绍兴二年（1132 年）的冬天。有人讲，"美人"云云，乃暗指徽、钦二帝，而肇庆府是徽宗的发迹地，词人到了肇庆府，想到北去的徽宗，应该是比较自然的。值得注意的是，这首词还体现了某种积极有为的精神，这种精神在朱敦儒应诏出仕前后比较明显，与他初到岭南时的心境截然不同。

这种精神还体现在《沙塞子·大悲再作》一词中：

> 蛮径寻春春早，千点雪，已飞梅。席地插花传酒日西催。
> 莫作楚囚相泣，倾银汉，洗瑶池。看尽人间桃李拂衣归。

"蛮径寻春"，表明他当时仍在粤西，写作时间当为绍兴三年（1133 年）春天，地点极有可能是在肇庆府。据《建炎以来系年要

---

① 周必大：《二老堂诗话》，文渊阁《四库全书》本，第 1480 册。又《宋史·朱敦儒传》："绍兴二年，宣谕使明橐言敦儒深达治体，有经世才，廷臣亦多称其靖退。诏以为右迪功郎，下肇庆府敦遣诣行在，敦儒不肯受诏。"《宋史》，中华书局，1977，第 13141 页。

录》载："绍兴三年，九月己巳，河南布衣朱敦儒特补右迪功郎，令肇庆府以礼敦遣赴行在。"[①] 当时的康州早已升格为德庆府，而《建炎以来系年要录》明确记载"令肇庆府以礼敦遣赴行在"，可见朱敦儒应诏离开岭南，应该是在肇庆府，而非德庆府（康州）。

在岭南期间，朝廷曾两次下诏选用朱敦儒，可他一直婉拒朝廷的任命。《宋史·朱敦儒传》载："其故人劝之曰：'今天子侧席幽士，翼宣中兴，谯定召于蜀，苏庠召于浙，张自牧召于长芦，莫不声流天京，风动郡国，君何为栖茅茹藿，白首岩谷乎！'"[②] 于是朱敦儒幡然醒悟，毅然赴京接受任命。至此，朱敦儒在岭南的三年生活正式结束。

表一　朱敦儒在岭南的行踪

时间	地点	材料来源
1130 年初	南雄	《建炎以来系年要录》、《宋史》
1130 年的春夏之交	广州	《南歌子·沈蕙乞词》
1130 年秋至 1132 年	康州（泷州）	《浪淘沙·康州泊船》、《鹊桥仙·康州同子权兄弟饮梅花下》、《卜算子》、《相见欢》、《沙塞子》
1132 年春天	梧州、藤州	《二老堂诗话》、《小尽行》
1132 年冬	肇庆府	《蓦山溪·和人冬至韵》、《沙塞子·大悲再作》

二　从"岭南词"看朱敦儒的心境

朱敦儒的《樵歌》共 246 首，内容和风格丰富多彩，前期的绮丽，中期的沉郁，晚期的疏朗。一般认为中期的词成就最大，这与他"南走炎荒"的生活经历是有密切关系的。朱敦儒从洛阳一直南逃至岭南，个中的凄凉只有自己知道，写词就成了最好的宣泄途径。

靖康之变，国家、民族遭受了惨重的灾难。朱敦儒亲历离乱的痛苦，饱尝寄人篱下的辛酸，"胡尘卷地，南走炎荒，曳裾强学应

① 李心传：《建炎以来系年要录》第 68 卷，中华书局，1988。

② 脱脱等：《宋史·朱敦儒传》，中华书局，1977，第 13141 页。

刘”（《雨中花·岭南作》）。和其他的南渡词人一样，他的思想感情发生了巨大的变化，词风一洗以前的绮丽，很多作品伤时忧国，不断地抒写离乡去国的悲愁，表现出沉郁顿挫的苍凉之感。

在“岭南词”中，朱敦儒不断通过“扁舟”、“浮萍”、“天涯客”等意象来表达自己去国离家的悲哀。如《醉落魄·泊舟津头有感》：“我共扁舟，江上两萍叶。”又如《鹊桥仙·康州同子权兄弟饮梅花下》：“悲歌醉舞，九人而已，总是天涯倦客。”与知己好友饮酒作乐，本来应该是件令人宽心的事情，可是喝酒的九个人都是客居异乡的人，“北客相逢弹泪坐，合恨分愁”（《浪淘沙·中秋阴雨，同显忠、椿年、谅之坐寺门作》）。他乡遇故知，欣喜之情不言而喻，然而一句“天涯客”，就把这一份欣喜破坏了，“西江碧，江亭夜燕天涯客。天涯客，一杯相属，今夕何夕”（《忆秦娥·若无置酒朝元亭，师厚同饮作》）。

正因为有着深重的去国离家之感，所以在他的“岭南词”中，更多的是对中原故土的留恋，对“炎荒”之地的不适。他对岭南是没有什么赞美之词的。在他的作品中，“蛮”这个略带轻视的字眼是经常出现的。如《雨中花·岭南作》：

> 故国当年得意，射麋上苑，走马长楸。对葱葱佳气，赤县神州。好景何曾虚过，胜友是处相留。向伊川雪夜，洛浦花朝，占断狂游。
>
> 胡尘卷地，南走炎荒，曳裾强学应刘。空漫说、螭蟠龙卧，谁取封侯。塞雁年年北去，蛮江日日西流。此生老矣，除非春梦，重到东周。

这首词是很具代表性的。上阕对故国极尽赞美之词，一副五陵年少的得意、豪迈之态。然而靖康之变，毁了这美好的生活瞬间。生活环境的突变让朱敦儒对前途灰心不已。他一方面追思当年和平安适的生活，另一方面诉说着在岭南寄人篱下的不适，亟盼能返回故土，但又深感希望渺茫，于是百感交集，放声慨叹。这首《雨中花·岭南作》是可以和李清照的名作《永遇乐》相媲美的，一样是对昔日美好生活的追思，一样是对当下寄人篱下生活的不满，一样是对前途深感茫然，一样是满纸的沧桑。

又如《采桑子》：

> 一番海角凄凉梦，却到长安。翠帐犀帘，依旧屏斜十二山。
>
> 玉人为我调琴瑟，颦黛低鬟。云散香残，风雨蛮溪半夜寒。

生活在偏远的南蛮之地，由于生理、心理上的不适，不觉梦回故都，那华丽的屏风，玉人的琴瑟，再次出现在眼前。可惜好梦不长，醒来之后还得面对现实。和《雨中花·岭南作》一样，今昔对比的巨大落差通过日常生活中的小事体现出来，更能让人品味到词人心中的凄凉。

又《沙塞子》："不见凤楼龙阙、又惊秋。""蛮树绕，瘴云浮。"《卜算子》："惨黯蛮溪鬼峒寒，隐隐闻铜鼓。"《浪淘沙·中秋阴雨，同显忠、椿年、谅之坐专寺门作》："圆月又中秋，南海西头。蛮云瘴雨晚难收"，"天家宫阙酒家楼。"《沙塞子·大悲再作》："蛮径寻春春早，千点雪，已飞梅。"等等，所流露的都是这样的心情。在朱敦儒看来，故国的宫殿、昔日的酒家，都高贵得如同天上仙境，而岭南所有的东西，即使是盛开着的鲜花、飘飞着的白云、潺潺流淌着的溪水，甚至是那极富民族风情的铜鼓，也丝毫吸引不了他的注意力，反倒增添了他的惆怅和伤感。由此可见他在岭南的心境是不够豁达、不够开朗、不够阳光的。

朱敦儒在岭南前后逗留了三年，他的内心，似乎从来就没有认可或者接纳过这一片安宁而淳朴的土地。他总是把自己当作一个外乡人，总是念叨着回到老家去。哪怕看到的明明是东去的流水，他也要把它们的流向解读为"西去"。例如《雨中花·岭南作》："塞雁年年北去，蛮江日日西流。"又如《沙塞子》："九日江亭闲望，蛮树绕，瘴云浮。肠断红蕉花晚、水西流。"

岭南境内的北江、西江、泷江等河流，都是"大江东去"，朱敦儒为什么偏偏要说它们是"西流"呢？他不是不明白这个事实，例如在《蓦山溪·和人冬至韵》里，他就写有"西江东去，总是伤时泪"。这说明从常识上讲，他是知道"西江"是"东去"的。而在上述这两首词里，他偏偏要把"东去"的"西江"写成"西

流”，这可能就是一种“故意”。“鸿雁”的“北去”，“蛮江”的“西流”，寄寓了一种在常人看来似乎是难以实现的愿望，即北归。

朱敦儒对故乡的深切思念，对岭南的严重不适甚至排斥，这种心境，在当时的条件下，原是可以理解的。毕竟岭南和中原相比，无论是经济还是文化发展水平，都还比较落后。而朱敦儒又是从洛阳这样一个经济文化最为发达的地方来的，本身又是一个文化素养很高、影响又很大的词人，他这种强烈的反差、失落感，应该说是很真实的。

不过需要指出的是，他这种心境虽然是真实的，也是值得同情的，但并不值得肯定和赞美。在中国古代，远逃蛮方的文学家可谓多矣，朱敦儒既不是第一个，也不是最后一个。可是他的表现，他对当地人民和当地文化的态度，和屈原、刘禹锡、苏轼诸人相比，应该说是很有几分逊色的；如果和他同时代的陈与义相比，我们甚至可以肯定地说，他的表现是很有几分令人失望的。他的心里总是装着一分中原文化优越感，即便是已经成了一个难民，流落到了岭南，他似乎仍然觉得自己在文化上要比当地人优越。这样，他就不能以一种开朗的、开放的心态，去面对、去走近那些虽然身处僻远但心灵淳朴的岭南乡民，也不能去欣赏、去考察那些具有独特风味的岭南地域文化。这样，就使得他的有可能取得的文学艺术成就，打了一个大大的折扣。关于这个问题，我们在下文还要讨论。

三　从“岭南词”看岭南的地域风情

两广，文学人才本来稀少，而词的创作更少人问津。宋室南渡以前，两广籍的词人尚为空白，而苏轼、秦观等贬居此地的词人也很少用词来传情达意。因此，北宋时期的两广，实际上是歌词创作的空白之地。靖康之变之后，这种状态有了很大的改变，词之风渐盛于岭南。北方词人一方面把中原地区的音乐文化带到岭南，另一方面也从岭南地域文化中获得了新的养料，从而使自己的创作在题材、意象、语言、风格各方面，呈现新的特点或气象。

岭南地区独特的自然风物深深地吸引了词人们的注意，触发了他们的创作灵感，丰富了他们的创作内容。于是，“荔枝”、“龙眼”、“木瓜”、“桄榔”、“蕉林”、“芭蕉”、“红蕉花”、“杨桃”、

“木芙蓉”、“榕树”、“蛮溪”、“蛮径”、“蛮江”、“铜鼓”等景观和物象一一进入词的天地，从而再次丰富或刷新了读者的审美感觉。

当时避难岭南的北方著名词人，除了朱敦儒，还有陈与义。从心态上看，陈与义可以称为乐观派，而朱敦儒则是一个悲观派。例如陈氏的《又和大光》：

寂寂孤村竹映沙，槟榔迎客当煎茶。岭南二月无桃李，夹路松开黄玉花。[1]

此诗是他于早春二月从康州沿西江到广州，赓和友人席大光的作品。笔下并没有一丝一毫的对岭南的厌倦或反感，而是充满了对这一地区的独特风物与民俗的喜爱。原来岭南人习惯于用槟榔招待客人，类似于内地的煎（泡）茶待客。二月的岭南，虽然由于气候的温暖湿润，桃、李花早已开过，但那黄色的松花，却是内地所未曾见的，因而也能让人眼前一亮。

朱敦儒对待岭南文化的心态，虽然不似陈与义那样阳光，那样热情和主动，但也没有视而不见。诚然，他无意于赞美岭南文化，但是在他的“岭南词”里，还是有意无意地描写了不少岭南风物和民俗，从而丰富了宋词的题材、意象、语言和风格。如《卜算子》：

山晓鹧鸪啼，云暗泷州路。榕叶荫浓荔子青，百尺桄榔树。

尽日不逢人，猛地风吹雨。惨黯蛮溪鬼峒寒，隐隐闻铜鼓。

这里就出现了“泷州”、“蛮溪”、“鬼峒”、“榕叶”、“荔子”、“桄榔”、“铜鼓”等一系列极富岭南特色的地名和风物。虽然词人只是平实地叙述，并未流露欣赏之情，但是仍然客观地为我们展示了一幅色彩斑斓的岭南文化图景。

---

① 黄雨：《历代名人入粤诗选》，广东人民出版社，1980，第212页。

《卜算子》这首词里出现的“铜鼓”，是《全宋词》里唯一的“铜鼓”。铜鼓是铜制鼓形的乐器，造型精美。它是古代岭南、西南一带少数民族广泛使用的一种乐器，在婚庆、祭祀以及其他一些重要的节日，用以助兴。五代孙光宪《菩萨蛮》曾写道：“铜鼓与蛮歌，南人祈赛多。”除了当作乐器使用，也可以用来打更报时、召集民众、报衙、传递信息等。宋人周去非《岭南代答》载：“铜鼓大者阔七尺，小者三尺，所在神祠佛寺皆有之，州县用以为更点。”[①] 从考古学的有关资料来看，今天岭南地区出土的铜鼓主要集中在北江以西地区，北江以东地区则迄今没有发现铜鼓。[②] 北江以西的肇庆一带是出土铜鼓较多的地区，这一带自东汉以来，一直都是百越族后裔俚、僮（壮）、瑶（傜）等少数民族的活动区域。据朱敦儒的这首《卜算子》，我们得知，至南宋初期，泷州一带仍有相当数量的铜鼓，也就是说，这里还有大量的少数民族。从“榕叶荫浓荔子青”这一句，可知这首词的写作时间应该是在农历四月至五月间，这时候的荔枝还没有成熟，而榕树的叶子却已经很浓密了。这个时间不是春社，据笔者考证，在当地也没有什么传统节日。朱敦儒在泷州的地界上隐隐约约听到的铜鼓声，极有可能是出自作为打更报时用的铜鼓。

另外，“鬼峒”这一名词也极富岭南民族特色。峒是宋代以后羁縻州辖属的行政单位。大者称州，小者称县，更小者称峒。而洞（峒、垌）为起首地名通常表示自然地理实体或区域。洞（峒、垌）字地名本指山间谷地、盆地或群山环抱的小河流域，后演化为某个具有血缘关系的氏族居地，含义有所扩大。例如隋唐时粤西冼夫人“世为南越首领，跨据山洞，部落十万余家”。洞（峒、垌）也成为历史上古越人留居地常见地名，主要分布在北江以西，粤东已很少见。由此可见，铜鼓的分布和洞（峒、垌）的关系密切，都是集中出现在北江以西。就在朱敦儒笔下的泷州现在还有很多地方的地名和洞（峒、垌）有关，如“山垌”、“禾秆垌”。

桄榔，乃常绿高大乔木，羽状复叶，线形，果实倒圆锥形。喜

---

① 周去非著、杨武泉校注《岭南代答校注》，中华书局，1999，第 254 页。

② 蒋延瑜：《铜鼓——南国奇葩》，天津科学技术出版社，2001，第 212 页。

阳，不耐寒，高达几十米，多分布于热带。从桄榔树可生长的高度来看，朱敦儒《卜算子》写道“百尺桄榔树”，可以说是相当准确的。也正是这百尺高的树，遮蔽了天日，更让朱敦儒的心情惆怅不已。

又如《沙塞子》：

> 万里飘零南越，山引泪，酒添愁。不见凤楼龙阙、又惊秋。
>
> 九日江亭闲望，蛮树绕，瘴云浮。肠断红蕉花晚、水西流。

周去非《岭南代答》曰：“红蕉花，叶瘦类芦箬，中心抽条，条端发花。叶数层，日拆一两叶。色正红，如榴花、荔子，其端各有一点鲜绿，尤可爱。花心有须，苍黑色。春夏开，至岁寒犹芳。”[①] 从红蕉的花期来看，《沙塞子》确实是写于重阳节。登江亭眺望，没有重阳的菊花，然而鲜艳刺目的红蕉花，倍增了作者的思乡之苦。

结　语

古人云：“诗穷而后工。”朱敦儒亲身经历靖康之变，南走炎荒，滞留岭南长达三年之久。这一段特殊的生活经历，使其词的题材、内容、情感、语言、意象和风格等，都发生了显著的变化。

朱敦儒南渡前、南渡期间和南渡后的词风是迥然不同的，南渡前的词表现了他作为风流才子的生活情趣，有一种不羁、洒脱和狂傲之态；南渡期间的词伤时忧国，表现了沉郁顿挫的风格；南渡后的思想渐趋消极，词风也渐趋恬淡。由此可见，南渡期间，在他的全部创作历程中，是一个非常重要的阶段。这个时期的词，少了几分未经世事的轻狂，多了几分饱经沧桑的沉重。

岭南的生活经历，也影响了朱敦儒此后的人生选择。他一改青

① 周去非著、杨武泉校注《岭南代答校注》，中华书局，1999，第327页。

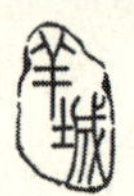

年时代的狂放和洒脱，最终做了朝廷的官，这样一个重大转变，不能说与岭南的这一段经历没有关系。从本质上来讲，朱敦儒并非一个真正的旷达之人。他在岭南的生活与创作就足以说明这一点，而不必等到赴临安之后再来证实。

（与门下研究生谭绍娜合作完成）

第七章

招子庸和他的《粤讴》

招子庸（1789—1846年），字铭山，号明珊居士，南海横沙（今广州市白云区金沙街横沙村）人，清代著名文学家和画家。

《粤讴》是招子庸的文学代表作，这是一部非常重要的粤语文学作品。此书自清道光八年（1828年）九月刊行之后，在文坛影响很大，世人评价很高。著名学者郑振铎先生指出："《粤讴》为招子庸所作，只有一卷，而好语如珠，即不懂粤语者读之，也为之神移。拟《粤讴》而作的诗篇，在广东各日报上竟时时有之。几乎没有一个广东人不会哼几句《粤讴》的，其势力是那么的大！"[①]原岭南大学已故著名学者冼玉清教授指出："近日言民俗文学者，多推重《粤讴》，以推重《粤讴》，因而推重《粤讴》之作者招子庸。甚者以为诗之后有词，词之后有曲，曲之后有《粤讴》。毕竟《粤讴》在文学史上能否占有此重要地位，余不敢必。然其宛转达意，惆怅切情，荡气回肠，销魂动魄，当筵低唱，欲往仍回，声音之凄恻动人，确有其特别擅场者。"[②]

1904年，人称"中国通"的英国学者金文泰爵士（此人曾于1925年至1930年任香港总督）把招子庸的《粤讴》译成英文，以"广州情歌"为名出版。他对这本书的评价很高，谓"各讴内容，多美丽如画"；又谓《粤讴》可与希伯来诗相比，指出"《粤讴》以宗教影响及环境影响，其情感多幽沉郁闷，无极快乐相联系之爱情。故以比希腊诗，无其活泼气象。以比希伯来诗，无其放荡荒佚之叙述"，因而"乃觉其有不刊之价值也"。然金氏又认为："'讴'之弱点，在于单调，其言情题目，各'讴'皆同，翻来覆去，同一

---

① 郑振铎：《中国俗文学史》，上海书店出版社，1984，第453页。

② 冼玉清：《招子庸研究》，《岭南学报》1947年第1期。

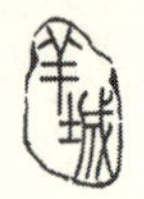

意思，同一情感，故每易生厌。”①

金氏对《粤讴》的批评，不能说没有他的道理。许多人读《粤讴》时都曾有过这种感受。但是，如果我们换一个角度，即从文学地理学的角度来读它，感受也许就不一样了。我们先给它来一个空间定位。当然这个空间不是指抽象的空间，而是指具体的空间，即地理空间。我们发现，《粤讴》各篇所写之内容与所抒发之情感，实际上可归置于两个地理空间，一个是以珠江为背景的水上空间，一个是以京师为背景的陆上空间。这样一归置，它们就不再是一些零散的作品了，而是彼此之间有了一种逻辑联系，有了一种时空关系；它们也不再是那种“翻来覆去，同一意思，同一情感”，读来“令人生厌”的“单调”作品，而是用活色生香的粤语讲述的一个催人泪下、令人深思的爱情故事。

用文学地理学的方法或眼光来解读《粤讴》，让我们获得了一种全新的审美体验，于是我们又不得不进一步思考这样两个与文学地理有关的问题：第一，招子庸何以能创作出《粤讴》这样的作品？或者说，是什么样的地理环境促成了《粤讴》的产生？第二，《粤讴》这个作品，在中国的地域文学中属于哪一种类型，居于什么地位？本章就是对这种阅读和思考的一个总结，不当之处，敬祈方家批评指正。

一 《粤讴》所建构的地理空间

文学作品的地理空间，是存在于文学作品中的以地理形象、地理意象、地理景观为基础的空间形态，如乡村空间、都市空间、山地空间、大海空间、高原空间、盆地空间等，这种空间从本质上来讲是一种艺术空间或审美空间，是作家艺术创造的产物，但也不是凭空虚构，而是与现实存在的自然地理空间或人文地理空间有一定的关系。在文学作品里，特别是在叙事性的长篇文学作品（如小说、戏剧）里，特有的地理空间建构对文学作品的主题表达、人物塑造、艺术构思与审美理想的实现，往往发挥着基础性的作用。在

① 金文泰：《粤讴英译本序》，引自冼玉清《招子庸研究》，《岭南学报》1947 年第 1 期。

抒情性的短篇文学作品（如诗、词、歌、赋）里，也有或隐或显的地理空间，它们对文学作品的情感表达也有着重要的价值和意义。

《粤讴》是一种篇幅短小的抒情歌词，它不可能像长篇叙事文学那样来建构地理空间，因此就其单个的作品来看，它的地理空间是不够完整和清晰的，但是整体地看，也就是把121首作品综合起来看，《粤讴》所建构的地理空间还是比较完整和清晰的。总体来讲，《粤讴》建构了两个地理空间，一个是以珠江为背景的水上空间，一个是以京师为背景的陆上空间。这两个空间都是以具体的地理形象、地理景观和民俗物象为基础而构建的，因而空间轮廓相当清晰，识别度也相当高。先看关于水上空间的：

> 莫话珠江尽是无情地。今日为情字牵缠所以正得咁痴。
>
> ——《人实首恶做》[1]

> 近日见汝熟客推完，新客又不到。两头唔到岸，好似水共油捞。……劝汝的起心肝，寻过个好佬。共汝还通钱债，免使到处受上期租。河底下虽则系繁华，汝见边一个长好得到老。究竟清茶淡饭，都要拣个上岸至为高。况且近日火烛咁多，寮口又咁恶做，河厅差役终日系咁嗌嘈嘈。唔怕冇路，回头须及早。好过露面抛头在水上蒲。
>
> ——《真正恶做》

> 容乜易放，柳边船，木兰双桨载住神仙。
>
> ——《容乜易》之二

> 容乜易散，彩云飞，春帆顷刻就要分离。
>
> ——《容乜易》之四

> 相思缆，带我郎来。带得郎来莫个又替我揽开。
>
> ——《相思缆》

① 招子庸：《粤讴》，清光绪戊子九年刊本。按：本书所引《粤讴》，均出自该版本，不再一一注明。

水会退，又会番流。水呀你既退又试番流见你日夜不休。

——《水会退》

分别泪，转眼又番场。……亏我泪流不断好似九曲湘江。点得眼泪送君好似河水一样。水送得到个方时我泪亦到得个方。君呀你见水好似见奴心莫异向。须念吓我地枕边流泪到天光。

——《分别泪》之三

爱了又憎憎了又爱。爱憎无定我自见心呆。好似大海撑舩撑到半海，两头唔到岸点得埋堆。

——《相思结》

唉你妹愁都未了。衷情谁为表。点得夜夜逢君学个的有信海潮。

——《春花秋月·月》

虽则你似野鹤我似闲鸥无乜俗态。总系鸳鸯云水两两相捱。我只话淡淡啫共你相交把情付与大海。

——《三生债》

想起吓从前个种风月哩，好似梦断魂迷。起首共你相交你妹年纪尚细。个阵顷谈心事，怕听见海上鸣鸡。

——《别意》

满怀愁绪对住蒹葭。人话秋风萧瑟堪人怕。我爱盈盈秋水浸住红霞。

——《春花秋月·秋》

再看关于陆上空间的：

点算好。君呀你家贫亲又咁老。八千条路敢就冇一点功劳。亏我留落呢处天涯家信又不到。君归南岭我苦住京都，长剑虽则有灵今日光气未吐，新篁落箨，或者有日插天高。孙山名落朱颜槁。绿柳撩人重惨过利刀。金尽床头清酒懒做，无物可报。珠泪穿成素，君呀你去归条路替我带得到家无。

——《点算好》之二

整个《粤讴》中，有关陆上空间的地理形象、地理景观和民俗物象并不多，虽然也比较典型，其空间轮廓也比较清晰，识别度也较高。这种差异表明，《粤讴》所建构的地理空间主要是以珠江为背景的水上空间，而不是以京师为背景的陆上空间。

然而，正是以珠江为背景的水上空间和以京师为背景的陆上空间，容纳或承载了两个内涵不同而又彼此关联的情感世界，体现了两种人生和两种价值观，从而构成了《粤讴》丰富的情感内容与较强的艺术张力。请看下面这两首歌词：

船头浪，合吓又分开。相思如水涌上心来。君呀，你生在情天，奴长在欲海。碧天连水，水与天挨。我地红粉点似得青山长冇变改。你睇吓水面个的残花事就可哀。似水流年又唔知流得几耐。须要自爱。许你死后做到成佛成仙亦未必真正自在。罢咯不若及时行乐共你倚遍月榭花台。

——《船头浪》

唔好咁热。热极就会难丢。一旦离开实在见寂寥。好极未得上街缘分未了。况且干柴凭火也曾烧。叫我等汝三年我年尚少。总怕长成无倚我就错在今朝。此后莺俦燕侣心堪表。独惜执盏传杯罪未肯饶。自怨我薄命如花人又不肖。舍得我好命如今重使乜住寮。保佑汝一朝衣锦还乡耀。汝书债还完我花债亦消。总系呢阵旅舍孤寒魂梦绕。唉音信渺。灯花何日兆。汝睇京华万里一水迢迢。

——《寄远》

这两首歌词就呈现了两个地理空间，一个是“碧天连水，水与天挨”的珠江，一个是万里之外的“京华”。前一个地理空间的主角是沦落风尘的歌女，后一个地理空间的主角是追求功名的士子。

士子为了求功名，为了有朝一日“雁塔题名”而“衣锦还乡”，不得不与所爱的歌女分离，这就给深爱他的歌女带来离别之痛：

无情眼，送不得君车。泪花如雨懒倚门闾，一片真心如似白水，织不尽回文写不尽血书。临行致嘱无多语。君呀，好极京华都要念吓故居。今日水酒一杯和共眼泪，君你拚醉，你便放欢心共我谈笑两句。重要转生来世共你做对比目双鱼。

——《无情眼》

无情曲，对不住君歌。绿波春水奈愁何。好鸟有心怜悯我，替我声声啼唤舍不得哥哥。今日留春不住未必系王孙错，雁塔题名你便趁早一科。我想再世李仙无乜几个。休要放过。今日孤单谁识你系郑元和。

——《无情曲》

由于功名之路并不顺利，士子最后“名落孙山”，“床头金尽”，因此长期“天涯流落”，歌女也成了“水面飘蓬”，“凄凉”不尽，“花容”憔悴，只能“偷抱琵琶”以寄相思：

劝你唔好发梦。恐怕梦里相逢。梦后醒来事事都化空。分离两个字岂有心唔痛。君呀你在天涯流落你妹在水面飘蓬。怀人偷抱琵琶弄。多少凄凉尽在指中。舍得你唔系敢样子死心，君呀你又唔累得我咁重。睇我瘦成敢样子重讲乜花容。今日恩情好极都系唔中用。唉愁万种。累得我相思无主血泪啼红。

——《唔好发梦》

更为不幸的是，长时间的离别还造成了某些误会，使得歌女在饱受离别之苦与相思之痛，好不容易等到士子“失意还乡”之后，还要经受流言的中伤，以及士子的怀疑与冷漠。地理上的距离导致了心理上的距离：

打乜主意。重使乜思疑。你唔带得奴你便早日话过妹知。我只估话等郎至此落在呢处烟花地。舍得我肯跟人去上岸乜天时。只望共你叙吓悲欢谈吓往事。点想你失意还乡事尽非。一定唆搅有人将我出气。话我好似水性杨花逐浪飞。呢阵讲极冰清你亦唔多在意。万般愁绪只有天知。况且远近尽知奴系等你。今日半途丢手敢就冇的挨依。枉费我往日待你个副心肠今日凭在你处置。漫道你问心难过就系死亦难欺。唔见面讲透苦心死亦唔得眼闭。君呀你有心怜我你便早日开嚟。见面讲透苦心死亦无乜挂意。唉休阻滞。但得早一刻逢君我就算早一刻别离。

——《奴等你》

由于真心付出得不到真心回报，歌女便有了无限的悔恨。这种悔恨在《粤讴》一书里几乎随处可见：

烟花地。想起就心慈。中年情事点讲得过人知。好命铸定仙花亦都唔种在此地。纵然误种亦指望有的更移。今日花柳风波我都尝到透味。况且欢场逝水更易老花枝。既系命薄如花亦都偷怨吓自己。想到老来花谢总要稳的挨依。唉我想花谢正望到人地葬花亦都系稀罕事。总要花开佢怜悯我正叫做不负佳期。细想年少未得登科到老难以及第。况且秋来花事总总全非。今日我命铸定为花就算开落过世。你试问花花呀谁爱你佢都有的偏私。花若有情就要情到底。风云月露正系我地情痴。到人地赏花憎爱我都唔理。仙种子休为凡心死。我为偶还花债故此暂别吓瑶池。

——《烟花地》之一

烟花地，苦海茫茫。从来难揾个有情郎。迎新送旧不过还花账。有谁惜玉与及怜香。我在风流阵上系咁从头想。有个知心人仔害我纵死难忘。有阵丢疏外面似极无心向。独系心中怀念你我暗地凄凉。今晚寂寥空对住烟花上。唉休要乱想。共你有心都是恶讲。我断唔辜负你个一点情长。

——《烟花地》之二

歌女的最大梦想，就是“早日还完花债共你从良”（《花本一

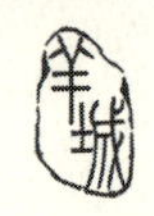

样》之一)，也就是“上岸”，离开这种屈辱的水上世界，过一种自由人的生活。为此，她们非常看重“人客”的人品，希望能够遇到一个真心爱自己的人：

世间难揾一条心。得你一条心事我死亦要追寻。一面试佢真心一面防到佢嘥。试到果实真情正好共佢酌斟。嘥嘥吓嘥到我哋心虚个个都防到薄行。就俾佢真心来待我我都要试过佢两三匀。我想人客万千真嘅都冇一分。嗰啲真情撒散重惨过大海捞针。况且你会揾真心人哋亦都会揾。真心人客你话够几个人分。细想缘份各自相投唔到你着紧。安一吓本分。各有来由你都切勿羡人。

——《拣心》

想到真情难遇，于是就有了怨恨。事实上，歌女是没有错的，错的是士子。他先是为了求功名而给歌女带来离别之痛，“失意还乡”之后又因为“耳软”（听信流言）而深深地刺伤了歌女的心。好在士子毕竟是一个富有同情心的人，他后来也意识到了自己的错误，于是也有了悔恨：

实在我都唔过得意。算我薄情亏负呗你。等我掉转呢副心肠共你好过都未迟。人地话好酒饮落半坛正知道吓味。因为从前耳软所以正得咁迷痴。今日河水虽则系咁深都要共你撑到底。唉将近半世。唔共你住埋唔系计。细想你从前个一点心事待我叫我点舍得把你难为。

——《自悔》

遗憾的是，这种悔恨来得晚了一点。歌女已经绝望了。她在被人逼债而无力偿还时，最终选择了自杀。她的自杀，使悔恨中的士子几乎痛不欲生，于是就有了这种撕心裂肺哀伤欲绝的歌唱：

听见你话死。实在见思疑。何苦轻生得咁痴。你系为人客死心唔怪得你。死因钱债叫我怎不伤悲。你平日当我系知心亦该同我讲句。做乜交情三两个月都冇句言词。往日个种恩情丢了落水。纵有金银烧尽带不到阴司。可惜飘泊在青楼孤负你一世。烟花场上冇日开眉。你名叫做秋喜。只望等到秋来还有喜意。做乜才过冬至后就被雪霜欺。今日无力春风唔共你争得啖气。落花无主敢就葬在春泥。此后情思有梦你便频须寄。或者尽我呢点穷心慰吓故知。泉路茫茫你双脚又咁细。黄泉无客店问你向乜谁栖。青山白骨唔知凭谁祭。衰杨残月空听个只杜鹃啼。未必有个痴心来共你掷纸。清明空恨个页纸钱飞。罢咯不若当你系义妻来送你入寺。等你孤魂无主仗吓佛力扶持。你便哀恳个位慈云施吓佛偈。等你转过来生誓不做客妻。若系冤债未偿再罚你落花粉地。你便拣过一个多情早早见机。我若共你未断情缘重有相会日子。须紧记。念吓前恩义。讲到销魂两字共你死过都唔迟。

——《吊秋喜》

《粤讴》中的士子，其实就是作者自己。冼玉清教授根据有关诗文记载和民间传说，考证秋喜就是招子庸所恋之歌伎：“秋喜，珠江歌妓也，与子庸昵。而服用甚奢，负债累累。鸨母必令其偿所负始得遣行。秋喜愤甚，不忍告于子庸。债主逼之急，无可为计，遂投水死。子庸惊悼，不知所措。遂援笔而成《吊秋喜》一阕。沉痛独绝，非他人所能强记，一时远近传诵。”①

《吊秋喜》一阕为何如此“沉痛欲绝”？因为这里边除了悲伤，还有愧疚和悔恨，因此他要为她做些补偿：不仅为她烧“纸钱”，还要把她当作“义妻”送入佛寺，甚至表示如果有来世，“共你死过都唔迟”。

正是因为内心的悲痛、愧疚和悔恨太沉重了，所以作者希望解脱，于是便有了《解心》一阕：

心各有事，总要解脱为先。心事唔安解得就了然。苦海茫茫多数是命蹇。但向苦中寻乐便是神仙。若系愁苦到不堪真系恶算。总好过官门地狱更重哀怜。退一步海阔天空就唔使自怨。心能自解，真正系乐境无边。若系解到唔解得通就讲过阴

① 冼玉清：《招子庸研究》，《岭南学报》1947 年第 1 期。

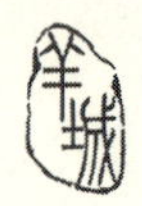

鹭过便。唉凡事检点。积善心唔险。你睇远报在来生，近报在目前。

作者特意把《解心》一阕置于篇首，无疑表明了《粤讴》一书的写作目的，就是寻求心理上的解脱。全书一共99题121首作品，都可以说是用回忆的口吻和视角写成的。回忆中包含了与歌伎的离别，包含了歌伎在离别之后的相思、愁苦、牵挂、猜测、怨恨、后悔、辩白与绝望，也包含了自己的失意、纠结、自悔、悲伤与解脱。这样看来，金文泰所谓“各‘讴’皆同，翻来覆去，同一意思，同一情感”的说法就站不住脚了，因为作品所包含的意思和情感是丰富而有变化的，其所写离别，以及一方在别后的相思、愁苦、牵挂、猜测、怨恨、后悔、辩白与绝望，一方在别后的失意、纠结、自悔、悲伤与解脱，实际上也有一个内在的逻辑。如果我们按照作品内在的逻辑以及人类心理活动的一般规律，把全书各“讴”重新加以编排，无疑就是一首跌宕起伏、首尾呼应而又哀感顽艳、凄恻动人的爱情长诗。

文学地理学认为，文学作品的创作与接受过程，包含了三组时空关系。一是作品所赖以产生的时空条件，二是作品本身所建构的时空坐标，三是作品在接受过程中形成的时空联想。就《粤讴》来讲，它有其赖以产生的时空条件（这一点我们将在下文予以讨论），它本身也有自己的时空坐标，尤其是空间这一维度，它的轮廓是清晰的，这就是以珠江为背景的水上空间和以京华为背景的陆上空间；它的时间维度看似不太清晰，但逻辑上是存在着的，需要读者去发现、去梳理。因此，解读《粤讴》过程中的时空联想就很重要了。如果我们不能首先找到它的空间位置，我们就没法找到它的时间线索。如果我们既不能找到它的空间位置，又不能找到它的时间线索，那么呈现在我们面前的《粤讴》，就会像金文泰所说的那样：“各‘讴’皆同，翻来覆去，同一意思，同一情感，故每易生厌。”

事实上，《粤讴》这部作品不仅呈现了一个跌宕起伏、首尾呼应而又哀感顽艳、凄恻动人的爱情故事，有一个潜在的时间线索，更建构了两个具有典型意义的地理空间，这个故事就是在这两个具有典型意义的地理空间展开的，一个是以珠江为背景的水上空间，一个是以京师为背景的陆上空间。从内涵上讲，水上空间是一个情感的空间，而陆上空间则是一个功名的空间，爱情与功名虽然有联系，但是在本质上是难以兼容的，于是心理的、情感的冲突与纠结就不可避免了，这样作品就有了思想的厚度、文化的底蕴与艺术的张力。这一切都有待于进一步探讨，但是这种探讨有赖于解读过程中的时空联想，尤其是空间定位。

二　《粤讴》赖以产生的地理环境

如上所述，一部文学作品的产生，离不开特定的时空条件。时是指作家所处的时代背景，空是指作家所处的地理环境。地理环境包括自然环境和人文环境，人文环境又包括家庭人文环境和社会文化环境。《粤讴》所写的是珠江花舫上的歌伎与久客京师的士子之间的爱情故事。作品的主题是常见的，作品的题材则富有地域性。如果作者本人没有久客京师的亲身经历，如果不熟悉珠江及其周围的自然和人文地理环境，这样的题材是很难得心应手、出口成章的。

清同治《南海县志·招子庸传》曰："招子庸，字铭山，横沙人。"[①] 南海横沙，即今广州市白云区金沙街之横沙村，这是广州城西珠江边上的一个古老村落，"前临珠海，后枕茂林"[②]，"有峰秀耸，溪流环抱，景物清旷，可钓可游"。[③] 据冼玉清教授介绍，"子庸家有橘天园，为其父茂章游息之所，园广约半亩，旧植杂树及桃竹，复有菜圃瓜棚，今已荒圮。茂章有《橘天园即事》七律云：'闲缀纱囊护熟桃，妻孥营画也风骚。送红每弄波中瓣，爱绿时浇石上毛。新竹笋扶依槛直，嫩瓜藤教上棚高。田园半亩甘肥遁，独立何须耻弊袍。'"冼教授指出："子庸生此半农半儒之家，可游可钓之乡，有能诗能文之父，故先天与环境，皆足以影响其一生。"[④]

这种"半农半儒"的家庭人文环境与"前临珠江"的自然和社会文化环境对招子庸的影响主要体现在两个方面。

---

① 《南海县志》，清同治刊本。

② 冼玉清：《招子庸故乡游记》，《妇女生活》1948 年第 3 期。

③ 冼玉清：《招子庸研究》，《岭南学报》1947 年第 1 期。

④ 冼玉清：《招子庸研究》，《岭南学报》1947 年第 1 期。

一是强烈的功名意识。子庸之父“茂章少年孤恃，支持家计，不能得一第以显亲，终身引为憾事。故欲教子成名。其《生朝二子叩祝率成四十字以志余痛》诗有‘何时光乃祖，盖父此生愆’之语，可知其念念不忘兹事也。子庸以乃父期望心切，故苦志读书。方十余岁，随从兄健生、香浦背诵五经传注，累累如走珠盘。苦读而至生病”。[①] 子庸于嘉庆二十一年丙子（1816 年）中武举。据其《粤讴》一书中的有关篇什来看，他后来曾经多次赴京参加会试，并且久居京华，可惜屡举不第，最终“失意还乡”。直到道光九年（1829 年）才因“大挑一等以知县用，分发山东”。先后任峄县、朝城、临朐和潍县知县。据同治《南海县志》记载，子庸“有干济材，勤于吏职，其任潍县也，相验下乡，只身单骑，仆从不过数人，不饮民间一勺水，颂声大作”。[②] 遗憾的是，在道光十九年（1839 年），竟“以收纳亡命被议”而落职。这是一个冤案，对他的打击是很大的。“子庸于潍县被议后，郁郁寡欢。遂以道光二十四年甲辰（1844），挟琵琶徒步走四川，欲访其亲家番禺陈仲良筹款谋复官。”[③] 由此可见，子庸作为封建时代的一位读书人，尤其是作为功名未遂而遗憾终身的诗人招茂章之子，其功名意识原是很强烈的。功名意识强烈不一定都是坏事，尤其是像子庸这样做官之后能够勤政为民、清廉为官，因而被老百姓称为“民之父母，不愧青天”的人，其功名意识强烈，不仅可以促使他完成父亲的夙愿，实现自己的社会价值，也可以促使他为朝廷和老百姓多做一些好事。我们这里所要强调的，是他这种由来已久的强烈的功名意识，对其早年的情感生活、对其《粤讴》一书的写作所产生的作用，无疑是相当重要的。

二是浪漫的人生态度。招茂章一生谨言慎行，其诗“多饬纪敦伦、诒谋燕翼之言，无词人风云月露之派”（钱林《五十寿序》），而子庸则不修边幅，跌宕不羁。这种人生态度的形成，与家庭文化环境似无关系，应从社会文化环境方面来考察。据其同学徐荣介绍，子庸负绝世聪明，而其浪漫狂放之态亦为世俗所惊骇。端午赛

---

① 冼玉清：《招子庸研究》，《岭南学报》1947 年第 1 期。

② 《南海县志》，清同治刊本。

③ 冼玉清：《招子庸研究》，《岭南学报》1947 年第 1 期。

龙舟时，子庸头簪石榴花，袒胸跣足立于船头，左手执旗，右手擂鼓，旁若无人。又喜为粤讴，流连珠江花舫，故颇有江湖薄行之名。又曾挟琵琶卖画至四川，携五美女归，其风流放诞可想而知。冼玉清教授认为："子庸抱绝世之才，少年科第，本欲名列清班，无奈屡举进士不第，故郁郁无以自聊，遂发为此狂态也。"[①] 从行为心理学的角度来看，这种分析是有道理的，但还不够全面。还应该从环境心理学的角度来看。也就是说，子庸这种浪漫的人生态度的形成，既与他在科场上屡试屡败的心理有关，更与珠江文化环境的影响有关。

珠江是一条浪漫的河。尤其是它的下游，也就是广州河段，可以说是浪漫到了极致。清乾隆二十一年（1756 年）至鸦片战争前的 84 年间，广州作为全国唯一的对外通商口岸，城市经济达到空前的繁荣。随着城市经济的空前繁荣，城市人口也为之剧增。随着城市经济的繁荣与城市人口的剧增，城市声妓（花事）也达到鼎盛。招子庸的生活及其《粤讴》的写作就处在这个特定的时空环境里。

张心泰《粤游小志》载：

> ……娼家……广州称最。广之最著名者，莫如谷埠，在省城西南……河下紫洞艇，悉女闾也。艇有两层，谓之横楼，下层窗嵌玻璃，舱中陈设，洋灯洋镜，入夜张灯，远望如万点明星，炤耀江南，纨绔子弟，选色征歌，不啻身到广寒，无后知有人间事……土人云，此艇本泊沙面，近年始移谷埠，今又迁至南渡头，较三十年前，仅十之一矣。[②]

《粤游小志》写于光绪前期，由此上推 30 年，即招子庸时代的后期。光绪前期的广州声妓（花事）尚且如此兴盛，30 年前，即招子庸时代的超兴盛就可想而知了。

又据杜展鹏先生介绍，"广州花事之兴盛，初以谷埠为最为早。谷埠位于油栏门城外珠江河畔，即今仁济路口对开去之堤边。此地

---

① 冼玉清：《招子庸研究》，《岭南学报》1947 年第 1 期。

② 张心泰：《粤游小志》卷三，清光绪十七年（1891 年）上海著易堂本。

烟花，远在清代道光年间已有。江上湾泊花舫、楼船、沙艇等。”“谷埠西边接连白鹅潭、沙面、沙基等处，是省、港、澳、沪各市镇来往船航湾泊上落所经之地方。……又与城内及东南关、西关、河南区各铺户相接，平均路途不甚远，具此水陆利便，故谷埠‘烟花’得以旺盛。”① 招子庸的家乡横沙，就在离谷埠很近的省城西南地区。因此他就很自然地接受了这种浪漫文化的影响。

赖学海《雪庐诗话》云：“粤之《摸鱼歌》，盲词之类，其调长。其曰《解心》，《摸鱼儿》之变调，其声短，珠娘其歌之以道其意。先生（按即冯询）以其语多俚鄙，变其调为讴使歌。其慧者随口授即能合拍上弦。于是同调诸公，互相则效，竞为新唱以相夸。熏花浴月，即景生情，杯酒未终，新歌又起。或弄舫中流，互为嘲谑，此歌彼答，余响萦波。珠江游船以百数，皆倚棹停桡，围而听之。此亦平生第一乐事也。好事者采其缠绵绮丽，集而刊之，曰《粤讴》。与招铭山大令辈所作，同时擅场。”② 招子庸的《粤讴》就是在这样的自然和人文环境中产生的。

石道人《粤讴序》云：

> 戊子之秋，八月既望，蟋蟀在户，凉风振帏，明珊居士惠然诣我，悄然不乐曰：“此秋声也，增人忉怛，诸为吾子解之。”余曰：“唯唯”。居士曰：“子不揽夫珠江乎？素馨为田，紫檀作屋，香海十里，珠户千家。每当白日西逝，红灯夕张，衣声綷䌨，杂以佩环，花气氤氲，荡为烟雾，秾纤异致，仪态万方，珠女珠儿，雅善赵瑟，酒酣耳热，遂变秦声，于子乐乎？”余曰：“豪则豪矣，非余所愿闻也。”居士曰：“龙户潮落，鼍更夜午，游舫渐疏，凉月已静，于是雏鬟雪藕，纤手分橙，荡涤滞怀，抒发妍唱，吴歈甫奏，明灯转华，楚竹乍吹，人声忽定，于子乐乎？”余曰：“丽则丽矣，非余所心许也。”居士曰：“三星在天，万籁如水，华妆已解，芗泽微闻，抚冉冉之流年，惜厌厌之长夜，事往追昔，情来感今，乃复舒彼南

① 杜展鹏：《广州陈塘东堤“烟花”史话》，《广州文史》2010年第4期。

② 赖学海：《雪庐诗话》，引自梁培炽《南音与粤讴之研究》，广东人民出版社，2012，第137页。

> 音，写伊孤绪，引吭按节，欲往仍回，幽咽含怨，将断复续。时则海月欲堕，江云不流，辄唤奈何，谁能遣此？”余曰：“南讴感人，声则然矣，词可得而征乎？”居士乃出所录，曼声长哦，其音悲以柔，其词婉而挚，此繁钦所谓凄入肝脾，哀感顽艳者，不待河满一声，固已青衫尽湿矣。①

这一段话，对于《粤讴》赖以产生的自然和人文地理环境，可以说是作了绘声绘色的描绘。如果没有这样的自然和人文地理环境，或者说，如果作者不熟悉这样的自然和人文地理环境，《粤讴》的产生是难以想象的。随着时间的流逝与社会的变迁，珠江的自然和人文环境发生了巨变，尤其是当年的人文环境不复存在了，因此同类题材的《粤讴》也不可能产生了。

总之，“半农半儒”的家庭人文环境，使招子庸受到良好的教育，积累了深厚的人文底蕴，培养了卓越的写作才能，更形成了强烈的功名意识；“可游可钓”的自然和社会人文环境，则培养了他的浪漫情怀，丰富了他那独特的人生体验。正是这样的环境，使《粤讴》的写作成为可能。

三　《粤讴》在中国地域文学中的地位

《粤讴》是用粤语（即广府语言）写作的文学作品，属于广府文学的范畴。广府文学作为一种地域文学，实际上包含两种样态：一是普通的广府文学，二是典型的广府文学。所谓普通的广府文学，是指由广府作家或生活在广府的外地作家创作的、以广府生活为题材的文学。也就是说，无论创作主体是广府本地作家还是生活在广府的外地作家，抑或生活在外地的广府籍作家，只要其作品是以广府生活为题材的，就是普通的广府文学。所谓典型的广府文学，则是指广府本地作家和生活在外地的广府籍作家用广府语言创作的、以广府生活为题材的文学。生活在广府的外地作家虽然也有少数人能用广府语言来写广府生活，但是没有广府本地作家和生活在外地的广府籍作家写得那么本色当行。典型的广府文学与普通的

① 石道人：《粤讴序》，载招子庸《粤讴》，清光绪戊子九年刊本。

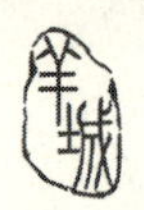

广府文学，其共同点在于以广府生活为题材，其差异则在于前者能够熟练地用广府语言写广府生活，后者则不能。从这个意义上讲，招子庸的《粤讴》就是典型的广府文学，原因有三：第一，招子庸是广府本地人；第二，《粤讴》是用广府语言创作的文学作品；第三，《粤讴》的题材是广府生活。

事实上，所有的地域文学都包含了这两种样态，一种是普通的地域文学，一种是典型的地域文学。判断一种地域文学属于前者还是属于后者，关键在于它是否熟练地使用了本地方言。以这个标准来衡量，《诗经》中的“十五国风”并不属于典型的地域文学，而只是普通的地域文学，因为这些原本使用了各地方言的民歌被收集之后，都由乐师（太师）们用“雅言”（也就是周代的共同语）加工润色过了。[①] 但《楚辞》可以称为典型的地域文学。黄伯思《校定楚辞序》云：“屈宋诸骚，皆书楚语，作楚声，纪楚地，名楚物，故可谓之楚辞。”[②] 如果《楚辞》仅仅是“纪楚地，名楚物”，那还只是普通的地域文学，但由于它能够“书楚语，作楚声”，即使用楚地语言来“纪楚地，名楚物”，因此就成了典型的地域文学（虽然它也有一些中原“雅言”，即那个时代的通用语）。以这个标准来衡量，刘向《说苑》所载的《越人歌》，汉乐府中的“代、赵、秦、楚之讴”，六朝民歌中的《西曲歌》与《吴声歌曲》，明代冯梦龙所辑《山歌》、《挂枝儿》，清代招子庸创作的《粤讴》，还有各种地方戏的戏文，明清以来少数用方言创作的小说，如韩庆邦的《海上花列传》、邵彬儒的《俗话倾谈》等，即可称为典型的地域文学。

典型的地域文学所承载、所反映、所描绘的是典型的地域文化。典型的地域文化至少包含三个要素：一是方言，二是风土人情，三是价值观念。从这个意义上讲，典型的地域文学是弥足珍贵的，它是地域文化的一个标本，是人们感受和认识地域文化的一个最好的艺术载体。

---

① 向熹：《论〈诗经〉语言的性质》，《中国韵文学刊》1998 年第 1 期。

② 黄伯思：《校定楚辞序》，引自陈振孙《直斋书录解题》第 15 卷，上海古籍出版社，1987，第 436 页。

在招子庸的《粤讴》问世之前，广府文学中已有一些典型的地域文学，例如木鱼歌、龙舟歌、南音等，但是这些都是民间说唱艺人创作的，文学价值并不高。刘向《说苑·善说》载有一首由楚语翻译的《越人歌》，这是一个文学价值很高的作品，但是未必就是南越人创作的。因为先秦时期的越人分布很广，“自交趾至会稽七八千里，百越杂处，各有种姓”。[①] 仅仅是见于史籍的就有句吴、于越、扬越、东越、闽越、瓯越、南越、骆越、西瓯、山越、夷越、夔越等，故称“百越”。也就是说，在今江苏、浙江、福建、台湾、江西、湖南、广东、广西诸省区和越南北部皆有越人，而分布在两广一带的只有南越人，因此很难说这个越人就是南越人。另据屈大均《广东新语·诗语》载，汉“孝惠时，南海人张买侍游苑池，鼓棹为越讴，时切讽谏”。“越讴”就是“粤讴”。古代“粤”和“越”相通，因此也有人把《粤讴》写成《越讴》。南海人张买就是汉代的广府人，也就是讲粤语的人，他所作的《越讴》就是最早的《粤讴》，但是这个《越讴》并没有保存下来，它究竟属于典型的广府文学还是普通的广府文学，我们无法知晓。招子庸创作《粤讴》时，冯询、邱梦旗、温汝适、李长荣等文人也都创作过“粤讴”，但都没有作品保留下来。因此，招子庸的《粤讴》作为历史上流传下来的一部典型的广府文学作品，其文化价值与文学价值都是弥足珍贵的。

传统的广府文学包括诗、文、词、戏曲、小说五大类，其中诗、文、词是用官话写作的，小说的绝大部分也是用官话写作的（例如庚岭劳人的《蜃楼志》、黄谷柳的《虾球传》就是用官话写作的小说，真正像邵彬儒的《俗话倾谈》那样较多地使用广府方言写作的小说并不多见），真正用广府方言（即粤语）写作的只有戏曲（包括粤剧、粤曲、木鱼歌、龙舟歌、南音、粤讴等）。如上所述，木鱼歌、龙舟歌、南音多是民间艺人创作的，其文学价值并不高。粤剧、粤曲中有一些文人的作品，但是其文学价值也不能和招子庸的《粤讴》相比。因此我们可以这样讲：要认识真正有文学价值的、典型的广府文学，必须以招子庸的《粤讴》为范本。

---

① 周振鹤：《汉书地理志汇释》，安徽教育出版社，2006，第516页。

结 语

从文学地理学的角度解读《粤讴》，还有不少工作可做。例如作品所描写的广府地区的风土人情，作品所使用的大量的广府方言等，都有研究的必要。另外还可以把作为粤语歌词的《粤讴》与作为吴语歌词的《山歌》、《挂枝儿》等作一个横向的比较，等等。这种研究无论是就广府文学研究来讲，还是就文学地理学研究来讲，都具有方法论的意义。限于篇幅，留待他日再作探讨。

第八章 陈洵在“桂派”词学中的重要地位

“桂派”即“临桂词派”，是晚清民国时期继“浙西词派”和“常州词派”之后兴起的一个词派，因其创始人为广西临桂人王鹏运（1848—1904 年），故名。最早提出“桂派”这一名称的是广东番禺人叶恭绰（1881—1968 年）。他在《广箧中词》里讲：

> 幼遐（王鹏运）先生于词学独探本原，兼穷蕴奥，转移风会，领袖时流，吾常戏称为“桂派”先河，非过论也。彊村翁（朱祖谋）学词，实受先生引导。文道希丈（文廷式）之词，受先生攻错处亦正不少。[①]

最早对“桂派”这一名称的内涵予以说明的则是江西上犹人蔡嵩云（1888—1950 年），他在《柯亭词论》里讲：

> 清词派别，可分三期。浙西派与阳羡派同时。浙西派倡自朱竹垞，曹升六、徐电发等继之，崇尚姜张，以雅正为归。阳羡派倡自陈迦陵，吴次、万红友等继之，效法苏、辛，惟才气是尚，此第一期也。常州派倡自张皋文，董晋卿、周介存等继之，振北宋名家之绪，以立意为本，以叶律为末，此第二期也。第三期词派，创自王半塘，叶遐庵戏呼为桂派，予亦姑以桂派名之。和之者有郑叔问、况蕙风、朱彊村等，本张皋文意内言外之旨，参以凌次仲、戈顺卿审音持律之说，而益发挥光

① 叶恭绰：《广箧中词》，载《御选历代诗余》，浙江古籍出版社，1998，第 642 页。

> 大之。此派最晚出，以立意为本，故词格颇高。以守律为用，故词法颇严。今世词学正宗，惟有此派。余皆少所树立，不能成派。其下者，野狐禅耳。故王、朱、郑、况诸家，词之家数虽不同，而词派则同。①

从此以后，“桂派”这个名称就逐渐叫开了。需要指出的是，蔡嵩云关于清词三期四派的划分，以及“常州派”与“桂派”之间传承关系的描述，虽大体正确，但有两个问题必须指出。

一是关于“桂派”的性质和特点讲得不够到位。“桂派”和“常州派”之间，确实有太多的联系。“桂派”也讲“意内言外”，也讲比兴、寄托，甚至把周济的“问涂碧山，历梦窗、稼轩，以还清真之浑化”奉为圭臬，但是，“桂派”和“常州派”之间，还是有明显的区别的。第一，常州派“以叶律为末”，以平常心对待词的声律问题，桂派则“以叶律为用”，甚至在声律问题上斤斤计较，这一点，显然是受了“浙西派”的影响，并且有过之而无不及。第二，“常州派”的张惠言、董毅等人都不看好吴梦窗（文英），周济虽为吴梦窗讲过一些好话，但是并不讳言其“过嗜饾饤”的毛病。“桂派”却极力标举吴梦窗。王鹏运、朱祖谋、况周颐、陈洵、吴梅、陈匪石、张尔田、杨铁夫、唐圭璋诸人讲吴梦窗时，从来不讲他的缺点，甚至不惜把他神化。“桂派”的视野比“常州派”更窄，局限性比“常州派”更大。

二是把郑文焯（1856—1918 年）列为“桂派”的代表人物，而忽略了陈洵这位主将。事实上，郑文焯虽然被称为“晚清四大家”，但是他的词学主张与王鹏运、朱祖谋、况周颐三人并不一样。他虽然批校过《梦窗词》，且其成就不在王、朱之下，但他并不推崇吴梦窗。他主张学柳耆卿，学姜白石，希望以柳、姜二家的“疏宕”来救吴的“质实”之弊。他虽然也讲词律，但是他所用力者，在词的音律（词乐），而不在词的格律（声韵）。他不主张严守四声。在“晚清四大家”里，他是很有些“另类”的。而陈洵则相反，他是极力标举吴梦窗的，极力主张“严律”的。他与王鹏运、

---

① 蔡嵩云：《柯亭词论》，载唐圭璋编《词话丛编》（五），中华书局，1986，第 4908 页。

朱祖谋和况周颐，可以称为“桂派四大家”。讲“桂派”而不讲陈洵，就像一张方桌只做了三只脚，那是难以站稳的。

“桂派”或“临桂词派”，是晚清民国时期词史和词学史的重要组成部分。研究晚清民国时期的词史或词学史，如果不讲“桂派”或“临桂词派”，等于撇下了它的大部分内容。可是我们发现，自20世纪上半叶直到今天，在研究“桂派”或“临桂词派”的41篇论文和7本书中，竟然没有一篇（部）是研究陈洵的。有一本名为《清代临桂词派研究》的书，一共列举了35位“临桂词派”成员的名字，居然就没有陈洵![①] 而仅有的3篇研究陈洵的论文，则完全不讲他对“桂派”或“临桂词派”的贡献。这不能不说是一个很大的缺憾。因此，本章拟专门讨论陈洵在“桂派”中的地位问题，希望能够引起有关专家的注意。

一　陈洵与“桂派”其他重要人物之关系

陈洵（1870—1942年），字述叔，号海绡，广东新会潮莲乡（今广东江门市蓬江区潮连街道）人。少时随父在佛山经商。后从吴道镕读书，补南海县学生员。1890年前后，因叔父陈昭常之荐，往江西瑞昌知县黄梅伯（元直）家教馆。1909年前后回到广州，在城西荔枝湾设馆授徒。1929年7月，经朱祖谋之荐，任国立中山大学词学教授。1938年10月，日军占据广州，中大内迁云南澄江，陈氏移居澳门。1940年10月，陈洵回到广州，任省立广东大学教授。晚年患喉癌，于1942年6月19日卒于广州宝华正中约赁所。著有《海绡词》3卷、补遗1卷，《海绡说词》1卷。

龙榆生讲，陈洵一生僻居“粤中”，性情“亦颇落落寡合”[②]，但是笔者据《海绡词》的有关题序来考察，发现他的交游并不算窄。据统计，仅他所交往、酬赠的文化人士，就多达30人。这30人中，诗人占了9位，画家占了7位，戏曲艺人占了2位，学问僧占了1位，词人最多，占了11位。他们是：谭少沅（颐年）、谭子

① 巨传友：《清代临桂词派研究》，上海古籍出版社，2008，第85—92页。

② 龙榆生：《陈海绡先生之词学》，载《龙榆生词学论文集》，上海古籍出版社，1997，第481页。

端、伍文叔、戴翰风、许琴筑（颂澄）、黎六禾（国廉）、谭瑑青（祖壬）、朱彊村（祖谋）、杨玉衔（铁夫）、龙榆生（沐勋）和黄子静（兆镇）。

据考察，这11位词人中，谭少沅、谭子端、伍文叔和戴翰风是所谓“里中数子”①，没有词作行世；黄子静是他的词学弟子，也没有词作行世，因而看不出他们五人的宗风。谭瑑青虽有词集，但宗风不明。许琴筑所作“声情激越，有稼轩风趣”②，不在“桂派”之列。黎六禾与陈洵“前后唱和几及十年”，但其宗风与陈氏不同，“述叔为词致力梦窗，而六禾则醉心姜、史”。③ 显然也不在“桂派”之列。龙榆生虽是朱彊村弟子，但不主梦窗而主苏、辛，也不在“桂派”之列。11位词人中，真正属于“桂派”者，只有朱彊村和杨铁夫师徒二人。

另据龙榆生讲：“（海绡）翁之交游，除晦闻及集中所与唱酬诸君外，晚岁惟与钱塘张孟劬（尔田）、惠阳廖忏庵（恩焘）、南海谭瑑青（祖壬）三先生，常有书札往还。”孟劬“论词特推彊村先生”，“忏翁词主梦窗”，与陈洵“气味相投”。④ 故陈洵所交往的“桂派”词人，除了朱彊村和杨铁夫，还有张孟劬和廖忏庵。

朱祖谋（1857—1931年），又名孝臧，字古微，号彊村，又号沤尹，浙江归安（今湖州）人。光绪九年（1883年）进士，官至礼部右侍郎兼广东学政。他是“晚清四大家”之一，也是王鹏运去世之后近30年的“桂派”领袖。有《彊村丛书》260卷、《彊村遗书》24卷。陈洵能够成为20世纪词史和词学史上的一代名家，与朱祖谋的极力推介和揄扬是分不开的。

陈洵30岁时，才从叔父陈昭常那里得到一本周济的《宋四家词选》，由此走上填词之路。1911年秋，诗人梁鼎芬、黄节在广州重开“南园诗社”，陈洵应邀出席。梁氏把陈洵的词与黄节的诗相

---

① 熊润桐：《陈述叔先生事略》，载刘斯瀚《海绡词笺注》，上海古籍出版社，2002，第497页。

② 黎国廉：《青玉案（离离柳发）序》，载刘斯瀚《海绡词笺注》，上海古籍出版社，2002，第162页。

③ 张学华：《秫音集序》，载刘斯瀚《海绡词笺注》，上海古籍出版社，2002，第496页。

④ 龙榆生：《陈海绡先生之词学》，载《龙榆生词学论文集》，上海古籍出版社，1997，第483页。

提并论，称“陈词黄诗”，陈洵才为时人所知，但是他的影响，也只是在岭南一带，“当时相与唱酬者，不过里中数子而已”。① 陈洵的广为人知、名传海内，是在朱祖谋读了他的词之后，那时的他，已经是50岁开外的人了。

朱祖谋能够读到陈洵的词，是因为粤剧名伶雪娘的介绍。1917年，陈洵结识雪娘。1919年夏天，华北水灾，雪娘应上海广肇公所之邀，北上演剧助赈。陈洵为之送行，并以所作10余阕词相赠。为提升雪娘在沪上的知名度，由南洋兄弟烟草公司简照南玉阶兄弟做东，宴集沪上名流于太古洋行买办甘翰臣之非园，陈三立、朱祖谋皆在座。朱祖谋由此认识雪娘，并读到陈洵的词，“朱见述叔词学梦窗与己同调，击节叹赏”。② 朱、陈二人由此开始互寄词作。

1923年秋，朱祖谋用仿宋聚珍版为陈洵刻印《海绡词》（一卷本），并请黄节作序。同年9月28日，朱祖谋致信陈洵，称“公学梦窗，可称得髓，胜处在神骨俱静，非躁心人所能窥见万一者，此事固关性分尔”。③ 1925年，朱氏作《望江南·杂题我朝诸名家词集后》，关于陈洵与况周颐的那一首写道：“雕虫手，千古亦才难。新拜海南为上将，试要临桂角中原，来者孰登坛？”自注云：“新会陈述叔、临桂况夔笙，并世两雄，无与抗手也。”④ 朱氏弟子龙榆生云：“自斯论一出，而海绡词名遂震耀海内。”⑤ 1929年9月，朱祖谋向中山大学国文系主任伍叔傥推荐陈洵，使得这位年届花甲的私塾先生终于告别大半生的贫窭，成为名牌大学的词学教授，月薪350元大洋，后升至420元。⑥

1929年10月，朱祖谋致信陈洵，谈及撰写词论一事：

承示推演周、吴，自为此道，独辟奥，若云俟人领会，则

① 熊润桐：《陈述叔先生事略》，载刘斯瀚《海绡词笺注》，上海古籍出版社，2002，第497页。

② 乐生：《一代词家陈洵词笺》，《书谱》1987年第5期。

③ 朱祖谋：《致陈述叔书札》，载刘斯瀚《海绡词笺注》，上海古籍出版社，2002，第499页。

④ 朱祖谋：《彊村语业》（卷三），载《彊村遗书》，南京姜文卿刻书处，1932。

⑤ 龙榆生：《陈海绡先生之词学》，载《龙榆生词学论文集》，第477页。

⑥ 刘斯瀚：《陈洵年谱简编》，载《海绡词笺注》，上海古籍出版社，2002，第509页。

> 两公逮今，几及千年，试问领会者几人？屡诵致铁夫书，所论深妙处，均发前人所未发。蒙昧如鄙人，顿开茅塞。其裨益方来，岂有涯涘？倘成一书以惠学者，自以发挥己意为宏大耳。①

接朱氏信，陈洵“由是始有意著《说词》”。② 可见陈洵的《海绡说词》一书，原是在朱祖谋的授意之下动笔的。

1930年秋，陈洵专程赴上海拜会朱祖谋。“彊村先生广为扬誉，遍邀寓沪词人墨客，大会于福州路之杏花楼。”③ 会后，陈洵与朱祖谋坐朱氏“思悲阁”谈词，流连浃旬。吴湖帆特为之作《思悲阁谈词图》，以记一时之胜。

从1930年“腊月朔”至1931年底，朱氏四次致信陈洵，每一封信都讲到《海绡说词》。如第一封：“月前叠诵手书并辛吴词评，豁我心目。《说词》书成自应单行，如散入本集，转失大方也。”第二封：“比来尊纂《说词》又得几许？仍盼一读。”第三封：“比日又两奉手书，又《说词》一卷，翻阅数四，神解砉然，不仅启牖方来也。”第四封：“《说词》已成帙否？如有印本，得睹为快。”④ 朱祖谋以异乎寻常的热情，关心和敦促《海绡说词》的写作与印行，不仅仅在于这本书是在他的授意之下动笔的，更在于这本书，体现了他与陈洵二人对梦窗词的基本观点和态度，所谓“豁我心目”、“神解砉然”是也。

朱祖谋去世之前，又将《海绡词》（二卷本，附《海绡说词》一卷）收入《沧海遗音集》，手批云：“神骨俱静，此真能火传梦窗者。”又称其“善用逆笔，故处处见腾踏之势，清真法乳也”。又谓其“卷二多朴素之作，在文家为南丰，在诗家为渊明”。⑤

---

① 朱祖谋：《致陈述叔书札》，载刘斯瀚《海绡词笺注》，上海古籍出版社，2002，第502页。

② 刘斯瀚：《陈洵年谱简编》，载《海绡词笺注》，上海古籍出版社，2002，第509页。

③ 龙榆生：《陈海绡先生之词学》，载《龙榆生词学论文集》，上海古籍出版社，1997，第478页。

④ 朱祖谋：《致陈述叔书札》，载刘斯瀚《海绡词笺注》，上海古籍出版社，2002，第503—505页。

⑤ 朱祖谋：《手批海绡词》，载刘斯瀚《海绡词笺注》，上海古籍出版社，2002，第494—495页。

1931年12月，朱祖谋病逝于上海。陈洵失去知音，悲不自胜，“当彊村噩耗传至粤中，先生方买宅一区为终老计，署券将定，闻之，流涕而罢。自是每有所作，辄抚然叹曰：‘敢谓妙质尚存，而运斤者已不可复得矣。’”①

龙榆生讲：“彊村先生晚岁居沪，于并世词流中最为推挹者，厥唯述叔、仁先（陈曾寿）两先生。而述叔居岭南，仁先居天津，不获时时会合，故寄怀之作，亦以二氏为独多。”据他统计，朱祖谋寄赠陈洵的作品有《丹凤吟·寄怀陈述叔岭南》、《应天长·海绡翁客秋北来，坐我思悲阁谈词，流连浃旬。吴湖帆为作图饯别。翁示新章，借其起句答之》二首，而陈洵“集中怀念彊村先生之作，竟至七八阕之多”。② 他们之间的友谊，是建立在共同的词学主张与创作追求的基础之上的。龙氏深有感触地说：“在昔朱彝尊、陈维崧，有‘朱陈村词’之刻。虽二人并世齐名，而词风各异。不似彊村、海绡两先生之词同主梦窗，纯以宗趣相同，遂心赏神交，契若针芥也。”③ 在“桂派”诸人中，能够与朱祖谋达到如此“心赏神交”之境的，除了陈洵，还找不出第二个。

杨铁夫（1872—?），名玉衔，广东香山（今中山）人。举人出身。晚清时官至镇安知府，民国以后做过广东揭阳县县长。著有《抱香室词》、《双树居词》、《梦窗词选笺释》、《清真词选笺释》和《梦窗词全集笺释》等。他是朱祖谋的弟子。与龙榆生不一样，他在词的创作与研究方面，都是朱氏的忠实信徒。他是词学史上第一个完整地笺释《梦窗词》的人。他填词，不仅效梦窗，还效彊村。钱仲联称他“为词升彊村之堂，树梦窗之帜”。④ 他与陈洵的关系是很密切的。如上所述，朱祖谋之所以动了让陈洵撰写《海绡说词》的念头，最初是因为读了陈洵给杨铁夫的书信。杨铁夫研究吴梦窗，除了朱祖谋的诱导，也得益于陈洵的启发。他回忆说：

① 熊润桐：《陈述叔先生事略》，载刘斯瀚《海绡词笺注》，上海古籍出版社，2002，第498页。

② 龙榆生：《陈海绡先生之词学》，载《龙榆生词学论文集》，上海古籍出版社，1997，第479页。

③ 龙榆生：《陈海绡先生之词学》，载《龙榆生词学论文集》，上海古籍出版社，1997，第481页。

④ 钱仲联：《光宣词坛点将录》，载《词学》（第3辑），华东师范大学出版社，1985，第248页。

“及走上海，得执贽归安朱沤尹师，呈所作，无褒语，止以多读梦窗词为勖。始未注意也，及后每一谒见，必言及梦窗。归而读之，如入迷楼，如航断港，茫无所得，质诸师，师曰：‘再读之。’又一年，似稍有悟矣，又质诸师，师曰：‘似矣，犹未是也。再读之。’如是者又一年，似所悟又有进矣。师于是微指其中顺逆、提顿、转折之所在，并示以步趋之所宜从。加以得海绡翁所评清真、梦窗诸词稿读之，愈觉有得。”[①] 作为“桂派”第二代领袖朱祖谋的忠实信徒，他是僻居“粤中”的陈洵得以进入“桂派”核心圈子的一个中介。

张尔田（1874—1945 年），字孟劬，号遯庵，浙江钱塘（今杭州）人。清末举人。早年任刑部主事，晚年任燕京大学国学总导师。著有《玉溪生年谱会笺》、《蒙古源流笺证》、《遯庵乐府》、《论词札记》、《近代词人轶事》等。他是郑文焯的弟子，又与朱祖谋“过从甚密”。他反对死守“四声”，这一点同于郑氏；但是又学梦窗的“晦涩”，这一点又同于朱氏。严迪昌说他的词“端赖郑人作笺。其自笺李商隐诗为世所称，倚声填词亦不无此风，殆较之朱彊村犹为过甚”。[②] 他是一个不太纯粹的“桂派”人物。陈洵晚年与张尔田“常有书札往还”。陈氏对他的史学和词学造诣均很推崇，甚至希望他出来做朱祖谋之后的词坛领袖：“自彊老徂逝，群言淆乱，无所折中。吾惧词学之衰也，非执事谁与正之?”[③] 张尔田对陈洵的评价也很高。称“近代词集颇多，自当以樵风（郑文焯）为正宗，彊村为大家。述叔、吷庵（夏敬观）各有偏胜”。陈洵去世之后，张氏“闻之惊痛”，他对龙榆生讲：“今海绡往矣，而弟亦么弦罢弹，广陵散殆真绝响耶?”[④] 俨然把陈洵看成自己的知音。

廖恩焘（1865—1954 年），字凤舒，号忏庵，广东惠阳人。早

① 杨铁夫：《梦窗词选笺释序》，载《吴梦窗词笺释》，广东人民出版社，1992，第 10 页。

② 严迪昌：《近代词钞》（三），江苏古籍出版社，1996，第 1987 页。

③ 陈洵：《致孟劬先生书》，载《龙榆生词学论文集》，上海古籍出版社，1997，第 484 页。

④ 张尔田：《致榆生书》，载《龙榆生词学论文集》，上海古籍出版社，1997，第 484 页。

年留学日本。清末民初曾任南美某国公使，归国后任邮政副监督。著有《忏庵词》、《忏庵词续集》等。他与朱祖谋关系密切，深受朱氏之影响。“词学梦窗，功力甚深。讲求格律，恪守四声。”① 可以说是一个不折不扣的“桂派”人物。据龙榆生讲，他与晚年的陈洵“常有书札往还”，但没有披露有关书札的内容。笔者从夏承焘《天风阁学词日记》里发现一则材料，可以得知廖氏对陈氏的了解，也可以得知晚年陈洵的窘况。夏氏日记 1939 年 10 月 12 日载：“（廖忏翁）谓陈述叔年七十，一生不能说普通话，仅一度往江西佐粤人幕，余皆课蒙为活。近闻在澳门，已老惫不堪矣。”②

中国历史上的文学流派，以地域命名者居多，然其成员则并不限于某一个地域，所谓“诗‘江西’也，非人皆江西也”（杨万里《江西宗派诗序》）。“桂派”也是如此。它的创始人来自广西临桂，它的成员则来自全国各地。它既有明确的文学主张，又有一定的组织形式，是一个相当典型的文学流派。它的文学主张可用三句话来概括：一是“以立意为本，故词格颇高”；二是“以守律为用，故词法颇严”；三是标举吴梦窗，故词径颇窄。它的组织形式有两个特点：一是定期和不定期的词社活动，二是词社活动之外的师友之间的唱和与书札往还。陈洵作为“桂派”的重要人物，他的创作、理论与批评实践，充分体现了这个流派的文学主张。他虽然由于僻居“粤中”而较少参加这个流派在北京和上海的词社活动，但是他早年与“里中数子”的唱和，晚年在中山大学支持组织“风余词社”，以及与朱祖谋、杨铁夫、张尔田、廖恩焘等“桂社”人物的唱和与书札往还，都体现了这个流派的组织特点。他并没有游离于这个组织之外。尤其 1930 年秋天的上海之行，“彊村先生”因他的光临而“遍邀寓沪词人墨客，大会于福州路之杏花楼”，可以说是他在这个组织的一次精彩亮相。

二　陈洵的创作、理论与批评

陈洵的《海绡词》有多个版本，以刘斯瀚笺注本收录最全。该

① 施议对：《当代词综》（一），海峡文艺出版社，2002，第 30 页。

② 夏承焘：《天风阁学词日记》，载《夏承焘集》（六），浙江古籍出版社、浙江教育出版社，1997，第 141 页。

书分3卷、补遗1卷，收词248首。陈洵的词以学梦窗而得名。"近世学梦窗者几半天下",[①] 只有朱祖谋和陈洵算是有些收获。王鹏运说朱祖谋学梦窗，为"六百年来真得髓者",[②] 朱祖谋又说陈洵学梦窗，"可称得髓"。正因为两人都学梦窗，且都被称为"得髓"，才使得他们"心赏神交，契若针芥"。

需要说明的是，陈洵的词也不是全学梦窗。他的词，既有近梦窗之深涩绵密者，也有摆脱梦窗之窠臼，朴实而沉厚者。总的看来，卷一、卷二学梦窗者居多，卷三自出机杼者居多，补遗则二者皆有。例如他的11首被收入《当代词综》的佳作，就有《大酺》（对夕阳空）、《应天长》（王风萎草）、《宴山亭》（闲梦东篱）、《清平乐》（一春闲过）、《水龙吟》（岁来年去匆匆）、《琐窗寒》（去国秋风）、《玉楼春》（新愁又逐流年转）等7首出自卷三，《汉宫春》（何处春来）、《满庭芳》（佳约花辰）2首出自补遗，只有《六丑》（正朱华照海）出自卷一，《风入松》（人生重九且为欢）出自卷二。

就时间来看，这11首词，均写于1930年至1941年之间，是词人晚年的作品。由此可见他的词是越到晚年越显成熟，越到晚年越具自己的面貌。许多人学梦窗，学到失去自己的本色，直到临死还找不回自己。陈洵不是这样，他由梦窗词而入，然后慢慢地走出来，慢慢地找回自己，形成自己的风格。试举一例：

玉楼春

酒边偶赋寄榆生

新愁又逐流年转。今岁愁深前岁浅。良辰乐事苦相寻，每到会时肠暗断。

山河雁去空怀远。花树莺飞仍念乱。黄昏晴雨总关人，恼恨东风无计遣。

---

① 吴梅：《乐府指迷笺释序》，载蔡嵩云《乐府指迷笺释》，人民文学出版社，1963，第1页。

② 王鹏运：《彊村词原序》，载《彊村遗书》，南京姜文卿刻书处，1932，第323页。

这首词写于1941年，即词人去世的前一年。龙榆生、詹瑞麟和刘斯瀚都认为，这是陈氏的绝笔。那是一个凄风苦雨的年代。据《陈洵年谱简编》载，这一年，词人“患喉疾，自四、五月间，以声哑不复升讲席。约六、七月间，连兴桥宅被日海军部征用，旋遭拆毁，迁居宝华正中约五十六号（屋主为何香凝姐）。秋末尝复书龙榆生，有‘衰病多年，复逢世难’、‘北望新亭，此情何极’之语。并附《玉楼春》词，写其沦陷之恨，竟成绝笔”。[①] 作品忧生忧世，感慨深沉，但是在结构和语言方面却显得自然朴实。全词只有“今岁”一句可以算是“逆提”，而“山河”、“花树”二句虽用典故，却非僻典。词人留给世人的最后印象，是他自己的真实面貌，再也不是梦窗的影子了。

陈洵的词体现了“桂派”在创作上的实绩。“桂派”极力尊梦窗，学梦窗，但多数只是东施效颦、邯郸学步。如果没有像陈洵这样的三两个人，真正通过学梦窗而有所成就，那么“桂派”的尊梦窗和学梦窗，就完全成了人们的笑柄。

《海绡说词》迄今没有单行本。《沧海遗音集》本《海绡词》所附《海绡说词》，只有说《梦窗词》，不是足本。我们这里所讲的《海绡说词》，是唐圭璋《词话丛编》所收录者，其中有说《梦窗词》，有说《片玉词》，还有《通论》，算是一个足本。

陈洵的词学理论，集中体现在《海绡说词》的《通论》部分，虽只有12条，但涉及词学的方方面面。例如“本诗”讲词体，“源流正变”讲词史，“师周吴”讲词径，“志学”、“贵养”、“内美”、“襟度”讲词品，“严律”讲词律，“贵拙”讲词风，“贵留”、“以留求梦窗”、“由大而化”讲词法。

陈洵讲词体的时候，认为词之为词，可以“上窥国子弦歌之教”，可以和《诗经》、《楚辞》相媲美；讲词史的时候，视温、韦之作为“正声”，视南唐二主、东坡、稼轩之作以及南渡诸贤悲凉慷慨之作为“变调”，这些观点都带有浓厚的儒家诗教色彩，显然是由张惠言等人的观点而来，体现了“桂派”与“常州派”之间的承传关系。

---

① 刘斯瀚：《陈洵年谱简编》，载刘斯瀚《海绡词笺注》，上海古籍出版社，1997，第511页。

陈洵讲词品的时候，强调词人的志向、学识、修养和襟度的重要性，仍然与“常州派”无异；但是他认为吴梦窗的“内美”、“襟度”可以和“常州派”所推崇的温飞卿、周清真相颉颃，则体现了“桂派”有意拔高吴梦窗的意图，这与“常州派”是有差异的。

陈洵讲词律的时候，强调一个“严”字，与王鹏运、朱祖谋、况周颐的说法如出一辙；讲词风的时候，强调一个“拙”字，也与王鹏运、况周颐等人的说法如出一辙。声律上的求“严”与风格上的贵“拙”，是“桂派”的基本特点，也体现了与“常州派”的差异。

总之，陈洵讲词体、词史、词品、词律和词风，因袭的成分较多，要么因袭“常州派”的张惠言，要么因袭“桂派”的王鹏运、朱祖谋、况周颐，在理论上缺乏个性。

真正体现陈洵的理论个性，是在他讲词径和词法的时候。陈洵讲词径，可用三个字来概括，叫作“师周吴”。他说：

> 周止庵立周辛吴王四家，善矣。惟师说虽具，而统系未明。疑于传授家法，或未洽也。吾意则以周吴为师，余子为友，使周吴有定尊，然后余子可取益。于师有未达，则博求之友。于友有未安，则还质之师。如此，则统系明，而源流分合之故，亦从可识矣。周氏之言曰：“清真，集大成者也。稼轩敛雄心，抗高调，变温婉，成悲凉。碧山餍心切理，言近旨远，声容调度，一一可循。梦窗奇思壮采，腾天潜渊，返南宋之清泚，为北宋之秾挚，是为四家，领袖一代。”所谓师说具者也。又曰：“问途碧山，历梦窗、稼轩，以还清真之浑化。”所谓统系未明者也。……周氏知不由梦窗不足以窥美成，而必曰问途碧山者，以其蹊径显然，较梦窗为易入耳。非若皋文欲由碧山直造美成也。吾年三十，始学为词。读周氏《四家词选》，即欲从事于美成。乃求之于美成，而美成不可见也；求之于稼轩，而美成不可见也；求之于碧山，而美成不可见也；于是专求之于梦窗，然后得之。因知学词者，由梦窗以窥美成，犹学诗者由义山以窥少陵，皆途辙之至正者也。今吾立周、吴为师，退辛、王为友，虽若与周氏小有异同，而实本周

氏之意。渊源所自，不敢诬也。[①]

这一段话，可以说是“桂派”词学的一个重要的理论纲领。我们知道，“常州派”的创始人张惠言并不看好吴梦窗，周济虽然把吴梦窗与周清真、辛稼轩、王碧山并列，称为“领袖一代”的四大家，为梦窗讲了一些好话，但是并不讳言他的“生涩”，不讳言他的“过嗜饾饤”。应该说，周氏虽然提高了吴梦窗的地位，但是对他的评价还是有分寸的。而“桂派”就不一样了。从王鹏运、朱祖谋到况周颐，都是极力标举吴梦窗的。但是为什么要标举吴梦窗，王、朱二人都没有讲出一个所以然来。况氏讲了一个理由，说是为了求“厚重”、求“沉着”，但是况氏所举的例子，则如张伯驹《丛碧词话》所言“亦多清空者”，可以说是自相矛盾，贻人之讥。而陈洵的这一段话，则为标举吴梦窗找到了一个很明确的理由，这就是“不由梦窗不足以窥美成”。至于是否真的如他的经验所证明的那样，即“专求之于梦窗，然后得之（美成）”，那是另外一回事，至少是在理论上回答了一个王、朱、况等人长期以来都没有回答或者没有较好地回答的问题。因此，这一段话，也可以说是陈洵对于“桂派”的一个重要的理论贡献。

陈洵讲词法，重在一个“留”字。他说：

> 词笔莫妙于留，盖能留则不尽而有余味，离合顺逆，皆可随意指挥，而沉深浑厚，皆由此得。虽以稼轩之纵横，而不流于悍疾，则能留故也。
>
> 以涩求梦窗，不如以留求梦窗。见为涩者，以用事下语处求之。见为留者，以命意运笔中得之也。以涩求梦窗，即免于晦，亦不过极意研练丽密止矣，是学梦窗，适得草窗。以留求梦窗，则穷高极深，一步一境。沈伯时谓梦窗深得清真之妙，盖于此得之。[②]

① 陈洵：《海绡说词》，载唐圭璋《词话丛编》（五），中华书局，1986，第4838—4839页。

② 陈洵：《海绡说词》，载唐圭璋《词话丛编》（五），中华书局，1986，第4840—4841页。

前一条讲什么是“留”，后一条讲梦窗最能“留”，两条合起来，就是陈洵所谓的“留字诀”。所谓“留”，用刘永济的解释，“即含蓄甚深而不出一浅露之笔，故虽千言万语而无穷尽也”。[①] 陈洵讲“以涩求梦窗，不如以留求梦窗”，这是他研究梦窗词的独特体会。细推陈氏之意，“涩”字似乎不是一个贬义词，它和“晦”字是有区别的；但是和“留”字相比，它的层次还是低了一点。因为“涩”可以从“用事下语处求之”，而“留”字，则必须从“命意用笔中得之”也。惟其如此，如果以“涩”字求梦窗，就算不蹈于“晦”，也不过是“极意研练丽密”而已；而以“留”字求梦窗，则“穷高极深，一步一境”，美不胜收。事实上，《海绡说词》的“说词”部分，就是从“命意”和“用笔”这两个方面来寻绎、来证明他的所谓“留字诀”的。因此“贵留”二字，可以说是对“桂派”的又一个理论贡献。

陈洵的词学批评，集中体现在《海绡说词》的“说词”部分，包括说《梦窗词》70 首、说《片玉词》39 首、说《稼轩词》2 首。

陈洵说《梦窗词》多达 70 首。这是继郑文焯的《梦窗词校议》（1908 年）、朱祖谋的《梦窗词小笺》（1917 年）、夏承焘的《吴梦窗系年》与《梦窗词集后笺》之后，晚清民国词学史上又一项《梦窗词》研究的重要成果，它的问世，比杨铁夫的《梦窗词全集笺释》（1936 年）早两年，比刘永济的《微睇室说词》（1987 年）早 53 年。陈洵治《梦窗词》，用力之处不在校勘和笺注，而在以“留”字为中心，以“命意”和“用笔”为切入点，着意探讨它的情意内涵和艺术表现。

陈洵说《梦窗词》的“命意”，重在它的“言外之意”，主要是指它的政治寓意，还有词人的两段恋情。这个问题比较复杂。因为在《梦窗词》里，有的确有“言外之意”，有的则没有。例如《古香慢》（怨娥坠柳）这首词，陈洵说“此亦伤宋室之衰也”，又如《风入松》（听风听雨）这首词，陈洵说是“思去妾也”，后人都不持异议；但是他把《宴清都》（绣幄鸳鸯柱）里的“华清惯浴，春盎风露”等五句词，解成“有好色不与民同意，天宝之不为

---

① 刘永济：《微睇室说词》，上海古籍出版社，1987，第 51 页。

靖康者幸耳”，把《渡江云》（羞红颦浅浪）里的“明朝事与孤烟冷，做满湖、风雨愁人”等句说成“天地变色，于词为奇幻，于事为不祥，宜其不终也”，则未免牵强附会，不能令人信服。类似的例子还有说《高阳台》（修竹凝妆）、说《三株媚》（湖山经惯醉）、说《齐天乐》（烟波桃叶）、说《丁香结》（香袅红霏）、说《烛影摇红》（碧淡山姿）等，都有胶柱鼓瑟之嫌。

陈洵说《梦窗词》的“命意”，之所以出现这么多的败笔，首先是由于他在词学观念上长期受到“常州派”的影响，总是有一个“比兴寄托”横亘在胸中，一旦遇到这种意境稍微深沉一点的作品，他就马上想到了“风人之旨”。还有一个原因，就是他向来把梦窗的为人看得过高，不能以平常之心对待，以为他一下笔就一定会有“言外之意”。例如他在“襟度”这一条里就这样讲：“清真不肯附和祥瑞，梦窗不肯攀援藩邸，襟度既同，自然玄契。”①　这就未免遮蔽事实。有了这一层错误认识，于是就在《梦窗词》里刻意地寻求所谓“微言大义”，这种汉儒说诗式的搞法，怎么会不出现败笔？

陈洵说《梦窗词》的“用笔”，重在其“离合顺逆”一端，也就是它的组织结构。在这方面，陈洵堪称行家里手。试举一例：

霜花腴

重阳前一日泛石湖

翠微路窄，醉晚风、凭谁为整欹冠。霜饱花腴，烛消人瘦，秋光做也都难。病怀强宽。恨雁声、偏落歌前。记年时、旧宿凄凉，暮烟秋雨野桥寒。

妆靥鬓英争艳，度清商一曲，暗坠金蝉。芳节多阴，兰情稀会，晴晖称拂吟笺。更移画船。引佩环、邀下婵娟。算明朝、未了重阳，紫萸应耐看。

海绡翁曰：此泛石湖作，非身在翠微也。次句乃翻杜子美宴蓝田庄诗意，言若翠微路窄，则谁为整冠乎？翻腾而起，掷笔空际，使人惊绝。三、四、五，座中景，如此一落，非具绝大神力不能。起句如神龙夭矫，奇采盘空。至此则云收雾敛，

① 陈洵：《海绡说词》，载唐圭璋《词话丛编》（五），中华书局，1986，第4841页。

> 旷然开朗矣。“病怀强宽”领起，“恨雁声偏落歌前”转身，才宽又恨，才恨便记，以提为煞，汉魏六朝文往往遇之，今复得之吴词。换头三句，遥接“歌前”，与“年时”相顾，正见哀乐无端。“芳节”二句，用反笔作脱，则“晴晕”句加倍有力。“多阴”映“暮烟秋雨”，“稀会”映“旧宿凄凉”。夹叙夹议，潜气内转。移船就月，再跌进一步，笔力酣畅极矣。收合有不尽之意。上文奇峰叠起，去路却极坦夷，岂非神境？《霜花腴》名集，想见觉翁得意。于空际作奇重之笔，此诣让觉翁独步。①

梦窗词，不仅在起句、歇拍、过片和结尾等处十分用力，而且转折很多。它不是一句挨一句地说，而几乎是一句一转，而其转折、承接之处又不用虚字呼应，不露痕迹，这就是陈洵所谓的“潜气内转”。这是梦窗词的一大特点。而陈洵说梦窗词，就善于抓住它的这个特点，看它如何起，又如何结，如何转折，又如何照应，把它的“离合顺逆”梳理得清清楚楚。这篇说《霜花腴》就是一个很成功的例子。而类似的例子在《海绡说词》中可谓俯拾即是，如说《珍珠帘》（蜜沉炉暖）、说《花犯》（小娉婷）、说《瑞龙吟》（黯分袖）、说《应天长》（丽花斗靥）、说《惜黄花慢》（送客吴皋）、说《踏莎行》（润玉笼绡）、说《浪淘沙》（灯火雨中船）、说《风入松》（画船帘密）、说《塞垣春》（漏瑟侵琼管）等等，都显得准确、深细、熨帖，且要言不烦，让人不得不服。

陈洵说《梦窗词》，是他在词学批评方面对“桂派”的一个重要贡献。诚如时人所云：“梦窗词沉晦数百年，最称难读。自经王半塘、朱彊村诸先生之校勘，陈述叔先生之讲述，此书乃重显于世。”② 陈洵和王鹏运、朱祖谋一样，于《梦窗词》都是有功劳的，他们在《梦窗词》的校勘、笺释、解说方面的成就，远远超过前人；而陈洵在《梦窗词》的“用笔”方面的分析，更超过了王鹏运和朱祖谋。他的不少观点和说法，经常被人们所引述。据统计，杨铁夫的《梦窗词全集笺释》、唐圭璋的《宋词三百首笺注》和刘

---

① 陈洵：《海绡说词》，载唐圭璋《词话丛编》（五），中华书局，1986，第4842页。

② 秋蓬：《词籍介绍·改正梦窗词选笺释》，《词学季刊》1932年第1卷第2号。

永济的《微睇室说词》等词学名著，征引陈洵《海绡说词》多达44处，[①] 由此可见这本书在民国以后的重要影响。

结　语

以上事实充分表明，陈洵是“桂派”的一个重要成员。他与“桂派”其他重要成员之间的关系是很密切的。他的词，体现了“桂派”在创作方面的实绩；他的“师周吴”和“贵留”的主张，是他在理论方面对“桂派”的重要贡献；他的说《梦窗词》，则是他在批评方面对“桂派”的重要贡献。正是在创作、理论和批评三个方面的重要贡献，奠定了他在“桂派”词学中的重要地位。龙榆生在1942年撰文指出：

> 海绡先生，自经彊村先生之介，主讲中山大学，以迄于今，前后约十余载。与诸生讲论词学，专主清真、梦窗，分析不厌其详。金针暗度，其聪颖特殊子弟，能领悟而以填词自见者，颇不乏人。所谓“岭表宗风”，自半塘老人（王鹏运）倡导于前，海绡翁振起于后，一时影响所及，殆驾常州派而上之。[②]

这段话，可以说是充分肯定了陈洵作为“桂派”（岭表宗风）后期重要人物在这个流派中的地位。如果把他与“桂派”其他重要人物之间的关系，他在创作、理论和批评三个方面对于“桂派”的重要贡献以及由此而产生的重要影响，综合起来进行评估，称他为与王、朱、况齐名的“桂派四大家”之一，可以说是有足够理由的。

---

① 陈文华：《海绡翁梦窗词说诠评》，台北里仁书局，1996，第339—351页。

② 龙榆生：《陈海绡先生之词学》，载《龙榆生词学论文集》，上海古籍出版社，1997，第481页。

第九章

詹安泰对常州派词学的继承与修正

詹安泰（1902—1967 年），字祝南，号无庵，广东饶平人，生前为中山大学中文系教授，20 世纪著名词人和词学家，著有《宋词散论》、《詹安泰词学论稿》、《花外集笺注》、《詹安泰诗词集》等多种。2011 年 1 月，上海古籍出版社出版了《詹安泰全集》6 卷。

作为常州派在岭南地区的最后一个代表人物①，詹安泰和常州派的关系，既表现在词的创作方面，也表现在词的研究方面。应当注意的是，他虽然接受了常州派的影响，但是并不为常州派的门户所限。他在吴文英的评价方面，在词的声律要求方面，与常州派的主张是一致的；在词的比兴寄托和有关社会价值的探讨方面，他继承了常州派的思想，但是对常州派的那种不经考证而胡乱攀扯的做法，则做了重要修正。

一　反对“极力抬高吴词的声价”

常州派的开山祖师张惠言并不看好吴文英，他的《词选》一书，选唐宋词 44 家 116 首，于吴文英（梦窗）词一首不选，于王沂孙（碧山）词则选了 4 首，周济说他“为碧山门径所限”。董毅的《续词选》，尺度比张氏《词选》稍宽，选唐宋词 52 家 122 首，于吴文英词也只选了两首，于王沂孙词仍选 4 首。周济的《宋四家

---

① 龙榆生《论常州词派》云：“清之末季……常州词派由江南而移植于燕都，更由燕都而广播于岭表。”见《龙榆生词学论文集》，上海古籍出版社，1997，第 403—404 页。

词选》，把周邦彦、辛弃疾、吴文英和王沂孙称为“领袖一代”的四大家，选周词 26 首，辛词 24 首，吴、王词各 20 首，虽然提升了吴文英的地位，但也只是和王沂孙平起平坐；虽然为吴文英讲了不少好话，但是并不讳言他的“生涩”和“过嗜饾饤”。[①] 至陈廷焯编《词则》，选王沂孙词多达 43 首，选吴文英词则只有 36 首，吴氏的地位又下降了。陈廷焯认为，“大约南宋词人，自以白石碧山为冠，梅溪次之，梦窗玉田又次之”。[②] 在常州派诸人看来，吴文英在词史上的地位，再怎么高，也高不过王沂孙。

真正极力标举吴文英，甚至不惜把他神化的，是蔡嵩云称为“桂派”的王鹏运、朱祖谋、况周颐等人。[③] 王鹏运讲：“梦窗以空灵奇幻之笔，运沉博绝丽之才，几如韩文杜诗，无一字无来历。”[④] 在他看来，吴词已经具备了与杜诗、韩文相提并论的资格，如果说杜甫是诗圣，韩愈是文宗，吴文英就差不多是词神了，这是神化吴文英的开始。朱祖谋认为，吴梦窗的成就和地位不是王碧山所能比的，周济取碧山与清真、稼轩、梦窗分庭抗礼，“拟不于伦”。[⑤] 他说：“梦窗词品在有宋一代，颉颃清真。近世柏山刘氏独论其晚节，标为高洁。”[⑥] 又说：“君特以隽上之才，举博丽之典，审音拈韵，习谙古谐，故其为词也，沉邃缜密，脉络井井，缒幽抉潜，开径自学，学者非造次所能陈其意趣。”[⑦] 在他看来，吴文英不但才华“隽上”，词品一流，而且连晚节都可以称作“高洁”了，道德文章均完美无瑕，足以垂范万世。所以他的《宋词三百首》一书，选吴词多达 25 首，排位第一，选周词只有 22 首，排位第二，选辛词

① 周济：《宋四家词选目录序论》，载唐圭璋编《词话丛编》第 2 册，中华书局，1986，第 1644 页。

② 陈廷焯：《白雨斋词话》，人民文学出版社，1959，第 31 页。

③ 蔡嵩云《柯亭词论》云：“清词派别，可分三期……第三期词派，创自王半塘，叶遐庵戏呼为桂派，予亦姑以桂派名之。和之者有郑叔问、况蕙风、朱彊村等，本张皋文意内言外之旨，参以凌次仲、戈顺卿审音持律之说，而益发挥光大之。此派最晚出，以立意为本，故词格颇高。以守律为用，故词法颇严。”见唐圭璋辑《词话丛编》第 5 册，中华书局，1986，第 4908 页。

④ 王鹏运：《梦窗词稿跋》，载《梦窗词稿》，《四印斋所刻词》本。

⑤ 龙榆生：《选词标准论》，载《龙榆生词学论文集》，上海古籍出版社，1997，第 84 页。

⑥ 朱祖谋：《梦窗词稿序》，载《梦窗词稿》，《四印斋所刻词》本。

⑦ 朱祖谋：《梦窗词跋》，载《梦窗词》，《彊村丛书》本。

和王词，则分别只有12首和6首，排位第六和第十一。况周颐讲："重者，沉著之谓，在气格，不在字句。于梦窗词庶几见之。即其芬菲铿丽之作，中间隽句艳字，莫不有沉挚之思，灏瀚之气，挟之以流转。令人玩索而不能尽，则其中之所存者厚。沉著者，厚之发见乎外者也。欲学梦窗之致密，先学梦窗之沉著。即致密，即沉著。非出乎致密之外，超乎致密之上，别有沉著之一境也，梦窗与苏、辛二公，实殊流而同源。其所为不同，则梦窗致密其外耳，其至高至精处，虽拟议形容之，未易得其神似。颖慧之士，束发操觚，勿轻言学梦窗也。"① 况周颐论词秉承王鹏运之意旨，标举重拙大，在他看来，梦窗词就是重拙大的一个最佳范本。况氏又讲："性情少，勿学稼轩，非绝顶聪明，勿学梦窗。"② 学梦窗居然还需要"绝顶聪明"，那梦窗岂不是"绝顶聪明"？这不是神化梦窗是什么？

桂派中还有一名干将，叫陈洵，广东新会人，也是极力推崇吴文英的，他认为"周止庵立周辛吴王四家，善矣。唯师说虽具，而统系未明。疑于传授家法，或未洽也"。他主张"立周、吴为师，退辛、王为友"。③ 他的《海绡说词》一书，说吴词多达70首，说周词只有39首，说辛词只有2首，于王词则一首都不说。可见他的所谓"立周、吴为师，退辛、王为友"，原是要大打折扣的。说白了，就是要立吴氏为师，周氏不能算做师，王氏则连友都算不上。他的《海绡说词》是在朱祖谋的授意之下完成的，其主张与朱祖谋如出一辙，就是要力推吴梦窗，把他神化。

桂派中还有一位朱祖谋的入室弟子，叫杨铁夫，广东中山人。他回忆说：（1927年）"走上海，得执贽归安朱沤尹师，呈所作，无褒语，止以多读梦窗词为勖。始未注意也，及后每一谒见，必言及梦窗。归而读之，如入迷楼，如航断港，茫无所得，质诸师，师曰：'再读之。'又一年，似稍有悟矣，又质诸师，师曰：'似矣，

① 况周颐：《蕙风词话》，载王幼安校订《蕙风词话·人间词话》，人民文学出版社，1960，第48页。

② 况周颐：《蕙风词话》，载王幼安校订《蕙风词话·人间词话》，人民文学出版社，1960，第16页。

③ 陈洵：《海绡说词》，载唐圭璋编《词话丛编》第5册，中华书局，1986，第4838—4839页。

犹未是也。再读之。'如是者又一年，似所悟又有进矣。师于是微指其中顺逆、提顿、转折之所在，并示以步趋之所宜从。又一年，加以得海绡翁所评清真、梦窗词诸稿读之，愈觉有得。于是所谓顺逆、提顿、转折诸法，触处逢源。"正是在朱祖谋、陈洵的诱导之下，杨铁夫终于走进了吴梦窗的世界，同时也加入了那个神化梦窗的合唱队伍："知梦窗诸词无不脉络贯通，前后照应，法密而意串，语卓而律精，而玉田所谓'七宝楼台'之说，真矮人观剧矣。"①

王鹏运、朱祖谋、况周颐、陈洵、杨铁夫等桂派人物讲吴梦窗，有一个共同的倾向，就是只讲他的优点，不讲他的缺点，或者说，放大他的一切优点，遮蔽他的一切缺点。这就把一个有血有肉、有优点也有缺点的吴梦窗神化了。神化吴梦窗的后果是相当糟糕的，一是导致一部分人学梦窗学得丑态百出。龙榆生指出：

> （晚近词家），填词必拈僻调，究律必守四声，以言宗尚所先，必唯梦窗是拟。其流弊所及，则一词之成，往往非重检词谱，作者亦几不能句读，四声虽合，而真性已漓。且其人倘非绝顶聪明，而专务挦扯字面，以资涂饰。则所填之词，往往语气不相连贯，又不仅"七宝楼台"，徒炫眼目而已！以此言守律，以此言尊吴，则词学将益沉埋，梦窗且又为人诟病，王、朱诸老不若是之隘且拘也。②

作为朱祖谋的弟子，龙榆生一面指出"唯梦窗是拟"的种种危害，一面又不得不为他的老师朱祖谋和老师的老师王鹏运辩护，这是有些矛盾的。你说"王、朱诸老不若是之隘且拘也"，但是你想过没有，当年力尊梦窗乃至神化梦窗的倡导者又是谁？难道不是"王、朱诸老"吗？

神化吴梦窗的另一个后果，就是一部分人全盘否定吴梦窗，也就是要毁掉这一尊偶像。例如王国维就说他"隔"，说他"映梦窗，零乱碧"，说他"可怜无补费精神"，说他"砌字"、"雕琢"、

---

① 杨铁夫：《吴梦窗词选序》，载《吴梦窗词笺释》，广东人民出版社，1992，第10—11页。

② 龙榆生：《晚近词风之转变》，载《龙榆生词学论文集》，上海古籍出版社，1997，第385页。

“浅薄”，说他“不求诸气体，而唯文字是务”等[①]，几乎没有一句好话。胡适则说“近年的词人多中梦窗之毒”，说“《梦窗四稿》中的词几乎无一首不是靠古典与套语堆砌起来的。张炎说‘吴梦窗词如七宝楼台，眩人眼目。碎拆下来，不成片断。’这话真不错”。[②] 显然，吴梦窗的缺点全被放大了，优点全被遮蔽了，这就是造神运动的一般后果。经历了造神运动和毁神运动的吴梦窗，也就随之而面目全非了。

实事求是地讲，每个作家都有他的局限性，吴梦窗有优点，也有缺点，这是再正常不过的事情。后人对前人的作品要尊重、要借鉴，但也要有一颗平常心，不要贬损，但也不要神化。如果有人为了达到某个现实目的，存心去神化某个作家，放大他的所有优点，遮蔽他的所有缺点，“故神其说”，走极端走过了头，就会有人出来破坏偶像，其结果往往是矫枉过正：放大他的所有缺点，遮蔽他的所有优点。在20世纪词学史上，王鹏运、朱祖谋、况周颐、陈洵等人，就是神化吴梦窗的人，而王国维、胡适等人，则是破坏这个偶像的人。有的人说王国维、胡适等人偏颇，殊不知王鹏运、朱祖谋、况周颐、陈洵等人，早已偏颇在先了！

比较而言，詹安泰对吴梦窗的评价，要算是比较客观、比较理性的。他在《读词偶记》（1957年）和《宋词风格流派略谈》（1966年）这两篇文章里都讲到过吴梦窗。在《读词偶记》里，他列举了梦窗词的几个特点：一是“炼字炼句，迥不犹人，足救滑易之病”；二是“以丽密胜，然意味自厚”；三是“亦有气势，有顿宕，特不肯作一平易语，遂不免陷于晦涩”；四是“用意过事曲折，故有‘不成片断’之讥，然而细加按索，自有脉络可寻，非凑杂成章也，唯不可穿凿求之耳”。[③] 应该说，梦窗词的这几个特点，前人都曾讲过，詹氏并无新的发现。他的贡献，主要是就前人对梦窗词的评论，做了一个初步的梳理和公正的评价。他在《宋词风格流派略谈》一文中说：

---

① 王国维：《人间词话》，载王幼安校订《蕙风词话·人间词话》，人民文学出版社，1960。

② 胡适：《词选》，河北人民出版社，1999，第296—297页。

③ 詹安泰：《读词偶记》，载吴承学、彭玉平编《詹安泰文集》，中山大学出版社，2004，第263页。

> 吴词在当时就有两种截然不同的评价：尹焕誉它可以媲美清真，冠绝两宋（《绝妙词选》引）；张炎讥它“如七宝楼台，眩人眼目，拆碎下来，不成片断”（《词源》），都不免一偏之见。吴词最吃香的时期是在清中叶以后，常州派词人周济《宋四家词选》标揭他和周邦彦、辛弃疾、王沂孙为四派的首领，把他们来领导两宋的词家，说他“奇思壮采，腾天潜渊，返南宋之清泚，为北宋之秾挚”。之后，如陈廷焯、朱祖谋、况周颐、陈洵等都极力抬高吴词的声价，作为学习的典范，直到今天，还有不少写旧词的人受到他们的影响；甚至还有人故神其说，说“梦窗之词，与东坡、稼轩诸公，实殊流而同源”（《香海棠馆词话》）。这是不正确的。[①]

在20世纪词学史上，旗帜鲜明地批评吴梦窗需要勇气，旗帜鲜明地批评“极力抬高吴词的声价”的朱祖谋、况周颐、陈洵等人，更需要勇气。当年王国维只是说了一句近人“弃周鼎而宝康瓠”，胡适只是说了一句“近年的词人多中梦窗之毒”，并没有指名道姓地批评那些神化吴梦窗的人，就不知被人家诋毁了多少个来回，说他们“空疏”、“外行”、“不懂词”，等等。夏承焘是有一点批评精神的人，他不仅批评了吴梦窗，还为张炎做了辩护，他说吴梦窗的“有些作品，读了数遍，还体会不出是说些什么”；又说“张炎不满吴词的‘凝滞晦涩’，提出补偏救弊的主张，这无疑是应该肯定的”。[②] 可是他还是不敢指名道姓地批评神化吴梦窗的朱祖谋等人，还是有所顾忌。詹安泰是个不太顾忌学术之外的种种人事关系的人，他不仅批评了吴梦窗，就连那些“极力抬高吴词的声价”的人，那些神化吴梦窗的人，他也指名道姓地批评了。早前那些诋毁王国维和胡适的人，不知道该作如何想？该不会说詹安泰也“空疏”、“外行”、“不懂词”吧？

通过詹安泰对吴梦窗的评价，以及他对朱祖谋、况周颐、陈洵等桂派词家“极力抬高吴词的声价”的批评，我们发现，他的观

---

① 詹安泰《宋词风格流派略谈》，载吴承学、彭玉平编《詹安泰文集》，中山大学出版社，2004，第27页。

② 夏承焘：《读张炎〈词源〉》，载《夏承焘集》第2卷，浙江古籍出版社，1997，第404页。

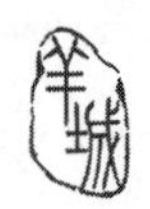

点，其实是近于常州派的。常州派对吴梦窗的评价，总的来讲是持肯定态度的，但也是比较理性的，他们不像桂派那样只讲吴梦窗的优点而不讲他的缺点，更没有把他神化。这是常州派高明于桂派的地方之一。

需要指出的是，詹安泰把常州派的陈廷焯也说成“极力抬高吴词的声价”的人，把他和朱祖谋、况周颐、陈洵等桂派词家相提并论，这是不妥当的。陈廷焯“极力抬高”的并不是吴梦窗，而是王碧山，这一点，詹安泰应该是知道的。他在《花外集笺注》的后面，附了44条词话，其中有31条是陈廷焯讲王碧山的。陈氏明明讲过“南宋词人，自以白石、碧山为冠，梅溪次之，梦窗、玉田又次之”，怎么能说他是“极力抬高吴词的声价”的人呢？

二　主张“填词可不必严守声韵”

蔡嵩云讲：常州派论词，“以立意为本，以叶律为末”；桂派论词，则“以立意为本，故词格颇高。以守律为用，故词法颇严”。桂派是不是“词格颇高”，这个问题还很难说，至于“词法颇严”，则是一个毋庸争辩的事实。

桂派何以严于守律？至少有两个方面的原因。一是他们所推崇的吴梦窗是严于守律的。朱祖谋称他“审音拈韵，习谙古谱”。二是推崇吴梦窗最力的朱祖谋本人，在音律方面有偏嗜。沈曾植在《彊村校词图序》中说：“彊村精识分铢，本万氏而益加博究上去阴阳，矢口平亭，不假检本，同人惮焉，谓之‘律博士’。”① 有吴梦窗这样一个典型，自己也具备这一方面的长处，朱祖谋就孜孜不倦地教人严守声律。况周颐回忆自己的填词经历时说：“夫声律与体格并重也，余词仅能平侧无误，或某调某句有一定之四声。昔人名作皆然，则亦谨守弗失而已，未能一声一字剖析无遗，如方千里之和清真也。如是者二十余年，壬子已还，避地沪上，与沤尹（朱祖谋）以词相切磨。沤尹守律甚严，余亦恍然向者之失，龂龂不敢自放。《餐樱》一集，除寻常三数熟调外，悉根据宋、元旧谱，四

① 沈曾植：《彊村校词图序》，载严迪昌编《近现代词纪事会评》，黄山书社，1995，第320页。

声相依，一字不易。其得力于沤尹，与得力于半塘同。"① 况周颐接受了朱祖谋的教诲，在创作上做到"四声相依，一字不易"之后，又不无得意地用这些东西来教诲别人。他在晚年写定的《蕙风词话》一书里讲道："畏守律之难，辄自放于律外，或托前人不专家、未尽善之作以自解，此词家之大病也。守律诚至苦，然亦有至乐之一境。常有一词作成，自己亦既惬心，似乎不必再改。唯据律细勘，仅有某某数字，于四声未合，即姑置而过存之，亦孰为责备求全者。乃精益求精，不肯放松一字，循声以求，忽然得至隽之字……此时曼声微吟，拍案而起，其乐何如？"②

在朱、况等人的极力倡导和鼓吹之下，许多填词的人，往往死守四声，甚至不惜牺牲内容和辞藻以就声律。当时一些有识之士，如冒广生、夏敬观、吴眉孙、张尔田等，对此是很不以为然的。夏承焘的《天风阁学词日记》就保留了许多这方面的资料。如 1938 年 9 月 10 日："灯下阅鹤翁校《乐章集》……此老读词极细心，尝遍校方千里与清真词四声多不合，谓文小坡、万红友谓其尽依四声，实等放屁。大抵反四声、反梦窗为此老论词宗旨。" 1940 年 3 月 22 日："归过吴眉翁，谓水云楼及金梁梦月皆不尽守四声，大鹤也不坚守，此事决推古微。彊村词四卷中，仅有二、三处失律耳。" 1941 年 3 月 13 日："榆生寄来《同声》第三期，载眉孙致予论词三函，皆攻斥死守四声者。自古微开梦窗风气，近日物极必反矣。" 1941 年 8 月 8 日："又得孟劬翁书……又谓今词既不可歌，斤斤四声，亦属多事，按谱填词，但期大体无误足矣。"③

就连朱祖谋的弟子龙榆生，对于死守四声这一倾向，也是持反对意见的。他指出："近人之治此学者，类喜选用周、吴诸家之僻调，严守其四声，托于'虽无老成人，尚有典型'之遗意，以为如此，可以尽填词之能事矣。而一究其何以必须如此，则亦不能言其义。且选用僻调，而严守其四声，以为是可以协律矣，然则其他宋

① 况周颐：《餐樱词自序》，载孙克强辑《蕙风词话·广蕙风词话》，中州古籍出版社，2003，第 433—434 页。

② 况周颐：《蕙风词话》，载王幼安校订《蕙风词话·人间词话》，人民文学出版社，1960，第 12 页。

③ 夏承焘：《天风阁学词日记》，载《夏承焘集》第 6 卷，浙江古籍出版社，1997，第 46、187、285、325 页。

人习用之调，半及四声，出入不可胜数者，将皆谓其为不协律可乎？此又令人迷惘而无所问津矣。”[①] 其实问题的根源，就在他的师傅朱祖谋等人。龙榆生碍于师徒关系，不愿意把这笔账算在朱氏等人的头上，这是可以原谅的。

夏承焘对于朱、况等人的过于讲求四声，也是很不以为然的。他在1940年4月完成的《唐宋词字声之演变》一文中说：“自民间词入士大夫手中之后，飞卿已分平仄，晏、柳渐辨上去，三变偶谨入声，清真益臻精密。唯其守四声者，犹仅限于警句及结拍，自南宋方、吴以还，拘墟过情，乃滋丛弊。逮乎宋季，守斋、寄闲之徒，高谈律吕，细剖阴阳，则守之者愈难，知之者亦鲜矣。”[②] 他主张：“今日论歌词，有须知者二义：一曰不破词体，一曰不诬词体。谓词可勿守四声，其拗句皆可改为顺句，此破词体也。谓词之字字四声不可通融，如方、杨诸家之和清真，此诬词体也。过犹不及，其弊且浮于前者。盖前者出于无识妄为，世已尽知其非；后者似乎谨严循法，而其弊必至以拘手禁足之格，来后人因噎废食之争。是名为崇律，实将亡词也。”[③] 他所批评的“后者”，其实就是朱祖谋这班人。但是碍于朱祖谋在词坛上的余威，他没有在自己公开发表的文章里点朱氏的名。

词的声韵问题，也是詹安泰最为用心的问题之一。早在20世纪40年代初期，在他的《词学研究》这部书稿里，就曾辟有“论声韵”一章，专门讨论这个问题。40年代中期，他一连发表了两篇论文，一是《中国文学上之倚声问题》（1944年），二是《论填词可不必严守声韵》（1945年），继续讨论这个问题。

声韵问题涉及很多方面，詹安泰讲得最多最好的是“四声”问题。他的《论填词可不必严守声韵》一文，在吸收夏承焘的有关成果的基础上，对四声问题做了更为深入的研究。他指出：“四声之说，宋人偶一言及，犹多活用，不主严守；元、明作家，则并四

---

① 龙榆生：《填词与选调》，载《龙榆生词学论文集》，上海古籍出版社，1997，第178页。

② 夏承焘：《宋词字声之演变》，载《夏承焘集》第2卷，浙江古籍出版社，1997，第52页。

③ 夏承焘：《宋词字声之演变》，载《夏承焘集》第2卷，浙江古籍出版社，1997，第81—82页。

声，也绝口不谈，核其所作，也不过仅守平仄；到了清初万树作《词律》，始倡言四声——尤其是去上必当严守，可是清初的词人对他的学说并不注意到，所作的词，依然是仅守平仄；直到道、咸以后，四声严守之说，乃风起云涌，今日诸老辈言词者没有不兼及四声的了。”[①]

詹安泰在四声问题上的态度也是很理性、很辩证的：“窃意既名填词，则受声律所限制，自不可免，必欲摧陷而廓清之，则亦不成其为词矣。唯四声无或出入，似亦过于死执；况古人名作正多，必以数家为准，门户亦似太隘；既不能施诸歌唱，协诸管弦，则除拗调拗句加以严守外，即仅依平仄填倚，亦不失其真美也。”[②] 他的主张是，“除拗调拗句”之外，其他“仅依平仄”即可，不必一一严守。

詹安泰关于四声的主张与龙榆生、夏承焘等人是一致的。但是他对这个问题的研究，则比龙、夏二人要深入、系统得多。他不仅详细考察了前人对待四声的态度，更列举了不必严守四声的多种理由。他说：

> 若株守古词之四声，则有不可通者三：（一）词乐既已失传，虽墨守四声，仍不能付诸歌喉，配以丝竹，以复古人之旧观。（二）古词同宫调者其声字每有出入，既难定所适从；且以少数词家所作者悬为准的，亦未免固陋自封，作茧自缚。（三）古词常常使用方言、名物，时、地不同，读法随异，虽严守四声，仍难免出律之嫌。[③]

前两条理由，龙榆生和夏承焘曾经讲过，第三条理由，则是他的独立思考所得。既然有多种理由可以不必严守四声，如果还要像“今日诸老辈”那样“株守古词之四声”，其负面影响就不止一端

① 詹安泰：《论填词可不必严守声韵》，载华东师大中文系古代文学教研室编《词学研究论文集》，上海古籍出版社，1988，第353—354页。

② 詹安泰：《词学研究·论声韵》，载《詹安泰词学论稿》，广东人民出版社，1984，第19页。

③ 詹安泰：《中国文学上之倚声问题》，载吴承学、彭玉平编《詹安泰文集》，中山大学出版社，2004，第14页。

了。他指出：

> 百十年来，词学复兴。如王幼遐、陈伯韬、郑叔问、朱古微、况夔笙等名手，始严四声之辨，和古人声韵之作，数见不鲜，朱、况二老，守之尤严，几使毫厘剜刌，不容宽假。当代作家，受其影响者，守之唯恐或失；而新进后生，惮于用心，患其拘束，则又持反对之说，去之唯恐弗力。①
>
> 数十年来，词学复兴，名家辈出。如王幼遐、陈伯韬、郑叔问、朱古微、况夔笙等，核其所作，非不踵美宋贤，然亦不过专严四声之辨，多和宋贤之作，毫厘分寸，不稍宽假而已，于已失传之词乐，不一过问已。则信乎词学之大不幸，而词乐之必终至灭绝矣！②

"株守古词之四声"的严重后果有三点，一是守之者唯恐或失，二是去之者唯恐弗力，也就是夏承焘所讲的，一曰诬词体，一曰破词体。还有一点，就是只顾守律，而忽略了对词乐的考察。这一点，龙榆生也曾经指出过。

至于今后应该怎么做，詹安泰也提出了两条建议："（一）就形以求质，使声情吻合。（二）变质以求形，使声乐吻合。"关于第一点，詹安泰的解释是："词之唱法与乐谱虽已失传，然即词之声字与其句、调之组织以求之，其本质之美妙犹在也。"词之声字之运用与句、调之组织，均宜讲求。"某调之宜于表现某种情态，亦以其调中各句之组织与句中各字之配合而定，故句调与声字须兼资并重。知句调而忽其声字，或守声调而乖其句调，厥失维均，不可不察也。"关于第二点，他的解释是："词乐虽不可复识，其所用之乐器与其用法，犹有可得考见者。""既考明乐器与其用法之后，再依古人唱词之一字一音、一句一拍法，就古词中较为圆美之调，或取后人较为习用之调，配以谱字……（然后）易以今字，试付管弦。"第一条建议，龙榆生曾经讲过；第二条建议，则是他的想法。

---

① 詹安泰：《词学研究·论声韵》，载《詹安泰词学论稿》，广东人民出版社，1984，第19页。

② 詹安泰：《中国文学上之倚声问题》，载吴承学、彭玉平编《詹安泰文集》，中山大学出版社，2004，第19页。

他承认："使声情吻合，究心词学者类能言之；使声乐吻合，则非究心词学兼精乐理，兼擅音乐者无能为役。余无慧，于音乐略无感悟。"① 虽然这条建议究竟有几分可行性，他自己并没把握，但是他主张不要把主要的精力放在株守四声上，要于四声之外，另求词的出路或新生，这个意见却是非常正确的。

詹安泰关于"填词可不必严守声韵"的主张，尤其是不必株守四声的主张，与常州派在声律问题上的态度是一致的，与朱祖谋、况周颐等桂派人物的主张则大相径庭。虽然他的某些观点，是综合了龙榆生和夏承焘的某些意见之后得出的，但是不能否认，在四声问题上，他的研究比龙、夏二氏要系统和深入得多，其态度也比龙、夏二氏要鲜明得多。他敢于在公开发表的文章里指名道姓地批评朱、况等人株守四声的做法，更是龙、夏二氏所做不到的。

稍嫌不妥的是，他把郑文焯也当成了株守四声的人，这不大符合事实。如上引夏承焘《天风阁学词日记》所云，郑文焯虽株守四声，但"也不坚守"，他对四声的态度，与朱祖谋、况周颐是有区别的。

三 强调"从考明本事中以求寄托"

常州派以"意内言外"论词，强调比兴、寄托，主张作品要有君国之忧和身世之感，从尊体的角度来看，这是可以理解的。他们的问题是，一旦涉及对具体的作家作品的解读，他们往往就出现偏差，穿凿附会，大言欺人，反倒遮蔽了作品的真相。

常州派的这个问题，可以说是越到后来越变本加厉。虽然周济讲过"词非寄托不入，专寄托不出"，②"初学词求有寄托"，"既成格调求无寄托"③ 这样稍微通达一点的话，但是对常州派的穿凿附会并没起到多少补偏救弊的作用。例如张惠言讲温庭筠的《菩萨

① 詹安泰：《中国文学上之倚声问题》，载吴承学、彭玉平编《詹安泰文集》，中山大学出版社，2004，第 14—19 页。

② 周济：《宋四家词选目录序论》，载唐圭璋编《词话丛编》第 2 册，中华书局，1986，第 1643 页。

③ 周济：《介存斋论词杂著》，载唐圭璋编《词话丛编》第 2 册，中华书局，1986，第 1630 页。

蛮》(小山重叠)："此感士不遇也，篇法仿佛《长门赋》……'照花'四句，《离骚》初服之意。"[①] 这还只是就个别作品而言，而到了陈廷焯那里，便是"飞卿词，全祖《离骚》，所以独绝千古；《菩萨蛮》《更漏子》诸阕，已臻绝诣，后来无能为继"。[②] 又如张惠言讲："碧山咏物诸篇，并有君国之忧。"[③] 陈廷焯则讲："《词选》云：'碧山咏物诸篇，并有君国之忧。'自是确论……或谓不宜附会穿凿，此特老生常谈，知其一不知其二。"[④] 正是由于他们越来越顽固，使得许多人一提起常州派，一提起寄托，就生反感。例如王国维就讲："固哉，皋文之为词也！飞卿《菩萨蛮》、永叔《蝶恋花》、子瞻《卜算子》，皆兴到之作，有何命意？皆被皋文深文罗织。"[⑤] 吴世昌甚至讲："张惠言骗人，常州派的评语都是骗人的。"[⑥]

寄托问题，是词学史上的一大公案，长期以来争讼不已。实事求是地讲，唐宋词里还是有寄托的，但是没有常州派讲的那么普遍、那么玄乎。而王国维、吴世昌等人批评常州派，虽然有一定的道理，但也不乏偏颇。例如王国维一面否定温庭筠、欧阳修、苏轼的上述作品有寄托，一面又说李璟的《浣溪沙》"菡萏香消翠叶残，西风愁起绿波间"这两句，"大有众芳芜秽、美人迟暮之感"。[⑦] 这就说明词里还是有寄托的，问题在于如何判断。

相对而言，詹安泰对待词的寄托问题还是比较理性的。他对这一问题做过深入而系统的研究。在《词学研究》中的"论寄托"这一章里，他对有寄托与无寄托、寄托与时代环境、寄托与比兴、

---

① 张惠言：《张惠言论词》，载唐圭璋编《词话丛编》第 2 册，中华书局，1986，第 1609 页。

② 陈廷焯：《白雨斋词话》，人民文学出版社，1959，第 41 页。

③ 张惠言：《张惠言论词》，载唐圭璋编《词话丛编》第 2 册，中华书局，1986，第 1616 页。

④ 陈廷焯：《白雨斋词话》，人民文学出版社，1959，第 41 页。

⑤ 王国维：《人间词话》，载王幼安校订《蕙风词话·人间词话》，人民文学出版社，1960，第 233 页。

⑥ 吴世昌：《我的学词经历》，载《吴世昌全集》第 4 卷，河北教育出版社，2002，第 2 页。

⑦ 王国维：《人间词话》，载王幼安校订《蕙风词话·人间词话》，人民文学出版社，1960，第 196 页。

寄托与史实、寄托与穿凿等，都做过详细的探讨。他认为，常州派讲寄托有三个明显的缺陷。

一是专尚寄托而高谈北宋。他说："常州诸老专尚寄托，而高谈北宋；浙水词人，不言寄托，而侈论南宋，均使人不能无所致疑于其间。夫以寄托论词，北宋固不若南宋之富且深也。"① 他认为寄托一事，实与其时代环境密切相关："唐、五代词，虽镂玉雕琼，裁花剪叶，绮绣纷披，令人目眩，而不必有深大之寄托。（有寄托者，极为少数，殆成例外）以其时少忌讳，则滞著所郁，情意所蓄，不妨明白宣泄发抒也。北宋真、仁以降，外患寖急，党派渐兴，虽汴都繁丽，不断歌声，而不得明言而又不能已于言者，亦所在多有；于是辞在此而意在彼之言，乃班秩而出。及至南宋，则国势陵夷，金元继迫，忧时之士，悲愤交集，随时随地，不遑宁处；而时主昏庸，权奸当道，每一命笔，动遭大僇，逐客放臣，项背相望；虽欲不掩其辞，不可得矣。故词至南宋，最多寄托，寄托亦最深婉。"②

二是只主寄托而忽略词家考证之业。他指出："夫不使人从考明本事中以求寄托，则望文生义，模糊影响之谈，将见层出不穷；穿凿附会，又奚足怪！"③ 例如，"温飞卿（庭筠）儇薄无行，不修边幅，其所为词，当无感念身世，怆怀家国之可言，而张皋文评其《菩萨蛮》词谓'此感士不遇也，篇法仿佛《长门赋》……照花四句，《离骚》初服之意'，又谓'青琐、金堂、故国、吴宫，略露寓意。'（《词选》）似此解词，未免忽略其为人，而太事索隐……飞卿即因失意而为是词，其寄托亦不若是深远。"④

三是谓凡词必有寄托，除寄托不足言词。詹安泰指出，常州派重视词的寄托问题，这是应该肯定的，但是他们"一意以寄托说

---

① 詹安泰：《词学研究·论寄托》，载《詹安泰词学论稿》，广东人民出版社，1984，第130页。

② 詹安泰：《词学研究·论寄托》，载《詹安泰词学论稿》，广东人民出版社，1984，第120页。

③ 詹安泰：《词学研究·论寄托》，载《詹安泰词学论稿》，广东人民出版社，1984，第130页。

④ 詹安泰：《词学研究·论寄托》，载《詹安泰词学论稿》，广东人民出版社，1984，第128—129页。

词”，“专以寄托论词”，则往往流入“穿凿附会，反失其词也”。[①]

应该说，这三个问题，确实切中了常州派的要害。王国维、吴世昌等人批评常州派，没有这样具体，因而也缺乏相应的说服力。

詹安泰一面在理论上指出常州派的缺陷，一面则在自己的鉴赏和研究实践中，尽量地做到实事求是。他的基本经验，就是“从考明本事中以求寄托”。他总结“考明本事”，有这样几个途径或方法：一是“于作词者之自序或自注”，“以明作词之动机或故实”；二是利用笺注，“笺注之作，以时代最先者最足征信”；三是“取资”于有关词话和笔记。詹安泰强调：“本事亦有捏造者，要当以正史为主，杂说为辅，此层不可不知。”[②]

詹安泰的《花外集笺注》，据其自序，是一本“专言寄托”的书，此书最能体现他对寄托问题的态度。王沂孙的《花外集》，存词 55 首（据詹氏笺注本），这 55 首词中，咏物词就占了近 40 首。张惠言断定“碧山咏物诸篇，并有君国之忧”；陈廷焯更强调张惠言的话“自是确论”。可是他们做过任何考证没有？没有。他们都只是凭感觉说话。詹安泰笺注《花外集》，从 20 世纪 30 年代初期就开始了，至 1936 年即已完成初稿，但是一直不敢交付出版。尝自言：“校注笺释，不下五、六万言，而犹有疑义，未能确断，因亦不敢遽付剞氏。”[③] 詹氏笺注《花外集》，态度是很审慎的，虽小节亦不肯轻易放过。而其用力最多者，则是有关“本事”的考证。

尤其值得称道的是，在笺注《花外集》期间，他还完成并发表了一篇重要的论文，即《杨琏真迦发陵考辨》（1940 年 3 月）。这篇文章对于了解《乐府补题》所收 37 首词，包括王沂孙赋龙涎香 1 首、赋白莲 2 首、赋莼 1 首、赋蝉 2 首的写作背景，以及王氏其他涉及“骊宫”、“深宫”、“太液”、“环妃”、“露盘”、“鬟鬓”诸意象的作品的“本事”，进而了解其“君国之忧”，无疑具有重要的价值。以著名的《齐天乐·咏蝉》一词为例。周济说：“此家国

① 詹安泰：《词学研究·论寄托》，载《詹安泰词学论稿》，广东人民出版社，1984，第 129—130 页。

② 詹安泰：《词学研究·论寄托》，载《詹安泰词学论稿》，广东人民出版社，1984，第 132 页。

③ 蔡启贤：《〈花外集笺注〉后记》，载詹安泰《花外集笺注》，广东人民出版社，1995，第 199 页。

之恨”；陈廷焯说：“‘镜暗妆残，为谁娇鬓尚如许。’当指王昭仪改装女冠。”端木埰说：“‘西窗’三句，伤敌骑暂退，燕安如故。‘镜暗’二句，残破满眼，而修容饰貌，侧媚依然，衰世之臣，全无心肝，千古一辙也。”这首词，诚然是有“家国之恨”，但具体指的是什么，陈廷焯、端木埰两家的说法，均无异于猜谜，自然不可能有说服力。詹安泰指出：“据友人夏承焘考证，《乐府补题》中咏物诸词，皆作于元世祖至元十五年之后，则端木埰‘敌骑暂退，燕安如故’，时间不合，且《补题》中赋蝉，十词九用鬟鬓，实系赋孟后陵事，与谢翱《古钗叹》同一故实。”[①] 由于有夏承焘对《乐府补题》和詹安泰本人对杨琏真迦发陵事的考证为依据，这个说法就要可信得多。

又如《齐天乐·萤》这首词，陈廷焯说：“咏萤云‘汉苑飘苔，秦陵坠叶，千古凄凉不尽。何人为省。但隔水余晖，傍林残影。’咏叹苍茫，深人无浅语。‘隔水’二句，意者其指帝昺乎？”同样是猜测之辞。詹安泰指出：“词中大半吊故宫，杨髡发陵后，世祖命建佛塔于宋故宫。嗣杨髡复以宋宫室为塔一，为寺五（事见《元史类编》）。元贝琼《穆陵行》云：‘流萤夜飞石虎殿，江头白塔今不见。’即指其地，特塔已圮去耳。林景熙《故宫》诗：‘王气销南渡，僧坊聚北宗。烟深凝碧树，草没景阳钟。’同此境界。玩‘荧荧野光相趁’，‘零落秋原飞磷’及‘汉苑飘苔’数句，则故宫荒凉，沦为葬所之意甚显。‘何人为省’以下刻意写荒凉景况，非指帝昺崖山之役。故宫建塔时，帝昺已溺海（帝昺溺海，在己卯二月六日，见《蹈海录》及《陆君实传》），安见有‘隔水余晖，傍林残影’？陈说不确。”[②]

实际上，“陈说不确”的地方尚不止这些。如《水龙吟·白莲》，陈说“三十六陂烟雨”等五句，“写出幽贞，意者亦指清惠乎？”[③] 又如《庆宫春·水仙花》，陈说“凄凉哀怨，其为王清惠作乎？”凡此，詹安泰均据自己对杨琏真迦发陵事和夏承焘对《乐府补题》的考证，指出二词亦与杨琏真迦发陵事有关。[④]

---

① 詹安泰：《花外集笺注》，广东人民出版社，1995，第54页。

② 詹安泰：《花外集笺注》，广东人民出版社，1995，第50页。

③ 詹安泰：《花外集笺注》，广东人民出版社，1995，第42页。

④ 詹安泰：《花外集笺注》，广东人民出版社，1995，第84页。

当然，詹安泰对《花外集》的笺注，也有“望文生义，模糊影响之谈”，不是处处都经得起推敲的。例如《高阳台·纸被》这首词，詹氏谓“此词当有所为而发。或者指贾似道及依附似道者”;[①] 又如《一萼红·初春怀旧》这首词，詹氏谓“此或刺廖莹中辈之作”。[②] 在这些地方，詹氏都忽略了自己所强调的“从考明本事中以求寄托”的主张，因而难以令人信服。但是，总的来讲，他言寄托的可信度，是远远超过了张惠言和陈廷焯等人的，即如对《高阳台·纸被》和《一萼红·初春怀旧》这一类作品的解读，他的用语也还是比较审慎的，不似张、陈等人，动辄使用全称肯定判断。

詹安泰考证有关作品的“本事”，并不是像某些老辈的学者那样，津津乐道于考据之事，并不是为考据而考据。他的出发点，在于考察作品的写作背景，发掘作品的思想内容，以便更准确更全面地评价词人词作。这一点，与常州派以“意内言外”说词、重视作品的思想内容的本意是相通的。他超越常州派的地方，在于尽量地用事实说话，有寄托就是有寄托，无寄托就是无寄托，尽量地避免牵强附会。

① 詹安泰：《花外集笺注》，广东人民出版社，1995，第21页。

② 詹安泰：《花外集笺注》，广东人民出版社，1995，第72页。

附录一

文学地理学视野下的广东本土文学

——在广州市第五届青年文艺评论讲座上的演讲

正确认识本土文学，需要有一种新的理论、新的视角、新的方法，这个新的理论、视角和方法，就是在当前的中国文学批评界非常流行、非常热门的文学地理学。

一　什么是文学地理学？

文学地理学是20世纪80年代以后在中国本土产生的一个新学科。文学地理学的研究对象，就是文学与地理环境的关系。

文学与地理环境相融合的产物，就是本土文学。

本土文学，就是文学地理学研究的重要内容。

举个例子。从小学到大学，老师跟我们讲文学作品的时候，第一件事就是在黑板上写“时代背景”这几个字，告诉我们这个作品产生的时代背景，这个作家产生的时代背景。这个确实很重要，但是仅仅这样还不够，为什么？因为任何事物都是在特定的时间和空间中形成和发展的，时间和空间是事物运动的两种基本形式。我们过去讲文学基本上只有时间这个概念，只讲文学的时代性，只讲作家、作品的时代背景，这就有很大的片面性。为了还原文学的真相，真正了解文学的多样性与丰富性，我们还应该有空间这个概念，还应该讲讲作家、作品产生的地理环境，讲讲作家的地理意识和本土意识，讲讲作品的地方感、地域特点与地域差异，讲讲作品的空间形态与空间结构。怎么讲呢？这就要借助文学地理学的理论、视角和方法。

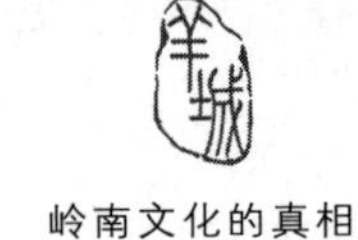

二　文学地理学的历史

文学地理学的研究在中国可谓源远流长，像我们熟悉的《诗经》里面的“十五国风”，就是按照当时的15个诸侯国和地区来编排的，这应该是最早的文学地理学实践。另外还有《左传·襄公二十九年》记载吴国公子季札考察从各地收集上来的民歌（也就是《诗经》中的“国风”），发表了一篇比较长的评论，这应该是最早的文学地理学言论。吴国公子季札比孔子还要大25岁，这样看来，文学地理学的起源至少也有2500年了。

古人关于文学地理学的研究成果主要是一些片段的言论，真正把古人的片段言论发展为较有条理的论文的，是近代的四个学术大师，一个是刘师培，一个是王国维，一个是顾颉刚，一个是汪辟疆。第一个使用“文学地理”这个概念的人是广东籍学者梁启超。他是中国人文地理学的奠基人，他在《中国地理大势论》一文中第一次使用了“文学地理”这个概念。接着就有刘师培发表《南北文学不同论》（1905年），王国维发表《屈子文学之精神》（1908年），顾颉刚发表《孟姜女故事研究》（1927年），汪辟疆发表《近代诗派与地域》（1934年）。这是四篇比较有条理的文学地理学论文。按说文学地理学这个学科应该在这个基础上发展起来，但是1949年以后，文学地理学的研究被中断了30年，这是因为受苏联的影响。当时苏联正在开展对人文地理学的批判，他们把人文地理学说成唯心主义，因此作为人文地理学一部分的文学地理学也就不再有人提及。一直到20世纪80年代以后，我国的学术环境开始变得宽松一点，人们主张用新的方法来研究文学，主张从文化的角度来研究文学，因此文学地理学的研究得到恢复，并逐渐成为文学领域的一个热门学科。

20世纪80年代以后，最早从理论上进行呼吁的是金克木先生，他在《读书》杂志1986年第4期上发表一篇《文艺的地域学研究设想》，他讲的文艺就包括文学，但不仅仅是文学。我本人开始从事这方面的研究是在1987年。我的研究最初是实证研究。我的第一篇文学地理学论文就是《中国历代文学家的地理分布》，发表在《社科信息》1989年第12期，后来被人大复印报刊资料《中国古代、近代文学研究》1990 年第 4 期全文转载。

从此以后，文学地理学的研究在中国蔚然成风。文学地理学的研究队伍日益壮大，文学地理学的论著、论文日益增多，国家级、省级、部级的文学地理学研究项目层出不穷。2011 年 11 月，学术界成立了一个“中国文学地理学会”，迄今为止，这个学会已经成功地举办了三届年会。这个月的 13 日，我就要去甘肃兰州的西北民族大学，出席“中国文学地理学会”第四届年会。昨天，会议的承办方告诉我，报名参加本届年会的、来自全国各地各高等学校和社会科学院的学者，还有日本与韩国的学者已经达到 200 人，会议收到的论文多达 150 多篇，可以说是一届规模空前的文学地理学的盛会。

三　中国当代文学的地域性比以往任何一个时代都要强烈

中国文学从《诗经》开始就有鲜明的地域性，《楚辞》有鲜明的地域性，汉乐府也有鲜明的地域性。后来的唐诗也好、宋词也好、元曲也好，都有鲜明的地域性。尤其是到了当代，文学的地域色彩比以往任何一个时代都要鲜明、都要强烈。

例如，我们熟悉的诺贝尔文学奖获得者莫言，他的作品就有很强的地域性。他的创作就是以山东高密东北乡作为原点，作为根据地，山东高密东北乡成了他的创作的一个地标，当然他的作品的内容是很丰富的，作品的意义是具有普遍性的，并不局限在高密东北乡。也就是说，他的作品的题材是山东高密东北乡的，他的作品的意义则是全人类的。《莫言评传》的作者叶开在《高密东北乡——莫言的文学地理世界》里写有这样一段话：

> 在地理学的意义上，高密东北乡是胶河平原上的一个小镇，面积小，影响低；在文学的世界里，高密东北乡却是一个伟大的王国，拥有浩瀚的疆土，丰沛的河流，肥沃的田野和无以计数的人口。在这个文学王国里，莫言需要什么就有什么：汽车、火车，飞机、轮船，坦克、大炮，乃至妖魔鬼怪——他在长篇小说《檀香刑》、《四十一炮》和《生死疲劳》里，继

> 续为这个神奇的王国添加各种增值资产：长篇小说《檀香刑》里清末义和团的历史背景和残酷的刑罚场面，把高密东北乡的版图推进到历史的纵深处。把长篇小说《丰乳肥臀》里已经展现得淋漓尽致的故事背景，再次向前延伸。如果有需要，莫言就会继续编撰高密东北乡的悠久历史，甚至可以从三皇五帝开始、从夏商周开始，从春秋战国，从秦汉三国西晋东晋南北朝开始。
>
> 莫言通过自己独特的创作，把高密东北乡这样一个默默无闻的、隐秘在胶东平原边缘的丘陵和平原过渡地带的微地，扩展为世界性的中心舞台。在这片普通而神奇的土地上，以“我爷爷”余占鳌为代表的高密东北乡子民们上演了一出出慷慨激昂的人生大剧，一如高密地方戏茂腔演唱时的凄凉悲戚，一如电影《红高粱》里“酒神曲”吼诵时的高亢鹰扬。在文学的世界里，莫言成功地建立了自己的高密东北乡文学王国。（引自中国论文网，地址：http://www.xzbu.com/1/view-3664496.htm）

我们再看看莫言在瑞典文学院的获奖演说。2012年12月8日，莫言在瑞典文学院发表获奖演说。他的演说里有这样一段话：

> 1984年秋，我考入解放军艺术学院文学系。在我的恩师著名作家徐怀中的启发指导下，我写出了《秋水》、《枯河》、《透明的红萝卜》、《红高粱》等一批中短篇小说。在《秋水》这篇小说里，第一次出现了“高密东北乡”这个字眼，从此，就如同一个四处游荡的农民有了一片土地，我这样一个文学的流浪汉，终于有了一个可以安身立命的场所。我必须承认，在创建我的文学领地“高密东北乡”的过程中，美国的威廉·福克纳和哥伦比亚的加西亚·马尔克斯给了我重要启发。我对他们的阅读并不认真，但他们开天辟地的豪迈精神激励了我，使我明白了一个作家必须要有一块属于自己的地方。

山东还有一个作家叫张炜，他的作品也有很强的地域性。

山西的当代作家中，1949年前后有以赵树理、马烽为代表的“山药蛋派”，后来在新时期则有李锐等人，他们的作品的地域性也很强。

陕西有三个代表性作家，一个贾平凹，一个陈忠实，一个路遥，这三个人刚好出生在陕西的南部、中部、北部。贾平凹的作品是陕南风格，陈忠实的是关中风格，路遥的是陕北风格。我在陕西讲文学地理学的时候，我就说：你们陕西可以成为文学地理学研究的一个标本，你们三个代表性作家体现了三个地方的风格。

我们再往南边数过来，几乎每个省都是这样，比如湖北有大家都很熟悉的两个女作家，一个方方，一个池莉，她们就以写武汉人的生活而著名；还有一个男性作家叫陈应松，他就以写湖北的神农架而著名。

湖南更不用说了，湖南的韩少功，虽然后来到了海南，但是我看他的代表作基本上就是写湖南益阳那一带的生活，像《马桥辞典》等等；还有叶蔚林，还有老一辈的沈从文、周立波，他们的作品都带有鲜明的地域性。

再往南到广东。古代、近代作家就不用多说了，例如大家熟悉的《蜃楼志》，就是写广州十三行的商人生活的。现代作家当中第一个我要讲的是黄谷柳，黄谷柳的《虾球转》是大家公认的中国现代文学的精品，他就写香港跟广州；还有欧阳山，他是湖北人，但是他长期生活在广东，写的题材也是广东题材，例如他的《三家巷》，就是以广州西关为背景；再就是陈残云，他是广州市白云区石马村人，他写人民公社时期的农村生活就是以广州白云区一带为背景。所以我说文学的地域性在中国的当代文学中体现得最突出，比中国文学史上任何一个时期都要突出。

四　本土文学并不是一个狭隘的概念

有人认为，本土文学是一个狭隘的概念。这个观点是错误的。

优秀的本土文学，它的题材是本土的，但是它所包含的意义是全人类的，也就是说，优秀的本土文学具有普遍意义，具有普适性。像莫言写的是山东高密东北乡的故事，但是他所体现的是整个中国农民半个世纪以来的生活与心路历程，这就具有普遍意义；沈从文写湘西，体现的是对单纯、美好的生活的向往，具有普遍意义；鲁迅写绍兴农村，所揭示的是旧中国农村的破败景象与农民的悲惨命运，也具有普遍意义。题材是局部的、本土的，意义是广泛的、普遍的，这才是我们所说的本土文学。如果题材是本土的，意义也是本土的，那就有局限性。

现在有些人对本土文学有误解，他们认为这个东西很狭隘，其实我们要认识到这一点：本土文学的题材是本土的，环境、场所、人物、景观、风俗习惯等是本土的，它的语言、它的价值观等也都受本土文化的某些影响；但是它的意义，它的审美风格，应该是大家都能接受的，应该是能够引起广泛共鸣的，要不然大家就不会那么喜欢马尔克斯、福克纳、莫言等人的作品了。

许多人对广东本土文学的误解，源于对广东本土文化的误解。他们以为本土文化就是最原始的广东文化，就是穿拖鞋、吃橄榄、叹早茶，其实它已经远远不止这些了。今天的广东本土文化，其实就是一种多元文化。还有人以为写本土文学，就是写南越王，就是写西关大屋，就是写西关小姐。其实本土文学有很丰富的内容。时代在变，环境在变，生活在变，本土文学的内容也在不断丰富，不要把本土文学理解得过于狭隘。

五　本土文学的作者

本土文学不仅仅是本土作家创作的，外地作家也参与了本土文学的创作。我们以中国文学史为例。像苏轼被贬到惠州来的时候，就写了许多以广东本土为题材的作品。比如《食荔枝二首》之二：

> 罗浮山下四时春，卢橘杨梅次第新。日啖荔枝三百颗，不辞长作广东人。

像这样的作品，你是把它划到广东文学，还是划到四川文学？从题材来看，当然是应该划到广东文学。它属于广东本土文学的佳作。

韩愈也是这样，他先被贬到阳山，后来又被贬到潮州，他在这两个地方都留下了很多作品，例如他的《山石》，就很有可能写在阳山这一带，这就属于广东本土文学。

本土文学的作者包括两个部分：一个是本地作家，也就是土生土长的作家，一个是生活在本地的外地作家。像古代的许多作家，有的是被贬谪到广东，有的是流寓在广东；1949年以后的作家，有的是作为干部被调配到广东，有的是因为其他原因短期居住在广东。从外地到广东，他是一个客居者，但是他写的是广东题材，那么他的这一部分作品就属于广东文学，也就是广东本土文学。本土文学不仅仅是本土作家创作的文学，任何人，只要你熟悉这个地方的生活，你就可以从事本土文学的创作。

这样来看，广东的作家究竟有多少？我想一定是很可观的。今天的广东作家除了广东本土的作家，还有大量的来广东打工的外地作家。他们是从外地来的，但他们写的是广东的生活、本土的生活。所以他们中的一部分人，今后就有可能进入广东文学史。

六　什么样的作家才能进入广东文学史？

一个作家，如果对本土文学没有一个正确的认识，如果他的作品没有一个地域标记的话，他是很难被人们记住的。自从有诺贝尔文学奖以来，几乎每一个获奖者的颁奖词，都会强调他卓越地描写了本民族、本地区、本国人民的生活，也就是说，他的作品具有鲜明的地域性或本土性。可以说，没有哪一个能够被人们深深记住的作家没有自己的地域特征。当然，在中国，在广东，也有少数作家不是这样，写了很多，但是没有任何地域特色。按照地域性文学史的编写原则，这样的人是进不了广东文学史的。

什么样的作家可以进入广东文学史呢？只有两种人：一种是广东本土作家，一种是写广东题材的外地作家。

这些年来，广东有许多外地来的签约作家，也就是由广东资助他们写作、资助他们出版的外地作家。这些作家的作品如果是写广东题材的，如果是写广东本土生活的，他们的作品就可以进入广东文学史；如果是写外地题材、写外地生活的，他们的作品就进不了广东文学史，写得再好也进不了。但是据有关同志介绍，这些外地签约作家中，还真的有不少是写外地题材、写外地生活的，这些人，广东为什么要资助他们呢？据说是为了获奖。获“茅盾文学奖”和“鲁迅文学奖”。这就有些令人费解了。且不说“茅盾文学奖”和“鲁迅文学奖”的公信力正在逐年下降，历史地看，一个

真正优秀的作家，得不得这种奖实际上并不重要。广东把有限的创作基金，不拿去资助本土作家，而去资助写外地生活的外地作家，这本身就不符合广东人的办事原则。我们知道，广东人是很实际的。你资助一个写外地题材的外地作家，最后人家虽然拿了奖，但是人家的作品还是进不了广东文学史，人家的作品只能进人家本土的文学史，进不了你的文学史，你究竟所为何来？当然有人会说，我们扶持的不是广东文学，是中国文学。如果是这样，那你这个作家协会，就可以不叫广东作家协会，叫中国作家协会得了；你的基金也不要叫广东文学创作基金，叫中国文学创作基金得了。如果是这样，那我们就没什么好说的了。问题是，你不是天天都在讲要把广东建成文化强省吗？你不是天天都在讲要提高广东的文学创作水平吗？你明明说是为了广东文学，但是你资助的对象却是外地文学，这就叫人费解了。

七　如何才能写出可以进入广东文学史的优秀作品？

我这里讲写广东本土题材、写广东本土生活的作品，可以进入广东文学史，但是请大家不要误会，不要以为只要是写广东本土题材、写广东本土生活，就可以进入广东文学史。无数的事实证明，只有那些写广东本土题材、写广东本土生活写得好的作品，只有那些优秀作品，才有可能进入广东文学史。

如何才能写得好？这不仅仅是一个技术层面的问题。技术层面的问题，例如语言问题、结构问题、形象塑造问题、细节描写问题、大小场面描写问题、人物关系处理问题等，大家都不陌生，因此我就不讲了。我这里只讲一点，就是要有长时段的眼光。

什么样的眼光才是长时段的眼光呢？

这里涉及一个很重要的理论问题，我想借鉴一下“法国年鉴学派”的一个观点来加以说明。法国有一个很重要的历史学派，叫作“年鉴学派”。这个学派有一个代表人物叫布罗代尔。布罗代尔把历史分为三个时段，即短时段、中时段和长时段。所谓短时段，也叫事件或政治时间，主要是历史上突发的现象，如革命、战争等；所谓中时段，也叫局势或社会时间，是在一定时期内发生变化形成一定周期和结构的现象，如人口的消长、物价的升降、产量的增减；所谓长时段，也叫结构或自然时间，主要指历史上在几个世纪中长期不变和变化极慢的现象，如地理气候、生态环境、社会组织、思想传统等。短时段现象只构成了历史的表面层次，它转瞬即逝，对整个历史进程只起微小的作用。中时段现象对历史进程起着直接和重要的作用。只有长时段现象才构成历史的深层结构，构成整个历史发展的基础，对整个历史进程起着决定性的、根本的作用。因此，历史学家只有借助长时段的观点，研究长时段的历史现象，才能从根本上把握历史的总体。

这个观点有助于我们观察和解释文学现象。比如 1949 年以来的文学中，就充斥着大量的写短时段事件的作品。“大跃进”发生了，随即产生一大批写“大跃进”的作品；人民公社出现了，随即产生一大批写人民公社的作品；“文化大革命”爆发了，随即又产生一大批写“文化大革命”的作品。而事实上，“大跃进”也好，人民公社也好，“文化大革命”也好，全是短时段的事件，等到这些事件过去，有关作品也就随即失去它的效应；等到实践证明这些事件的发生都是荒谬的，有关作品毫无疑问地就被扫进了垃圾堆。

当然，一些作家热衷于写短时段的事件，有他们自己的考虑。比如：组织上安排写，写出来了容易得到领导的赏识，容易获奖，容易被提拔，等等。问题是，你要明白这一点：你写短时段的事件，就只能产生短期的效应；只有写长时段的现象，才有可能产生长远的效应。热衷于写短时段的事件而又期待长远的效应，无异于缘木求鱼。

现在有许多作家，当社会上出了短时段的事件，他就立马去写。“非典”出现了，他立马去写“非典”；汶川大地震发生了，他立马去写汶川大地震。可是究竟写得怎样呢？应该说，绝大多数都不成功。他们只是获得了领导的表扬，并没有获得广大读者的认可。由于他们的作品写得并不好，只是配合领导完成了一个任务。过一段时间，领导又忙别的事情去了，于是就连你的作品，甚至连你这个作家的名字都忘记了。因为你的作品写得并不好，并没有给领导留下难忘的印象。

当然，我不是说，“非典”不该去写，汶川大地震不该去写。人类发生了这么重大的灾难，有良知的、有悲悯情怀的作家怎么能

视而不见呢？问题是你不要那么急着去写，你要等一等，要深入地观察、深入地调查、深入地思考之后再动笔。唐山大地震是1976年发生的，可是钱钢的报告文学《唐山大地震》是10年以后才写成的，冯小刚的电影是30多年以后才拍成的。这两个作品都是大家公认的优秀作品，可是人家等了多久？观察了多久？调查了多久？思考了多久？事件一发生，你就抢风头似的急着去写，能写出好作品吗？

要想作品写得成功，要想作品产生长远的效应，作家必须具备长时段的眼光，要深入调查，长期酝酿，要思考这个事件给人类带来的长远而深刻的影响。不要短视，不要急功近利。

总之，我建议作家们还是要读一读文学史，要了解文学的发展规律，了解哪些作家可以进入广东文学史，哪些作品可以产生长远的效应。不要总是找不到自己的精神家园，找不到自己的根据地，也不要总是去赶任务、赶时髦。要增强自己的地方感，增强作品的地方感，要关注自己脚下的这片土地，关注底层民众的生活，多一些忧患意识。只有这样，才有可能写出真正优秀的、真正具有长效性的作品，也只有这样的作品，才有可能进入广东文学史。

由于时间关系，今天只能讲这么多。谢谢大家！

（2014年7月8日）

附录二

《放飞梦想——“牡丹王子”孙幼明传奇艺术人生》序

我最早知道孙幼明这个名字，是通过《诗词》已故主编赖春泉先生送给我的《广州新竹枝》这本书，这本书由赖先生主编，1993年由广州出版社出版，收录了古今诗人咏广州的竹枝词350余首，其中就有当代广州诗人孙幼明的6首诗。那个时候的孙幼明还只是一个30多岁的青年，却能够以自己的作品，列名于古今众多名家之间，这是颇不简单的。他的诗给我留下了好印象。如《趁市》：

担菜入城趁好天，鸡声人市正喧喧。
鲩鱼生猛烧鹅靓，方便人家我赚钱。

这正是地道的竹枝词的风格，既有鲜明的地方特色，又洋溢着时代的生活气息，语言通俗易懂，明白如话。我因此而记住了他的名字。

后来又经常在报纸上看到他作的楹联，其风格亦与其诗接近，大都清新、阳光，充满生活气息，语言通俗易懂。

2007年，我参加了广州市民间艺术家协会，有机会认识许多有才华的艺术家，其中就有孙幼明。一个身高近一米八的汉子，古铜色的脸庞，说话声音洪亮，性格爽朗。他是以楹联艺术家的身份加入这个协会的，并且还是协会的副主席。

由于读过他的不少诗歌和楹联，印象较深，加之每年至少要在一起开两次会，这样我们就比较熟悉了。

2011年春节，我作了一首《木棉》寄给他，算是给他贺年。诗云：

一树豪华照晚晴，暮春景色最分明。
借他三尺英雄胆，不作江干垂老行。

诗写得并不好，不过是提提虚劲而已。但是他却很热情，兴致很高，立即和了一首：

莺飞草长喜新晴，寻得春光照眼明。
莫道英雄多气傲，此花总伴路人行。

适逢《新快报》发起“寻找木棉”的活动，有位记者就把我和他的这两首诗，加上安庆师范学院孙维城、深圳大学刘尊明、鄂州大学孟繁华三位教授的三首，以“五人咏木棉”为名，发表在2011年4月14日的《新快报》上。这就是我和孙幼明的文字缘。但是，直到这个时候，我都不知道孙幼明还是一位画家。

最近，有位朋友对我说，广州有一位专画牡丹的画家，人称“牡丹王子”。我还不知道是谁，于是就去看这位“牡丹王子”送给他的画。这一看，不禁大吃一惊，原来是孙幼明！

这是一张四尺宣画成的牡丹画。画面画了八朵鲜艳夺目的牡丹，设色艳而不俗，妖而不媚。有紫红、曙红、粉红和大红色的牡丹花，花头大小适中，布局合理，可谓精通构图法则。整个画面呈右高左低的走势，并有一块大石把花丛巧妙地分成两组，花朵左右呼应有序，俯仰多情，画面的左上角有一丛翠竹起堵的作用，右上角的枝头上站立着一对鸟雀，一唱一和，一开一合。有的引吭高歌，有的含情脉脉，顾盼传情。整个画面有动有静，动静结合，恰到好处。

一般人画牡丹，多是题“花开富贵”，或“国色天香”一类的熟语，孙幼明则不同，他是个诗人，他在落款处题了一首诗：“芳颜非是落瑶台，也未东都园内栽。为送天香千万户，心花一放四时开。”平仄协畅，风格明快，洋溢着生活的气息。

值得注意的是，孙幼明的书法也是很好的。秀气的行书，好似龙飞凤舞，婀娜多姿。整个画面诗、书、画融为一体，不得不让人叹服作者的多才多艺。可以说，孙幼明的牡丹画，充分体现了新时期文人画的特点。

看孙幼明的诗、书、画作品，你会觉得他是一个科班出身的人。实则不然。虽然他已经具备了硕士研究生的学历，但他实际上是一个自学成才者。

1980 年，孙幼明成为岭南画派大家冯曼硕的入室弟子，专攻花鸟画，重点是牡丹。后来又先后跟随国画大家叶绿野、陈永锵、蔡景星等学习国画技法，由此打下了牢固的国画基础。

在掌握了国画的基本技法后，孙幼明本来还有机会跟随若干大家继续深造。但他认为，凡是跟名家跟得太紧太久的人，几乎没有人能够走出名家的影子。于是他决定走自己的路。他深知牡丹本来就不是岭南特有的植物，这里的气候不宜种牡丹，画牡丹的大家都在外省，所以他把目标定在博采全国各地牡丹高手之长，然后自成一家。他四处收集全国各地画牡丹的书籍，尤其是那些有关牡丹技法的书，只要合他的口味，他都网罗进来，苦心研究，吸取他人之长。在幼明的牡丹画里，有他的恩师冯曼硕、蔡景星的撞粉牡丹的影子，有北方牡丹大家王雪涛的熏陶，有洛阳牡丹大家王绣的痕迹，有巴蜀大家邵仲节的形格，还有广东牡丹大家程家焕的风韵，但又全都不是他们的东西，而是孙幼明自己的牡丹。

熟悉孙幼明的人都可以在一大堆牡丹画中很快找出孙幼明的画，这就是他的运笔设色技法已自成一格。孙幼明的牡丹，已形成独特的构思，就是将南北两大牡丹技法熔于一炉。他画的红花一般都采用北方的晕染技法，大气磅礴，气韵生动，不拘泥于小节；同时又配以岭南画派特有的撞粉法，色彩艳丽，刻画细致入微。而且他还发明了特有的白粉，用他配出的白粉画出来的撞粉牡丹，娇艳欲滴，栩栩如生，既有花的透明质感，又有怒放的力度。观他的画，如进入异彩缤纷的牡丹园，久久不愿离开。

陆游诗云：“汝果欲学诗，功夫在诗外。”有人认为，论画技，幼明的水平不算太突出，他的工笔基础还有待巩固。他的长处在于多方面地吸收传统文化的营养，在于采集多方养料制成独家肥料，用以灌溉自己的牡丹园。一个画家，如果只限于画画，对于其他的艺术门类都不懂，那么他就只能是一个画工，不可能成为画家，更不可能成为大画家。而幼明则不同。他具有多方面的修养，并且造诣都比较高。第一，他是书法家。他曾跟随名师学习书法，在这方面下过苦功，他的行书和隶书，多次参加全国性的展览并获奖，还是广东省楹联书画研究院的常务副院长。第二，他是诗人，早在20世纪80年代，他就加入了广东中华诗词学会和广州诗社，参与创办全国第一家青年诗社——后浪诗社，并担任社委。他的诗词格律协畅，往往具有较深长的意味。早在2000年，就出版《孙幼明诗词集》。迄今为止，已公开发表诗词作品1000多首。第三，他是楹联家，曾连续12年为广州市迎春花市牌楼写楹联，多次出任全国楹联大赛总评委，现还担任中国楹联学会常务理事，广东省楹联学会副会长。第四，他是作家，擅长写散文、传记，也从事过小说创作，发表过几十万字的作品。他曾长期担任羊城工报社的总编辑，现为广州市作家协会理事。据悉，他和女作家曾惠萍合著的新作《放飞梦想——牡丹王子的艺术人生》将由花城出版社出版。第五，他是歌词作家，创作了大量的歌词作品。他的《金雁之歌》在中央人民广播电台播放，又被广州市农民工博物馆收藏。他的《迈向明天》曾在广州电视台播出，他本人还接受了电视台的采访。他的《晴朗的天空》被评为2011年度广州市新音乐评选一等奖。他还擅长唱歌，曾跟随著名女歌唱家罗婷学习声乐，擅唱男中音。第六，他还是一名颇有影响的社会活动家。他是越秀区政协委员，是市监察局任命的"广州市政风行风评议团"副团长。他还是越秀区文联的副主席、广东十大文化人之一、亚运会火炬手、第八届广州文艺奖评委，等等。他有着如此丰硕的艺术成绩和丰富的人生阅历，所以他的牡丹画就显得内涵丰富、耐看。在如今的广州，无论平民百姓，还是富商巨贾、达官贵人，抑或文人学者，都以能得到他的牡丹画为荣。

幼明是一个热爱生活的人，一个用心画画的人，一个诗书画俱佳的人，一个有着强烈的社会责任感的人。希望孙幼明的书画艺术，能为中国书画艺术的回归和复兴做出新的贡献；期待"牡丹王子"继续前行，打出一片新天地。

（原收入《放飞梦想——"牡丹王子"孙幼明传奇艺术人生》，花城出版社2012年版）

附录三

广东历代文学家之地理分布统计表

姓名	时代	籍贯	今地	代表性著作	科名（学历）	备注
丁晸	清	番禺	广州	《左右修竹轩吟稿》	嘉庆优贡	
丁嵩	清	番禺	广州	《不忮求斋稿》		
丁仁长	近	番禺捕属	广州	《丁潜客遗诗》	光绪进士	
卫霭伦	清	番禺	广州	《侪香集》	康熙五十年举人	
卫廷昌	清	番禺	广州	《拜石堂稿》	贡生	
卫景昌	清	番禺	广州	《卫卿云稿》	嘉庆诸生	
卫廷璞	清	番禺	广州	《妄蛰草》		
卫廷珙	清	番禺	广州	《文行集》		卫廷璞之弟
卫隽生	清	番禺	广州	《谦斋诗稿》	贡生	
卫祖郃	清	番禺	广州	《回澜阁集》	诸生	

续表

姓名	时代	籍贯	今地	代表性著作	科名（学历）	备注
卫德先	清	番禺	广州	《宝翰堂诗稿》		
车腾芳	清	番禺	广州	《萤照阁集》	康熙五十九年举人	
区昌豪	清	番禺	广州	《葆天爵斋遗草》	嘉庆举人	
王渐逵	明	番禺	广州	《青萝集》	正德十二年进士	
王邦畿	明	番禺	广州	《耳鸣集》	隆庆元年举人	
王隼	清	番禺	广州	《大樗堂集》		王邦畿之子
王鸣雷	明	番禺	广州	《王中秘文集》	隆庆元年举人	王邦畿从子
王瑶湘	清	番禺	广州	《逍遥楼诗》		王隼之女
王瑯	明	番禺	广州	《野樗堂稿》	诸生	
王昶	清	番禺	广州	《柳堂诗集》	诸生	
王琅	清	番禺	广州	《蛙雨楼稿》		
王佳宾	清	番禺	广州	《怡志堂诗》	康熙三年武进士	
王定纬	近	番禺	广州	《除夕集》	光绪诸生	
王国瑞	近	番禺	广州	《学荫轩集》		
王锟	近	番禺	广州	《退学吟庵诗钞》		
王蘧	近	番禺	广州	《摄堂诗》		
方国骅	明	番禺	广州	《学守堂集》	隆庆举人	

续表

姓名	时代	籍贯	今地	代表性著作	科名（学历）	备注
方殿元	清	番禺	广州	《九谷集》	康熙三年进士	
方还	清	番禺	广州	《灵洲集》	贡生	方殿元长子
方朝	清	番禺	广州	《勺湖集》		方殿元次子
方洁	清	番禺	广州	《方彩林诗集》		方殿元之女
方秉哲	清	番禺	广州	《爱景轩诗钞》	嘉庆举人	
尹蓉	清	番禺	广州	《静照草堂稿》		
左秉隆	近			《勤勉堂诗钞》		广州驻防汉军
古应芬	清	番禺	广州	《双梧桐馆诗文集》	日本留学生	
石德芬	近	番禺	广州	《惺庵遗诗》	同治举人	
龙之虬	清	番禺	广州	《兰皋草堂诗抄》		
叶英华	清	番禺捕属	广州	《斜月杏花书屋诗钞》等		
叶衍兰	清	番禺捕属	广州	《海云阁诗钞》等	咸丰六年进士	叶英华之子
叶衍桂	清	番禺捕属	广州	《天船词》等		叶衍兰之弟
叶佩瑜	近	番禺捕属	广州	《蘖饧庵诗钞》		叶衍兰之侄
叶恭绰	近	番禺捕属	广州	《遐庵汇稿》、《全清词抄》		叶衍兰之孙
叶西	清	番禺	广州	《巢南诗抄》		
叶干	近	番禺	广州	《吟秋馆诗钞》		

续表

姓名	时代	籍贯	今地	代表性著作	科名（学历）	备注
史善长	清	番禺	广州	《味根山房诗钞》		
史印玉	清	番禺	广州	《芙蓉馆遗稿》		史善长孙女
卢廷龙	明	番禺	广州	《先忧堂稿》	万历举人	
田上珍	清	番禺	广州	《自鸣诗钞》	诸生	
仪克中	清	番禺	广州	《剑光楼集》	道光十二年举人	
冯能谦	清	番禺	广州	《景熙堂诗外》		
冯洵	清	番禺	广州	《子良诗存》	嘉庆二十五年进士	
冯昕华	近	番禺	广州	《巢云山房诗钞》		
冯晳华	近	番禺	广州	《雪鸿草》		冯昕华之弟
冯晴华	近	番禺	广州	《絮吟馆诗钞》		冯昕华之弟
冯城宝	近	番禺	广州	《玉仪轩吟草》		冯晴华之子
冯衍锷	近	番禺	广州	《翠澜堂甲稿》		
吕坚	清	番禺	广州	《迟删集》等	乾隆岁贡生	
张芬	清			《蕉窗诗》		吕坚之室
朱子范	近	番禺	广州	《澹园诗稿》	中山大学文科研究所毕业	
朱士毅	明	番禺	广州	《近乔居诗稿》		
朱启连	近	番禺捕属	广州	《棣垞集》		

续表

姓名	时代	籍贯	今地	代表性著作	科名（学历）	备注
朱执信	近	番禺捕属	广州	《朱执信集》	日本留学生	朱启连之子
伍廷鎏	清	番禺	广州	《松苔馆诗》等		
伍德彝	清	番禺	广州	《松苔馆花甲酬唱集》		伍廷鎏次子
任兆麓	清	番禺	广州	《敬一堂诗集》	太学生	
任世熙	近	番禺	广州	《莲隐诗钞》	光绪贡生	
刘应麟	清	番禺	广州	《含章书屋诗草》		
刘熊	清	番禺	广州	《仿航诗钞》	嘉庆举人	
刘善才	清	番禺	广州	《笔耒轩吟稿》		
刘彬华	清	番禺	广州	《玉壶山房诗钞》	嘉庆六年进士	刘善才之子
刘广礼	清	番禺	广州	《息机轩诗》	嘉庆举人	
刘广智	清	番禺	广州	《簾青书屋诗钞》	道光举人	刘广礼之弟
刘济之	清	番禺	广州	《璞雅山堂诗稿》		
刘彤	清	番禺	广州	《瑶溪二十四景诗》		
刘钊	近	番禺	广州	《鸿雪留题集》		
刘月娟	近	番禺	广州	《倚云楼诗钞》		刘钊第五女
刘斐成	近	番禺	广州	《抱瓮园诗草》		
刘景堂	近	番禺	广州	《心影词》、《沧海楼词钞》		

续表

姓名	时代	籍贯	今地	代表性著作	科名（学历）	备注
刘玑	近	番禺	广州	《潜室诗稿》		刘景堂之弟
江源	明	番禺	广州	《桂轩集》	成化五年进士	
许城	明	番禺	广州	《箕山草堂稿》	诸生	
许振华	清	番禺	广州	《近山楼集》		
许遂	清	番禺	广州	《真吾阁集》	康熙三十五年举人	
许应鏴	清	番禺	广州	《晋砖吟馆诗文集》		
许玉彬	清	番禺	广州	《冬荣馆遗稿》、《粤东词抄》		
许纫兰	清	番禺	广州	《澧阳吟草》		
许之衡	清	番禺	广州	《守白词》、《曲律易知》		
许小蕴	清	番禺	广州	《柏香山馆诗草》		
许祥光	清	番禺	广州	《选楼集句》		
许鍑	近	番禺	广州	《冬荣馆遗稿》、《粤东词钞》	咸丰诸生	
许炳璈	近	番禺	广州	《聊社集》	秀才	
许菊初	近	番禺	广州	《晚香楼稿》		
许崇灏	近	番禺	广州	《大隐庐诗草》		
许秉璋	近	番禺	广州	《诵先芬室诗集》		
李昴英	宋	番禺河南	广州海珠	《文溪存稿》	宝庆二年探花	

续表

姓名	时代	籍贯	今地	代表性著作	科名（学历）	备注
李德	明	番禺	广州	《易庵集》		“南园前五子”之一
李成宪	明	番禺	广州	《零丁山人集》		
李义壮	明	番禺	广州	《三洲初稿》	嘉靖二年进士	
李时行	明	番禺	广州	《驾部集》	嘉靖二十年进士	“南园后五子”之一
李云龙	明	番禺	广州	《啸楼前后集》	诸生	
李芬	明	番禺	广州	《二守堂稿》		
李明彻	明	番禺	广州	《修真诗歌》		道士
李廷枢	清	番禺	广州	《南塘诗草》	诸生	
李鸿仪	清	番禺	广州	《二半山房吟草》		
李景元	清	番禺	广州	《红树山庄诗草》		
李士祯	清	番禺	广州	《青梅巢诗钞》	嘉庆六年拔贡	
李能定	清	番禺	广州	《花雨轩诗文集》	道光举人	
李承宗	近	番禺	广州	《耕余吟草》		
李蟠	近	番禺	广州	《楚庭书风》		
李光廷	近	番禺	广州	《婉湄书屋集》		
李良骥	近	番禺	广州	《铨庐吟草》		
李启隆	近	番禺	广州	《留庵诗存》		

续表

姓名	时代	籍贯	今地	代表性著作	科名（学历）	备注
邬庆时	近	番禺	广州	《邬氏春藻遗芳》		
杜游	清	番禺	广州	《洛川诗略》	道光贡生	
吴延	清	番禺	广州	《解缪轩稿》	康熙十四年举人	
苏鸿	清	番禺	广州	《侣石山房诗草》	乾隆六十年举人	
吴鏔	清	番禺	广州	《绿荫堂诗抄》		
吴家懋	清	番禺	广州	《欣所遇斋诗存》	嘉庆进士	
吴道镕	近	番禺捕属	广州	《澹庵诗存》、《广东文征作者考》	光绪六年进士	
吴家树	清	番禺	广州	《游琼草》		
吴植南	清	番禺	广州	《叠绿轩诗钞》		
杨孚	汉	番禺下渡头	广州海珠	《南裔异物志》	举贤良对策上第	
杨永衍	清	番禺	广州	《添茅老屋诗草》		
杨其光	清	番禺	广州	《花笑楼词》		
杨文桂	清	番禺	广州	《养艳室词》		
应元晖	近	番禺	广州	《晓山诗草》		
何亮	明	番禺	广州	《白云洞集》	万历四十年举人	
何纮	清	番禺	广州	《垦村诗草》	乾隆十三年进士	
何烈	清	番禺	广州	《丹溪诗集》	嘉庆钦赐举人	

续表

姓名	时代	籍贯	今地	代表性著作	科名（学历）	备注
何若瑶	清	番禺	广州	《海陀华馆诗集》	道光进士	
何森	近	番禺	广州	《隙亭剩草》		
何玉成	近	番禺萧岗	广州白云	《揽翠山房诗辑》	道光十一年举人	
宋绍濂	近	番禺	广州	《子熙剩草》		
汪后来	清	番禺	广州	《鹿冈诗集》	康熙三十五年武举人	
汪瑔	清	番禺捕属	广州	《随山馆诗集》等		
汪兆铨	近	番禺捕属	广州	《惺默斋诗文集》等	光绪举人	汪瑔之子
汪兆镛	近	番禺捕属	广州	《微尚斋诗》等	光绪举人	汪兆铨从弟
汪兆铭	近	番禺捕属	广州	《双照楼诗词集》	日本留学生	汪兆镛之弟
沈世良	近	番禺	广州	《小祇陀庵诗抄》等	同治诸生	
沈宗畸	近	番禺	广州	《南雅楼诗斑》等	光绪举人	
沈泽棠	近	番禺	广州	《小摩围阁诗钞》等	同治诸生	
张乔	明	广州	广州	《莲香集》		广州名妓
张诩	明	番禺	广州	《南海杂咏》等	成化二十年进士	
张夔	清	番禺	广州	《翠声阁诗钞》		
张炳文	清	番禺	广州	《玉燕堂诗钞》	嘉庆举人	
张维屏	清	番禺捕属	广州	《松心草堂集》等	道光二年进士	

续表

姓名	时代	籍贯	今地	代表性著作	科名（学历）	备注
张彦端	清	番禺	广州	《香雪巢诗》等		张维屏次女
张维桢	清	番禺	广州	《悦云堂集》		
张逸	清	番禺	广州	《笔花草堂词》		
张锡麟	清	番禺	广州	《椝园诗文钞》		
张德瀛	近	番禺	广州	《耕烟词》、《词征》	光绪举人	
张学华	近	番禺	广州	《闇斋稿》	光绪进士	
陈大震	宋	番禺	广州	《南海志》、《陈大震集》	宝祐元年进士	
陈政	明	番禺	广州	《东井集》	景泰五年进士	
陈昌翰	清	番禺	广州	《五穗山房诗草》	顺治举人	
陈廷选	清	番禺	广州	《百尺楼草》	乾隆举人	
陈昙	清	番禺	广州	《海骚集》	嘉庆贡生	
陈良玉	清			《梅窝诗词钞》	道光举人	广州驻防汉军
陈澧	清	番禺捕属	广州	《东塾读书记》	道光举人	
陈其锟	清	番禺	广州	《陈礼部集》	道光进士	
陈璞	近	番禺		《尺冈草堂遗集》	咸丰举人	
陈树人	近	番禺化龙	广州番禺	《自然美讴歌集》	咸丰廪生	
陈庆森	近	番禺	广州	《百尺楼诗词稿》	光绪进士	

续表

姓名	时代	籍贯	今地	代表性著作	科名（学历）	备注
陈肇恺	近	番禺	广州	《园诗稿》	光绪诸生	
陈融	近	番禺捕属	广州	《读岭南人诗绝句》	日本留学生	
陈维湘	近	番禺	广州	《听香池馆诗钞》		
陈景周	近	番禺	广州	《小石楼初稿》		
陈道华	近	番禺	广州	《日本竹枝词》	日本留学生	
陈季炎	近	番禺	广州	《究竟庐诗》		
陈公博	近	广州	广州	《寒风集》		
麦侗	明	番禺	广州	《恭和本师梅花诗》	诸生	
范如松	清	番禺	广州	《三味轩词稿》		
范公诒	近	番禺	广州	《洁庵诗文集》	光绪优贡	
林上达	明	番禺	广州	《北窗集》	诸生	
林璇	清	番禺	广州	《松坡堂稿》	太学生	
林伯桐	清	番禺	广州	《修本堂诗文集》	嘉庆六年举人	
林国赓	近	番禺	广州	《鞠录庵读书偶记》	光绪进士	
欧阳隽	明	番禺	广州	《梅花亭集》		
欧阳兆隆	清	番禺	广州	《乐素斋稿》	诸生	
罗宾王	明	番禺	广州	《散木堂稿》《狱中草》	万历四十三年举人	

续表

姓名	时代	籍贯	今地	代表性著作	科名（学历）	备注
罗谦	明	番禺	广州	《蔗余稿》		
罗奕佐	明	番禺	广州	《鷓鴣园诗》	万历三十七年举人	
金菁莪	清	番禺	广州	《轩于诗钞》	嘉庆进士	
金菁茅	清	番禺	广州	《遗经楼诗草》	嘉庆举人	
金锡龄	清	番禺	广州	《劬学室遗集》等	道光举人	
金曾澄	近	番禺捕属	广州	《澄宇斋诗存》	日本留学生	
郑愚	唐	番禺	广州	《郑愚集》（佚）	开成二年进士	
郑灏若	清	番禺	广州	《榕屋诗钞》	嘉庆优贡	
郑棻	清	番禺	广州	《寰中咏古三百首》等	贡生	招子庸婿
郑洪年	近	番禺	广州	《橐园诗稿》	光绪诸生	
冼星海	近	番禺	广州	《反攻》等		
居鍠	清	番禺隔山	广州海珠	《梅溪草》等	道光诸生	居廉之父
居巢	清	番禺隔山	广州海珠	《今夕庵诗集》等		
居仁	清	番禺隔山	广州海珠	《莱花草堂词》		居巢之四弟
居庆	近	番禺隔山	广州海珠	《宜春阁吟草》		居巢之女
居湙	近	番禺隔山	广州海珠	《草虫鸣砌集》		居庆之妹
屈群策	明	番禺沙亭	广州番禺	《来熏书院集》		屈大均十五世伯祖

续表

姓名	时代	籍贯	今地	代表性著作	科名（学历）	备注
屈青野	明	番禺捕属	广州番禺	《交翠轩集》		屈大均从祖
屈大均	明	番禺沙亭	广州番禺	《广东新语》、《翁山诗集》	县学生员	“岭南三大家”之一
屈士熼	明	番禺	广州	《显晦草》《食薇草》	隆庆乡荐	
屈士煌	明	番禺	广州	《屈泰士遗诗》	隆庆元年补诸生	屈士熼之弟
屈驺	明	番禺	广州	《存耕堂诗集》	崇祯十五年举人	
屈应丁	清	番禺	广州	《环水村农诗存》		
屈肇基	清	番禺	广州	《留荫园诗草》		屈应丁子
屈凤竹	近	番禺	广州	《五桐斋诗集》		
侯康	清	番禺	广州	《惜烛山房诗草》	道光十五年举人	
陆应暄	近	番禺	广州	《素心兰室诗钞》		
孟佐舜	清	番禺	广州	《独乐园诗草》	嘉庆贡生	
赵介	明	番禺	广州	《临清集》		“南园前五子”之一
赵古农	清	番禺	广州	《抱影诗钞》	诸生	
贺耜	近	番禺	广州	《无庵诗钞》		
胡衔	清	番禺	广州	《经义堂诗钞》		
胡辉	清	番禺	广州	《玉山诗草》已佚	嘉庆诸生	
胡汉民	近	番禺捕属	广州	《不匮室诗钞》	日本留学生	

续表

姓名	时代	籍贯	今地	代表性著作	科名（学历）	备注
胡毅生	近	番禺捕属	广州	《绝尘想室诗》等	日本留学生	胡汉民从弟
郝瑗	清	番禺	广州	《淇园诗草》		
俞安凤	近	番禺	广州	《三十六溪花萼集》（与俞安鼐合著）	光绪二十年举人	
俞安鼐	近	番禺	广州	《自怡悦斋诗稿》		俞安凤之弟
姚廷抡	清	番禺	广州	《竹啸山房诗稿》	嘉庆诸生	
姚诗翰	近	番禺	广州	《秋雨梧桐斋遗稿合刻》		
姚诗浩	近	番禺	广州	《秋雨梧桐斋遗稿合刻》		
洪瑞元	清	番禺	广州	《云在山房诗钞》	乾隆三十年举人	
钟璜	清	番禺	广州	《萝山集》	太学生	
徐樾	清	番禺	广州	《遗园诗集》		
徐灏	清	番禺	广州	《通介堂诗文集》		
徐绍植	清	番禺	广州	《水南阁词草》		
徐璇	清	番禺	广州	《扶胥集》		
徐荣	清	南海	广州	《怀古田舍诗钞》	道光十六年进士	
徐同善	清	南海	广州	《小南海集诗抄》		徐荣第三子
徐绍桢	近	番禺捕属	广州	《学寿堂诗烬馀草》		
徐绍棨	近	番禺	广州	《广东藏书纪事诗》		

续表

姓名	时代	籍贯	今地	代表性著作	科名（学历）	备注
徐铸	近	番禺	广州	《香雪堂稿》	光绪举人	
高安步	近	番禺	广州	《绘声楼稿》		
郭为宪	清	番禺	广州	《是堂集》		
凌鱼	清	番禺	广州	《书耘斋前后集》	乾隆十三年进士	
凌净真	清	番禺	广州	《凌氏节妇拾遗草》（合集）		凌鱼次女
凌洁真	清	番禺	广州	《凌氏节妇拾遗草》（合集）		凌鱼三女
凌浩	清	番禺	广州	《沧洲诗剩》	乾隆进士	
凌骥	清	番禺	广州	《枥鸣草》		
凌扬藻	清	番禺	广州	《药洲文略》、《岭海诗抄》		凌骥之子
凌湘衡	清	番禺	广州	《冷痴子集》		凌扬藻长子
凌嘉遇	清	番禺	广州	《披榛轩诗稿》		凌扬藻从弟
凌九河	清	番禺	广州	《古愚诗草》		
凌达材	近	番禺	广州	《海隅吟草》		
凌伯元	近	番禺	广州	《向日楼诗钞》		
黄哲	明	番禺	广州	《雪篷集》		“南园前五子”之一
黄从英	明	番禺	广州	《观古堂集》		
黄灿	明	番禺	广州	《松溪稿》		

续表

姓名	时代	籍贯	今地	代表性著作	科名（学历）	备注
黄鹤仙	明	番禺	广州	《东园草堂稿》	崇祯十三年进士	
黄士龙	清	番禺	广州	《北山堂稿》	康熙十一年举人	
黄蠡	清	番禺	广州	《二山樵诗草》		
黄言兰	清	番禺	广州	《味登楼遗稿》	嘉庆举人	
黄洪基	清	番禺	广州	《省躬堂诗集》		
黄乔松	清	番禺	广州	《鲸碧楼岳云堂诗钞》	嘉庆贡生	
黄玉阶	清	番禺	广州	《黄蓉石先生诗集》	道光进士	
黄位清	清	番禺	广州	《松风阁词抄》		
黄宽	近	番禺	广州	《自然堂遗诗》		道士
黄佐中	近	番禺	广州	《自娱斋诗钞》		
黄佐	近	番禺	广州	《听篁山馆诗剩》	广东高等师范学校毕业	
黄世仲	近	番禺大桥	广州芳村	《洪秀全演义》		
莫敦梅	清	番禺	广州	《浩然斋集》		
涂瑞	明	番禺	广州	《东窗集》	嘉靖十三年举人	
涂瑾	明	番禺	广州	《东庄诗集》	成化十三年进士	涂瑞从弟
高俨	明	番禺	广州	《独善堂集》		
陶璜	明	番禺	广州	《慨独斋诗稿》	诸生	“北田五子”之一

续表

姓名	时代	籍贯	今地	代表性著作	科名（学历）	备注
陶邵学	近	番禺	广州	《颐巢类稿》	光绪二十年进士	
曹秉哲	清	番禺	广州	《紫荆吟馆诗集》	同治进士	
祝琼湘	清	番禺	广州	《灵芝草》		
崔弼	清	番禺	广州	《珍帚编》	嘉庆举人	
崔文冲	清	番禺	广州	《涵虚亭集》	太学生	
崔俊良	近	番禺	广州	《瑞香吟馆遗草》		
梁士楚	明	番禺	广州	《木湾集》	嘉靖三十一年举人	
梁元最	明	番禺	广州	《隐园吟草》	嘉靖三十一年举人	梁士楚子
梁启运	明	番禺	广州	《澄江楼集》	万历副贡	
梁朝钟	明	番禺	广州	《喻园集》	崇祯十五年举人	
梁以壮	清	番禺	广州	《兰扃前集》		
梁殿珍	清	番禺	广州	《璜溪诗文集》	嘉庆岁贡	
梁元枝	清	番禺	广州	《南樵初集》	贡生	
梁信芳	清	番禺	广州	《桐花阁诗文抄》		
梁善长	清	番禺	广州	《倚桂堂集》	康熙武举人	
梁国珍	清	番禺	广州	《守鹤庐诗稿》	道光进士	
梁鼎芬	近	番禺捕属	广州	《节庵先生遗诗》	光绪六年进士	

续表

姓名	时代	籍贯	今地	代表性著作	科名（学历）	备注
梁友衡	近	番禺	广州	《求放心斋诗稿》	广东法政专门学校毕业	梁鼎芬之侄
梁庆桂	近	番禺黄埔	广州海珠	《式洪室诗文集》	光绪举人	
梁广照	近	番禺黄埔	广州海珠	《柳斋遗稿》	留日学生	梁庆桂之子
梁杰庸	近	番禺	广州	《小山园吟草》		
商廷焕	近	番禺兴仁	广州花都	《味灵华馆诗集》		广州驻防汉军
商衍鎏	近	番禺兴仁	广州花都	《商衍鎏诗书画集》	光绪三十年探花	商廷焕之子
盛景璿	近	番禺	广州	《濠堂遗集》		
韩殷	明	番禺	广州	《雪鸿稿》	景泰五年进士	
曾槐	宋	番禺	广州	《省斋文集》	淳熙进士	
韩海	清	番禺	广州	《东皋诗文集》	雍正十一年进士	
韩上桂	明	番禺古坝	广州番禺	《朵云山房遗稿》	万历二十二年举人	
韩文举	清	番禺古坝	广州番禺	《韩树园先生遗诗》		韩上桂之后
傅多	明	番禺	广州	《小山诗稿》		
释成果	明	番禺	广州	《小浮山斋诗》		
释通岸	明	广州	广州	《栖云庵集》		
释函昰	明	番禺吉迳	广州花都	《瞎堂诗集》	崇祯六年举人	
释今音	清	番禺	广州	《古镜遗稿》		

续表

姓名	时代	籍贯	今地	代表性著作	科名（学历）	备注
释今无	清	番禺	广州	《光宣台全集》		
释今摄	清	番禺	广州	《巢云遗稿》		
释成鹫	清	番禺	广州	《咸陟堂集》	明诸生	
释古桧	清	番禺	广州	《梦余草》		
释一机	清	番禺	广州	《涂鸦集》		
傅维森	近	番禺	广州	《缺斋遗稿》	光绪进士	
曾公亮	清	番禺	广州	《剩稿》	诸生	
谢与思	明	番禺	广州	《抱膝居存稿》	万历八年进士	
谢楸	明	番禺	广州	《螺室诗集》		
谢樗	清	番禺	广州	《凉烟草》		
谢敦源	清	番禺	广州	《清丽集》	乾隆二十五年进士	
谢圣钠	清	番禺	广州	《春晖堂稿》	乾隆举人	
谢光国	清	番禺	广州	《寸岳楼吟草》	乾隆举人	
谢光辅	清	番禺	广州	《鸥波草堂集》	嘉庆举人	
谢鸣皋	清	番禺	广州	《鹤洲诗文集》		
谢有文	清	番禺	广州	《娱晖阁诗草》	道光诸生	
谢芝	近	番禺	广州	《铜池草堂诗》		

续表

姓名	时代	籍贯	今地	代表性著作	科名（学历）	备注
谢焜彝	近	番禺	广州	《随庐诗词集》		
谢长文	明	番禺	广州	《谢伯子游草》	贡生	
蔡蕙清	清	番禺	广州	《挹瓮斋诗草》	嘉庆举人	
廖梅	清	番禺	广州	《息吹集》	太学生	
漆璘	清	番禺	广州	《思古堂诗钞》	嘉庆三年举人	
谭朝琏	清	番禺	广州	《淡如堂集》	诸生	
黎瞻	明	番禺板桥	广州越秀	《燕台集》	嘉靖元年举人	
黎密	明	番禺板桥	广州越秀	《黎缜之游稿》	万历诸生	黎瞻之孙
黎遂球	明	番禺板桥	广州越秀	《莲须阁诗文全集》	天启七年举人	黎密之子
黎延祖	明	番禺板桥	广州越秀	《瓜圃小草》	贡生	黎遂球长子
黎彭祖	明	番禺板桥	广州越秀	《醇曜堂集》	岁贡生	黎遂球次子
黎崇敕	明	番禺	广州	《水文居集》	万历十九年举人	
黎崇勷	明	番禺	广州	《莺鸣集》	万历二十三年举人	
黎崇宣	明	番禺	广州	《贻清堂集》	崇祯四年进士	
黎玫	明	番禺	广州	《榕村诗草》	诸生	
黎淳先	清	番禺	广州	《鞲言集》	诸生	
黎彭龄	清	番禺	广州	《芙航集》	诸生	黎淳先次子

续表

姓名	时代	籍贯	今地	代表性著作	科名（学历）	备注
黎炳瑞	近	番禺	广州	《香草斋集》		
潘有为	清	番禺龙溪	广州海珠	《南雪巢诗钞》	乾隆三十七年进士	潘氏家族亦为捕属
潘有度	清	番禺龙溪	广州海珠	《义松堂遗稿》		
潘正衡	清	番禺龙溪	广州海珠	《常阴堂遗诗》		潘有为子
潘正亨	清	番禺龙溪	广州海珠	《万松山房诗钞》		潘有度长子
潘正常	清	番禺龙溪	广州海珠	《丽泽轩诗钞》	嘉庆进士	潘有度三子
潘正炜	清	番禺龙溪	广州海珠	《听风楼诗钞》	贡生	潘有度四子
潘恕	清	番禺龙溪	广州海珠	《双桐圃诗文钞》	贡生	潘正衡长子
潘定桂	清	番禺龙溪	广州海珠	《三十六村草堂诗钞》		潘正衡次子
潘仕扬	清	番禺龙溪	广州海珠	《三长斋诗钞》		潘正亨长子
潘丽娴	清	番禺龙溪	广州海珠	《崇兰馆诗钞》		潘恕之女
潘光瀛	清	番禺龙溪	广州海珠	《梧桐庭院诗钞》		潘恕之子
潘宝璜	近	番禺龙溪	广州海珠	《望琼仙馆诗钞》	光绪进士	潘正炜之孙
潘飞声	近	番禺龙溪	广州海珠	《说剑堂集》、《粤东词抄》	光绪诸生	潘光瀛之子
潘名熊	近	番禺	广州	《评琴书屋吟草》		
樊封	清			《捉麈集》		广州驻防汉军

续表

姓名	时代	籍贯	今地	代表性著作	科名（学历）	备注
戴王言	清	番禺	广州	《石磬山房稿》	贡生	
小计					354 人	
曾照	清	花县	广州花都	《花南集句》		
洪仁玕	近	花县	广州花都	《洪仁玕选集》		
小计					2 人	
胡庭兰	明	增城	广州增城	《桐江子集》	嘉靖二十九年进士	
单光亨	近	增城	广州增城	《醉客诗草》	咸丰岁贡	
单子廉	近	增城	广州增城	《小泉诗草》	咸丰诸生	
赵光浓	清	增城	广州增城	《观光集》等	乾隆拔贡	
单玉骐	近	增城	广州增城	《惜阴轩诗草》	咸丰诸生	
黎粤俊	明	增城	广州增城	《绮树丛稿》		
古成之	宋	增城	广州增城	《古成之集》	端拱二年进士	
何桂林	清	增城	广州增城	《海天琴思词》		
陈象明	明	增城	广州增城	《尘外赏》		
陈滟	清	增城	广州增城	《西洲诗草》	诸生	
徐震	清	增城	广州增城	《燕石集》		
黄梦说	明	增城	广州增城	《拾余稿》	嘉靖二十八年举人	

续表

姓名	时代	籍贯	今地	代表性著作	科名（学历）	备注
崔与之	宋	增城	广州增城	《崔清献公集》	绍熙四年进士	
湛若水	明	增城	广州增城	《甘泉先生文集》	弘治十八年进士	
小计					14 人	
黎民表	明	从化	广州从化	《瑶石山人诗稿》	嘉靖十三年举人	“南园后五子”之一
黎民衷	明	从化	广州从化	《司封集》	嘉靖三十五年进士	黎民表之弟
黎民怀	明	从化	广州从化	《清居集》	嘉靖十四年贡	黎民表之弟
黎邦瑊	明	从化	广州从化	《洞石稿》	万历岁贡	黎民表之侄
黎邦琰	明	从化	广州从化	《旅中稿》、《广东文献》	隆庆进士	
邓神骏	明	从化	广州从化	《且一堂稿》	诸生	
小计					6 人	
马雪林	清	南海		《梅雪轩诗草》		
王佐	明	南海捕属	广州	《瀛洲集》		“南园前五子”之一
王学曾	明	南海	广州	《王唯吾集》	万历五年进士	
王安舜	明	南海	广州	《兰玉山房集》	万历三十八年进士	
王绍薪	近	南海	广州	《约庵诗录》	光绪诸生，留日学生	
区次颜	明	南海	广州	《宁野堂稿》	嘉靖二十八年举人	
区庆云	明	南海	广州	《定香楼集》		

续表

姓名	时代	籍贯	今地	代表性著作	科名（学历）	备注
区少干	近	南海	广州	《四近楼诗》		
方茂夫	明	南海	广州	《狎鸥亭集》	正德八年举人	
方献夫	明	南海丹灶	佛山南海	《西樵遗稿》	弘治十八年进士	方茂夫之弟
方蕖	明	南海丹灶	佛山南海	《龙井集》		方献夫次子
方善俸	清	南海	广州	《浪游偶录》		
方秋白	清	南海	广州	《萍迹草》		
邓羽	明	南海	广州	《观物吟》		
邓务忠	明	南海	广州	《勋卿遗稿》	崇祯四年进士	
邓翔	清	南海	广州	《知不足斋集》	道光举人	
邓运生	清	南海	广州	《邕游草》	诸生	
邓怀禹	清	南海	广州	《野啸子小草》		
孔继勋	清	南海	广州	《濠上观鱼轩集》	道光进士	
孔继芬	近	南海	广州	《养真草庐诗集》		
叶懋	明	南海	广州	《琼崖集》	嘉靖三十四年举人	
叶廷枢	清	南海	广州	《芙蓉书屋近体诗钞》	贡生	
叶梦草	近	南海	广州	《叶氏四届诗抄》		
卢梦阳	明	南海	广州	《焕初堂稿》	嘉靖十七年进士	

续表

姓名	时代	籍贯	今地	代表性著作	科名（学历）	备注
卢龙云	明	南海	广州	《四留堂稿》等	万历十一年进士	
邝露	明	南海大镇	佛山南海	《赤雅》、《峤雅》	诸生	
邝日晋	明	南海	广州	《磊园集》		
冯元	宋	南海	广州	《冯章靖公集》	大中祥符进士	
冯琎	明	南海	广州	《石濑堂集》	崇祯十二年举人	
冯毓舜	明	南海	广州	《南还集》	崇祯十三年进士	
冯珧	明	南海	广州	《借山草》	崇祯十五年举人	
冯慈	清	南海	广州	《大野诗文集》	乾隆进士	
冯壎	清	南海	广州	《锐亭诗草》		
冯城	清	南海	广州	《传经堂诗稿》		
冯公亮	清	南海	广州	《白兰堂稿》		
冯国倚	清	南海	广州	《嘉声斋剩草》	嘉庆举人	
冯赓飏	清	南海	广州	《拙园诗草》	嘉庆进士	
冯锡镛	清	南海	广州	《倚松阁诗抄》		
冯之基	近	南海	广州	《讷友山房诗钞》		
朱完	明	南海	广州	《清晖馆稿》	诸生	
朱实莲	明	南海	广州	《积雪轩诗集》	天启元年举人	

续表

姓名	时代	籍贯	今地	代表性著作	科名（学历）	备注
朱次琦	清	南海九江	佛山南海	《朱九江先生集》	道光二十七年进士	
伍元葵	清	南海	广州	《月波楼诗抄》		
伍元薇	清	南海	广州	《粤十三家集》		
伍元华	清	南海	广州	《延晖楼吟稿》		
伍元崧	清	南海	广州	《池西草堂稿》	道光钦赐举人	
伍秉镛	近	南海	广州	《渊云墨妙山房诗钞》		
伍宗泽	近	南海	广州	《随华录》		
伦文叙	明	南海黎涌	佛山南海	《迂冈集》	弘治十二年状元	
伦以谅	明	南海黎涌	佛山南海	《石溪集》	正德十五年进士	伦文叙长子
伦以训	明	南海黎涌	佛山南海	《白山集》	正德十二年进士	伦文叙次子
伦以诜	明	南海黎涌	佛山南海	《穗石集》	嘉靖十七年进士	伦文叙季子
卢宁	明	南海	广州	《五鹊台别集》	嘉靖二十三年进士	
刘镇	宋	南海	广州	《随如集》	嘉泰二年进士	
契生	明	南海	广州	《药丸诗》		
关少白	近	南海	广州	《双青堂诗钞》		
关文彬	近	南海	广州	《醉榴轩诗草》	光绪进士	
关霁	近	南海	广州	《思痛轩诗存》	京师大学堂毕业，赏举人	

续表

姓名	时代	籍贯	今地	代表性著作	科名（学历）	备注
关赓麟	近	南海	广州	《稊园诗集》	光绪进士	关霁之弟
张祖铭	近		广州	《饴乡集》		关赓麟继室，江苏铜山人
孙蕡	明	南海平步	佛山顺德	《西庵集》		“南园前五子”之一
麦秀歧	明	南海	广州	《淡远堂集》		
麦廷广	明	南海	广州	《淡菊斋集》	贡生	
劳孝舆	清	南海魁岗	佛山南海	《阮斋诗钞》	雍正十三年拔贡	
劳潼	清	南海魁岗	佛山南海	《荷经堂稿》	乾隆三十年举人	劳孝舆之子
劳伯言	清	南海	广州	《求实用斋诗存》		
李英	明	南海	广州	《餐霞集》		
李畅	明	南海	广州	《蜩笑集》		
李桂芳	明	南海	广州	《封山诗》	万历举人	
李待问	明	南海佛山	佛山南海	《松柏轩诗文集》	万历三十二年进士	
李象丰	清	南海	广州	《仲堂诗钞》	顺治十四年举人	
李鳞	清	南海	广州	《倚啸阁吟草》		
李佳	清	南海	广州	《绣芳园诗草》		
李鸣盛	清	南海	广州	《春雨楼诗钞》	嘉庆诸生	

续表

姓名	时代	籍贯	今地	代表性著作	科名（学历）	备注
李国龙	清	南海	广州	《六友堂诗钞》	道光监生	
李文谦	近	南海	广州	《日省堂诗草》		
李长荣	清	南海	广州	《柳堂诗录》		
李氏	清	南海	广州	《写韵轩遗诗》		李长荣女，番禺梁保庸室
李保孺	清	南海	广州	《委怀书舫遗草》		
李可蕃	清	南海	广州	《华平山人诗钞》	嘉庆进士	
李欣荣	近	南海	广州	《寸心草堂诗钞》		
李景康	近	南海	广州	《披云楼诗草》		
苏民怀	明	南海	广州	《吹桥》	嘉靖四十三年举人	
苏青鳌	清	南海	广州	《丛桂山房诗集》	乾隆三十七年进士	
苏启祥	近	南海	广州	《集虚堂诗草》		
佟绍弼	近	南海	广州	《腊斋诗草》		
杨震青	清	南海	广州	《芦溪诗钞》		
杨裕芬	近	南海	广州	《逊志堂诗文集》	光绪进士	
吴琏	明	南海	广州	《竹庐诗集》	成化二十年进士	
吴允禄	明	南海	广州	《九岩集》	嘉靖二年进士	吴琏次子

续表

姓名	时代	籍贯	今地	代表性著作	科名（学历）	备注
吴旦	明	南海沙头	佛山南海	《兰皋集》	嘉靖十六年举人	“南园后五子”之一
吴文炜	清	南海	佛山南海	《金茅山堂诗集》	康熙三十三年举人	
吴荣光	清	南海佛山	佛山南海	《石云山人集》等	嘉庆四年进士	
吴弥光	清	南海佛山	佛山南海	《芬陀罗馆文钞》	道光举人	吴荣光之弟
吴用光	清	南海佛山	佛山南海	《修月楼稿》	嘉庆诸生	吴荣光从兄
吴林光	清	南海佛山	佛山南海	《饮兰露馆诗钞》	道光进士	吴荣光从弟
吴琛光	清	南海佛山	佛山南海	《墨香小室遗稿》		吴荣光从弟
吴奎光	清	南海佛山	佛山南海	《建业堂诗集》	嘉庆太学生	
吴尚熹	清	南海佛山	佛山南海	《写韵楼词》		吴荣光之女
吴趼人	近	南海佛山	佛山南海	《二十年目睹之怪现状》		吴荣光曾孙
吴韺	清	南海	广州	《白园集》	诸生	
卓荦	清	南海	广州	《视鹄堂诗草》		
金节	明	南海	广州	《吴粤草》	万历五年进士	
钟顺	明	南海	广州	《和鸣盛集》	宣德七年举人	
岑徵	明	南海	广州	《选选楼遗诗》	诸生	
岑徵		南海	广州	《思簩山人诗集》	思字缺竹字头	
岑灼文	清	南海	广州	《仰蘧书屋诗稿》	道光举人	

续表

姓名	时代	籍贯	今地	代表性著作	科名（学历）	备注
岑宗远	清	南海	广州	《蝉吟小草》		
何维柏	明	南海沙洨	佛山南海	《天山草堂存稿》	嘉靖十四年进士	
何维藻	清	南海	广州	《争笑轩集》	顺治十四年举人	
何逢	清	南海	广州	《余耽集》	诸生	何维藻之子
何梦瑶	清	南海西樵	佛山南海	《匊芳园诗钞》	雍正八年进士	
何如潨	清	南海	广州	《自得录》	雍正十一年进士	
余观懋	近	南海	广州	《逊敏堂诗钞》		
余菱	近	南海	广州	《近香剩草》		
余肇湘	近	南海	广州	《莔庵遗翰》		苏六朋侧室
张镇孙	宋	南海熹涌	佛山顺德	《见面亭集》	咸淳七年状元	
张河图	清	南海	广州	《振堂集》	康熙五十年副榜	
张大鲲	清	南海	广州	《天池遗草》	乾隆二十二年进士	
张品桢	清	南海	广州	《清修阁稿》		
张荫桓	近	南海佛山	佛山南海	《铁画楼诗文集》等		
张纫诗	近	南海	广州	《文象楼诗文集》		
陈锡	明	南海	广州	《天游集》	弘治十八年进士	
陈迁	明	南海	广州	《代奕编》	嘉靖十二年举人	

续表

姓名	时代	籍贯	今地	代表性著作	科名（学历）	备注
陈绍儒	明	南海沙贝	佛山南海	《留余遗稿》	嘉靖十七年进士	
陈绍文	明	南海沙贝	佛山南海	《中阁集》	嘉靖十六年举人	陈绍儒堂弟
陈良珍	明	南海	广州	《在璞集》	嘉靖二十八年举人	
陈堂	明	南海	广州	《朱明洞稿》	隆庆二年进士	
陈子壮	明	南海沙贝	广州白云	《陈文忠公遗集》	万历四十七年进士	陈绍儒曾孙
陈子升	明	南海沙贝	广州白云	《陈中洲先生全集》	贡生	陈子壮之弟
陈进成	清	南海	广州	《晚香亭集》	雍正七年举人	
陈文耀	清	南海	广州	《锦堂诗钞》	乾隆三十九年举人	
陈朝政	清	南海	广州	《鹧枝楼稿》	太学生	
陈昌运	清	南海	广州	《真率阁诗钞》		
陈湘	清	南海	广州	《兰樵遗集》	道光举人	
陈谦	近	南海	广州	《巢蚊睫斋诗稿》	咸丰监生	
陈仲鸿	清	南海	广州	《粤台征雅录》		
陈次壬	清	南海	广州	《樵山草堂诗钞》		
陈东	近	南海	广州	《蓬蓬馆诗稿》		
陈湘生	近	南海	广州	《焦琴吟草》		
陈智渊	近	南海	广州	《潇碧亭吟稿》		

续表

姓名	时代	籍贯	今地	代表性著作	科名（学历）	备注
陈词博	近	南海	广州	《摭庵遗稿》	光绪副贡生	
林彭年	近	南海	广州	《朝珊剩草》	咸丰进士	
林盛之	近	南海	广州	《观澜堂正续集》		
冼玉清	近	南海	广州	《流离百咏》		
招朝佐	清	南海	广州	《涧松堂诗集》	太学生	
招茂章	清	南海横沙	广州横沙	《橘天园诗钞》		
招子庸	清	南海横沙	广州横沙	《粤讴》	嘉庆二十一年武举人	招茂章长子
招子恕	清	南海横沙	广州横沙	《独榕冈草堂诗钞》	贡生	招子庸之弟
招健升	清	南海横沙	广州横沙	《自怡堂集》	诸生	招子庸从兄
罗文俊	清	南海	广州	《绿萝书屋集》	道光进士	
罗履亨	清	南海	广州	《癯仙汇草》	诸生	
罗元焕	清	南海	广州	《万石堂稿》	诸生	
罗廷琛	清	南海	广州	《诵芬堂诗草》		
罗植三	清	南海	广州	《涵青堂集》		
罗慧卿	近	南海	广州	《文寿阁诗钞》		
周大樽	清	南海	广州	《乳峰堂集》	康熙四十一年举人	
周季犹	清	南海	广州	《养闲轩稿》	用其字	

续表

姓名	时代	籍贯	今地	代表性著作	科名（学历）	备注
周仲熀	清	南海	广州	《星航诗草》		
周之纯	清	南海	广州	《理琴轩稿》	道光诸生	
庞嵩	明	南海张槎	佛山禅城	《弼唐存稿》	嘉靖十三年举人	
庞一德	明	南海	广州	《双瀑堂草》	万历四年举人	庞嵩次子
庞尚鹏	明	南海叠滘	佛山南海	《百可亭稿》	嘉靖三十二年进士	
庞建楫	明	南海	广州	《绿香堂稿》	崇祯十五年举人	
庞霖	近	南海	广州	《海桐吟馆诗》		
邹志正	清	南海	广州	《带草堂集》	雍正十三年举人	
姚光虞	明	南海	广州	《玉台集》	嘉靖三十四年举人	
桂鸿	清	南海捕属	广州	《渐斋诗抄》	乾隆举人	
桂文耀	清	南海捕属	广州	《清芬小草》	道光九年进士	桂鸿之孙
桂文灿	清	南海捕属	广州	《潜心堂诗集》	道光举人	桂文耀之弟
桂文炽	清	南海捕属	广州	《鹿鸣山馆稿》	道光间补博士弟子员	桂文耀之弟
桂坛	近	南海捕属	广州	《晦木轩稿》	光绪举人	桂文灿长子
桂坫	近	南海捕属	广州	《晋砖宋瓦室类稿》	光绪进士	桂文灿之侄
倪济远	清	南海	南海	《味辛堂诗存》	嘉庆二十二年进士	
徐哲	明	南海	广州	《羊城诗集》	正德十四年举人	

续表

姓名	时代	籍贯	今地	代表性著作	科名（学历）	备注
徐良琛	近	南海	广州	《搴芙蓉馆集》		
徐良瑛	近	南海	广州	《石洲诗草》		徐良琛之弟
徐兆鳌	近	南海	广州	《未觉轩草》		
郭棐	明	番禺	广州	《粤大记》、《岭海名胜记》	嘉靖四十一年进士	
郭棨	明	南海	广州	《明霞集》、《桂华集》	嘉靖四十年举人	郭棐之弟
郭兆年	明	南海	广州	《西堂诗纪》		
郭捷祥	清	南海	广州	《苾亭集》	贡生	
黄衷	明	南海	佛山南海	《矩州文集》、《海语》	弘治九年进士	
耿国藩	清	南海		《素舫斋诗钞》		
黄恭	晋	南海	广州	《十三州记》		
黄篪	明	南海	广州	《吟草》	天顺元年进士	
黄重	明	南海	广州	《草堂撮稿》	正德三年进士	
黄应秀	明	南海	广州	《九江草》	万历四十七年进士	
黄修永	清	南海	广州	《念昔堂稿》	康熙二年举人	
黄鸣时	清	南海	广州	《醒堂诗草》		
黄呈兰	清	南海	广州	《云谷诗草》		
黄河源	清	南海	广州	《楂山堂诗稿》	书名缺一字	

续表

姓名	时代	籍贯	今地	代表性著作	科名（学历）	备注
黄遇良	清	南海	广州	《云谷集》	诸生	
黄志超	清	南海	广州	《存夜气庵诗草》	嘉庆举人	
黄呈兰	清	南海	广州	《因竹斋诗馀》		
黄璟	清	南海	广州	《四百三十二峰草堂集》		
黄河澂	清	南海	广州	《葵村集》	诸生	
黄锡镛	清	南海	广州	《倚松阁诗钞》	道光进士	
黄登	清	南海	广州	《见堂诗集》、《岭南五朝诗选》		
黄亨	清	南海	广州	《仰南轩诗集》	道光举人	
黄德华	清	南海	广州	《槐花吟馆诗钞》	道光诸生	
黄璇	近	南海	广州			
黄绍宪	近	南海	广州	《在山草堂烬馀稿》	光绪举人	
黄乾玮	近	南海	广州	《竞生遗稿》		
黄肇沂	近	南海	广州	《芋园诗稿》		
熊景星	清	南海	广州	《吉羊溪馆诗钞》	嘉庆举人	
笑平	明	南海	广州	《龙藏山人剩草》		
曹为霖	近	南海	广州	《木菶花馆诗》		
曹毅	近	南海	广州	《虚白斋诗文集》		

续表

姓名	时代	籍贯	今地	代表性著作	科名（学历）	备注
萧馥常	近	南海	广州	《萧斋词》		
崔振鳌	清	南海	广州	《灵洲诗草》	道光贡生	
崔师贯	近	南海	广州	《罗浮游草》	光绪诸生	
崔嘉绍	近	南海	广州	《琴庵诗草》		
梁观国	宋	南海	广州	《归正集》		
梁士济	明	南海	广州	《城台集》	天启五年进士	
梁观	明	南海	广州	《虚斋集》	贡生	梁士济之子
梁瑞正	清	南海	广州	《芙蓉亭诗抄》		
梁佩兰	清	南海芙蓉	广州芳村	《六莹堂集》	康熙二十七年进士	“岭南三大家”之一
梁昌圣	清	南海	广州	《碧霞书屋诗抄》	乾隆进士	
梁道弥	清	南海	广州	《红楼集》		
梁端正	清	南海	广州	《芙蓉亭诗钞》	雍正十三年举人	
梁序镛	清	南海	广州	《研农遗稿》	嘉庆进士	
梁金韬	近	南海	广州	《爱古堂诗文集》	同治举人	
梁霭	近	南海	广州	《飞素阁遗诗》		潘飞声之室
梁纪佩	近	南海	佛山南海	《七载繁华梦》		
康有为	近	南海西樵	佛山南海	《康有为先生文集》	光绪二十一年进士	

续表

姓名	时代	籍贯	今地	代表性著作	科名（学历）	备注
康有溥	近	南海西樵	佛山南海	《康幼博茂才遗诗》		康有为之弟
彭曾	清	南海	广州	《晚翠园诗稿》	岁贡生	
程可则	清	南海	佛山南海	《海日堂集》	顺治九年会试第一	“岭南七子”之一
曾仕鉴	明	南海	广州	《庆历稿》		
曾道唯	明	南海	广州	《介石斋集》	万历三十八年进士	
曾士鉴	明	南海	广州	《庆历集》	万历十三年举人	
曾文锦	清	南海	广州	《经训堂诗稿》	嘉庆赐举人	
曾君棐	清	南海	广州	《灌玉园诗集》	道光诸生	
曾钊	清	南海	广州	《诗说》	道光五年拔贡生	
曾显扬	近	南海	广州	《天爵楼诗》		
谢景卿	清	南海	广州	《鸡肋草》	诸生	
谢兰生	清	南海和顺	佛山南海	《常惺惺斋诗集》	嘉庆七年进士	
谢念功	清	南海和顺	佛山南海	《梦草草堂诗集》	道光举人	谢兰生次子
赖镜	明	南海	广州	《素庵诗钞》		
释函乂	明	南海	广州	《楚游稿》		
释深度	明	南海	广州	《素庵诗钞》		
释互禅	明	南海	广州	《互禅偶存草》		

续表

姓名	时代	籍贯	今地	代表性著作	科名（学历）	备注
释通炯	明	南海	广州	《引寄庵集》		
蔡廷榕	清	南海	广州	《古琴室诗钞》		
廖谨	明	南海	广州	《淡交集》		
廖时炳	清	南海	广州	《红棉江馆诗草》		
廖廷福	近	南海佛山	佛山南海	《红荔山房诗稿》		
廖景增	近	南海佛山	佛山南海	《学海堂课艺》	学海堂及广雅书院肄业	廖廷福之侄
简朝亮	近	南海忠义	佛山南海	《读书草堂集》	光绪三年补禀生	
谭莹	清	南海捕属	广州	《乐志堂集》	道光六年举人	
谭宗浚	近	南海	佛山南海	《荔村草堂诗钞》	同治十三年一甲二名进士	谭莹之子
谭祖任	近	南海	佛山南海	《聊园词》	光绪拔贡	谭莹之孙
谭颐年	近	南海	广州	《南橘庐诗草》	光绪诸生	
黎应鸾	清	南海	广州	《竹庄诗集》		
黎鸿	清	南海	广州	《守真子诗钞》	诸生	
黎国廉	近	南海	广州	《玉蕊楼词》	光绪举人	
黎维枞	近	南海	广州	《碧腴楼吟稿甲编》	光绪贡生	
颜时普	清	南海	广州	《观心稿》	乾隆举人	
颜斯绂	清	南海	广州	《常惺惺斋诗集》	乾隆进士	

续表

姓名	时代	籍贯	今地	代表性著作	科名（学历）	备注
颜斯缉	清	南海	广州	《菊湖诗抄》	嘉庆拔贡	颜斯绂从弟
颜斯总	清	南海	广州	《听秋草堂诗抄》	嘉庆顺天举人	颜斯绂从弟 颜斯缉之弟
颜叙恬	清	南海	广州	《磐舟遗稿》		
颜熏	近	南海	广州	《紫墟诗抄》		
潘艺	清	南海	广州	《后乐堂稿》		
潘之博	近	南海	广州	《弱庵词》		
潘衍桐	近	南海	广州	《踽庵诗集》	同治进士	
潘定祥	近	南海	广州	《绿野草堂诗钞》	法校毕业，奖副贡	
潘镜泉	近	南海	广州	《蓉舟遗诗》		
潘健荣	近	南海		《翠竹轩诗钞》		
霍暐	宋	南海	佛山南海	《霍暐集》		
霍韬	明	南海魁岗	佛山南海	《渭涯集》	正德九年进士	
霍与瑕	明	南海魁岗	佛山南海	《勉斋集》	嘉靖三十八年进士	霍韬次子
霍尚守	明	南海魁岗	佛山南海	《樵中汇稿》	庠生	
戴琏	明	南海	广州	《靖节集》	正统三年举人	
戴缙	明	南海	广州	《云巢集》	成化二年进士	

续表

姓名	时代	籍贯	今地	代表性著作	科名（学历）	备注
戴柱	明	南海	广州	《闲游诗草》		
小计					281 人	
区仕衡	宋	南海	佛山顺德	《九峰集》等	淳祐乡贡。	顺德在秦汉时为番禺县地，隋以后为南海县地，明析置顺德县，属广州府，清因之。
马复	清	顺德	佛山顺德	《秋媚堂诗》		
马雅文	清	顺德	佛山顺德	《画荻吟草》		冯镜泉室
马福安	清	顺德	佛山顺德	《止斋文集》		
区龙贞	明	顺德	佛山顺德	《沧浪洞集》	万历三十八年进士	
仇巨川	清	顺德	佛山顺德	《勒竹斋诗草》	监生	
邓泰	清	顺德	佛山顺德	《心莲诗钞》	道光诸生	
邓彪	清	顺德	佛山顺德	《梅花书屋诗稿》	岁贡生	
邓华熙	近	顺德	佛山顺德	《纳盈书屋偶存》	咸丰元年举人	
邓方	近	顺德	佛山顺德	《小雅楼遗文》		
龙应时	清	顺德	佛山顺德	《天章阁诗抄》	乾隆进士	
龙元任	清	顺德	佛山顺德	《春华集》	嘉庆进士	
龙廷槐	清	顺德	佛山顺德	《敬学轩文集》		

续表

姓名	时代	籍贯	今地	代表性著作	科名（学历）	备注
龙官崇	近	顺德	佛山顺德	《自明诚楼诗稿》		
龙令宪	近	顺德	佛山顺德	《五山草堂初编》		
龙晱芗	近	顺德	佛山顺德	《蕉雨轩诗稿》		龙令宪四姊
叶志学	清	顺德	佛山顺德	《石林存稿》		
佘世亨	明	顺德	佛山顺德	《佘山人集》		
佘光裕	明	顺德	佛山顺德	《江石集》	嘉靖三十四年举人	
佘象斗	清	顺德	佛山顺德	《啸园诗稿》	顺治十八年进士	
佘锡纯	清	顺德	佛山顺德	《语山堂集》	明经	佘象斗次子
佘云祚	清	顺德	佛山顺德	《柱史阁初集》	康熙九年进士	佘象斗侄
冯昌历	明	顺德	佛山顺德	《一树斋集》	万历二十八年举人	
冯培光	近	顺德	佛山顺德	《倚鱼山阁诗集》	咸丰副贡生	
冯渐逵	近	顺德	佛山顺德	《渐逵诗存》		
汤金英	清	顺德	佛山顺德	《梅轩集》		
伍学藻	近	顺德	佛山顺德	《十二芙蓉池馆遗稿》	光绪贡生	
伍颂圻	近	顺德	佛山顺德	《苗风百咏》		
伍宪子	近	顺德	佛山顺德	《梦蝶诗稿》		
朱可贞	明	顺德	佛山顺德	《丹松斋诗草》	崇祯武状元	

续表

姓名	时代	籍贯	今地	代表性著作	科名（学历）	备注
刘祖满	明	顺德	佛山顺德	《丛桂剩稿》、《梅庄阁集》		
刘杰	清	顺德	佛山顺德	《蜗寄山房诗草》		
刘潜蛟	清	顺德	佛山顺德	《太乙亭诗草》		刘杰之子
刘云汉	清	顺德	佛山顺德	《清白堂集》	康熙三十六年进士	
刘靖	清	顺德	佛山顺德	《蜗寄山房诗草》	诸生	
刘子秀	清	顺德	佛山顺德	《南畲诗集》		
余玉馨	明	顺德	佛山顺德	《箧中集》		
麦孟华	近	顺德	佛山顺德	《蜕庵集》	光绪十九年举人	
麦剑影	近	顺德	佛山顺德	《剑庐遗稿》		
严大昌	清	顺德	佛山顺德	《不窥园集》	诸生	
严仙藜	近	顺德	佛山顺德	《野杭诗钞》		
苏葵	明	顺德	佛山顺德	《吹剑集》	成化二十三年进士	
苏仲	明	顺德	佛山顺德	《古愚集》	弘治十五年进士	苏葵仲弟
苏方晋	明	顺德	佛山顺德	《乐善堂稿》		苏仲四子
苏应文	明	顺德	佛山顺德	《都谏稿》	嘉靖十四年进士	
苏异	明	顺德	佛山顺德	《读易堂稿》		
苏景熙	明	顺德	佛山顺德	《桐柏山房集》 等	诸生	

续表

姓名	时代	籍贯	今地	代表性著作	科名（学历）	备注
苏士许	明	顺德	佛山顺德	《相以居集》	诸生	
苏楚材	清	顺德	佛山顺德	《名诗广》	诸生	
苏珥	清	顺德	佛山顺德	《安舟杂钞》等	乾隆三年举人	“惠门四子”之一
苏宝盉	近	顺德	佛山顺德	《冬心室学制骈文》	光绪三十二年优贡	
苏文擢	近	顺德	佛山顺德	《邃加室诗集》	无锡国文专修馆毕业	苏宝盉之子
苏应庚	近	顺德	佛山顺德	《友石山房诗集》	咸丰五年举人	
苏逢圣	近	顺德	佛山顺德	《俟园诗钞》	光绪举人	
苏六朋	近	顺德	佛山顺德	《枕琴仅存草》		
李际明	明	顺德	佛山顺德	《风操堂集》	崇祯十三年进士	
李文灿	明	顺德	佛山顺德	《天山草堂集》	贡生	
李殿苞	清	顺德	佛山顺德	《风冈集》	贡生	李文灿之子
李德林	清	顺德	佛山顺德	《柯山草堂集古》	康熙岁贡	
李德炳	清	顺德	佛山顺德	《北游诗草》	康熙三十八年举人	李德林之弟
李文田	近	顺德	佛山顺德	《李文诚公遗诗》	咸丰三年探花	
李渊硕	近	顺德	佛山顺德	《智剑庐诗稿》		李文田之子
李肇生	近	顺德	佛山顺德	《秋树根馆诗钞》		
李佩珍	近	顺德	佛山顺德	《绿绮阁诗钞》		

续表

姓名	时代	籍贯	今地	代表性著作	科名（学历）	备注
杜凤岐	清	顺德	佛山顺德	《纪游诗草》		
杨邦	清	顺德	佛山顺德	《砺山诗草》	乾隆二十七年举人	
杨一夔	清	顺德	佛山顺德	《稼堂存稿》	诸生	
林志孟	明	顺德	佛山顺德	《留余集》	万历七年举人	
林葶	清	顺德	佛山顺德	《鞾堂诗钞》	嘉庆诸生	
吴誉闻	明	顺德	佛山顺德	《绿野堂集》	嘉靖三十七年举人	
吴炳南	清	顺德	佛山顺德	《岭表明诗传》		
吴槐柄	清	顺德	佛山顺德	《冈州近稿》	乾隆举人	
吴应麟	清	顺德	佛山顺德	《籯经阁诗钞》	嘉庆诸生	吴槐柄之子
吴绳泽	清	顺德	佛山顺德	《枪榆山阁诗略》	乾隆举人	
吴维彰	清	顺德	佛山顺德	《古人今我斋诗集》	嘉庆举人	
吴昭良	清	顺德	佛山顺德	《月岩诗钞》	道光举人	
岑万	明	顺德	佛山顺德	《蒲谷集》	嘉靖五年进士	
岑用宾	明	顺德	佛山顺德	《小谷集》	嘉靖三十八年进士	岑万长子
岑学吕	近	顺德	佛山顺德	《岑学吕诗略》		
邱士超	清	顺德	佛山顺德	《晚香圃吟草》	嘉庆诸生	
邱掌珠	清	顺德	佛山顺德	《绿窗庭课吟卷》		邱士超之女

续表

姓名	时代	籍贯	今地	代表性著作	科名（学历）	备注
何鳌	明	顺德	佛山顺德	《沉溪诗集》	正德三年进士	
何绛	明	顺德	佛山顺德	《不去庐诗集》		“北田五子”之一
何滨	明	顺德	佛山顺德	《寄亭诗草》		何绛之孙
何体性	明	顺德	佛山顺德	《郎吟轩稿》		
何邵	清	顺德	佛山顺德	《楚庭偶存稿》	乾隆元年举人	
何毅夫	清	顺德	佛山顺德	《浣花堂集》	乾隆十年进士	
何琮璜	清	顺德	佛山顺德	《逸游草》		
何松	清	顺德	佛山顺德	《环溪诗钞》		
何文宰	清	顺德	佛山顺德	《葭洲诗草》		
何太青	清	顺德	佛山顺德	《春晖书屋诗集》	嘉庆进士	
何秩中	清	顺德	佛山顺德	《古照堂诗草》	嘉庆举人	
何惠群	清	顺德	佛山顺德	《岭南即事杂撰》	嘉庆进士	
何恭第	近	顺德	佛山顺德	《樱庵集》	光绪贡生	
何梦梅	清	顺德	佛山顺德	《大明正德皇游江南传》		
何藻翔	近	顺德	佛山顺德	《邹崖诗集》	光绪十八年进士	
张佃	明	顺德	佛山顺德	《石林清啸集》	诸生	
张在瑗	明	顺德	佛山顺德	《绿树山房集》		

续表

姓名	时代	籍贯	今地	代表性著作	科名（学历）	备注
张晖良	清	顺德	佛山顺德	《逃虚阁诗集》	乾隆五十四年进士	陈恭尹曾孙婿
张锦芳	清	顺德	佛山顺德	《逃虚阁诗钞》	乾隆四十五年解元	张晖良之弟，“岭南三子”之一
张锦麟	清	顺德	佛山顺德	《少游草》	乾隆三十年举人	张锦芳之弟
张思齐	清	顺德	佛山顺德	《吟秋馆诗抄》		张晖良之子
张思植	清	顺德	佛山顺德	《荔生诗钞本》		张思齐之弟
张青选	清	顺德	佛山顺德	《清芬阁诗集》	乾隆举人	
张琳	清	顺德	佛山顺德	《玉峰诗钞》	嘉庆贡生	
张虹	近	顺德	佛山顺德	《旅途汇稿》		
陈云仙	明	顺德	佛山顺德	《兰轩诗草》		
陈克侯	明	顺德	佛山顺德	《南墅集》	嘉靖三十七年举人	
陈邦彦	明	顺德	佛山顺德	《雪声堂集》	诸生	
陈恭尹	明	顺德	佛山顺德	《独漉堂集》		陈邦彦之子，“岭南三大家”之一
陈赣	清	顺德	佛山顺德	《弗如亭草》		陈恭尹长子
陈励	清	顺德	佛山顺德	《东轩草》	康熙三十八年举人	陈恭尹次子
陈世和	清	顺德	佛山顺德	《介亭诗抄》	雍正元年拔贡	陈恭尹之孙 陈励之子

续表

姓名	时代	籍贯	今地	代表性著作	科名（学历）	备注
陈华封	清	顺德	佛山顺德	《复斋诗抄》	太学生	陈恭尹之孙
陈贤	清	顺德	佛山顺德	《柔存堂诗草》		陈华封之女，张晖良室
陈次蕃	清	顺德	佛山顺德	《小禺诗草》		陈华封之子
陈石樵	清	顺德	佛山顺德	《石樵诗集》		
陈宪	清	顺德	佛山顺德	《修此堂集》		
陈淦	清	顺德	佛山顺德	《化柔堂集》	道光举人	
陈济时	清	顺德	佛山顺德	《广业精舍诗钞》		
陈滉	清	顺德	佛山顺德	《味香簃稿》		
陈广逊	清	顺德	佛山顺德	《静斋小稿》		
陈兰芝	清	顺德	佛山顺德	《岭南风雅集》		
陈同	近	顺德	佛山顺德	《陈小郑稿》		
欧大任	明	顺德	佛山顺德	《欧虞部诗文全集》	嘉靖四十二年岁贡	“南园后五子”之一
欧主遇	明	顺德	佛山顺德	《自耕堂集》	天启七年副贡	
欧必元	明	顺德	佛山顺德	《欧子建集》		
欧正式	明	顺德	佛山顺德	《筠园集》	诸生	
欧阳溟	清	顺德	佛山顺德	《海鹤巢诗钞》	道光贡生	

续表

姓名	时代	籍贯	今地	代表性著作	科名（学历）	备注
欧阳韶	近	顺德	佛山顺德	《听蝉吟室诗词曲集》		
罗虞臣	明	顺德	佛山顺德	《罗司勋集》		
罗学鹏	清	顺德	佛山顺德	《广东文献》		
罗孙耀	清	顺德	佛山顺德	《石湖集》	顺治十五年进士	
罗世举	清	顺德	佛山顺德	《饥驱集》	康熙三十二年副贡	罗孙耀之子
罗天尺	清	顺德	佛山顺德	《瘿晕山房诗钞》	乾隆元年举人	“惠门四子”之一
罗天俊	清	顺德	佛山顺德	《贲园诗草》	乾隆诸生	罗天尺之弟
罗宁默	清	顺德	佛山顺德	《偶然斋集》	贡生	
罗惇衍	清	顺德	佛山顺德	《集义轩咏史诗》	道光十五年进士	
罗惇曧	近	顺德	佛山顺德	《瘿庵诗钞》	光绪二十九年副贡	
罗普	近	顺德	佛山顺德	《东欧女豪杰》		
罗漮	近	顺德	佛山顺德	《勺庵文集》	光绪诸生	
周棠芬	清	顺德	佛山顺德	《味闲轩诗钞》		
周庆麟	清	顺德	佛山顺德	《不懈斋诗钞》	同治举人	周棠芬之子
郑学醇	明	顺德	佛山顺德	《勾漏集》	隆庆元年举人	
赵善鸣	明	顺德	佛山顺德	《朱鸟洞集》	弘治十四年举人	
赵善谏	明	顺德	佛山顺德	《闲言集》		

续表

姓名	时代	籍贯	今地	代表性著作	科名（学历）	备注
赵崇信	明	顺德	佛山顺德	《东台集》	嘉靖十四年进士	
赵鹤良	明	顺德	佛山顺德	《深竹闲园草》	诸生	
赵不易	明	顺德	佛山顺德	《一德稿》	郡庠生	
赵不逾	明	顺德	佛山顺德	《迎西馆稿》		
胡光前	清	顺德	佛山顺德	《拙园诗草》	乾隆三年举人	
胡其砥	清	顺德	佛山顺德	《古草诗钞》	诸生	
胡亦常	清	顺德	佛山顺德	《赐书楼诗草》	乾隆三十六年举人	“岭南三子”之一
胡斯錞	清	顺德	佛山顺德	《眠琴馆诗钞》	嘉庆贡生	
胡廷钧	清	顺德	佛山顺德	《苍崖诗稿》	嘉庆九年副贡	
胡思	清	顺德	佛山顺德	《一坡遗草》		
翁张宪	清	顺德	佛山顺德	《静观阁遗草》	乾隆进士	
高士钊	清	顺德	佛山顺德	《北游草》	乾隆举人	
高士钊	清	顺德	佛山顺德	《北游草》		
黄朝宾	明	顺德	佛山顺德	《仙石洞稿》	万历四年举人	
黄儒炳	明	顺德	佛山顺德	《影木轩诗集》	万历二十三年进士	
黄维贵	明	顺德	佛山顺德	《敦仁堂稿》	万历十年巻人	
黄圣期	明	顺德	佛山顺德	《春晖堂稿》	万历三十八年进士	黄维贵子

续表

姓名	时代	籍贯	今地	代表性著作	科名（学历）	备注
黄圣年	明	顺德	佛山顺德	《薜蕊斋诗草》	万历四十六年举人	黄维贵子
黄公仪	明	顺德	佛山顺德	《犹川稿》	万历三十七年举人	
黄丹书	清	顺德	佛山顺德	《鸿雪斋诗钞》	乾隆六十年举人	
黄玉衡	清	顺德	佛山顺德	《安心竟斋诗集》	嘉庆进士	
黄节	近	顺德	佛山顺德	《蒹葭楼诗》		
黄乐之	清	顺德	佛山顺德	《香枣书屋诗钞》	道光进士	
黄琏	清	顺德	佛山顺德	《西园汇稿》		
黄璞	清	顺德	佛山顺德	《战古堂集》		
梁伯谦	元	南海	佛山顺德	《野泉集》	至正十四年举人	
梁济平	明	顺德	佛山顺德	《淡轩诗集》	洪武二十六年乡试第一	
梁储	明	顺德石□	南海桂城	《郁州遗稿》	成化十四年进士二甲第一	
梁景行	明	顺德	佛山顺德	《壶山集》	弘治二年举人	
梁乔升	明	顺德	佛山顺德	《平斋集》	正德十五年进士	
梁柱臣	明	顺德	佛山顺德	《梁彦国存稿》	嘉靖二十五年举人	
梁有誉	明	顺德	佛山顺德	《兰汀存稿》	嘉靖二十九年进士	“南园后五子”之一
梁梦雷	明	顺德	佛山顺德	《荆州集》	嘉靖四十年举人	
梁梦阳	明	顺德	佛山顺德	《飞仙草》	诸生	

续表

姓名	时代	籍贯	今地	代表性著作	科名（学历）	备注
梁绍震	明	顺德	佛山顺德	《绪昌堂集》	隆庆元年举人	
梁有年	明	顺德	佛山顺德	《使东方集》	万历二十三年进士	
梁亭表	明	顺德	佛山顺德	《昔莪集》	万历三十四年举人	
梁继善	明	顺德	佛山顺德	《南枝草》	万历四十六年举人	
梁元柱	明	顺德	佛山顺德	《偶然堂集》	天启二年进士	
梁佑逵	明	顺德	佛山顺德	《绮园蕉桐集》	崇祯十二年举人	
梁文冠	明	顺德	佛山顺德	《鹤山集》		
梁孜	明	顺德	佛山顺德	《梁中舍集》		
梁善长	清	顺德	佛山顺德	《鉴堂诗钞》	乾隆二年进士	
梁泉	清	顺德	佛山顺德	《梁弼亭遗文》	乾隆三十四年进士	
梁麟生	清	顺德	佛山顺德	《药房集》	诸生	
梁节临	清	顺德	佛山顺德	《兼泽近草》	诸生	
梁济川	清	顺德	佛山顺德	《景邺堂诗稿》	贡生	
梁霭如	清	顺德	佛山顺德	《无懈怠斋诗集》	嘉庆进士	
梁九图	清	顺德	佛山顺德	《紫藤馆诗钞》		梁霭如长子
梁邦俊	清	顺德	佛山顺德	《小崖遗草》		梁霭如之子
梁梅	清	顺德	佛山顺德	《寒木斋集》	道光贡生	

续表

姓名	时代	籍贯	今地	代表性著作	科名（学历）	备注
梁廷槐	清	顺德	佛山顺德	《敬学轩集》	乾隆进士	
梁廷枏	清	顺德	佛山顺德	《诗集》、《粤海关志》	道光十四年副贡	
梁媛玉	清	顺德	佛山顺德	《同怀剩稿》（合著）		梁廷柟长女
梁媞玉	清	顺德	佛山顺德	《同怀剩稿》（合著）		梁廷柟次女
梁朝醴	清	顺德	佛山顺德	《伯芷遗诗》	光绪诸生	
梁子坚	清	顺德	佛山顺德	《淡觉草堂诗钞》		
梁植荣	清	顺德	佛山顺德	《珠江七绝》		
梁善长	清	顺德	佛山顺德	《赐衣堂文集》		
梁诗拔	清	顺德	佛山顺德	《愧斋遗稿》		
梁可澜	近	顺德	佛山顺德	《狂仙遗草》		
梁乔汉	近	顺德	佛山顺德	《港澳旅游草》	诸生	
曾骏章	近	顺德	佛山顺德	《欣奇小集》		
温闻源	清	顺德	佛山顺德	《碧池诗钞》		温汝适之叔
温汝能	清	顺德	佛山顺德	《谦山诗文钞》、《粤东文海》、《粤东诗海》	乾隆五十三年举人	
温汝适	清	顺德	佛山顺德	《携书轩诗钞》	乾隆四十九年进士	温汝能从弟
温汝骥	清	顺德	佛山顺德	《灵洲诗集》	乾隆举人	温汝能从弟
温汝骧	清	顺德	佛山顺德	《环翠山房诗集》	诸生	温汝能从弟

续表

姓名	时代	籍贯	今地	代表性著作	科名（学历）	备注
温汝科	清	顺德	佛山顺德	《寄崖诗集》	乾隆举人	温汝能从弟
温汝造	清	顺德	佛山顺德	《印可斋诗馀》		
温承皋	清	顺德	佛山顺德	《妙香□词抄》		
温士刚	清	顺德	佛山顺德	《醇斋诗钞》	太学生	
温启谦	清	顺德	佛山顺德	《敏慎堂草》	太学生	
温伯玉	清	顺德	佛山顺德	《半水诗草》	诸生	
温肃	近	顺德	佛山顺德	《温文节公遗集》	光绪进士	
释今严	清	顺德	佛山顺德	《西窗遗稿》	诸生	
赖学海	近	顺德	佛山顺德	《虚舟诗草》		
简嵩培	清	顺德	佛山顺德	《得到梅花馆诗钞》	嘉庆举人	
简钧培	清	顺德	佛山顺德	《觉不觉斋诗钞》	嘉庆二十四年举人	简嵩培之弟
畲锡纯	清	顺德	佛山顺德	《语山堂集》		
蔡锦泉	清	顺德	佛山顺德	《听桐山馆集》	道光进士	
蔡嶐	明	顺德	佛山顺德	《杜若居稿》	诸生	
蔡如平	清	顺德	佛山顺德	《鹿野诗钞》	道光诸生	
蔡恺	近	顺德	佛山顺德	《睡松阁集》		
蔡守	近	顺德	佛山顺德	《寒琼遗稿》		

续表

姓名	时代	籍贯	今地	代表性著作	科名（学历）	备注
廖卓然	清	顺德	佛山顺德	《敝帚斋集》		
谭湘	清	顺德	佛山顺德	《蒿园诗集》		
黎景义	明	顺德	佛山顺德	《二丸居集》	诸生	
黎简	清	顺德	佛山顺德	《五百四峰堂诗文钞》	乾隆五十四年拔贡	
黎常琳	清	顺德	佛山顺德	《萱阶诗草》	增贡生	
黎春熙	清	顺德	佛山顺德	《静香阁诗存》		
黎伟光	清	顺德	佛山顺德	《燕游草》	雍正元年举人	
黎壿	清	顺德	佛山顺德	《意堂诗钞》	诸生	
黎庆恩	近	顺德	佛山顺德	《拙存堂诗》		
黎原超	近	顺德	佛山顺德	《侣樊草堂诗钞》		
潘光统	明	顺德	佛山顺德	《滋兰集》	廪贡生	
潘凤昌	清	顺德	佛山顺德	《寄亭草》	诸生	
潘宪勋	清	顺德	佛山顺德	《鹤墅诗钞》	雍正武举人	
潘兰皋	清	顺德	佛山顺德	《九畹堂诗集》	乾隆二十七年举人	
潘文因	近	顺德	佛山顺德	《深柳闲草》		
薛始亨	明	顺德	佛山顺德	《南枝堂集》	诸生	

续表

姓名	时代	籍贯	今地	代表性著作	科名（学历）	备注
薛起蛟	明	顺德	佛山顺德	《木末山房稿》	薛始亨之弟，诸生	
小计					250 人	
区益	明	高明	佛山高明	《阮溪草堂集》	嘉靖十九年举人	
区大枢	明	高明	佛山高明	《振雅堂廉江岳阳稿》	万历元年举人	区益之子
区大相	明	高明	佛山高明	《区太史诗集》等	万历十七年进士	区益之子
区大伦	明	高明	佛山高明	《端溪诗稿》《江门游稿》	万历十七年进士	区益之子
区怀年	明	高明	佛山高明	《元超堂稿》	天启七年举人	区大相仲子
区怀瑞	明	高明	佛山高明	《碧山草堂稿》	天启贡生	区大相之子
谭维寅	宋	高要	佛山高明	有诗文集（已佚）	绍兴三年进士。	高明，汉高要县地；晋置平兴县，寻省；南朝宋复置平兴县；宋省入高要。明分置高明县，属肇庆府，清因之。
小计					7 人	
刘步蟾	清	三水	佛山三水	《天地一沙鸥吟舫诗钞》		
林承芳	明	三水	佛山三水	《文峰集》、《竹窗稿存》		
范奉常	近	三水	佛山三水	《竹坪诗草》	咸丰诸生	

续表

姓名	时代	籍贯	今地	代表性著作	科名（学历）	备注
吴肇钟	近	三水	佛山三水	《白鹤草堂诗词集》		
麦启科	近	三水	佛山三水	《潜修堂吟草》	咸丰贡生	
杜连璧	近	三水	佛山三水	《燕归巢诗》		
邓章	近	三水	佛山三水	《鳌山存真草》		
邓醴芝	近	三水	佛山三水	《瓦缶诗集》		
陆丹林	近	三水	佛山三水	《岭南吟》		
胡礼垣	近	三水乐平	佛山三水	《翼南先生全集》		
廖坡山	清	三水	佛山三水	《罗浮诗草》	南海籍郡文学	
梁元	清	三水	佛山三水	《毋自欺斋诗略》	嘉庆举人	
梁伯显	近	三水	佛山三水	《桃花仙馆遗稿》	咸丰诸生	
梁成枘	近	三水	佛山三水	《钝庵诗草》		
黄荣康	近	三水	佛山三水	《凹园诗钞》		
黄耀棨	近	三水	佛山三水	《词犀》		
小计					16 人	
毛德华	清	香山	中山	《大小山房诗文集》	岁贡生。	香山县，宋置，明清皆属广州府，民国改为中山县。
毛九鸣	清	香山	中山	《寄怀集》	邑庠生	

续表

姓名	时代	籍贯	今地	代表性著作	科名（学历）	备注
毛汝翔	清	香山	中山	《鹏海诗钞》	邑增生	
毛鹤翔	近	香山	中山	《六棉旧馆诗草》	咸丰诸生	
韦易	清	香山	中山	《渌崖诗文集》	雍正十三年岁贡	
区大纬	明	香山	中山	《纪漫草》	贡生	
方天根	清	香山	中山	《风佩轩遗草》	嘉庆诸生	
方守桐	清	香山	中山	《一村子诗草》		
方绳武	清	香山	中山	《七峰第一峰堂诗集》	诸生	
方云龙	清	香山	中山	《公余诗》		
邓大林	清	香山	中山	《杏林庄吟草》	道光监生	
卢渊	明	香山	中山	《钓叟集》	成化二十年进士	
卢兆龙	明	香山	中山	《桐封集》	天启二年进士	
伍瑞隆	明	香山	中山	《鸠艾山人遗集》	天启元年解元	
刘桂	明	香山		《玉秀堂集》		
刘苑华	明	香山	中山	《落霞山下女子吟》		
刘世重	清	香山	中山	《振绮堂集》	康熙二十三年举人	
刘信烈	清	香山	中山	《归来吟》、《运米诗集》	康熙三十八年举人	
刘翰长	清	香山	中山	《慎独堂集》	太学生	刘信烈之子

续表

姓名	时代	籍贯	今地	代表性著作	科名（学历）	备注
刘鹤鸣	清	香山	中山	《松崖诗钞》	乾隆十五年举人	
刘沅芳	近	香山	中山	《课花吟馆遗草》		
刘嘉谟	清	香山	中山	《听春楼诗钞》	道光贡生	
刘鼎元	清	香山	中山	《洁园诗钞》	道光举人	
刘董正	清	香山	中山	《小眠楼诗草》	道光诸生	
刘其政	近	香山	中山	《聊中隐斋遗草》		
刘廷辉	近	香山	中山	《莲麓蜗庐吟稿》	咸丰太学生	
刘炳宗	近	香山	中山	《何陋书屋诗草》		
刘绣芬	近	香山	中山	《小苏斋诗钞》	附贡生	
刘宝鋆	近	香山	中山	《留香阁诗草》		
刘珩	近	香山	中山	《养余山房诗钞》	光绪贡生	
刘慧娟	清	香山	中山	《昙香阁集》		
许炳枢	近	香山	中山	《听香吟馆遗草》	咸丰诸生	
孙文	近	香山	中山	《孙中山全集》		
麦佑	清	香山	中山	《漾波楼稿》	乾隆三十四年进士	
麦英桂	清	香山	中山	《芸香阁诗草》（合集）		何启图室

续表

姓名	时代	籍贯	今地	代表性著作	科名（学历）	备注
麦又桂	清	香山	中山	《谢庭诗草》（合集）		麦英桂之妹，何怀向室
麦作梅	清	香山	中山	《留香阁诗草》	道光诸生	
李孙宸	明	香山	中山	《连霞楼集》	万历四十一年进士	
李航	清	香山	中山	《鹤柴小草》	康熙四十一年岁贡生	李孙宸之孙
李□	清	香山	中山	《拙轩诗稿》	岁贡生	李孙宸之孙
李铎	清	香山	中山	《秋湘堂集》	康熙三十五年副贡	
李卓揆	清	香山	中山	《深柳堂集》	康熙五十年举人	
李萤书	清	香山	中山	《松居诗草》	乾隆四十八年举人	
李修凝	清	香山	中山	《小香亭稿》	岁贡生	
李捷章	清	香山	中山	《鸣盛山房诗钞》		李修凝之子，李遐龄之祖
李若兰	清	香山	中山	《拾月山房遗诗》		李遐龄之父
李遐龄	清	香山	中山	《勺园诗抄》等	嘉庆贡生	
李文燮	清	香山	中山	《北潜诗草》	道光诸生	李遐龄之子
李从吾	清	香山	中山	《实庭诗存》	道光举人	李遐龄之子
李霨元	清	香山	中山	《松溪诗钞》	嘉庆恩贡生	李遐龄仲弟

续表

姓名	时代	籍贯	今地	代表性著作	科名（学历）	备注
李贺镜	清	香山	中山	《课余吟草》	同治诸生	李文爕之子
李之机	清	香山	中山	《在园诗草》		李从吾之子
李蟠	清	香山	中山	《小容安堂诗稿》		
李如蕙	清	香山	中山	《茗香室诗略》		梁元之室
李必进	清	香山	中山	《花萼山房诗钞》	嘉庆诸生	
李□	近	香山	中山	《荆园诗草》		
李赞辰	清	香山	中山	《百尺楼诗词稿》		
李翰	清	香山	中山	《怡怡草堂遗草》		李赞辰之子
李龙耀	清	香山	中山	《韦庵诗集》	道光副贡生	
李兆祥	近	香山	中山	《惺惺斋诗草》	咸丰诸生	
李洸	近	香山	中山	《吹万楼诗》	广东高等师范学校毕业	
李应庚	清	香山	中山	《香茗庵词》		
李隽	清	香山	中山	《存斋诗删》	诸生	
杨玉仲	元	香山	中山	《龙门遗草》		
杨晋	明	香山	中山	《鸳赋楼集》	崇祯廷贡	
杨锡震	清	香山	中山	《露香阁集》	康熙二十三年举人	
杨屏	清	香山	中山	《缶鸣集》	康熙四十七年举人	

续表

姓名	时代	籍贯	今地	代表性著作	科名（学历）	备注
杨节	清	香山	中山	《九峰诗文集》	岁贡生	
杨玉衔	近	香山	中山	《抱香室词》、《双树居词》	光绪举人	
吴天炳	清	香山	中山	《怡如书屋诗钞》	道光诸生	
吴启苞	清	香山	中山	《位思室稿》	道光诸生	
吴建业	清	香山	中山	《笏山诗草》	咸丰国学生	
吴亮珽	近	香山	中山	《绿蕚吟馆诗钞》	咸丰诸生	
何吾驺	明	香山	中山	《元气堂集》	万历四十七年进士	
何凖道	明	香山	中山	《棕山诗集》	崇祯十五年举人	何吾驺长子
何巩道	明	香山	中山	《樾巢诗集》	诸生	何吾驺次子
何栻	明	香山	中山	《南塘诗钞》	诸生	何吾驺孙
何晖山	清	香山	中山	《花村小草》	太学生	何吾驺五世孙
何藻	明	香山	中山	《西塘汇刻》	万历四十年举人	
何转书	明	香山	中山	《鹅湖草》	诸生	
何玉虬	清	香山	中山	《双柏轩诗钞》	贡生	
何云汉	清	香山	中山	《凌庄诗草》	例贡生	
何华升	清	香山	中山	《皋桥诗钞》	附贡生	
何华韬	清	香山	中山	《近渚诗草》	诸生	

续表

姓名	时代	籍贯	今地	代表性著作	科名（学历）	备注
何纲	清	香山	中山	《乐趣山房诗草》	诸生	
何瑞熊	清	香山	中山	《若梦诗草》	诸生	
何易	清	香山	中山	《乾庵遗稿》	优廪生	
何大猷	清	香山	中山	《秩堂剩稿》		
何大佐	清	香山	中山	《瓶沙堂诗集》	乾隆六年举人	
何天衢	清	香山	中山	《不寐斋诗略》	嘉庆岁贡	
何昶	清	香山	中山	《东樵删除集》	乾隆四十二年举人	
何其英	清	香山	中山	《骨巢诗文集》	乾隆四十四年解元	
何文明	清	香山	中山	《二思堂集》、《何氏家集》（与曰愈合集）	乾隆四十四年恩科举人	
何曰懋	清	香山	中山	《秋崖诗稿》	嘉庆太学生	何文明长子
何曰愈	清	香山	中山	《余甘轩诗钞》		何文明之子
何憬	清	香山	中山	《事余轩集》	道光二十七年进士	何曰愈之子
何曰愚	清	香山	中山	《涉趣园诗璞》	嘉庆太学生	
何健	清	香山	中山	《粤会赋笺》	嘉庆十二年举人	
何华台	清	香山	中山	《寄榴诗钞》	嘉庆附贡生	
何梅	清	香山	中山	《思过堂诗钞》	嘉庆太学生	
何瑞龄	清	香山	中山	《世贻堂存稿》	道光举人	

续表

姓名	时代	籍贯	今地	代表性著作	科名（学历）	备注
何培灵	清	香山	中山	《小小诗草》	道光廪生	
何履泰	清	香山	中山	《藏香小院诗草》	道光诸生	
何纪	清	香山	中山	《星甫诗稿》	道光诸生	
何殿祥	清	香山	中山	《月泉吟草》	道光太学生	
何世麟	清	香山	中山	《仙航山馆诗稿》	廪贡生	
何文标	清	香山	中山	《浣露诗草》	太学生	
何廷夫	清	香山	中山	《瓣香偶存》	太学生	
何世佐	清	香山	中山	《映碧山房诗草》	太学生	
何鸣西	清	香山	中山	《不解堂诗集》		
何守谧	清	香山	中山	《星郊诗草》		
何时秋	清	香山	中山	《松菊山房诗删》		
何瑞丹	近	香山	中山	《毋自欺斋诗集》	咸丰二年进士	
何瑞舟	近	香山	中山	《剑鸣山房诗抄》		
何沛雨	近	香山	中山	《览凤山房诗草》	咸丰监生	
何绍祥	近	香山	中山	《研露书屋诗钞》	咸丰监生	
何逢初	近	香山	中山	《桥西寄庐诗草》	咸丰诸生	
何琛	近	香山	中山	《四勿轩吟草》		

续表

姓名	时代	籍贯	今地	代表性著作	科名（学历）	备注
张宝云	近	香山	中山	《梅雪轩全集》		
张铁生	近	香山	中山	《听香阁诗草》		张宝云之妹
陈份	清	香山	中山	《水庝集》	乾隆元年举人	少居陈恭尹家
陈子清	清	香山	中山	《证真画斋诗草》	道光二十六年举人	
陈饶俊	清	香山	中山	《八渔诗草》	道光诸生	
陈润书	清	香山	中山	《凹碧山房诗集》		陈饶俊族弟
陈官	清	香山	中山	《石缘诗抄》	诸生	
陈恺	近	香山	中山	《珠树轩诗草》		
林谦	清	香山	中山	《退思轩文集》	道光八年举人	
罗蕙屏	近	香山	中山	《翠藤馆吟草》		
周佩贤	近	香山	中山	《一叶楼诗钞》		
郑达	清	香山	中山	《怡心亭集》	明经	
郑炳昌	清	香山	中山	《丛书阁遗草》	嘉庆廪贡生	
郑龄	清	香山	中山	《可权书屋遗草》		
郑贞德	清	香山	中山	《空闺感旧诗存》		
郑惠南	近	香山	中山	《景三余斋诗钞》	咸丰廪贡	
郑镜泉	近	香山	中山	《心若小草》	同治六年举人	

续表

姓名	时代	籍贯	今地	代表性著作	科名（学历）	备注
郑镜清	近	香山	中山	《巢松书室诗草》		
郑水心	近	香山	中山	《水心楼诗》		
郑观应	近	香山	中山	《盛世危言》、《郑观应集》		
侯铭琦	近	香山	中山	《焰然斋诗》		
袁杲	清	香山	中山	《山右吟草》	道光贡生	
高肖	清	香山	中山	《英介堂集》	乾隆六年举人	
高飞龙	清	香山	中山	《淡云诗钞》	嘉庆太学生	
黄钥	明	香山	中山	《香山主人遗草》	成化十一年进士	
黄廷籍	清	香山	中山	《枕莲诗钞》	嘉庆诸生	
黄廷昭	清	香山	中山	《宦游诗草》		黄廷籍之弟
黄承谦	清	香山	中山	《观自养斋诗钞》	道光十九年举人	黄廷籍之子
黄春培	近	香山	中山	《艺兰吟草》	咸丰诸生	
黄国培	近	香山	中山	《蒲桔山房诗草》	咸丰诸生	
黄衍昌	清	香山	中山	《倚香榭词》		
黄子高	清	香山	中山	《知稼轩诗抄》		
黄照文	清	香山	中山	《山月潭草》		
黄鹤书	近	香山	中山	《伯海小草》		

续表

姓名	时代	籍贯	今地	代表性著作	科名（学历）	备注
黄承诏	近	香山	中山	《云居阁诗草》		
黄绍昌	近	香山	中山	《带花倚剑堂词》	光绪举人	
黄映奎	近	香山	中山	《杜斋诗钞》	光绪贡生	
黄佛颐	近	香山	中山	《慈博词》、《广州城坊志》	宣统拔贡	黄映奎之子
黄鸿文	近	香山	中山	《尚友斋诗存》	附贡生	
汪乘槎	近	香山	中山	《芥舟堂诗草》	咸丰诸生	
梁金震	清	香山	中山	《蒉筠诗集》	康熙四十二年举人	
梁尚举	清	香山	中山	《蒲山诗草》	嘉庆二十三年举人	
梁金荣	清	香山	中山	《依绿园诗草》	道光二十二年乡试第一	
梁今荣	清	香山	中山	《依绿园诗草》		
詹官	清	香山	中山	《黔蜀吟稿》	乾隆二十五年举人	
鲍俊	清	香山	中山	《榕塘吟馆诗抄》	道光三年进士	
鲍少游	近	香山	中山	《鲍少游诗词集》		
蔡显原	清	香山	中山	《铭心书屋诗钞》	嘉庆二十一年进士	
董百庆	近	香山	中山	《抹月斋诗钞》	咸丰贡生，钦赐举人	
缪揆一	近	香山	中山	《复庵诗钞》		

续表

姓名	时代	籍贯	今地	代表性著作	科名（学历）	备注
缪君侣	近	香山	中山	《百尺楼诗稿》		
小计					172 人	
黄瑜	明	香山荔山	珠海斗门	《双槐集》	景泰七年举人	
黄畿	明	香山荔山	珠海斗门	《粤洲集》	补弟子员	黄瑜之子
黄佐	明	香山荔山	珠海斗门	《泰泉集》、《广东通志》	正德十五年进士	黄畿之子
黄绍统	清	香山荔山	珠海斗门	《仰山堂遗集》	乾隆二十四年举人	
黄培芳	清	香山荔山	珠海斗门	《岭海楼诗集》	嘉庆九年副贡	黄绍统之子
黄沃楷	清	香山荔山	珠海斗门	《松谷诗草》	嘉庆诸生	黄绍统从兄
黄芝	清	香山荔山	珠海斗门	《瑞谷山人遗集》		黄绍统从子
黄沃棠	清	香山荔山	珠海斗门	《楚游草》	嘉庆诸生	黄绍统从子
黄谦	清	香山荔山	珠海斗门	《虚谷诗钞》	嘉庆诸生	黄绍统从子
黄大干	清	香山荔山	珠海斗门	《临溪集》		黄绍统从子，黄培芳从兄
黄熊文	近	香山荔山	珠海斗门	《尚友斋诗存》	咸丰附贡	黄培芳之子
苏曼殊	近	香山白沥	珠海前山	《曼殊全集》	日本留学生	
容闳	近	香山南屏	珠海	《园居十首》、《西学东渐记》	美国留学生	
小计					13 人	

续表

姓名	时代	籍贯	今地	代表性著作	科名（学历）	备注
卫淇	清	东莞	东莞	《白携稿》		
王缜	明	东莞	东莞	《梧山集》	弘治进士	
王文冕	清	东莞	东莞	《宦游草》	乾隆进士	
今毬	明	东莞	东莞	《怀净土诗》		
方曰琼	明	东莞	东莞	《西游草》		
方华梿	清	东莞	东莞	《偶存诗文集》		
尹瑾	明	东莞	东莞	《莞石集》	隆庆进士	
尹守衡	明	东莞	东莞	《懒庵集》	万历十年举人	
尹遂祈	明	东莞	东莞	《丛桂堂集》		
尹之逵	清	东莞	东莞	《雪柏堂集》	顺治十四年举人	
尹源进	清	东莞	东莞	《爰日楼集》	顺治十二年进士	
尹廷煦	清	东莞	东莞	《蕉鹿草堂稿》	诸生	
尹树琪	清	东莞	东莞	《清芬阁诗草》	道光附贡生	
尹初荣	清	东莞	东莞	《断香集》		
尹莲仙	近	东莞	东莞	《瑶亭草》		
尹士选	近	东莞	东莞	《珊洲别墅诗钞》	咸丰诸生	
邓云霄	明	东莞	东莞	《漱玉斋文集》	万历二十六年进士	

续表

姓名	时代	籍贯	今地	代表性著作	科名（学历）	备注
邓廷喆	清	东莞	东莞	《蓼园草》	康熙二十三年举人	
邓淳	清	东莞	东莞	《朴庵存稿》	道光元年举孝廉方正	
邓佐槐	近	东莞	东莞	《亦蘧庐遗稿》		
邓尔雅	近	东莞	东莞	《绿绮园集》		
叶天一	近	东莞	东莞	《浣碧斋诗稿》		
卢尧典	明	东莞	东莞	《佚我堂集》	隆庆元年举人	
卢上铭	明	东莞	东莞	《西征草》		
卢祥	明	东莞	东莞	《行素集》	正统七年进士	
卢升卿	清	东莞	东莞	《邻山堂集》	顺治八年举人	
卢作梁	清	东莞	东莞	《陟山堂稿》	岁贡生	
卢捷元	清	东莞	东莞	《肯堂集》	太学生	
伦明	近	东莞	东莞	《藏书纪事诗》（手稿）	光绪举人，京师大学堂毕业	
刘宗	宋	东莞	东莞	《埙篪偶咏》（佚）	淳祐特奏进士	
刘存业	明	东莞	东莞	《梧山集》	弘治三年进士第二	
刘鸿渐	明	东莞	东莞	《兰轩诗文集》		
刘祖启	清	东莞	东莞	《留稚堂集》	康熙二十九年举人	刘鸿渐之孙
刘连辉	清	东莞	东莞	《园沙堂稿》	顺治十七年举人	

续表

姓名	时代	籍贯	今地	代表性著作	科名（学历）	备注
刘翰棻	清	东莞	东莞	《花雨楼诗草》		
刘乃勋	近	东莞	东莞	《一庐存稿》		
祁顺	明	东莞	东莞	《巽川集》	天顺四年进士	
祁敕	明	东莞	东莞	《堂野稿》	正德进士	祁顺之子
祁衍曾	明	东莞	东莞	《绿水园集》	万历四年举人	祁顺曾孙
祁文友	清	东莞	东莞	《渡江集》、《秋署集》	顺治十五年进士	
祁玉友	清	东莞	东莞	《况园遗草》	诸生	
祁正	近	东莞	东莞	《梨川集》、《三朝东莞遗民咏》		
麦应中	明	东莞	东莞	《雪洞稿》	万历元年举人	
苏泽东	近	东莞	东莞	《祖坡吟馆诗略》	光绪诸生	
李春叟	宋	东莞	东莞	《咏归集》		
李贞	明	东莞	东莞	《寄远楼集》	明贡生	
李觉斯	明	东莞	东莞	《晚翠居集》	天启五年进士	
李作楫	清	东莞	东莞	《藏公堂集》	顺治十八年进士	
李奇	清	东莞	东莞	《二洲山堂诗稿》	康熙五十年选拔	
李峋	清	东莞	东莞	《邻水山堂稿》		
李继燕	清	东莞	东莞	《榻花亭稿》	贡生	

续表

姓名	时代	籍贯	今地	代表性著作	科名（学历）	备注
李肇榜	近	东莞	东莞	《桂墀遗稿》		
李肇焘	近	东莞	东莞	《小壶仙馆诗集》	光绪诸生	
李璇枢	近	东莞	东莞	《义民迹传奇》	广东法政学堂毕业	
李映桃	近	东莞	东莞	《红余新咏》		
吴而达	清	东莞	东莞	《破梦草》		
钟渤	明	东莞	东莞	《东冈集》	弘治六年进士	
钟昌	明	东莞	东莞	《松碧馆诗集》	隆庆五年进士	
钟崇道	明	东莞	东莞	《绿猗集》	万历二十八年举人	
钟映雪	清	东莞	东莞	《剩稿》	雍正廪贡生	
何文季	宋	东莞	东莞	《兰斋稿》		
何文季	宋	东莞	东莞	《兰斋稿》		
何宏	明	东莞	东莞	《近日轩诗草》		
何荆玉	明	东莞	东莞	《学吟稿》	万历举人	
何仁山	清	东莞	东莞	《锄月山房诗文集》	道光解元	
何振	清	东莞	东莞	《红豆山房词集》		
何其伟	清	东莞	东莞	《一芥坳堂诗草》		
张登辰	宋	东莞	东莞	《恕斋集》	咸淳九年进士	

续表

姓名	时代	籍贯	今地	代表性著作	科名（学历）	备注
张迓衡	宋	东莞	东莞	《小山稿》、《敲月集》	太学生	
张应申	明	东莞	东莞	《二酉山房集》	万历二十五年举人	
张嗣垣	明	东莞	东莞	《余力轩稿》	诸生	
张家玉	明	东莞	东莞	《军中遗稿》	崇祯十六年进士	
张家珍	明	东莞	东莞	《寒木楼遗诗》		张家玉之弟
张穆	明	东莞	东莞	《铁桥集》		
张以载	清	东莞	东莞	《龙峒山房草》	康熙五十年乡荐	
张端	清	东莞	东莞	《梯云馆诗文钞》	同治举人	
张敬修	清	东莞	东莞	《可园遗稿》		
张蝶圣	清	东莞	东莞	《花活草堂遗稿》		
张炳榆	近	东莞	东莞	《卧灯阁诗钞》		
张振烈	近	东莞	东莞	《绿绮楼诗钞》		
张度	近	东莞	东莞	《息踵诗草》		
张白英	近	东莞	东莞	《远山楼诗稿》		
张伯桢	近	东莞	东莞	《张篁溪遗稿》		
张其淦	近	东莞	东莞	《梦痕仙馆诗集》	光绪进士	
陈纪	宋	东莞	东莞	《越斐吟稿》（佚）	咸淳十年进士	

续表

姓名	时代	籍贯	今地	代表性著作	科名（学历）	备注
陈履	明	东莞	东莞	《悬榻斋稿》	隆庆五年进士	
陈琏	明	东莞	东莞	《琴轩集》、《归田集》	洪武二十年举人	
陈用源	明	东莞	东莞	《西桥集》		
陈向廷	明	东莞	东莞	《百尺楼稿》	万历二十六年进士	
陈乐	清	东莞	东莞	《爱石山房稿》	诸生	
陈仕进	清	东莞	东莞	《云颠集》		
陈嘉谟	清	东莞	东莞	《在山草堂烬馀集》		
陈阿平	清	东莞	东莞	《钵山堂诗略》	诸生	
陈铭珪	清	东莞	东莞	《荔庄诗文存》	咸丰副贡	
陈伯陶	近	东莞	东莞	《瓜庐文剩》	光绪一甲	陈铭珪之子
陈嗣蓉	近	东莞	东莞	《春晖草堂诗》	光绪岁贡	
陈逸云	近	东莞	东莞	《如梦集》	美国留学生	
林洊	明	东莞	东莞	《读易明夷草》		
林光	明	东莞	东莞	《南川集》	成化元年举人	
林枞	清	东莞	东莞	《林屋草堂稿》	诸生	
林蒲封	清	东莞	东莞	《鳌洲诗草》等	雍正八年进士	

续表

姓名	时代	籍贯	今地	代表性著作	科名（学历）	备注
林兰雪	清	东莞	东莞	《小山楼诗草》		林蒲封之女，邓大林室，邓淳之母。
罗亨信	明	东莞	东莞	《觉非集》	永乐二年进士	
罗珊	近	东莞	东莞	《味灯阁诗》	咸丰诸生	
罗嘉蓉	近	东莞	东莞	《云根老屋诗钞》	咸丰岁贡	
周一士	明	东莞	东莞	《得素轩集》		
周序鸾	清	东莞	东莞	《梅花书屋诗钞》	嘉庆十八年举人	
郑修	清	东莞	东莞	《红雨楼诗草》	乾隆进士	
郑炎	清	东莞	东莞	《秋水轩诗草》	乾隆举人	郑修之弟
郑荣	近	东莞	东莞	《眠绿山房诗草》	同治诸生	
赵必□	宋	东莞	东莞	《秋晓先生覆瓿集》	咸淳元年进士	名缺一字，“左王右象”
袁衷	明	东莞	东莞	《竹庭稿》	正统六年举人	
袁昌祚	明	东莞	东莞	《浣纱集》	隆庆五年进士	
袁崇友	明	东莞	东莞	《春草堂集》	万历二十三年进士	
袁崇焕	明	东莞	东莞	《袁督师遗集》	万历四十七年进士	
骆锦	清	东莞	东莞	《刺桐花馆吟草》		

续表

姓名	时代	籍贯	今地	代表性著作	科名（学历）	备注
骆根深	近	东莞	东莞	《天香吟馆诗钞》	光绪诸生	
黄诰	近	东莞	东莞	《薑桂书屋诗文钞》	光绪进士	
崔斯哲	近	东莞	东莞	《保闇诗集》	光绪诸生，法科举人	
梁宪	明	东莞	东莞	《无闷集》		
梁涛	清	东莞	东莞	《引溪集》	诸生	
梁淯	近	东莞	东莞	《不自弃斋诗草》		
彭世潮	明	东莞	东莞	《龙溪漫兴》	嘉靖举人	
赖洪禧	清	东莞	东莞	《红棉馆诗钞》	嘉庆诸生	
简知遇	明	东莞	东莞	《顽庵稿》	万历举人	
简士良	近	东莞	东莞	《秦瓦砚斋诗钞》	咸丰诸生	
蔡郁	宋	东莞	东莞	《西野诗集》		
蔡勋	清	东莞	东莞	《养云书屋诗钞》	嘉庆举人	
蔡召华	近	东莞	东莞	《缀玉集》	副贡生	
戴铣	明	东莞	东莞	《戴子声家集》	嘉靖进士	
戴记	明	东莞	东莞	《游滇稿》	嘉靖进士	戴铣之子
黎伯元	元	东莞	东莞	《渔唱稿》		
黎静卿	明	东莞	东莞	《道香楼集》		屈大均之室

续表

姓名	时代	籍贯	今地	代表性著作	科名（学历）	备注
熊闰桐	近	东莞	东莞	《东莞熊鲁柯先生诗文集》	广东高等师范学校毕业	
谢重华	明	东莞	东莞	《云窝集》等	诸生	
谭清海	明	东莞	东莞	《灵洲草》		
翟溥福	明	东莞	东莞	《慎庵集》《霞泉集》	永乐进士	
小计					140 人	
马植南	近	新会	江门新会	《蛩斋吟草》等		
区越	明	新会	江门新会	《区西屏集》	弘治八年举人	
区元晋	明	新会	江门新会	《见泉集》、《区奉政遗稿》	嘉靖四年举人	区越次子
区爔文	清	新会	江门新会	《赋秋堂遗稿》		
区达名	近	新会	江门新会	《西园诗草》		
叶汉	明	新会	江门新会	《象州集》	嘉靖举人	
邓林	明	新会	江门新会	《退庵邓先生遗稿》	洪武二十九年举人	
甘适元	近	新会	江门新会	《莲玉山房集》		
伍有庸	清	新会	江门新会	《闲香馆学吟》	乾隆进士	
任榛	清	新会	江门新会	《蕤园诗草》	贡生	
许炯	明	新会	江门新会	《吾野漫笔》	嘉靖十年举人	
许绶	清	新会	江门新会	《雁洲草堂稿》		

续表

姓名	时代	籍贯	今地	代表性著作	科名（学历）	备注
许节	清	新会	江门新会	《鸣和集》		许绶之子
阮绍南	近	新会	江门新会	《耕读草堂集》		
苏楫汝	清	新会	江门新会	《梅岗集》	顺治十八年进士	
苏枚	清	新会	江门新会	《西岩集》		苏楫汝次子
苏召棠	清	新会	江门新会	《师竹山房集》	嘉庆举人	
李翔	明	新会	江门新会	《闲稿》	嘉靖进士	
李以龙	明	新会	江门新会	《寒窗感遇集》	嘉靖三十七年举人	
李之世	明	新会	江门新会	《鹤汀全集》	万历三十四年举人	
李之标	明	新会	江门新会	《凫渚集》	万历举人	李之世弟
李大成	清	新会	江门新会	《荷庄检字稿》	乾隆举人	
李实	清	新会	江门新会	《宝研堂文抄》	乾隆进士	
李夔班	清	新会	江门新会	《课庐堂诗钞》	乾隆进士	
李干	清	新会	江门新会	《友竹山房诗》	乾隆举人	
李科	清	新会	江门新会	《悔迟闻录诗草》	乾隆举人	
李惠元	清	新会	江门新会	《鉴我亭诗草》	乾隆解元	
李兆槐	清	新会	江门新会	《古啸斋诗草》	嘉庆副贡生	
李有祺	清	新会	江门新会	《梦鲤山房诗钞》	道光廪贡	

续表

姓名	时代	籍贯	今地	代表性著作	科名（学历）	备注
李蘅	清	新会	江门新会	《小潇馆诗集》	道光举人	
李兆椿	清	新会	江门新会	《芙蓉水榭检存稿》	道光诸生	
李孔昭	清	新会	江门新会	《宁远堂诗文集》	增贡生	
李春林	清	新会	江门新会	《梦草山房诗录》		
李汝梅	近	新会	江门新会	《雪庵诗钞》		
李灼光	近	新会	江门新会	《松云阁诗钞》	咸丰岁贡	
李我生	近	新会	江门新会	《万叶楼诗钞》	北京大学文科毕业	
邹启韶	清	新会	江门新会	《听钟楼诗抄》		
吴驯	明	新会	江门新会	《野鸣集》	天启元年举人	
吴俊常	清	新会	江门新会	《读史吟》	雍正七年拔贡	
吴天祥	清	新会	江门新会	《息园诗草》		
何士壈	明	新会	江门新会	《古照堂集》	崇祯拔贡	
何九畴	清	新会	江门新会	《石浪园诗集》	贡生	
何仲连	清	新会	江门新会	《春草堂集》		
何朝昌	清	新会	江门新会	《啸叶轩文钞》	道光贡生	
何殿春	清	新会	江门新会	《晚香草堂诗钞》	道光元年副贡生	
张大福	清	新会	江门新会	《醉白亭诗钞》	乾隆五十七年举人	

续表

姓名	时代	籍贯	今地	代表性著作	科名（学历）	备注
张景崧	清	新会	江门新会	《竹痴山房集》		
钟启韶	清	新会	江门新会	《听钟楼诗钞》	乾隆举人	
陈献章	明	新会	江门新会	《白沙全集》	正统十二年举人	
陈上国	明	新会	江门新会	《环泗亭诗略》		陈献章族孙
陈经纶	明	新会	江门新会	《寒泉遗集》	成化二十三年进士	
陈吾德	明	新会	江门新会	《谢山存稿》	嘉靖四十四年进士	
陈高彦	清	新会	江门新会	《借闲亭小草》		
陈殿兰	清	新会	江门新会	《插菊轩诗钞》	道光诸生	
陈昭常	近	新会	江门新会	《二十四番风馆诗词钞》	光绪进士	
陈洵	近	新会	江门新会	《海绡词》、《海绡说词》		陈昭常之侄
陈树镛	近	新会	江门新会	《陈茂才文集》等		
陈季独	近	新会	江门新会	《醉白楼诗草》	留法学生	
林皋	明	新会	江门新会	《懿文堂诗草》	隆庆举人	
林隆卜	明	新会	江门新会	《笑园稿》		林皋之子
林枝桥	明	新会	江门新会	《白鹤山房集》	万历四十四年进士	
林氏	清	新会	江门新会	《画狄草》		
梁迪	清	新会	江门新会	《茂山堂集》	康熙四十八年进士	

续表

姓名	时代	籍贯	今地	代表性著作	科名（学历）	备注
鲁能	明	新会	江门新会	《强斋集》	景泰五年进士	
罗蒙正	元	新会	江门新会	《希吕集》（佚）		
罗兆鹏	明	新会	江门新会	《沧溟一螺集》	嘉靖二十八年举人	
易训	明	新会	江门新会	《东樵遗集》		
易弘	明	新会	江门新会	《云华阁诗略》		易训之弟
郑铭	明	新会	江门新会	《冈州近稿》	弘治十八年进士	
郑绩	近	新会	江门新会	《梦香园诗草》		
赵应元	明	新会	江门新会	《栖元集》	万历二十三年进士	
赵泰来	清	新会	江门新会	《絮香阁词抄》		
胡仁	清	新会	江门新会	《海雪诗龛诗钞》		
胡方	清	新会	江门新会	《鸿桷堂诗文集》	贡生	
莫云汉	清	新会	江门新会	《六湖潮唱》	嘉庆太学生	
莫兆琼	清	新会	江门新会	《石泉小草》	嘉庆优贡	
莫芝云	清	新会	江门新会	《子青诗钞》	道光诸生	
莫上翀	清	新会	江门新会	《习园存本》		
莫雨涧	近	新会	江门新会	《骆越杂咏》		
唐元楫	明	新会	江门新会	《初筑堂集》	崇祯十六年进士	

续表

姓名	时代	籍贯	今地	代表性著作	科名（学历）	备注
唐化鹏	清	新会	江门新会	《思翁堂诗集》	诸生	
唐蒙	清	新会	江门新会	《此庐诗稿》		唐化鹏之子
唐钧	清	新会	江门新会	《荫松堂诗草》		唐蒙之子
唐金华	清	新会	江门新会	《红荔山房吟稿》		
唐金鉴	清	新会	江门新会	《西藏诗文集》		
唐梦龄	近	新会	江门新会	《红茑山房诗钞》	咸丰廪贡	
陶天球	明	新会	江门新会	《世烈堂集》	诸生	
陶鍹	清	新会	江门新会	《四桐园存稿》		陶天球之子
陶益	明	新会	江门新会	《越塾集》	明经	
黄淳	明	新会	江门新会	《鸣山集》	万历八年进士	
黄公辅	明	新会	江门新会	《北燕岩集》	万历四十四年进士	
黄居石	明	新会	江门新会	《自知集》		
黄仲畬	清	新会	江门新会	《心字香馆诗钞》		
黄定常	清	新会	江门新会	《竹南诗草》	乾隆举人	
黄芝台	清	新会	江门新会	《凝香阁诗钞》		
黄崇干	清	新会	江门新会	《留删集》	道光监生	
黄光宗	明	新会	江门新会	《雪亭集》		

续表

姓名	时代	籍贯	今地	代表性著作	科名（学历）	备注
黄之驹	清	新会	江门新会	《偶咏草》		
黄玉贞	清	新会	江门新会	《抱一堂集》		
萧钺扬	清	新会	江门新会	《悬车吟草》	乾隆举人	
梁启超	近	新会	江门新会	《饮冰室合集》	光绪十五年举人	
梁启勋	近	新会	江门新会	《词学》		
曾传轺	清	新会	江门新会	《啸吟楼诗草》		
曾振鳌	近	新会	江门新会	《驾海楼稿》	咸丰诸生	
释今□	清	新会	江门新会	《石鉴集》、《真林堂全集》		
释今□	清	新会	江门新会	《借峰诗稿》等		
释古电	明	新会	江门新会	《石窗草》		
释古奘	明	新会	江门新会	《虚堂诗集》等		
释弘赞	清	新会	江门新会	《木人剩稿》等		
廖明士	明	新会	江门新会	《此君子咏怀斋集》		
谭律	明	新会	江门新会	《节庵集》	成化十九年举人	
谭以良	明	新会	江门新会	《玉楼稿》	弘治举人	
谭惠臣	清	新会	江门新会	《芦舟稿》		
谭德馨	清	新会	江门新会	《又庵诗集》		

续表

姓名	时代	籍贯	今地	代表性著作	科名（学历）	备注
谭孙元	清	新会	江门新会	《卷岩诗草》	嘉庆诸生	
谭澄	清	新会	江门新会	《天池诗草》	道光诸生	
谭国恩	近	新会	江门新会	《写翠楼诗稿》	光绪进士	
颜师孔	近	新会	江门新会	《煮葵堂诗词合钞》	光绪诸生	
甄天明	近	新会	江门新会	《草庐集》		
黎贞	明	新会	江门新会	《秫坡先生集》	洪武八年明经	
黎新之	明	新会	江门新会	《北游草》等	贡生	
简又文	近	新会	江门新会	《斑寅诗存稿》	美国留学生	
谢廷龙	清	新会	江门新会	《谢卧云遗稿》	乾隆举人	
小计					124 人	
冯钺	清	鹤山	江门鹤山	《敬业堂诗集》		
吕洪	近	鹤山	江门鹤山	《广文遗稿》	光绪举人	
吕鉴煌	近	鹤山	江门鹤山	《调琴饲鹤斋诗存》等		
易其霈	清	鹤山	江门鹤山	《四益友楼文抄》		
易孺	近	鹤山	江门鹤山	《大厂词稿》	日本留学生	
易麟阁	近	鹤山	江门鹤山	《啸濠集》	广东高等师范学校毕业	
小计					6 人	

续表

姓名	时代	籍贯	今地	代表性著作	科名（学历）	备注
许奇寓	近	开平	江门开平	《尺蠖斋诗文集》	同治十年进士	
谭伯鸾	近	开平	江门开平	《静观草堂诗草》		
邝达卿	近	开平	江门开平	《苏武牧羊》等		
小计					3人	
郑珊	清	恩平	江门恩平	《三听楼诗钞》		
小计					1人	
李熙和	近	台山	江门台山	《兰斋诗草》		台山县，隋新会县地，明析置新宁县，属广州府，清因之，民国改为台山县。
伍澄宇	近	台山	江门台山	《去国十年诗存》	日本留学生	
甄陶	近	台山	江门台山	《袖兰馆词》		
陈遇夫	清	新宁	江门台山	《涉需堂诗文集》	康熙二十九年解元	
陈翰	清	新宁	江门台山	《歧门集》		陈遇夫之子
陈淇	清	新宁	江门台山	《友竹诗草》		
陈正	清	新宁	江门台山	《品石山房集》		
陈葵苑	近	台山	江门台山	《向日堂集》		
陈兆松	近	台山	江门台山	《百尺楼诗稿》		陈葵苑之子

续表

姓名	时代	籍贯	今地	代表性著作	科名（学历）	备注
黄景棠	近	台山	江门台山	《倚剑楼诗草》	光绪拔贡	
黄伯轩	近	台山	江门台山	《横江楼诗稿》	北京大学毕业	
陈鹏超	近	台山	江门台山	《爱竹斋诗钞》		
陈尚志	近	台山	江门台山	《弘毅斋吟草》		
赵天锡	近	台山	江门台山	《赵鲁庵先生集》		
赵伯温	近	台山	江门台山	《晚香堂稿》		
李元龄	近	台山	江门台山	《蓉园诗草》		
赵沅湘	近	台山	江门台山	《兰舟诗草》		
小计					17 人	
陈焕	宋	博罗	惠州博罗	《陈少微诗集》（佚）	绍兴特科	
陈非赤	清	博罗	惠州博罗	《翛同集》		
何南钰	清	博罗	惠州博罗	《燕滇雪迹集》		
张萱	明	博罗	惠州博罗	《西园先生文集》	万历十年举人	
韩鸣金	明	博罗	惠州博罗	《五柳园集》	举人	
函可	明	博罗	惠州博罗	《千山诗集》		韩鸣金孙辈
韩荣光	清	博罗	惠州博罗	《黄花集》	道光顺天举人	

续表

姓名	时代	籍贯	今地	代表性著作	科名（学历）	备注
韩绮如	清	博罗	惠州博罗	《容韩女士诗钞》		韩荣光之女
小计					8 人	
张玉堂	清	归善	惠州惠阳	《公余闲咏》等		隋置归善县，明清时为惠州府附廓县，民国改为惠阳县
张可廷	近	惠阳	惠州惠阳	《海岳集》		
廖楼	明	归善	惠州惠阳	《敦行堂集》	隆庆元年举人	
廖恩涛	近	惠阳	惠州惠阳	《忏庵词》	美国留学生	
廖仲恺	近	惠阳	惠州惠阳	《双清词草》	日本留学生	
叶梦熊	明	归善	惠州惠阳	《华云集》	嘉靖四十四年进士	
叶春及	明	归善	惠州惠阳	《叶絅斋先生文集》	嘉靖三十一年举人	
叶适	清	归善	惠州惠阳	《西村诗集》	康熙四十一年举人	
刘统基	清	归善	惠州惠阳	《南石山房诗钞》	乾隆举人	
汪逢辰	近	惠阳	惠州惠阳	《孝通遗集》	光绪进士	
江逢辰	清	归善	惠州惠阳	《江孝通遗集》		
邓承修	近	惠阳	惠州惠阳	《邓承修诗文钞》	咸丰举人	
杨起元	明	归善	惠州惠阳	《杨复所全集》	万历五年进士	

续表

姓名	时代	籍贯	今地	代表性著作	科名（学历）	备注
李绮青	近	惠阳	惠州惠阳	《草间词》	光绪六年进士	
蔡锦青	近	惠阳	惠州惠阳	《宦游诗草》		
龚章	清	归善	惠州惠阳	《澹宁堂集》	康熙二年进士	
黄振成	清	归善	惠州惠阳	《军中草》	道光举人	
黄仰贤	近	惠阳	惠州惠阳	《投笔闲吟集》		
姚子庄	明	归善	惠州惠阳	《姚六康集》	崇祯六年举人	
小计					19 人	
李柱兰	近	龙门	惠州龙门	《思斋草堂诗钞》	咸丰廪贡	
小计					1 人	
赖镇东	近	宝安	深圳宝安	《归海楼诗》		
小计					1 人	
谭敬昭	清	阳春	阳江阳春	《听云楼诗钞》等	嘉庆二十二年进士	
谢方端	清	阳春	阳江阳春	《小楼吟草》		刘世馨母
刘世馨	清	阳春	阳江阳春	《粤屑》	贡生	
小计					3 人	
曾跃鳞	宋	南恩州	阳江	《曾子龙集》（佚）	淳熙五年进士	宋时南恩州治今阳江

续表

姓名	时代	籍贯	今地	代表性著作	科名（学历）	备注
阮退之	近	阳江	阳江	《阮退之诗初集》	广东高等师范学校毕业	
小计					2 人	
潘世清	清	东安	云浮	《云浮山馆诗钞》	道光诸生	明置东安县，属罗定州，民国改为云浮县。
小计					1 人	
刘仁守	清	西宁	云浮郁南	《静远堂诗草》	嘉庆贡生	明置西宁县，属罗定州，民国改为郁南县。
小计					1 人	
黎耀宗	清	罗定	云浮罗定	《听秋阁诗钞》	道光举人	
陈汝松	清	罗定	云浮罗定	《课余簃诗草》		
小计					2 人	
刘梦赐	明	新兴	云浮新兴	《维俗家礼诗集》	隆庆举人	
刘星汉	清	新兴	云浮新兴	《海松阁诗钞》	嘉庆举人	
陈在谦	清	新兴	云浮新兴	《梦香居士集》《岭南文抄》	嘉庆举人	
欧阳章	明	新兴	云浮新兴	《抒素稿》	万历二十七年选贡	
吴树勋	近	新兴	云浮新兴	《深柳诗文存》		
简于言	近	新兴	云浮新兴	《荔香堂诗集》		

续表

姓名	时代	籍贯	今地	代表性著作	科名（学历）	备注
潘嘉璧	清	新兴	云浮新兴	《笑鸣草》	康熙三十一年岁贡	
小计					7人	
陈元	汉	广信	肇庆封开	《陈元集》（佚）		汉置广信县，晋析置封兴县，隋改为封川，今为封开县。
莫宣卿	唐	封川	肇庆封开	《莫孝肃公诗集》（佚）	大中五年进士第一	
孔昭爌	清	封川	肇庆封开	《玉辉堂诗草》	嘉庆诸生	
小计					3人	
李恕	清	四会	肇庆四会	《鹤归堂草》	诸生	
李仁	清	四会	肇庆四会	《借堂偶篇》	太学生	
邵彬儒	清	四会	肇庆四会	《俗话倾谈》		
严既澄	近	四会	肇庆四会	《初日楼诗》		
小计					4人	
李熙载	宋	德庆	肇庆德庆	《李熙载诗词集》（佚）	元丰八年进士。	汉置端溪县，宋于县置德庆府，元立德庆路，明为德庆府，降为州，以端溪县省入，属肇庆府，清因之，民国改州为县。

续表

姓名	时代	籍贯	今地	代表性著作	科名（学历）	备注
李质	明	德庆	肇庆德庆	《樵云集》《三李集》（合集）		
李穆	明	德庆	肇庆德庆	《牧隐集》《三李集》（合集）		李质之弟
李伯震	明	德庆	肇庆德庆	《巢翠集》《三李集》（合集）	洪武初举怀才抱德科	李质次子
李元英	清	德庆	肇庆德庆	《丛窗集》	诸生	
温可拔	清	德庆	肇庆德庆	《青云集》	康熙二十六年举人	
温承恭	清	德庆	肇庆德庆	《蜀游集》	岁贡生	
黄国宾	近	德庆	肇庆德庆	《天觉楼诗集》	咸丰岁贡	
陈子玑	近	德庆	肇庆德庆	《揽香阁诗稿》	咸丰廪贡	
梁曾龄	清	德庆	肇庆德庆	《露桃山馆诗》	嘉庆举人	
小计					10 人	
相益	明	肇庆	肇庆端州	《片云集》		
小计					1 人	
何元	清	高要	肇庆高要	《江上万峰楼诗钞》	嘉庆廪贡生	
苏廷魁	清	高要	肇庆高要	《守柔斋诗钞》	道光十五年进士	
王宗烈	清	高要	肇庆高要	《宝唾山房诗稿》	贡生	
石经	清	高要	肇庆高要	《南雪草堂诗钞》		
冯咏倩	清	高要	肇庆高要	《双翠阁诗钞》		

续表

姓名	时代	籍贯	今地	代表性著作	科名（学历）	备注
冯咏芝	清	高要	肇庆高要	《耐庵诗钞》		
冯誉骥	清	高要	肇庆高要	《绿伽楠馆诗存》	道光进士	
冯誉骢	清	高要	肇庆高要	《钝斋诗钞》	道光举人	冯誉骥之弟
冯誉驹	近	高要	肇庆高要	《眠翠阁诗钞》	咸丰举人	
冯祖昌	近	高要	肇庆高要	《萃香楼诗钞》	咸丰诸生	
陈树英	清	高要	肇庆高要	《醉霞山房诗钞》	乾隆举人	
陈其璋	清	高要	肇庆高要	《淡如斋集》		
陈启泰	近	高要	肇庆高要	《陈季三先生遗稿》	中国公学法政科毕业	
袁梓贵	清	高要	肇庆高要	《小潜楼集》	道光举人	
莫元伯	清	高要	肇庆高要	《柏香书屋诗钞》	乾隆四十四年举人	
黄德峻	清	高要	肇庆高要	《樵香阁诗钞》	道光进士	
梁敏	明	高要	肇庆高要	《云屏集》	洪武五年举人	
彭辂	清	高要广利	肇庆鼎湖	《诗义堂集》	乾隆四十二年拔贡	
彭泰来	清	高要广利	肇庆鼎湖	《诗义堂后集》	嘉庆十八年拔贡	彭辂之子
蔡廷魁	清	高要	肇庆高要	《守柔斋诗钞》	道光进士	
小计					20 人	
李东绍	清	信宜	茂名信宜	《雪溪集》		

续表

姓名	时代	籍贯	今地	代表性著作	科名（学历）	备注
李联蕃	近	信宜	茂名信宜	《松寿轩诗钞》	咸丰优贡	
李联芬	近	信宜	茂名信宜	《陶情小草》		
李葭荣	近	信宜	茂名信宜	《不知老斋诗集》	光绪举人	
李增荣	近	信宜	茂名信宜	《森玉堂诗草》		
刘汝信	近	信宜	茂名信宜	《藏云阁集》		
林绳武	近	信宜	茂名信宜	《西江骊唱集》	光绪贡生	
林栋	近	信宜	茂名信宜	《抗怀山房诗稿》		
陆毓瑜	近	信宜	茂名信宜	《留仙阁遗稿》		
陆祺	近	信宜	茂名信宜	《卖花翁诗存》	宣统贡生	
梁梅先	清	信宜	茂名信宜	《凌寒阁诗稿》		
小计					11 人	
许汝赓	近	茂名	高州	《寥天一斋诗集》		茂名，汉高凉县地，隋置茂名县，明清皆为高州府治。晋有道士潘茂名于此升仙，县因以名。
许景劭	近	茂名	高州	《琴轩堂诗钞》		
黎汝梅	近	茂名	高州	《鼎和遗稿》		

续表

姓名	时代	籍贯	今地	代表性著作	科名（学历）	备注
李学曾	明	茂名	高州	《鹤林集》	弘治进士	
李一迪	明	茂名	高州	《我山集》	嘉靖四十年进士	
杨廷桂	清	茂名	高州	《岭隅诗存》	道光举人	
杨颐	近	茂名	高州	《观稼堂诗钞》	同治进士	
吴徽叙	清	茂名	高州	《针石斋集》		
林鹤年	清	茂名	高州	《曲江游草》		
梁纯素	清	茂名	高州	《傲霜吟》		
熊轼	近	茂名	高州	《岭阳书屋诗稿》	日本留学生	
熊英	近	茂名	高州	《水鉴楼稿》		熊轼之子
小计					12 人	
邵咏	清	电白	茂名电白	《种芝山房诗文集》	乾隆优贡	
邵诗	清	电白	茂名电白	《邵子京诗钞》	嘉庆六年拔生	邵咏之弟
邵点	清	电白	茂名电白	《禺峡冷官吟稿》		
小计					3 人	
陈鉴	明	化州	茂名化州	《天南酒楼集》	万历举人	
林占春	近	化州	茂名化州	《梅初诗草》		
小计					2 人	

续表

姓名	时代	籍贯	今地	代表性著作	科名（学历）	备注
李晋熙	清	海康	湛江雷州	《漉云斋诗存》		
冯彬	明	海康	湛江雷州	《桐冈诗集》	嘉靖八年进士	
陈昌齐	清	海康	湛江雷州	《赐书楼集》	乾隆三十六年进士	
陈瑸	清	海康	湛江雷州	《陈清端公集》	康熙三十三年进士	
陈昌齐	清	海康	湛江雷州	《赐书堂文钞》		
小计					5人	
吴娟娟	清	吴川	湛江吴川	《平居集》		
吴宣崇	清	吴川	湛江吴川	《友松居文集》		
吴懋清	清	吴川	湛江吴川	《横塘诗稿》	嘉庆举人	
孙光前	近	吴川	湛江吴川	《蕉隐亭诗文集》	光绪二年举人	
李文泰	近	吴川	湛江吴川	《李小岩先生遗着》		
陈兰彬	清	吴川	湛江吴川	《泛槎诗草》	咸丰进士	
林召棠	清	吴川	湛江吴川	《心亭亭居诗存》	道光三年状元	
林联佳	清	吴川	湛江吴川	《见星庐诗集》		
招继祖	清	吴川	湛江吴川	《浪迹草》		
黄之淑	清	吴川	湛江吴川	《兰□女史诗》		
小计					10人	

续表

姓名	时代	籍贯	今地	代表性著作	科名（学历）	备注
陈乔森	近	遂溪	湛江遂溪	《海客诗文杂存》	咸丰举人	
小计					1人	
江慎中	近	石城	湛江廉江	《南溪诗稿》	明清时属高州府，今为廉江	
小计					1人	
丁日昌	近	丰顺	梅州丰顺	《百兰山馆集》	道光二十三年贡生	
丁惠康	近	丰顺	梅州丰顺	《丁叔雅诗集》	光绪诸生	丁日昌之子
吴逸志	近	丰顺	梅州丰顺	《萍庐诗》	保定军校毕业	
小计					3人	
万鹭洲	近	五华	梅州五华	《荔红池馆诗钞》		
古思诚	近	五华	梅州五华	《卧云诗草》		
古开文	近	五华	梅州五华	《养鹤楼诗草》	邑庠生	
陈亮	明	长乐	梅州五华	《储玉斋集》、《沧州集》		
陈培琛	近	五华	梅州五华	《定斋诗稿》	日本早稻田大学毕业	
张任寰	近	五华	梅州五华	《昙花吟草》	日本明治大学法学士	
吴绍东	近	五华	梅州五华	《味庄骚斋吟稿》	两广方言学堂毕业	
曾苏	近	五华	梅州五华	《铎余稿》	同治九年举人	
温训	清	长乐	梅州五华	《登云山房文稿》	道光十二年举人	

续表

姓名	时代	籍贯	今地	代表性著作	科名（学历）	备注
魏成汉	清	长乐	梅州五华	《浮萍诗草》	雍正拔贡	
小计					10 人	
刘玑	清	平远	梅州平远	《滋茂堂盆瓴诗钞》		
林良铨	清	平远	梅州平远	《睡庐诗稿》	雍正进士，保举贤良方正科	
林遇春	清	平远	梅州平远	《妙香庵诗存》		
黄纯仁	近	平远	梅州平远	《讱庵诗文集》	中山大学文学士	
张炯	近	平远	梅州平远	《沧海一粟楼诗集》		
小计					5 人	
江楫才	清	镇平	梅州蕉岭	《前后北游草》（已佚）	嘉庆拔贡	明置镇平县，民国改为焦岭县。
丘逢甲	清	镇平	梅州蕉岭	《岭云海日楼诗钞》	光绪进士	实台湾苗栗
丘念台	清	镇平	梅州蕉岭	《姜石遗稿》	日本留学生	丘逢甲子
梁竹君	近			《竹石楼诗稿》（与丘念台合著）		丘念台室
钟孟鸿	近	蕉岭	梅州蕉岭	《柳风馆存稿》	咸丰进士	
陈展云	近	蕉岭	梅州蕉岭	《枕古堂诗集》	咸丰举人	
古汝达	近	蕉岭	梅州蕉岭	《存斋诗钞》		

续表

姓名	时代	籍贯	今地	代表性著作	科名（学历）	备注
黄观清	清	镇平	梅州蕉岭	《淡溪诗草》	乾隆七年进士	
小计					8人	
刘均衡	近	大埔	梅州大埔	《衡斋诗集》	日本留学生	
饶相	明	大埔	梅州大埔	《三溪诗草》	嘉靖十四年进士	
饶容	清	大埔	梅州大埔	《怀蓼诗文集》	康熙举人	
饶庆捷	清	大埔	梅州大埔	《桐阴诗集》	乾隆四十年进士	
饶云骧	清	大埔	梅州大埔	《潜窝诗集》	嘉庆诸生	
饶芝	清	大埔	梅州大埔	《北征诗集》	嘉庆进士	
饶怡生	近	大埔	梅州大埔	《南冠劫后集》		
杨时芬	明	大埔	梅州大埔	《楚游馆集》		
杨之徐	清	大埔	梅州大埔	《企南轩诗文集》	康熙进士	
杨缵绪	清	大埔	梅州大埔	《佩兰斋诗文集》	康熙六十年进士	杨之徐之子
杨天培	清	大埔	梅州大埔	《西岩诗抄》、《潮雅拾存》		
杨中龙	清	大埔	梅州大埔	《北海诗文钞》	乾隆进士	
吴稼秋	近	大埔	梅州大埔	《稼秋遗稿》	潮州金山中学毕业	
钟兆霖	近	大埔	梅州大埔	《菜根堂诗存》		
邱对颜	清	大埔	梅州大埔	《松寮诗》		

续表

姓名	时代	籍贯	今地	代表性著作	科名（学历）	备注
张对墀	清	大埔	梅州大埔	《丹崖诗文集》	乾隆举人	
张薇	近	大埔	梅州大埔	《且庵吟草》		
张守仁	近	大埔	梅州大埔	《衡庐诗钞》	两广方言学堂毕业	
张云龙	近	大埔	梅州大埔	《瓠庐诗钞》		
陈璇珍	近	大埔	梅州大埔	《微尘馆词》		
范菑淑	清	大埔	梅州大埔	《化碧集》		
何如璋	近	大埔	梅州大埔	《使东杂咏》	同治七年进士	
罗卓英	近	大埔	梅州大埔	《呼江吸海楼诗》	保定军校毕业	
郭辅畿	明	大埔	梅州大埔	《洗砚堂诗》	崇祯十五年举人	
郭之熙	近	大埔	梅州大埔	《留园诗集》	光绪诸生	
郭汉鸣	近	大埔	梅州大埔	《唯旷斋诗钞》	留法学生	
郭德庵	近	大埔	梅州大埔	《竹林诗文集》		
黄一渊	明	大埔	梅州大埔	《遥峰阁集》		
萧翱材	清	大埔	梅州大埔	《椒远堂诗抄》		
萧翱林	清	大埔	梅州大埔	《松存轩诗文集》	顺治进士	
温廷敬	近	大埔	梅州大埔	《元和姓纂证补》		
廖逊我	近	大埔	梅州大埔	《静傲楼诗钞》	中山大学文科毕业	

续表

姓名	时代	籍贯	今地	代表性著作	科名（学历）	备注
戴澍霖	近	大埔	梅州大埔	《闲吟集》		
小计					33 人	
石娥啸	清	兴宁	梅州兴宁	《小匡庐诗文钞》	康熙二十三年举人	
吴熙乾	清	兴宁	梅州兴宁	《战马》	武生	
何天炯	近	兴宁	梅州兴宁	《无赫斋诗草》等	日本留学生	
张天赋	明	兴宁	梅州兴宁	《叶冈诗集》	嘉靖拔贡	
陈有懿	清	兴宁	梅州兴宁	《自怡集》	乾隆五十四年拔贡	
陈一峰	清	兴宁	梅州兴宁	《阆苑集》	嘉庆二十一年举人	
陈大勋	清	兴宁	梅州兴宁	《若穑稿》	道光十六年拔贡	
陈其藻	近	兴宁	梅州兴宁	《毋自欺斋诗稿》	咸丰优贡	
陈崟	近	兴宁	梅州兴宁	《启蛰斋集》	廪生	
罗清英	清	兴宁	梅州兴宁	《松亭删稿》	乾隆二十六年进士	
罗清熙	清	兴宁	梅州兴宁	《思藻楼集》	道光举人	
罗献修	近	兴宁	梅州兴宁	《螺庄诗稿》	光绪十一年拔贡	
牧原	明	兴宁	梅州兴宁	《訒堂余稿》	万历举人	
胡霙	明	兴宁	梅州兴宁	《问字草堂集》	崇祯三年举人	
胡锡侯	近	兴宁	梅州兴宁	《弓园吟草》	光绪二十年举人	

续表

姓名	时代	籍贯	今地	代表性著作	科名（学历）	备注
胡曦	近	兴宁	梅州兴宁	《湛此心斋诗集》、《梅水汇灵集》	同治十二年拔贡	
傅兆麟	清	兴宁	梅州兴宁	《长铗归来吟》	道光岁贡	
曾荣科	清	兴宁	梅州兴宁	《玉峰删稿》	康熙三年进士	
曾士梅	近	兴宁	梅州兴宁	《秋梦集》	咸丰举人	
小计					19 人	
吴乔翔	清	嘉应	梅州梅县	《灞陵小草》		此地宋时为梅州，明废州为程乡县，清升为嘉应州，民国改为梅县。
何其杰	清	嘉应	梅州梅县	《梨云阁诗文集》	嘉庆举人	
张珆	明	程乡	梅州梅县	《苍苍亭集》	崇祯选贡	
张煜南	清	梅县	梅州梅县	《梅水诗传》、《海国公余杂著》		
徐青	清	嘉应	梅州梅县	《聿修堂稿》		
黄岩	清	嘉应	梅州梅县	《岭南逸史》	乾隆贡生	
廖衷赤	明	程乡	梅州梅县	《五园集》	隆庆元年举人	
黎秉衡	清	嘉应	梅州梅县	《懋晖堂草》	太学生	
李□	明	程乡	梅州梅县	《函秘斋集》	崇祯十二年举人	
李士淳	明	程乡	梅州梅县	《三柏轩集》		

续表

姓名	时代	籍贯	今地	代表性著作	科名（学历）	备注
王利亨	清	嘉应	梅州梅县	《赋蛿草》	嘉庆进士	
王恩翔	近	嘉应	梅州梅县	《南游记》	贡生	
丘竹屏	近	梅县	梅州梅县	《竹庵诗存》		
古直	近	梅县	梅州梅县	《隅楼集》	滂溪人	
叶钧	清	嘉应	梅州梅县	《石亭诗文集》	乾隆五十九年举人	
叶兰成	清	嘉应	梅州梅县	《听泉小草》	嘉庆举人	
叶璧华	近	梅县	梅州梅县	《古香阁集》		
李象元	清	嘉应	梅州梅县	《赐书堂文集》	康熙三十年进士	
李琛	清	嘉应	梅州梅县	《一草庐集》	康熙三十二年举人	
李坛	清	嘉应	梅州梅县	《退学轩诗文稿》	乾隆三十九年顺天举人	
李柱华	清	嘉应	梅州梅县	《自怡集》		用其字
李柱才	清	嘉应	梅州梅县	《自在居集》		用其字
李光昭	清	嘉应	梅州梅县	《铁树堂诗集》	嘉庆诸生	
李龙孙	清	嘉应	梅州梅县	《绿云山馆词抄》		
李黼平	清	嘉应	梅州梅县	《李绣子全书》	嘉庆十年进士	
李纶光	近	梅县	梅州梅县	《笠山诗草》	咸丰举人	
李维源	近	梅县	梅州梅县	《沤楼诗存》		

续表

姓名	时代	籍贯	今地	代表性著作	科名（学历）	备注
李翼中	近	梅县	梅州梅县	《帽檐诗钞》	中山大学文学士	
杨仲兴	清	嘉应	梅州梅县	《四余偶录》等	雍正八年进士	
杨师时	清	嘉应	梅州梅县	《平粤海雅二十章》	嘉庆举人	
杨懋建	清	嘉应	梅州梅县	《长安看花记》	道光十二年举人	
林斐	清	嘉应	梅州梅县	《半耕堂诗草》	嘉庆五年举人	
吴兰修	清	嘉应	梅州梅县	《荔村吟草》	嘉庆十三年举人	
吴敬伦	清	嘉应	梅州梅县	《怡云堂诗》	嘉庆优贡	
宋湘	清	嘉应	梅州梅县	《红杏山房集》	嘉庆四年进士	
张廷栋	近	梅县	梅州梅县	《绿榕书屋剩草》	咸丰诸生	
张芝田	清	嘉应	梅州梅县	《榕阴山房诗赋》		
周勋臣	近	嘉应	梅州梅县	《周勋臣先生诗存》		
顾崇图	清	嘉应	梅州梅县	《芝兰吟稿》	道光岁贡	
顾崇衡	清	嘉应		《虹桥集》		顾崇图兄弟
黄遵宪	近	嘉应	梅州梅县	《人境庐诗草》	光绪二年举人	
黄海章	近	梅县	梅州梅县	《黄叶集》	广东高等师范学校毕业	黄遵宪之侄
萧廷发	清	嘉应	梅州梅县	《植兰斋稿》	乾隆五十五年进士	
廖纪	清	嘉应	梅州梅县	《万树松斋诗钞》	嘉庆诸生	

续表

姓名	时代	籍贯	今地	代表性著作	科名（学历）	备注
颜崇图	清	嘉应	梅州梅县	《芝园吟稿》		
颜崇衡	清	嘉应	梅州梅县	《绿萍山馆集》		
温仲和	近	梅县	梅州梅县	《求在我斋集》	光绪十五年进士	
梁龙	近	梅县	梅州梅县	《蘋庐诗稿》	剑桥大学毕业	
黎璿潢	近	梅县	梅州梅县	《茂仙诗存》		
小计					49 人	
徐旭曾	清	和平	河源和平	《梅花阁吟草》	嘉庆进士	
小计					1 人	
江有灿	近	连平	河源连平	《海岳堂诗稿》	咸丰拔贡	
何深	清	连平	河源连平	《晴窗草》	康熙四十五年进士	
林玉衡	清	连平	河源连平	《荣宝堂诗钞》		
颜检	清	连平	河源连平	《衍庆堂诗稿》	乾隆四十二年拔贡	
颜培瑚	清	连平	河源连平	《自怡斋诗草》	道光进士	
小计					5 人	
王素云	明	清远	清远清城	《步月楼诗草》		
张嗣纲	明	清远	清远清城	《戈余诗草》	武举人	

续表

姓名	时代	籍贯	今地	代表性著作	科名（学历）	备注
朱汝珍	清	清远	清远清城	《词林辑略》	光绪进士	
小计					3 人	
李毓清	清	阳山	清远阳山	《一桂轩诗抄》		
小计					1 人	
张君玉	清	英德	清远英德	《嘉谷山房诗草》	道光贡生	
张景阳	近	英德	清远英德	《一得山房诗钞》	咸丰优贡	
小计					2 人	
陈拙	唐	连州	清远连州	《陈用拙诗集》	天祐元年进士	
胡君昉	唐	连州	清远连州	《蘖川诗集》		
张鸿	唐	连州	清远连州	《张鸿集》（佚）	天祐二年进士	
孟宾于	五代	连州	清远连州	《金鳌集》（佚）	天福九年进士	
黄损	五代	连州	清远连州	《桂香集》等（佚）	龙德二年进士	
蔡齐基	宋	连州	清远连州	《蔡齐基集》（佚）		
廖文英	清	连州	清远连州	《石林堂前后集》		
小计					7 人	
张昭芹	近	乐昌	韶关乐昌	《薪梦草堂诗集》	光绪二十六年举人	
小计					1 人	

续表

姓名	时代	籍贯	今地	代表性著作	科名（学历）	备注
凌云	明	仁化	韶关仁化	《集陶》、《集杜》	天启举人	
释今□	清	仁化	韶关仁化	《遍行堂集》		杭州人，入韶州丹霞为僧。
小计					2人	
赵希璜	清	长宁	韶关新丰	《赵渭川集》	乾隆四十四年举人	
小计					1人	
黄器先	明	翁源	韶关翁源	《儒颐集》		
邵谒	唐	翁源	韶关翁源	《邵谒集》		
小计					2人	
张渐	宋	始兴	韶关始兴	《沙田集》（佚）	熙宁九年进士	
官焕扬	近	始兴	韶关始兴	《桐桂轩课孙草》	咸丰诸生	
官桢扬	近	始兴	韶关始兴	《紫薇山馆遗稿》	咸丰监生	
林明伦	明	始兴	韶关始兴	《穆庵诗集》	乾隆十三年进士	
谭粹	宋	始兴	韶关始兴	《罗浮集》（佚）	皇祐进士	
谭大初	明	始兴	韶关始兴	《次川存稿》等	嘉靖十七年进士	
小计					6人	
张九龄	唐	曲江	韶关曲江	《张曲江集》等	景龙元年进士	

续表

姓名	时代	籍贯	今地	代表性著作	科名（学历）	备注
刘珂	唐	曲江	韶关曲江	《刘希仁文集》		
余靖	宋	曲江	韶关曲江	《武溪集》等		
许炳章	清	曲江	韶关曲江	《兰秘阁北游草》	道光举人	
廖燕	清	曲江	韶关曲江	《二十七松堂集》	诸生	
欧震	近	曲江	韶关曲江	《雨辰诗集》		
释德清	明	曲江	韶关曲江	《憨山老人梦游集》	全椒人，入曹溪为僧	
小计					7人	
胡定	清	南雄	韶关南雄	《双柏庐诗文集》	雍正进士。	汉置湞昌县，宋改曰保昌，清省入南雄州，今为南雄县。
小计					1人	
王大宝	南宋	海阳汤头	潮州潮安	《王元龟遗文》		晋置海阳县，明清为潮州府治，民国废府，改海阳为潮安。
吕玉璜	清	海阳	潮州潮安	《刻烛吟馆诗》	嘉庆贡生	
吕玑璜	清	海阳	潮州潮安	《嘤其鸣斋集》		吕玉璜之弟
吕瑞祥	清	海阳	潮州潮安	《漱玉山房稿》		吕玉璜长子
吕瑞麟	清	海阳	潮州潮安	《缘雨窗稿》		吕玉璜次子

续表

姓名	时代	籍贯	今地	代表性著作	科名（学历）	备注
刘允	宋	海阳东津	潮州潮安	《刘厚中文集》（佚）	绍圣四年进士	
刘祖谟	清	海阳	潮州潮安	《鹭汀小稿》	乾隆三十五年进士	
许申	宋	海阳	潮州潮安	《高阳集》		
余建中	明	海阳	潮州潮安	《笑拙墅稿》	万历国学生	
余志贞	清	海阳	潮州潮安	《螭坳剩草》	康熙进士	
余心一	近	潮安	潮州潮安	《阙思斋诗集》	广东高等师范学校毕业	
吴六奇	清	海阳丰都	丰顺丰良	《葛如诗钞》		
陈珏	明	海阳	潮州潮安	《研痕堂诗集》		
陈廷策	明	海阳	潮州潮安	《阳山诗集》	崇祯拔贡	
陈衍虞	明	海阳	潮州潮安	《莲山诗集》	崇祯十五年举人	
陈周礼	明	海阳	潮州潮安	《自怡堂诗草》		陈衍虞之子
陈艺衡	明	海阳	潮州潮安	《爱园草》	诸生	陈衍虞之子
陈珏	明	海阳	潮州潮安	《研痕堂集》	太学生	陈衍虞季子
陈士规	明	海阳	潮州潮安	《咽珠堂集》		陈衍虞侄
陈王猷	清	海阳	潮州潮安	《蓬亭偶存诗草》	康熙二十年举人	陈衍虞孙，陈珏之子
陈学典	清	海阳	潮州潮安	《小蓬亭诗草》		陈王猷次子
陈鸣鹤	清	海阳	潮州潮安	《耕心堂剩稿》	乾隆拔贡	

续表

姓名	时代	籍贯	今地	代表性著作	科名（学历）	备注
陈鸣鹤	清	海阳	潮州潮安	《耕心堂剩稿》		
陈方平	近	潮安	潮州潮安	《梅花书屋诗钞》	咸丰拔贡	
郑重晖	清	海阳	潮州潮安	《岂闲居吟稿》		
林巽	宋	海阳	潮州	《林巽之文集》（佚）		
林大钦	明	海阳东莆都	潮州潮安	《东莆先生文集》	嘉靖十一年状元	
林熙春	明	海阳龙溪	潮州潮安	《城南书庄草》	万历十一年进士	
倪明进	清	海阳	潮州潮安	《中州初·续集》		
倪元藻	清	海阳	潮州潮安	《涧南遗草》		倪明进之子
饶锷	近	潮安	潮州潮安	《天啸楼集》		
黄衍启	清	海阳	潮州潮安	《合组诗草》		
黄兆荣	清	海阳	潮州潮安	《警忱诗钞》	嘉庆举人	
盛端明	明	海阳	梅州大埔	《诗集类稿》		
曾华盖	清	海阳	潮州潮安	《鸿迹草等》	康熙九年进士	
谢简捷	清	海阳	潮州潮安	《南还杂咏》	康熙进士	
谢五娘	明	潮州	潮州潮安	《月居集》		
辜朝荐	明	海阳	潮州潮安	《桑浦行吟》	崇祯进士	
詹景凤	明	海阳	潮州潮安	《西游稿》	隆庆元年举人	

续表

姓名	时代	籍贯	今地	代表性著作	科名（学历）	备注
张夔	宋	海阳隆眼				
城都	汕头澄海《禄隐集》政和八年进士。					
薛侃	明	海阳龙溪	潮州潮安	《西湖记》	正德十二年进士	
辜兰凤	明	海阳	潮州潮安	《啸雪堂集》		
小计					42 人	
陈天资	明	饶平	潮州饶平	《东里志》等	嘉靖进士	饶平为汉揭阳县地，晋以后为海阳县地，明析置饶平县，属潮州府，清因之。
陈步墀	近	饶平	潮州饶平	《绣诗楼诗存》	光绪诸生	
陈焕章	近	饶平	潮州饶平	《爱莲堂诗稿》		
陆卿	明	饶平	潮州饶平	《回风草堂集》	崇祯举人	
陆宬箴	清	饶平	潮州饶平	《观古国留花吟》		
郑茂蕙	明	饶平	潮州饶平	《雪净斋集》	崇祯十五年举人	
罗惠	明	饶平	潮州饶平	《罗后山诗集》	嘉靖举人	
黄锦	明	饶平	潮州饶平	《笔耕堂集》	天启二年进士	
薛亶	明	饶平	潮州饶平	《清墅集》		
薛雍	明	饶平	潮州饶平	《南樵集》	嘉靖十年举人	

续表

姓名	时代	籍贯	今地	代表性著作	科名（学历）	备注
周用	明	饶平	潮州饶平	《顾影集》	弘治进士	
詹安泰	近	饶平	潮州饶平	《鹪鹩巢诗稿》	中山大学毕业	
小计					12 人	
王天性	明	澄海	汕头澄海	《半憨集》		
王景仁	近	澄海	汕头澄海	《小辋川诗集》	同治增生	
叶芝	明	澄海	汕头澄海	《石莲洞诗》		
杨廷科	清	澄海	汕头澄海	《桂楼诗草》	乾隆举人	
杨世勋	近	澄海	汕头澄海	《蔗尾吟草》	咸丰诸生	
杨钟岳	清	澄海	汕头澄海	《大山公诗文集》	顺治进士	
吴之藻	近	澄海	汕头澄海	《梦兰先生遗稿》		
陈名仪	清	澄海	汕头澄海	《慎余堂诗集》	乾隆举人	
姚天健	清	澄海	汕头澄海	《远游诗钞》		
谢宗鍹	明	澄海	汕头澄海	《观古堂集》	崇祯十二年乡试第一	谢元汴从父
谢元汴	明	澄海	汕头澄海	《霜山堂集》	崇祯十六年进士	“岭东三家”之一
唐伯元	明	澄海	汕头澄海	《醉经楼集》	万历二年进士	
小计					12 人	
刘瑞葵	明	潮阳	汕头潮阳	《碧山漫稿》	正德举人	

续表

姓名	时代	籍贯	今地	代表性著作	科名（学历）	备注
李龄	明	潮阳	汕头潮阳	《李宫詹遗稿》	正统进士	
吴向	明	潮阳	汕头潮阳	《鲁庵逸稿》		
陈衍	明	潮阳	汕头潮阳	《心师轩集》		
陈作舟	清	潮阳	汕头潮阳	《羊城杂咏》		
陈运彰	近	潮阳	汕头潮阳	《纫芳词》		
郑义	明	潮阳	汕头潮阳	《梅花百咏》	永乐进士	
郑正秋	近	潮阳	汕头潮阳	《难夫难妻》		
林大春	明	潮阳廓都	汕头潮阳	《井丹先生集》	嘉靖二十九年进士	
林龙	清	潮阳	汕头潮阳	《畔愁集》	嘉庆太学生	
周孚先	明	潮阳	汕头潮阳	《桃峪逸稿》	正德举人	
周光镐	明	潮阳	汕头潮阳	《明农山堂集》	隆庆五年进士	周孚先之子
郭廷序	明	潮阳	汕头潮阳	《循夫集》	嘉靖二十年进士	
道忞	明	潮阳	汕头潮阳	《布水台》		
萧龙	明	潮阳	汕头潮阳	《湖山类稿》	成化进士	
萧端蒙	明	潮阳	汕头潮阳	《同野集》	嘉靖二十年进士	
萧端贲	明	潮阳	汕头潮阳	《梅花百咏》		
小计					17 人	

续表

姓名	时代	籍贯	今地	代表性著作	科名（学历）	备注
许国佐	明	揭阳	揭阳	《百州壹集》	崇祯四年进士	
宋兆钥	明	揭阳	揭阳	《旧耕堂存草》	崇视元年进士	
陈希汲	宋	揭阳	揭阳	《揭阳集》（佚）	元祐进士	
林士猷	明	揭阳	揭阳	《叔文诗稿》		
罗万杰	明	揭阳	揭阳	《瞻六堂集》	崇祯七年进士	
郑旻	明	揭阳	揭阳	《裒拙稿》	嘉靖三十五年进士	
翁万达	明	揭阳鮀江	汕头鮀浦	《东涯集》	嘉靖五年进士	
黄国卿	明	揭阳	揭阳	《沧溪文集》	嘉靖进士	
郭贞顺	元	揭阳	揭阳	《梅花集》		
郭之奇	明	揭阳	揭阳	《宛在堂集》	崇祯元年进士	
郭天祯	明	揭阳	揭阳	《淡森居诗集》		郭之奇长子
郭天禔	明	揭阳	揭阳	《溪堂诗集》		郭之奇次子
曾习经	近	揭阳霖田	揭阳揭西	《蛰庵诗存》	光绪十八年进士	“岭南近代四家”之一
小计					13 人	
张经	清	惠来	揭阳惠来	《稼轩篁吟》		
张灏	清	惠来	揭阳惠来	《濯春堂集》		张经之子

续表

姓名	时代	籍贯	今地	代表性著作	科名（学历）	备注
陈光世	明	惠来	揭阳惠来	《雪坡集》	嘉靖贡生	
陈龙光	清	惠来	揭阳惠来	《慎余草》		
林鹤年	近	惠来	揭阳惠来	《鹤庐诗文集》	光绪诸生	
林习经	近	惠来	揭阳惠来	《海天小筑诗钞》	中山大学毕业	
小计					6 人	
彭上拔	清	陆丰	汕尾陆丰	《鹰顶山房集》	雍正贡生	
小计					1 人	
王佐	明	海丰	汕尾海丰	《鸡肋集》	正统十二年举人	
杨巍	明	海丰	汕尾海丰	《梦山集》	嘉靖二十六年进士	
刘万章	近	海丰	汕尾海丰	《广州民间故事》		
小计					3 人	
王宏诲	明	定安	海南定安	《天池草》、《尚友堂稿》	嘉靖四十四年进士	
王懋曾	清	定安	海南定安	《松溪小草》	岁贡生	
张岳崧	清	定安	海南定安	《筠心堂集》	嘉庆十四年进士	
梁岳崧	清	定安	海南定安	《筠心草堂集》	嘉庆进士第三	
小计					4 人	

续表

姓名	时代	籍贯	今地	代表性著作	科名（学历）	备注
王惠	明	琼州	海南	《岭南声诗鼓吹》		明时琼州府治在今琼山县。
白玉瞻	宋	琼山	海南琼山	《白玉蟾集》		道教南宗五祖
王承烈	清	琼山	海南琼山	《纶初堂诗集》	嘉庆举人	
丘濬	明	琼山	海南琼山	《琼台会稿》		
李珊	明	琼山	海南琼山	《古愚集》	成化二年进士	
林之椿	清	琼山	海南琼山	《东湖诗集》		
吴小姑	近	琼州	海南琼山	《唾绒词》		
钟芳	明	琼山	海南琼山	《钟筠溪集》	正德三年进士	
邱浚	明	琼山	海南琼山	《琼台会稿》	景泰进士	
符家麟	清	琼山	海南琼山	遗诗一卷	乾隆恩贡	
陈繗	明	琼山	海南琼山	《唾余稿》	弘治六年进士	
曾对颜	近	琼山	海南琼山	《还我书室诗》	光绪举人	
海瑞	明	琼山	海南琼山	《海忠介公文集》	嘉靖二十八年举人	
唐胄	明	琼山	海南琼山	《西洲存稿》	弘治十五年进士	
小计					14 人	
云茂济	近	文昌	海南文昌	《琼台纪事诗》	又云云茂琦	

续表

姓名	时代	籍贯	今地	代表性著作	科名（学历）	备注
邢宥	明	文昌	海南文昌	《湄丘集》	正统十年进士	
陈是集	明	文昌	海南文昌	《陈中秘稿》	崇祯四年进士	
小计					3 人	
李符清	清	合浦	北海合浦	《李海门集》	乾隆四十八年顺天举人	
周文鼉	清	合浦	北海合浦	《雪香斋吟草》		
小计					2 人	
冯敏昌	清	钦州	广西钦州	《小罗浮草堂诗集》	乾隆四十三年进士	“岭南三子”之一
小计					1 人	
何海鸣	近	九龙	香港	《黄埔血泪》		
小计					1 人	
丁杰	清	籍里不详（下同）		《蛾术诗草》		
马庆余	清			《小媚秋堂词》		
区孝达	近			《南北往还纪事诗》		
王范	晋			《交广春秋》		
王□				《摄堂诗选》		
王临亭	明			《粤剑编》		

续表

姓名	时代	籍贯	今地	代表性著作	科名（学历）	备注
韦文化	宋			《韶程诗》（佚）		
今竟	明			《威凤堂集》		钱塘人，入粤为僧
尹兆蓉	近			《绿荷池馆诗钞》	咸丰贡生	
毛天翀	清			《静庵诗草》	顺治选贡	
邓尔慎	近			《邓藉香诗抄》		
邓锡祯	近			《蠹余诗稿》		
邓钻先	近			《庐诗草》		
孔继宣	清			《守瓶堂诗文稿》		
冯孟	清			《冯孟文》		
冯永年	清			《看山楼词》		
冯启泰	清			《小□山房诗草》		
冯植森	清			《鹤琴书房诗抄》		
冯邵骏	近			《清芬集》		
冯昭文	近			《棣华小庐诗抄》		
冯栻宗	近			《海日庐诗草》		
玉桥	近			《广东新儿女杂剧》		
龙章	近			《卧子诗文集》		

续表

姓名	时代	籍贯	今地	代表性著作	科名（学历）	备注
史澄	近			《退思轩诗存》	光绪二十六年进士	
古履青	清			《嫏環书屋诗草》	乾隆六十年举人	
叶孟超	明			《叶文明文集》		
叶官桃	清			《碧树山房集》		
叶建勋	清			《梅花书屋近体诗》		
叶应铨	清			《足吾好斋诗抄》		
叶应魁	近			《击蒲文集》、《击蒲诗集》		
叶受崧	近			《守真山房诗草》		
叶觐光	近			《肆雅堂遗集》		
邝元乐	明			《五岭文集》		
刘晚荣	清			《水浒全图》		
刘汝新	清			《藏云阁诗稿》	道光进士	
刘怀新	近			《怀园吟草》		
刘国宾	近			《步苏唱和诗》（合集）		
刘显寿	近			《居安堂诗抄》		
刘彭龄	近			《雕龙诗集》		
刘绣芬	近			《小苏斋诗抄》		

续表

姓名	时代	籍贯	今地	代表性著作	科名（学历）	备注
刘耀青	近			《海南归棹词》		
刘庆松	近			《海沤集》		
刘庆崧	近			《玉华庵词》		
祁皋	清			《念兹堂诗集》	诸生	
安和老人	清			《警富新书》		
关铣	近			《药余拙钞》		
许汝韶	清			《高凉耆旧文抄》		
任采芹	近			《玉章馆诗集》		
宋廷选	清			《莲溪诗钞》		
宋季	近			《社会龙舟庚戌年广东大事记》		
朱鼎臣	明			《鼎锲全相唐三藏西游传》		
朱文溥	清			《吹剑楼词集》		
阮松龄	清			《广厦万间诗钞》		
孙殿龄	清			《红叶读书楼诗草》		
苏正学	清			《宦游草》		
沈化杰	清			《棣华馆词》		
沈桐	近			《凤楼词》		

续表

姓名	时代	籍贯	今地	代表性著作	科名（学历）	备注
李秩	明			《辟楼集》		
李衡	清			《小潇湘馆诗草》		
李尧山	清			《春雨楼诗钞》		
李兆康	清			《醉月楼诗钞》		
李泽深	清			《李□雨诗稿》		
李溶阶	清			《致知堂文抄》		
李韡	清			《茂观诗集》	康熙六十年贡生	
李仕良	近			《狷夏堂诗集》		
李硕襄	近			《退庵杂着》		
李碧泉	近			《醒省斋零草》		
李翰芬	近			《陔兰乞言稿》		
李宝祥	近			《杏荫山馆诗》		
李元弼	明			《江皋小筑集》		
劳光荣	清			《鄂城表忠集》		
吴丙	宋			《吴汝光杂咏》		
吴稊	清			《岱云篇笔草》		
吴林光	清			《饮兰露馆诗抄》		

续表

姓名	时代	籍贯	今地	代表性著作	科名（学历）	备注
吴河光	清			《二吴先生唱于集》		
吴桐	近			《凤阿诗集》		
吴□	近			《求是山房集》		
何炳然	清			《蒙生诗草》	嘉庆二十四年举人	
何彬	清			《三十六洞天草堂诗存》		
何铸	清			《梦句楼弱冠草》		
何仁镜	清			《洛如花廨诗册》		
何秀棣	清			《庾园诗草》		
何其干	清			《青萝蛰存室吟草》		
何定求	清			《定求诗集》		
何省兰	清			《安所遇轩西游草》		
何探源	清			《蜀游草》		
何钟瀛	近			《勤补拙轩诗抄》		
何炳堃	近			《介石斋诗集》		
谷氏	明			《静阁集》		南海萧志崇室
余维垣	近			《雪泥庐咏史诗抄》		
余觐光	近			《珠峰诗集》等		

续表

姓名	时代	籍贯	今地	代表性著作	科名（学历）	备注
邱茜	明			《新刊重订附释标注出相五伦全备忠孝记》		
张槐	清			《南游剩稿》		
张秀端	清			《香雪巢词》		
张其□	清			《养真斋诗集》		
张其况	清			《辫贞亮室文抄》		
张映纬	清			《鸿雪斋诗藏稿》		
张耀杓	清			《露波楼诗抄》		
张子京	清			《金墨斋诗草》	乾隆举人	
张荫麟	近			《张荫麟文集》		
张端仪	近			《张端仪诗词稿》		
张干昌	近			《梅县童歌》		
苏若瑚	清			《宫教集》		
陈陶	唐			《陈陶诗录》		
陈鹏飞	宋			《罗浮集》（佚）		
陈诗	明			《知鸿堂集》		
陈珪	明			《罗江草》（合集）		
陈崧	清			《东溪诗集》		

续表

姓名	时代	籍贯	今地	代表性著作	科名（学历）	备注
陈贞亮	清			《渐园诗草》		
陈伟家	清			《蜀生诗草》		
陈际清				《枕□楼文抄》		
陈锡恭	清			《雪鸿吟馆诗存》		
陈勤胜	清			《寸莛斋散体文》		
陈秀琼	近			《抱真子道行原始诗集》		
陈庚全	近			《惜之庵诗稿》		
陈元柱	近			《台山歌谣集》		
宝筏	明			《莲西诗存》		
郑颢若	清			《榕屋诗抄》		
郑匡夏	清			《元白草》		
郑芷朋	近			《丹桂轩诗集》		
郑克堂	近			《云海楼诗集》	光绪贡生	
范元	清			《松山丛集》		
杨大玉	清			《居安堂诗抄》		
杨荣绪	清			《杨黼香先生遗稿》		
杨苔山	近			《雪鸿吟馆诗词》		

续表

姓名	时代	籍贯	今地	代表性著作	科名（学历）	备注
杨彤英	近			《雪松轩诗抄》		
杨锡福	近			《一鹤堂诗文集》		
杨鹤宾	近			《凤凰新社吟草初集》		
林安宅	宋			《南海集》（佚）		
林隽胄	明			《时山集》		
林培庐	近			《潮州七贤故事》		
欧阳锴	清			《师竹山房文集》		
罗□堃	清			《硕窝诗抄》		
罗鼎	近			《玉露堂诗集》		
罗廷琏	近			《琢轩诗草》		
罗震垣	近			《海天楼诗草》		
罗岸先	近			《题画诗》（佚）		
易崇端	近			《浣墨池馆诗草》		
周日灿	清			《云园词》		
周芷佩	清			《吟香山馆吟草》		
周钧鳌	清			《熙朝乐府》		
周遐龄	清			《所托山房诗集》		

续表

姓名	时代	籍贯	今地	代表性著作	科名（学历）	备注
周寅清	清			《典三诗存》等		
周瑞生	近			《三樵山房诗》		
济荷	清			《尖峰山大师幻游集》		
洪兴全	近			《中东大战演义》		
赵善琉	宋			《自警编》		
胡海	清			《南枝集》	乾隆二十五年登商籍贤书	其先山阴人
胡子晋	近			《广州竹枝词》		
胡熊锷	近			《乱稿》		
姚诗雅	近			《景石斋词略》		
姚梓芳	近			《姚秋园先生文抄》		
庾岭劳人	清			《蜃楼志》		
高葆勋	近			《动忍庐诗存》		
容郧南	近			《聊自娱斋稿》		
养和堂主人	近			《对选笺注》		
顽叟	近			《羊石园演义》		
圆微	清			《拾遗篇》		

续表

姓名	时代	籍贯	今地	代表性著作	科名（学历）	备注
翁清	清			《啸碧池馆诗草》		
翁照	清			《赐书堂文稿》		
翁辉东	近			《唐明二翁诗集》		
徐作霖	清			《海云禅藻集》		
徐虑善	清			《一心草堂吟稿》		
徐礼辅	近			《渌水馀音》		
徐景堂	近			《影树亭词沧海楼词合刻》		
展宏	清			《北溪吟草》		
陶广荣	清			《惜分阴斋诗》		
陶炳熙	清			《善木山房存稿》		
陶余	近			《爱菊庐诗草》		
黄整	晋			《黄整集》（佚）		
黄文之	清			《艺添堂唱和诗抄》		
黄之驯	清			《宋人词说》		
黄玉堂	清			《莲瑞轩诗集》		
黄平	清			《湔江阁集》		
黄禧	清			《连居阁吟草》		

续表

姓名	时代	籍贯	今地	代表性著作	科名（学历）	备注
黄登瀛	清			《端溪诗文述》等		
黄锡深	清			《逢吉堂焚稿》		
黄耐庵	清			《岭南逸史》		
黄浩	近			《姜桂书屋诗文抄》		
黄文宽	近			《岭南小雅集》		
黄元直	近			《黄梅伯诗文集》		
黄炳枢	近			《闲忙吟草》		
黄炳堃	近			《希古堂全集》		
黄嘉礼	近			《茵甫词》		
黄棣华				《负暄山馆诗草》		
黄嵩年	近			《嵩园诗草》		
黄熙虞	近			《诗愚吟草》	咸丰诸生	
曹秉茜	近			《味苏斋集》		
曾庆珍	宋			《曾庆珍遗刻》（佚）		
曾纲堂	清			《岭南鼓吹》		
曾焕章	近			《罗浮草》		
康源	清			《雁游诗草》		

续表

姓名	时代	籍贯	今地	代表性著作	科名（学历）	备注
崔心钰	近			《拾叶山房诗抄》		
梁度	明			《素庵诗抄》		
梁朗川	清			《绣像瓦岗寨演义传》		
梁绮石	清			《蕴香山房诗抄》		
梁玉森	清			《蔼侼诗抄》		
梁廷胱	清			《圆香梦杂剧》		
梁炯	清			《蔗境轩诗草》	嘉庆举人	
梁士贤	清			《存庵文集》		
梁翰	清			《寸知草堂遗草》		
梁熙南	清			《迂斋诗抄》等		
梁霭如	清			《无怠懈斋诗稿》		
梁松年	清			《心远小榭文集》		
梁绍仁	近			《阴阳宝扇》		
梁垣三	近			《海盗名流》		
彭□	清			《梦草堂文集》		
彭鹤龄	近			《建文皇帝出家》		
温子颢	清			《倚铜琴馆词》		

续表

姓名	时代	籍贯	今地	代表性著作	科名（学历）	备注
温承悌	近			《泛香斋诗抄》		
傅学清	清			《静庵诗稿》		
蔡球	近			《养和堂诗抄》		
蔡乃煌	近			《□园诗钟》		
蔡云湘	近			《甘泉北轩诗抄》		
赖振寰	近			《朱子碑传楼辑存》		
廖松	近			《睫巢吟草》		
谭楷	清			《揽芳园诗钞》	道光副贡	
谭玉	清			《闲聊缘斋诗》		
黎民宣	明			《贻清堂集》		
黎天性	清			《双桂堂集》		
黎敬荃	近			《味雪楼步吟草》		
黎的璧	近			《劫馀近草》		
颜伯焘	清			《求真是斋诗抄》		
颜希源	清			《百美新咏》		
颜其庶	清			《予杼轩诗稿》		
颜琬	清			《东篱词稿》		

续表

姓名	时代	籍贯	今地	代表性著作	科名（学历）	备注
潘益之	明			《湛园集》		
潘揖清	明			《借峰诗稿》		
潘敬	清			《西樵杂着》		
潘仪增	近			《番禺潘氏诗略》		
潘斯濂	近			《清芬集》		
潘誉恩	近			《樵山集》		
蓝耿光	近			《崇德庐诗草》		
谢建麟	清			《槎江即事诗集》		
谢乃壬	近			《南华小庄山房诗草》		
谢朝徵	近			《白香词谱笺》		
谢辉图	近			《薪荷集》		
宝筏	清			《莲西诗存》		
愿光	明			《兰湖稿》		
释大汕	清			《离六堂集》		
释纯谦	清			《片云行草》		
小计		籍里不详			241 人	
全省总计					2048 人	

续表

说明：

1. 汉代广东籍文学家的统计，以西汉元鼎六年（前 111 年）的广东政区为准，是时该政区有交趾刺史部所属南海郡、合浦郡和苍梧郡，荆州刺史部所属桂阳郡，以及扬州刺史部所属豫章郡的部分县地，共辖 21 县。

2. 晋代广东籍文学家的统计，以西晋太康三年（282 年）的广东政区为准，是时该政区有广州的 5 郡 29 县、交州的 1 郡 1 县。

3. 唐代广东籍文学家的统计，以唐开元二十九年（741 年）的广东政区为准，是时该政区均属岭南道，辖 20 州 71 县。

4. 两宋时广东籍文学家的统计，以北宋政和元年（111 年）和南宋嘉定元年（1208 年）的广东政区为准，是时该政区的大部分属广南东路，高州以西属广南西路，共辖 17 州（府），北宋政和时有 46 县，南宋嘉定元年增至 49 县。

5. 元代广东籍文学家的统计，以元代至顺元年（1330 年）的广东政区为准，是时该政区分属江西、湖广两行省，江西行省属下的广东道领 15 路（州）、36 县；湖广行省属下的海北海南道和广西两江道领 1 州 1 县。

6. 明代广东籍文学家的统计，以明代万历十年（1582 年）的广东政区为准，是时该政区除怀集县地属广西布政司梧州府管辖外，均为广东布政司管辖，有 11 府（直隶州）、85 县（散州）。

7. 清代广东籍文学家的统计，以清嘉庆二十五年（1820 年）的广东政区为准，是时该政区包含 2 道、15 府（直隶州、直隶厅）、86 县（散州、散厅）。道是监察区，不是地方政区。

8. 近代在这里是一个比较宽泛的概念，它实际上包括了晚清（咸丰、同治、光绪、宣统四朝）和中华民国这两个时间段，大约 100 年的时间。本表以民国三十六年（1947 年）的广东政区为准，是时该政区包含 2 个督察区、100 个县（市、管理局）。督察区是省政府的派出机关，不是一级地方政区。

9. 1949 年以后出生的文学家不在考察和统计范围之内。

10. 据《番禺县志》（广东人民出版社 1995 年版）记载：番禺建县始于秦始皇三十三年（前 214 年），其境域相当于今番禺区的 10 多倍。自东汉建安六年（201 年）至清康熙二十五年（1686 年）的近 1500 年间，由番禺县先后析出增城、东官（东莞）、怀化（怀集）、南海、从化、花县（花都）等县，并由这些县再析出龙门、香山（中山）、新安（宝安）顺德、三水等县以及香港、澳门地区。自 1686 年析地建花县至 1921 年广州建市，这 235 年间，番禺县的境域基本没有变动，即以县学宫（今广州农讲所）为中心，正北 48 华里至花县界，正南 35 里至顺德县界，正东 51. 5 里至增城县界，正西 1. 5 里至南海县界，东北 70. 5 里至从化县界，东南 75 里至东莞县界，西北 2 里及西南 3. 5 里至南海县界。1921 年广州正式建市，捕属（广州市东半部）及河南街区划为市区，数年后，近郊乡村相继划属广州市区。1949 年以后，又分数次将禺北、禺东一带划入广州市区。1959 年，原属中山县的大岗、万顷沙、南沙、黄阁划入番禺。如今的广州市番禺区，管辖市桥、桥南、沙头、大石、小谷围、钟村等 6 个街道和新造、石基、石楼、大岗、榄核、东涌、化龙和南村等 8 个镇。

续表

1922 年，番禺县府由广州市区移至新造，1945 年移至市桥，至今未变。

考虑到表中所列番禺籍文学家均出生于民国十年（1921 年）广州建市以前，故其“今地”均系于今广州市。少数人的籍贯能够具体到某个街道或乡镇，如果这个街道或乡镇属于今天的广州番禺区，则其“今地”系于“广州番禺”，如果这个街道或乡镇属于今天的广州海珠区，则其“今地”系于“广州海珠”。余此类推。

11. 据《南海县志》（光绪庚戌版）记载，南海建县始于隋文帝开皇十年（590 年），明代宗景泰三年（1452 年），析地置顺德县；明世宗嘉靖五年（1526 年）析地置三水县；清世祖康熙二十五年（1686 年）析地置花县。民国九年（1920 年），县城捕属划入广州市区。如今的佛山市南海区，管辖桂城、罗村两个街道和里水、九江、丹灶、大沥、狮山、西樵等 6 个镇。

考虑到表中所列南海籍文学家均出生于民国九年（1920 年）以前，故其“今地”除了确属于今佛山南海区的上述两个街道与 6 个镇以外，其余系于今广州市。

12. “番禺捕属”，即由外省落籍番禺者，居今广州市区东半部。

13. “南海捕属”，即由外省落籍南海者，居今广州市区西半部。《南海县志》（光绪庚戌版）记载：“捕属居省城之西城内，前以双门底街为界，后以正南街为界，新城以小市街为界，城外以五仙直街为界。”

14. 本表所列文学家之籍贯，一般只具体到县一级。少数具体到街道、乡镇一级，皆因当时所属县级行政区划与今天的县级行政区划有所不同，因而县名也有所不同。

15. 本表的制作始于 2002 年 11 月，止于 2010 年 10 月，前后历时 8 年。查阅了大量的广东地方文献资料，限于体例，不一一列出。

主要参考文献

（以作者姓氏的第一个汉语拼音字母为序）

一　中文著作

A

1. 阿英编《晚清文学丛钞》，中华书局，1960—1962。
2. 阿英编《晚清戏曲小说目》，古典文学出版社，1957。

B

3. 巴金：《巴金作品精编》，漓江出版社，2002。
4. 白寿彝：《中国交通史》，上海书店出版社，1984。
5. 班固撰《汉书》，浙江古籍出版社，2000。
6. 北京大学古文献研究所编《全宋诗》，北京大学出版社，1998。

C

7. 蔡栋编《南人与北人》，大世界出版有限公司，1995。
8. 蔡嵩云撰《乐府指迷笺释》，人民文学出版社，1963。
9. 曹道衡等主编《中国文学家大辞典》，中华书局，1996—2006。
10. 陈融著《读岭南人诗绝句》，香港中文大学图书馆藏本。
11. 陈尚君辑校《全唐诗补编》，中华书局，1992。
12. 陈寿撰《三国志》，浙江古籍出版社，2000。
13. 陈述辑校《全辽文》，中华书局，1982。
14. 陈田辑撰《明诗纪事》，上海古籍出版社，1993。

15. 陈廷焯：《白雨斋词话》，人民文学出版社，1959。
16. 陈文华撰《海绡翁梦窗词说诠评》，台北里仁书局，1996。
17. 陈献章：《陈献章集》，中华书局，1987。
18. 陈欣：《南汉国史》，广东人民出版社，2010。
19. 陈洵著、刘斯瀚笺注《海绡词笺注》，上海古籍出版社，2002。
20. 陈衍辑《近代诗钞》，商务印书馆，1923。
21. 陈衍辑撰、李梦生校点《元诗纪事》，上海古籍出版社，1987。
22. 陈衍辑撰、王庆生增订《金诗纪事》，上海古籍出版社，2003。
23. 陈永正选注《岭南历代诗选》，广东人民出版社，1985。
24. 陈永正主编《岭南文学史》，广东高等教育出版社，1993。
25. 陈永正：《岭南诗歌研究》，中山大学出版社，2008。
26. 陈振孙撰《直斋书录解题》，上海古籍出版社，1987。
27. 程美宝：《地域文化与国家认同——晚清以来“广东文化”观的形成》，生活·读书·新知三联书店，2006。
28. 程千帆主编《全清词》（顺康卷），中华书局，2002。

D

29. 邓之诚撰《清诗纪事初编》，上海古籍出版社，1984。
30. 东方佛教学院：《六祖坛经注释》，福建莆田广化寺佛经交流处，1992。
31. 董浩等编《全唐文》，中华书局，1983，影印本。

F

32. 范晔：《后汉书》，浙江古籍出版社，2000。
33. 冯友兰：《三松堂自序》，三联书店，1984。
34. 傅璇琮等：《宋登科记考》，江苏教育出版社，2009。

G

35. 葛剑雄主编《中国移民史》，福建人民出版社，1997。
36. 顾嗣立编《元诗选》，中华书局，1987。
37. 广东省非物质文化遗产保护中心编《广东省非物质文化遗产名

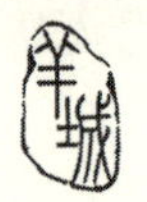

录图典》(二),广东人民出版社,2013。

38. 广东省非物质文化遗产保护中心编《广东省非物质文化遗产名录图典》(一),广东人民出版社,2010。

39. 广东省民政厅编《广东县以上行政区划沿革简册》,1985。

40. 广西通志馆旧志整理办公室等编《广西方志传记人名索引》,广西人民出版社,1992。

41. 广州市雷州文化研究会编《岭南文化版图新视野》,广东人民出版社,2014。

42. 广州市文化局编《广州秦汉考古三大发现》,广州出版社,1999。

43. 郭棐撰《粤大记》,明万历刊本。

44. 郭齐家:《中国古代学校》,商务印书馆,1998。

45. 郭绍虞主编《中国历代文论选》,上海古籍出版社,1979。

46. 国家档案局二处编纂《中国家谱综合目录》,中华书局,1997。

H

47. 郝玉麟等修《广东通志》,文渊阁《四库全书》本。

48. 何藻翔辑《岭海诗存》,商务印书馆,1925。

49. 胡适、周作人:《论中国近世文学》,海南出版社,1994。

50. 胡适选注《词选》,河北人民出版社,1999。

51. 胡曦辑《梅水汇灵集》,清光绪十二年刊本。

52. 华东师大中文系古代文学教研室编《词学研究论文集》,上海古籍出版社,1988。

53. 黄绍昌等辑《香山诗略》,1937。

54. 黄升编选《花庵词选》,中华书局,1958。

55. 黄树森主编《广东九章》,广东人民出版社,2006。

56. 黄秀文主编《中国年谱辞典》,上海百家出版社,1997。

57. 黄雨编选《历代名人入粤诗选》,广东人民出版社,1980。

58. 黄子高辑《粤诗搜逸》,台北艺文印书馆百部丛书集成本。

59. 黄宗羲编《明文海》,中华书局,1987,影印本。

60. 黄宗羲撰《明儒学案》,中华书局,1985。

61. 黄佐纂修《广东通志》,明嘉靖四十年刻本。

J

62. 计有功撰、王仲镛校笺《唐诗纪事校笺》，中华书局，2007。
63. 纪德君、曾大兴主编《广府文化》第1辑，中山大学出版社，2014。
64. 纪德君、曾大兴主编《广府文化》第2辑，中山大学出版社，2015。
65. 纪德君、曾大兴主编《广府文化》第3辑，中山大学出版社，2016。
66. 冀朝鼎著、朱占鳌译《中国历史上的基本经济区与水利事业的发展》，中国社会科学出版社，1981。
67. 简朝亮撰《清朱九江先生次琦年谱》，台北商务印书馆，1978。
68. 江庆柏编著《清朝进士题名录》，中华书局，2007。
69. 蒋延瑜：《铜鼓——南国奇葩》，天津科学技术出版社，2001。
70. 蒋祖缘、方志清主编《简明广东史》，广东人民出版社，1993。
71. 巨传友：《清代临桂词派研究》，上海古籍出版社，2008。

K

72. 柯愈春：《清人诗文集总目提要》，北京古籍出版社，2001。
73. 况周颐、王国维：《蕙风词话·人间词话》，王幼安校订，人民文学出版社，1960。
74. 况周颐辑《粤西词见》，光绪二十三年扬州苏唱街聚文斋刊本。
75. 况周颐著、孙克强辑《蕙风词话·广蕙风词话》，中州古籍出版社，2003。

L

76. 来新夏《近三百年人物年谱知见录》，上海人民出版社，1997。
77. 赖春泉主编《广州新竹枝》，广州出版社，1993。
78. 李德超著《岭南诗史稿》，台北法严寺，1998。
79. 李吉甫撰《元和郡县图志》，中华书局，1983。
80. 李灵年、杨忠主编《清人别集总目》，安徽教育出版社，2000。

81. 李明君著《明末清初广东文人年表》，中山大学出版社，2009。
82. 李默、林梓宗、杨伟群点校《岭南史志三种》，广东人民出版社，2011。
83. 李调元编《全五代诗》，巴蜀书社，1992。
84. 李心传撰《建炎以来系年要录》，中华书局，1988。
85. 李修生主编《全元文》，江苏古籍出版社，1998。
86. 李仲伟、林子雄、倪俊明编著《广州文献书目提要》，广东人民出版社，2000。
87. 厉鹗辑《宋诗纪事》，上海古籍出版社，1983。
88. 梁培炽:《南音与粤讴之研究》，广东人民出版社，2012。
89. 梁启超:《清代学术概论》，上海古籍出版社，1998。
90. 梁启超:《饮冰室合集》，中华书局，1989。
91. 凌扬藻辑《国朝岭海诗钞》，清道光刊海雅堂全集本。
92. 岭南文化百科全书编纂委员会编《岭南文化百科全书》，中国大百科全书出版社，2006。
93. 刘敏、方康如主编《现代地理科学词典》，科学出版社，2009。
94. 刘勰著、范文澜注《文心雕龙注》，人民文学出版社，1958。
95. 刘昫等撰《旧唐书》，中华书局，1975。
96. 刘永济:《微睇室说词》，上海古籍出版社，1987。
97. 龙榆生:《龙榆生词学论文集》，上海古籍出版社，1997。
98. 鲁迅、杨伟群点校《历代岭南笔记八种》，广东人民出版社，2011。
99. 陆心源辑《宋诗纪事补遗》，山西古籍出版社，1997。
100. 逯钦立辑校《先秦汉魏晋南北朝诗》，中华书局，1983。
101. 罗香林:《百越源流与文化》，“国立”编译馆，1978。
102. 骆伟、骆廷辑注《岭南古代方志辑佚》，广东人民出版社，2002。
103. 骆伟主编《广东文献综录》，中山大学出版社，2000。

M

104. 麦英豪、王文建:《岭南之光——南越王墓考古大发现》，浙江文艺出版社，2002。

N

105. 宁稼雨编著《中国文言小说总目提要》，齐鲁书社，1996。

O

106. 欧阳修等撰《新唐书》，中华书局，1975。
107. 欧阳修撰《新五代史》，中华书局，1974。

P

108. 潘介祉辑《明诗人小传稿》，“国立”中央图书馆，1986。
109. 潘理性等编《广东政区沿革》，广东省地图出版社，1991。
110. 潘荣铭编《广东地方志传记索引》，香港中文大学出版社，1989。
111. 番禺市地方志编纂委员会编《番禺县志》，广东人民出版社，1995。
112. 彭定球等编纂《全唐诗》，中华书局，1960。

Q

113. 钱谦益：《列朝诗集小传》，上海古籍出版社，2008。
114. 钱仲联主编《清诗纪事》，江苏古籍出版社，1987。
115. 仇江选注《岭南历代文选》，广东人民出版社，1993。
116. 仇巨川纂、陈宪猷校注《羊城古钞》，广东人民出版社，2009。
117. 屈大均辑《广东文选》，清康熙二十六年广州三间书院刊本。
118. 屈大均撰《广东新语》，中华书局。

R

119. 容闳：《西学东渐记》，中州古籍出版社，1998。
120. 阮元校刻《十三经注疏》，中华书局，2009。
121. 阮元修《广东通志》，清道光二年刊本。

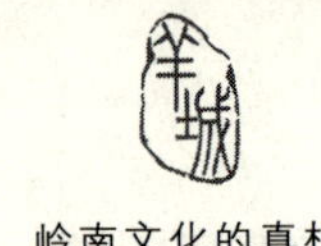

S

122. 沈辰垣选《御选历代诗余》，浙江古籍出版社，1998。
123. 沈奎主编《广州新城市化发展的实践与探索》，广州出版社，2012。
124. 施议对纂《当代词综》，海峡文艺出版社，2002。
125. 司马迁：《史记》，浙江古籍出版社，2000。
126. 司徒尚纪主编《广东历史地图集》，广东省地图出版社，1995。
127. 司徒尚纪：《雷州文化概论》，广东人民出版社，2014。
128. 隋树森编《全元散曲》，中华书局，1964。
129. 孙敬之主编《华南地区经济地理》，科学出版社，1959。

T

130. 谭其骧主编《中国历史地图集》，地图出版社，1987。
131. 谭正璧编《中国文学家大辞典》，光明书局，1934。
132. 唐圭璋编《词话丛编》，中华书局，1986。
133. 唐圭璋编《全金元词》，中华书局，1979。
134. 唐圭璋编纂、王仲闻参订、孔凡礼补辑《全宋词》，中华书局，1999。
135. 脱脱等撰《宋史》，中华书局，1977。

W

136. 宛敏渭主编《中国自然历选编》，科学出版社，1986。
137. 汪森辑《粤西文载》，广西人民出版社，1990。
138. 汪莘撰《方壶存稿》，文渊阁《四库全书》本。
139. 王炳照：《中国古代书院》，商务印书馆，1998。
140. 王洪军：《登科记考再补正》，广西师范大学出版社，2010。
141. 王季思主编《全元戏曲》，人民文学出版社，1989—1990。
142. 王孝廉等主编《晚清小说大系》，台湾广雅出版有限公司，1984。

143. 王沂孙著、詹安泰笺注《花外集笺注》，广东人民出版社，1995。
144. 魏嵩山主编《中国历史地名大辞典》，广东教育出版社，1995。
145. 温汝能辑《粤东诗海》，清嘉庆十八年畲文堂刊本。
146. 吴道镕辑、张学华续辑《广东文征》，广东省文献委员会，1948，油印本。
147. 吴世昌：《吴世昌全集》，河北教育出版社，2002。
148. 吴文英著、杨铁夫笺释《吴梦窗词笺释》，广东人民出版社，1992。
149. 吴熊和、严迪昌、林玫仪合编《清人别集知见目录汇编》，台湾中研院中国文哲研究所筹备处，1997。
150. 吴宣德：《明代进士的地理分布》，中文大学出版社，2009。

X

151. 夏承焘：《夏承焘集》，浙江古籍出版社、浙江教育出版社，1997。
152. 谢巍编撰《中国历代人物年谱考录》，中华书局，1992。
153. 辛德勇：《中国古代交通与地理文献研究》，中华书局，1996。
154. 徐俊忠、汤应武、陆志强主编《中国广州文化发展报告(2012)》，社会科学文献出版社，2012。
155. 徐俊忠主编《广州培育世界文化名城探索》，广州出版社，2013。
156. 徐松撰、孟二冬补正《登科记考补正》，北京燕山出版社，2003。
157. 徐中玉等主编《中国近代文学大系》，上海书店出版社，1990—1996。
158. 许玉彬、沈世良辑《粤东词钞》，清光绪刊本。
159. 薛瑞兆、郭明志纂《全金诗》，南开大学出版社，1995。

Y

160. 严迪昌编《近现代词纪事会评》，黄山书社，1995。

161. 严迪昌辑《近代词钞》，江苏古籍出版社，1996。
162. 严可均校辑《全上古三代秦汉三国六朝文》，中华书局，1958，影印本。
163. 阎凤梧、康金声主编《全辽金诗》，山西古籍出版社，1999。
164. 杨殿珣编撰《中国历代年谱总录》，北京图书馆出版社，1996。
165. 叶恭绰编《全清词钞》，中华书局，1982。
166. 余靖撰《武溪集》，文渊阁《四库全书》本。
167. 余祖明编《广东历代诗钞》，香港能仁书院，1980。
168. 庾岭劳人：《蜃楼志》，凤凰出版社，2013。
169. 元好问编《中州集》，中华书局上海编辑所，1959。
170. 袁行霈主编《中国文学史》，高等教育出版社，1999。

Z

171. 臧励龢等编《中国古今地名大辞典》，商务印书馆，1931。
172. 曾大兴、纪德君主编《古代文学教学创新与大学生能力建设》，广东高等教育出版社，2006。
173. 曾大兴、夏汉宁主编《文学地理学》第 2 辑，世界图书出版公司，2013。
174. 曾大兴：《气候、物候与文学——以文学家生命意识为路径》，商务印书馆，2016。
175. 曾大兴：《文学地理学概论》，商务印书馆，2017。
176. 曾大兴：《文学地理学研究》，商务印书馆，2012。
177. 曾大兴：《中国历代文学家之地理分布》，商务印书馆，2013。
178. 曾应枫、黄应丰编著《千年海祭——广州波罗庙》，广东教育出版社，2010。
179. 曾枣庄、刘琳主编《全宋文》，巴蜀书社排印本。
180. 曾昭岷等编《全唐五代词》，中华书局，1999。
181. 曾昭璇：《广州历史地理》，广东人民出版社，1991。
182. 詹安泰著，吴承学、彭玉平编《詹安泰文集》，中山大学出版社，2004。
183. 詹安泰：《詹安泰词学论稿》，广东人民出版社，1984。

184. 张宏生主编《全清词》(雍乾卷),南京大学出版社,2012。
185. 张磊主编《孙中山文粹》,广东人民出版社,1996。
186. 张明庚等编著《中国历代行政区划》,中国华侨出版社,1996。
187. 张荣芳、黄淼章著《南越国史》,广东人民出版社,2008。
188. 张舜徽《清人文集别录》,中华书局,1963。
189. 张廷玉等撰《明史》,中华书局,1974。
190. 张心泰撰《粤游小志》,清光绪十七年(1891年)上海著易堂本。
191. 张煜南、张鸿南辑《梅水诗存》,清光绪二十七年刊本。
192. 张在普编著《中国近现代政区沿革表》,福建地图出版社,1987。
193. 章培恒、王继权主编《中国近代小说大系》,百花洲文艺出版社,1988—1996。
194. 章培恒等主编《全明诗》,上海古籍出版社,1990。
195. 招子庸等著,陈寂、陈方评注《粤讴》,中山大学出版社,2017。
196. 招子庸:《粤讴》,清光绪戊子九年刊本。
197. 赵文林、谢淑君:《中国人口史》,人民出版社,1988。
198. 震华法师编《中国佛教人名大辞典》,上海辞书出版社,1999。
199. 郑观应:《盛世危言》,华夏出版社,2002。
200. 郑梦玉等修《南海县志》,清同治刊本。
201. 郑振铎:《晚清文选》,上海书店出版社,1987,影印本。
202. 郑振铎:《中国俗文学史》,上海书店出版社,1984。
203. 中国科学院北京天文台主编《中国地方志联合目录》,中华书局,1989。
204. 中国艺术研究院等编《中国非物质文化遗产普查手册》,文化艺术出版社,2007。
205. 中山大学中国古文献研究所编《全粤诗》,岭南美术出版社,2008—2014。
206. 钟敬文主编《中国民俗史》,人民出版社,2008。
207. 钟嵘著、曹旭笺注《诗品笺注》,人民文学出版社,2009。

208. 钟山、潘超、孙忠铨编《广东竹枝词》，广东高等教育出版社，2010。
209. 周必大撰《二老堂诗话》，文渊阁《四库全书》本。
210. 周去非著、杨武泉校注《岭外代答校注》，中华书局，1999。
211. 周振鹤编著《汉书地理志汇释》，安徽教育出版社，2006。
212. 周振鹤等著《中国历史文化区域研究》，复旦大学出版社，1997。
213. 朱保炯、谢霈霖编《明清进士题名碑录索引》，上海古籍出版社，1979。
214. 朱敦儒著、邓子勉校注《樵歌》，上海古籍出版社，1998。
215. 朱一玄等编著《中国古代小说总目提要》，人民文学出版社，2005。
216. 朱庸斋、陈永正：《岭南历代词选》，广东人民出版社，1987。
217. 竺可桢、宛敏渭：《物候学》，湖南教育出版社，1999。
218. 竺可桢：《天道与人文》，北京出版社，2005。
219. 庄绰撰《鸡肋编》，文渊阁《四库全书》本。

二　译著

220. 〔法〕丹纳：《艺术哲学》，傅雷译，人民文学出版社，1963。
221. 〔美〕John W. Chaffee：《宋代科举》，台湾东大图书有限公司，1995。
222. 〔日〕吉川幸次郎：《中国诗史》，章培恒等译，安徽文艺出版社，1986.
223. 〔英〕R. J. 约翰斯顿主编《人文地理学词典》，柴彦威、唐晓峰校，商务印书馆，2005。

后　记

我研究岭南文化，是从对文学家的地理分布的考察开始的，前后做了八年。考察了岭南文学家的地理分布之后，再考察岭南的文学作品，我发现，岭南文学家所处的特殊的自然和人文地理环境，尤其是气候环境，对岭南文学地域特征的形成起了重要作用。在考察过岭南文学之后，我才从宏观的角度考察岭南文化。我发现，仍然是岭南特殊的自然和人文地理环境，影响了岭南文化基本品格的形成。这个考察过程使我有了四点心得。

第一，岭南是一个地理空间概念，因此考察岭南文化，最好的途径就是从地理空间切入，这样就可以发现从别的角度所不能发现的岭南文化的本质特征。

第二，岭南文化是在一个特殊的地理空间经过长期的积淀而形成的，因此在对岭南文化进行空间考察时，一定不能忽略时间这个维度，要做到时空并重。正是通过这种时空并重的考察，又可以发现岭南文化的一些重要特点。

第三，岭南文化是中国境内的一种地域文化，因此在考察这种地域文化时，应该把它放在中国文化的大背景之下进行考察，这样就可以发现它与中国境内别的地域文化之间的异同。不可就岭南而谈岭南。

第四，文化是一个很大、很宽泛的概念，如果就文化谈文化，则难免流于空泛。最好的办法是从一种具体的文化样态切入。文学既是文化的一种样态，更是文化的一种集中体现，而我又是学文学的，我的专业就是文学研究，因此我的做法，就是从岭南文学切入，再延伸到岭南文化。

当然，我的局限也是显而易见的。因为我只懂文学，对于文化的其他样态，如音乐、美术、建筑等，我都是外行。我不敢对我不懂的专业随便发言，因此我对岭南文化的考察也是有局限

的。如果我的上述心得能够得到大家的认可，我将感到欣慰。如果因为我的局限而对别的文化样态缺乏专业的考察，则希望大家能够谅解。

曾大兴

2017 年 7 月 13 日于广州世纪绿洲寓所

图书在版编目（CIP）数据

岭南文化的真相：岭南文化与文学地理之考察 / 曾大兴著. -- 北京：社会科学文献出版社，2017.9（2022.9 重印）
（羊城学术文库）
ISBN 978-7-5201-1164-5

Ⅰ.①岭… Ⅱ.①曾… Ⅲ.①地方文化-文化研究-广东 Ⅳ.①G127.65

中国版本图书馆 CIP 数据核字（2017）第 183056 号

·羊城学术文库·
岭南文化的真相
——岭南文化与文学地理之考察

著　　者 / 曾大兴

出 版 人 / 王利民
项目统筹 / 王　绯
责任编辑 / 单远举
责任印制 / 王京美

出　　版 / 社会科学文献出版社·政法传媒分社（010）59367156
地址：北京市北三环中路甲 29 号院华龙大厦　邮编：100029
网址：www.ssap.com.cn
发　　行 / 社会科学文献出版社（010）59367028
印　　装 / 唐山玺诚印务有限公司

规　　格 / 开　本：787mm×1092mm　1/16
印　张：32.5　字　数：507 千字
版　　次 / 2017 年 9 月第 1 版　2022 年 9 月第 2 次印刷
书　　号 / ISBN 978-7-5201-1164-5
定　　价 / 148.00 元

读者服务电话：4008918866